中国国际关系史研究述评

徐 蓝 著

世界知识出版社

图书在版编目（CIP）数据

中国国际关系史研究述评 / 徐蓝著．—北京：世界知识出版社，2014.7

ISBN 978-7-5012-4710-3

Ⅰ．①中…　Ⅱ．①徐…　Ⅲ．①中外关系—国际关系史—研究　Ⅳ．①D829

中国版本图书馆CIP数据核字（2014）第170228号

责任编辑　罗养毅
责任出版　赵　玥
责任校对　陈可望

书　　名　**中国国际关系史研究述评**
Zhongguo Guoji Guanxishi Yanjiu Shuping

作　　者　徐　蓝

出版发行　世界知识出版社
地址邮编　北京市东城区干面胡同51号（100010）
网　　址　www.wap1934.com
电　　话　010-65265923（发行）　010-85119023（邮购）
经　　销　新华书店
排　　版　北京世知文化创意有限公司
印　　刷　北京京科印刷有限公司
开本印张　720×1020毫米　1/16　20½印张
字　　数　323千字
版次印次　2014年8月第一版　2014年8月第一次印刷
标准书号　ISBN 978-7-5012-4710-3
定　　价　42.00元

目　录

作者说明

奉献给读者的这本文集是关于中国近几十年来国际关系史研究的综合评述，是从作者多年来撰写的相关文章中挑选出来的。这些综述分为两个部分。

第一部分是为《中国历史学年鉴》所写的年度评述。

1995年，我受中国史学会和《中国历史学年鉴》编辑委员会委托，开始为《中国历史学年鉴·1995年》撰写1994年中国的国际关系史研究综述，从此便延续下来，每年一篇，述评上一年的研究成果，一直到2004年。但自2002年以后，《中国历史学年鉴》就一直没有出版。2011年，中国史学会决定继续出版《中国历史学年鉴》。由于时隔多年，很难再按年份补齐，因此决定将2002年至2010年的史学研究进展编为一册，对每个分支学科研究的写作要求也改为将9年的研究合为一篇5千字的文章，并委托我撰写国际关系史和地区史研究。上述这些文章，组成了本书第一部分的主要内容。另一方面，尽管2002、2003、2004年的年鉴已不大可能出版，但相关的稿件却早已写好，因此，这些稿件也作为我所做的工作，收录在第一部分当中了。

第二部分主要是应各种学术刊物和中国史学会的要求所作的不同时段的评述。

进入21世纪以后，出于对20世纪学术研究的总结和对新世纪学术发展的前瞻需要，一些重要学术期刊纷纷发表文章，回顾各学科的发展历程和主要进展。特别是2008年，正值中国改革开放30年，中国的史学工作者更为敏锐而自觉地意识到，系统梳理从1978年至2008年这30年来中国历史学在各个方面的成就，以便在新的起点上，更好地发挥历史学鉴古知今、资政育人的作用，是我们这一代史学工作者义不容辞的义务和责任。在这一过程中，我也接受了一些稿约，特别是受中国史学会的委托，撰写了多篇评述国际关系史研究的文章，并发表在一些重要学术期刊和论文集中。本书的第二部分，就是从这些文章中精选出来的。

还需要说明三点。第一，任何一门学科的发展都是在前人打下的基础上进行的，因此，尽管国际关系史在中国是一个年轻的学科，尽管本书的主要内容是评述近几十年来国际关系史的研究进展，但在论述改革开放30年的学术发展史的时候，我仍然会追溯到五六十年前，甚至会追溯到20世纪40年代（特别见"中国战后国际关系史研究30年"一文）。第二，由于既有分年撰写的述评，又有对一段时期的研究作总的评述，且评述的角度也不尽相同，因此一些重要的研究成果会被反复提及，但是这也正从一个方面反映了中国国际关系史发展的真实图景。对于年轻一代的学习者和研究者来说，了解这一进程从而了解国际关系史的基础研究、重要成果、学术热点、前沿问题，乃至重要的理论突破，从而站在学术制高点上承前启后、继往开来，是更为重要的。第三，结束语中介绍了21世纪的两次国际历史科学大会所讨论的一些议题，以及将于2015年8月在中国济南召开的第22届国际历史科学大会的议题，这些议题直接或间接地与国际关系史的研究相关，希望能够对年轻一代的学者有所启迪。

作　者

第一部分

年鉴·国际关系史研究·专稿

（1994—2010）

1994年国际关系史研究[1]

1994年中国大陆学者撰写的有关国际关系史（18世纪中叶至20世纪中叶）的论文70余篇，它们可以以19世纪末20世纪初为界分为近代与现代两个部分。近代的研究重点集中于欧洲主要大国之间围绕争夺欧陆和海上霸权而展开的不断分化、组合的斗争，以及它们为瓜分奥斯曼帝国遗产而展开的角逐。现代的研究范围广泛涉及欧、亚、美洲各国之间的关系，二战前及二战中英美在远东的军事合作，战时国际关系对战后世界的影响等问题的研究，值得注意。

一、近代国际关系史

18世纪中叶，从英国开始的工业革命浪潮逐渐席卷全欧，在此后约150年的时间里，欧洲主要大国争夺海上与欧陆霸权的斗争连续不断，其间列强之间的关系经历了组合—斗争—分化—重新组合—再斗争的曲折过程，从而形成了近代国际关系史研究的重要问题。中国大陆学者在这一领域的研究也逐步深入。

---

① 本文是为中国历史学年鉴撰写的专稿，发表于《中国历史学年鉴·1995年》，生活·读书·新知三联书店1995年，第302—311页。

19世纪初，随着西方资本主义国家挟其工业革命对农耕世界的优势，向世界各个地区实行猛烈的血与火的侵略扩张的同时，古老的以农本经济为主的奥斯曼帝国无可挽回地开始了解体过程。欧洲列强围绕瓜分奥斯曼帝国的遗产而进行的争斗，形成了近代国际关系史上特有的长达一个多世纪的“东方问题”，为后世史家留下了始终不衰的研究课题。1994年中国学者围绕英、法、俄、德等国的对土政策进行了多层次研究，其中对英国的政策有较深入的探讨。

洪邮生《东方问题与坎宁的“外交革命”》(《南京大学学报》1994年第2期）一文以较丰富的外文资料，论述了1821年爆发的希腊独立起义而引发的东方问题的发展过程中，英国近东政策的几经变化及其原因。文章勾勒了从卡斯尔累的联奥抑俄政策向坎宁的被后世称之为“外交革命”的联俄制俄抑土、让希腊有限独立以稳定近东局势的英国外交政策过渡的轨迹。认为坎宁新方针的实质是英国与欧陆列强争夺在东方问题及在欧洲争霸中的主导权，英国的介入使东方问题逐渐演变为整个19世纪欧洲外交的主题之一。

除了围绕上述两大问题展开研究外，在欧洲宗主国与美洲及亚洲殖民地之间的关系，美洲国家之间的关系方面，中国学者也有所涉及。其中周军《美国“门罗宣言”的商业特质》(《安徽师大学报》1994年第1期）一文阐述了美国外交的经济因素。认为“门罗宣言”体现了处于工业起飞初期的美国对美洲新市场的渴求与期盼。该宣言的核心是“美洲体系”原则，它借助地缘政治服务于外交政策，以抵制欧洲列强蚕食和维护美洲共和政治的面目出现，为美国拓展其美洲市场而呐喊，这正是“门罗宣言”的商业属性之所在。

二、现代国际关系史

中国史学界过去一直以俄国十月革命的胜利作为世界现代史和现代国际关系史的开端，但近年来有些学者认为世界现代史的开端应在20世纪初。齐世荣《漫谈世界史和世界现代史》(《历史科学与历史前途》，河南人民出版社1994年）一文，对世界史和世界现代史的研究对象、内容、意义和方法等问题进行了详细深入的讨论，其中表达了两个重要的思想：第一，20世纪是人类历史的一个相对独立的特殊阶段，其主要特征是世界在政治、经济、文化各个方面联系成为一个息息相关而又充满矛盾的整体，或概括地说，全球的一体化。第二，世界的一体化虽然萌芽于15、16世纪，但最终形成于20世纪，因此在这个意义上，现代史就是世界史。这些思想，对中国研究现代国际关系史的学者同样具有启发与指导意义。本文的分期即以此为依据。

随着19世纪后半期日本经济向资本主义转轨和加紧对外侵略，日本与向东扩张的沙俄之间围绕争夺东北亚领土与霸权展开了激烈斗争。这一斗争在20世纪形成了日俄关系的主要特点，并带来了至今尚未解决的领土纠纷，也给史学界留下了不断研究的课题。中国学者关于东北亚国际关系的研究主要集中于日俄战争和“北方领土”问题上。

罗养毅《日俄“领土问题”的由来与现状》(《日本学刊》1994年第2期）一文根据大量材料，系统叙述了日俄之间至今存在的有争议的“北方领土问题”的历史沿革、有关条约和日苏争论的焦点，并对冷战后的状况略作探讨。文章认为“北方领土”的广义内涵不仅包括“北方四岛”，还包括整个千岛群岛和萨哈林岛北纬50° 以南地区。北方领土问题源于17世纪中叶起沙俄向东方的殖民扩张，经过三个世纪的漫长岁月，千岛群岛经历了属于日本—与俄共占—人属日本—被苏联占领的复杂过程，从而形成了今日的“北方领土问题”。在几十年的冷战状况下，双方对该问题各持己见，争论毫无结果。冷战后虽各方均表现出一定的灵活性，但在最根本的主权问题上仍然绝无任何妥协迹象。文章预测目前该问题有国际化倾向，但国际化的利弊，尚有待观察。

在关于东北亚国际关系的研究中，以往涉及前苏联、蒙古和中国关系问题的论述尚不多见。梁文清《〈雅尔塔秘密协议〉中的外蒙古“现状”溯源》(《历史教学问题》1994年第4期）一文，对《雅尔塔秘密协定》规定的“外蒙古（蒙古人民共和国）的现状须予维持”中的外蒙古“现状”的产生和发展进行了历史性探讨。说明1911年12月外蒙古的喀尔喀宣布独立，成立“大蒙古国”，是沙俄为实现扩张野心插手中国事务的结果，并由此产生了外蒙古“现状”问题。十月革命后苏俄背着中国中央政府筹划并承认“蒙古人民革命政府”，侵犯了中国的领土主权，使外蒙古的归属问题又趋复杂。“九一八事变”后苏联在日本扩大侵华、中国无力顾及外蒙回归之时与日本签订了一系列条约，以苏联承认“满洲国”换来日本承认“蒙古国”，使外蒙古以苏联势力范围的状态保持了事实上的独立。《雅尔塔协定》签订后，斯大林实行强权政治，才迫使蒋介石政府于1946年1月5日正式承认外蒙古的独立。

19世纪末20世纪初，美国以其世界一流经济大国之势，参加到列强重分世界的角逐之中。对美国外交的研究一直吸引着史家的兴趣。

李庆余《论英美重建友好的背景与特征》(《南京大学学报》1994年第1期）一文利用详实的资料，分析了19世纪和20世纪之交时期英美两国从敌对到友好的转变。认为英美在反对俄国在东亚的扩张和在反对德国的世界霸权政策中的国家利益的汇合一致，是两国重建友好关系的历史背景；作为19世纪末社会达尔文主义表现之一的盎格鲁撒克逊主义是两国友好的文化思想基础。但在美强英弱的情况下，两国的友好是通过英国同意撤出西半球的重大让步而实现的。

杨彪《威尔逊的史观及其对政策的影响》(《世界历史》1994年第6期）一文，从一个新的角度更深层次地挖掘了20世纪美国外交政策形成的基础。认为作为历史学家的美国总统威尔逊在历史研究中深受特纳关于西部边疆历史学说的影响，并形成了自己的“边疆理论”，即认为一条不断向西扩张的边疆是美国发展的关键；西部边疆消失之时也就是美国历史新的一页——向外扩张的开始，因此扩张是美国历史的必然趋势。威尔逊的历史观成为20世纪美国实行对外扩张外交政策的理论依据，其影响一直持续至今。

第一次世界大战后欧洲国际关系的调整和欧美关系的发展，是中国学者研究的另一领域，并取得了一些新成果。

姜长斌《里加条约的历史意义》(《世界历史》1994年第6期）一文，依据90年代前苏联出版的档案资料，阐述了世界上第一个社会主义国家在一战后的最初几年对国际形势的认识从发起“世界革命”到开展和平外交的重大变化。认为“世界革命”的思想和实践并非源于马克思和恩格斯，而是马克思主义传入俄国以后的产物，列宁曾是这一思想的主张者之一。但苏俄运用这一思想处理与波兰关系的失败，使列宁认识到各国革命必须从各国实际出发，不可照搬苏联模式；必须对凡尔赛条约采取“妥协”态度。苏俄—波兰《里加条约》的签订标志着苏俄“世界革命”思想和实践的暂时结束，孕育着苏俄内外政策的一系列变化。就对西方关系而言，苏俄转为接受凡尔赛格局，实行和平外交，其关键一步是苏俄出席热那亚会议和与德国签订的拉巴洛条约。

梁占军《英国与热那亚会议的缘起》(《首都师范大学学报》1994年第1期）一文运用大量原始资料，详细记述了英国在提出和筹备热那亚国际财政会议过程中的种种经济、政治考虑。指出该会议的构想和提出与英国对苏俄的政策从拒不承认到事实承认的根本性转变密切相关，而英国的真实目的，不仅在于与苏俄恢复正常关系带动欧洲经济的车轮转动，而且在于借苏俄因经济困境亟待外援之机，以外交手段迫使苏俄回归资本主义阵营。

韩莉《简评二十年代的美法战争债务纠纷》(《首都师范大学学报》1994年9月校庆增刊）一文，以第一次世界大战后的美法战债纠纷为例，分析了20年代美国经济外交的运作和效果。指出美国在推行经济外交时动辄实行禁令、制裁的作法未能保障美国的经济利益，也不利于欧洲的安全与稳定，美国实行的战债政策并不是一项成功的政策。

30年代的国际关系十分错综复杂，始终是史学界研究的重要领域，1994年中国学者的研究集中于以往较少涉及的法西斯轴心国之间的关系和它们的对外政策。

刘士田《二战时期德意日法西斯的矛盾》(《史学月刊》1994年第1期）一文着重分析了三国同盟的矛盾方面。指出造成该同盟既勾结又拆台状况的根源不仅是由于三国都为了以自己的所在地为中心建立自己的世界霸权，更重要的是由于三国的联合建立在关系不平等和利己主义基础之上，故而造成它们在二战中实际上各行其是的结果。

此外，蒋相泽《希特勒进攻英法的决策与张伯伦的对策》(《学术研究》1994年第5期）一文，利用第一手资料，从一个新角度论述了英国实行绥靖政策的过程。指出1939年德侵捷事件后，英国内阁针对德国将侵略对象孤立起来逐个吃掉的作法，形成了对受德侵略的国家提供安全保证、把这些国家联合成足以威慑德国的阵线、与苏联结成军事同盟等三种意见。但张伯伦在执行过程中把上述三件事都弄得有名无实。战争爆发后，张伯伦是在其绥靖政策彻底破产后被英国的抗德大潮推到对德宣战的。

二战前和二战中的国际关系，是中国学者研究的另一热点问题。从研究内容看，主要可以分为三个方面。

第一,二战前及二战中英美在远东的军事合作问题，这是中国学者在该领域中第一次较为深入的探讨。

曹大友《1940—1941年两次印度支那危机与英美远东关系的转变》(《世界历史》1994年第2期）一文认为，1938年英美两国海军虽商讨过在太平洋上进行海上合作的问题，但未获任何结果；1940—1941年由于日本侵占印度支那地区而引起的两次印支危机，则使英美一改自1931年“九一八事变”以来两国在对待日本侵略扩张问题上基本上是各行其是的状态，开始合作遏制日本的侵略，其中美国对日本的态度和政策的转变是关键。

徐蓝《评1938年初英格索尔的伦敦之行》(《历史研究》1994年第4期）一文，以大量第一手资料，详述了1938年初英美海军参谋会谈的背景、过程以及最终达成的“会谈记录”的具体内容。指出尽管这次会谈对两国海军的合作是极初步的，但它对英美关系的未来具有不可忽视的影响。这次会谈第一次认真探寻了两国海军在远东及太平洋地区合作的战略基础，规定了两国一旦在太平洋实行长距离封锁日本的行动时双方的行动区域，成为以后关于亚太地区一系列防御计划讨论的基础和起源。因此这次海军参谋会谈揭开了英美在未来的反法西斯战争中进行军事合作的序幕。她的《从“ADB”协定看太平洋战争爆发前英美在远东的军事合作》(《世界历史》1994年第3期）一文，探讨了1941年4月在美国尚未参战的情况下，美国与英、荷、澳在远东的军事指挥官们召开的一次重要军事会议（即ADB参谋会谈）的情况。指出该会谈达成的“ADB”协定是一个涉及到远东地区并包括太平洋、印度洋和大洋洲水域在内的上述诸国联合反对日本的初步军事计划。尽管美国军方最初拒绝批准，但该协定的主要思想实际成为英美两国自行制定自己的远东计划和采取行动的依据。随着远东局势的恶化，在珍珠港事件前夕，一个新的军事合作计划的初步框架终于被制定出来了。

第二，苏联在二战中的远东战略。

周美云《浅析三十年代苏联的远东战略》(《历史教学问题》1994年第1期）一文认为，30年代苏联的远东战略是其“先西后东”世界战略的重要组成部分，主要目标是避免卷入与日本的战争，《日苏中立条约》的签订是苏联远东战略的成功。陆文培《试论〈苏日中立条约〉对中国抗战的影响》(《军事历史》1994年第3期）一文对《苏日中立条约》持批评态度，认为这在本质上与英法的绥靖政策并无根本性区别。

第三，战时国际关系对战后世界政治经济的影响。

吴伟《雅尔塔体系与战后东西欧国家的集团化》(《首都师范大学学报》1994年第3期）一文认为，二战进程中由美苏英等大国政治家们通过一系列国际会议为战后设计的蓝图与现实存在的世界格局间存在不小差别。尽管在他们设计的蓝图中很难找到关于战后欧洲国家将要实行集团化的措辞，但由于在他们对欧洲各国疆界的划定和关于维持世界和平的安排中都包含着既要满足大国利益，又要实现大国合作的矛盾，因此形成了战后“两极对垒、集团相峙”的现实欧洲格局，这与设计者们的初衷相去甚远。

王在帮《布雷顿森林体系的兴衰》(《历史研究》1994年第4期）一文，从国际关系史的角度，利用现已解密的文件，清楚地勾勒了20世纪40–70年代以国际货币基金组织为代表的战后资本主义世界货币关系体系的运行过程。指出该体系的建立标志着一战后国际货币关系从混乱走向秩序，是适应国际经济发展的必然产物。但布雷顿森林体系正式运行24年便陷于崩溃，根源于两大矛盾。其一是该体系中的体现美元霸权地位、排斥竞争的两挂钩一固定制（美元与黄金挂钩、其他货币与美元挂钩和固定汇率）和体现自由竞争的成员国实行多边自由汇兑规定之间的内在矛盾；其二是美国全球霸权主义政策和其金融霸权之间的矛盾。战后美国大量驻兵海外和高额的海外军费开支最终削弱了自己的经济竞争力，加速了美元霸主地位和布雷顿森林体系的崩溃。

三、冷战史研究

近年来，随着冷战初期西方各国政府档案的解密，为史学界研究冷战时期的国际关系提供了方便。1994年中国学者对冷战初期国际关系史的研究主要集中于朝鲜战争和战后日本的经济外交两个方面。

赵学功《朝鲜战争初期的英美关系》(《美国研究》1994年第1期)一文，利用大量原始档案资料，评述了英国作为美国最重要的军事盟国，在朝鲜战争最初的一年中既支持美国利用联合国出兵参战，又反对冲突的扩大，希望通过政治谈判解决问题所采取的种种外交活动。指出英国采取上述政策的重要原因，在于它认为西方国家应当在东方实行战略收缩，集中精力加强西欧的防务以反对共产主义，并认为中国仍有出现“铁托主义”的机会，分裂中苏关系的最佳办法是保持与中国的关系。文章还指出，保持与英国的团结合作是美国未对中国大陆采取直接军事行动的重要原因之一。

张光《战后日本的战争赔款与经济外交》(《南开学报》1994年第6期)一文认为，经济外交是战后日本的一贯重点，它以赔款外交为开端。冷战及美国关于日本赔款政策从严厉赔偿到“无赔偿”的改变，给日本提供了把战争赔偿这一属于国际法的问题转变成日本与索赔国之间的外交问题的机会，使日本能以最低限度的赔偿额和最大限度的利用赔偿外交为日本的经济复兴服务。但日本利用冷战把中国排除于日本赔偿对象国范围之外，是极不公正的。

综上所述，中国学者关于国际关系史的研究成果数量多、范围广。不仅有对老问题的新论述，也有对新问题的积极探讨，但大部分研究尚未突破传统外交史的研究局限。今后在不断提高理论水平和深入挖掘与利用原始资料的同时，更多地开展经济外交、军事外交和文化外交的研究，将是中国的国际关系史研究走向更加成熟的标志。

1995年国际关系史研究[①]

1995年中国学者在国际关系史研究方面共发表学术论文200余篇，各种纪念第二次世界大战和中国抗日战争胜利50周年的文章100篇以上。

一、近代国际关系史研究

近代国际关系史是中国史学研究的薄弱环节，1995年中国学者在这一领域的著述不多，但对英国外交和列强与甲午战争的关系等问题有新的探讨。

计秋枫《论克伦威尔外交的意识形态特性》(《南京大学学报》1995年第1期）一文，以较丰富的资料，从意识形态的角度探讨了克伦威尔外交的特点。作者认为，处于“后宗教冲突时代”初期的克伦威尔，在其对外政策中带有强烈的维护、促进新教事业，在全欧范围内防范天主教势力反扑的特点。无论是他的包括所有新教国家的“新教大联盟”计划，还是在第一次英荷战争中他对反战派的支持，还是在英法西三角关系中他希望打击新教死敌西班牙、争取法国的态度，都是为了这个目的。

陶建定《评坎宁对拉美的外交政策（19世纪20年代）》(《世界历史》

① 本文是为中国历史学年鉴撰写的专稿，发表于《中国历史学年鉴·1996年》，生活·读书·新知三联书店1997年，第406—420页。

1995年第2期）一文，依据大量资料，论述了19世纪初期英外交大臣坎宁力图摆脱合法主义的束缚，致力于实行商业上“无形的扩张”的外交政策的原因、过程和结果；指出工业革命带来的经济增长和海军力量的发展，是坎宁成功地实行这一政策的坚实基础。

米庆余《再论沙俄与甲午战争的关系》(《南开学报》1995年第2期）一文，以俄日双方的档案为基础，再次论述了沙俄与甲午战争的关系。作者坚持过去的观点（米庆余《沙俄在甲午战争中充当了什么角色》,《历史研究》1979年第8期)，认为甲午战争爆发前的沙俄，确有利用日本的决策，并暗中赞助或纵容日本发动侵略战争。中日马关议和，沙俄利用日本的决策才告一段落。

刘明翰、陈月清《甲午战争时期的欧洲列强和日本》(《湖南师范大学社会科学学报》1995年第1期）一文，较详细地论述了甲午战争期间列强与日本的关系。作者认为，甲午战争期间英俄矛盾决定了远东国际关系的基本格局，列强的纵容和支持是日本胆敢发动战争的重要原因之一；但把由沙俄导演的“三国干涉还辽”笼统地称为“丑剧”的看法值得商榷，因为它毕竟在客观上暂时挫败了日本独吞辽东半岛的阴谋。

二、现代国际关系史研究

现代国际关系史始终是史学研究的重要领域。

关于20年代的国际关系，主要围绕对华政策展开，并取得了一些有价值的进展。

姚波《从第一次世界大战后的山东问题看美日矛盾》(《四川大学学报》1995年第1期）一文，以较丰富的资料，论述了在巴黎和会和华盛顿会议上美日在中国山东问题上的较量。作者既不同意“美国当时颇有意主持公道”的看法，也不同意“美国自始至终以牺牲中国主权为手段与日本进行卑鄙的交易”的说法，认为美国在山东问题上始终与日本存在矛盾并进行抗争，但其目的只是为了美国对华传统政策“门户开放”的不受破坏。山东主权有条件的回归中国，实质上是获利最大的美国“门户开放”政策对日本“东亚门罗主义”的政策的胜利。

梁碧莹《华盛顿会议与“门户开放”——兼论华盛顿会议前后中国对“门户开放”政策的反应》(《美国研究》1995年第3期）一文，对华盛顿会议前和会议期间美国、中国和其他列强关于“门户开放”原则的讨论进行了详细论述，指出最后写进《九国公约》的“门户开放”原则是美国通过对其他列强作出的不追溯既往，承认各国在华已建立的势力范围和已享有的特权的让步，换取其他列强同意不再在中国建立新的势力范围的产物。它使美国达到了完善“门户开放”政策并将其扩大到世界各国的目的。然而中国则由于该条约的签订，对“门户开放”负有了遵照该原则处理各国在经济上的主权和特权要求的义务。因此列强在高唱维护中国主权完整和独立的同时，在行动上却尽其所能地破坏着中国的主权。

林军《初期苏联对华政策的内部分歧》(《世界历史》1995年第2期）一文，利用原苏联外交部历史档案局于1991年底解密、未经公开的历史档案资料，探讨、揭示了苏俄越飞代表团来华时，苏联外交界、财政界及上层领导人对转变对华外交策略的意见分歧与争论。指出苏俄从战时共产主义转入并实行新经济政策以及在对华关系中贯彻这一新政策，是苏俄在对华政策上从世界革命原则转为更加务实的讲究经济实利原则的最重要的主观原因。这一转变表现在：第一，在中东铁路问题上，苏俄收回并否定了1920年通知中国政府将无偿归还中东铁路的宣言；第二，苏俄从自己的利益出发支持外蒙古自治的活动。

韩莉《胡佛与二十年代的美国经济外交》(《首都师范大学学报》1995年第3期）一文，详细论述了胡佛在担任商业部长期间完成的两项主要经济外交政策，即控制原料价格和形成一项控制对外贷款和投资的政策的制定与实施过程；指出20年代美国推行的经济外交政策虽然没有完全达到预期的目的，但确实对美国及世界经济产生了重要作用。

30年代的国际关系历来是史学研究的热门课题之一。1995年中国学者的研究集中于对绥靖政策的探讨，其中较突出的是对苏联对外政策的重新评价，以及对西方民主国家的绥靖政策的进一步研究。

第一，关于苏联30年代的对外政策，引人注意的是关于苏联在二战爆发前至卫国战争前同样执行了绥靖政策的看法。

崔剑《论卫国战争前夕苏联对欧洲政策的嬗变及影响》(《扬州师院学报》1995年第2期）一文，对绥靖政策做了界定。作者认为，任何社会制度的国家，只要不是立足于反法西斯大局，而只图一国苟安或一己私利，对侵略者姑息让步甚至以牺牲他国的独立、领土和主权为代价，即可界定为绥靖政策。作者用这一标准衡量苏联在卫国战争前夕的对欧政策，认为它在一定程度上也推行了绥靖政策，这一政策的起点是慕尼黑危机，因为苏联作为捷克斯洛伐克的盟国没有履行援助义务;《苏德互不侵犯条约》的订立是这一政策的进一步发展，在本质上与《慕尼黑协定》并无二致；建立东方战线是它在欧洲推行绥靖政策的顶点。究其主要原因，在于苏联领导人未能抓住世界主要矛盾，未能认清战争的反法西斯性质，未能分清敌友，也未能正确处理维护国家安全、民族利益和坚持无产阶级国际主义原则的关系。

孙红旗《苏联与绥靖政策》(《社会科学战线》1995年第1期）一文，以大量史实说明，苏联与英法美一样，对纵容法西斯侵略扩张负有不可推卸的责任，它同样也是绥靖大国。《苏德互不侵犯条约》与《慕尼黑协定》并无本质区别;《苏日中立条约》在法律上正式承认伪满洲国，拿中国的领土和主权做交易，是苏联对日绥靖政策的顶峰。苏联在安抚支持法西斯的做法上，较之西方国家有过之而无不及。

罗志刚《1931—1937年的苏联远东政策与外交》(《武汉大学学报》1995年第4期）一文，对苏联30年代前期的对外政策进行了分析。作者认为，苏联对日缓和外交在其远东政策中居于中心地位，但绝不同于西方大国的绥靖政策；中苏关系经历了曲折过程，到“七·七”事变前夕，远东初步形成了中苏合作抗日的新格局。苏联远东政策与外交属于避战自保和反法西斯性质，但其成就有限。

关于《苏德互不侵犯条约》的秘密议定书，曹廷清《关于苏德秘密议定书与波兰边界的确定》(《世界历史》1995年第4期）一文，根据1993年俄国《历史问题》杂志第1期公布的存放在特别案卷中的1939年8月签订的苏德秘密补充议定书，译出了1939年8月《苏德互不侵犯条约》的“秘密补充议定书”，9月28日《苏德友好和中立条约》的四份“秘密议定书”，以及1941年1月10日苏德又签订的一份秘密议定书，共计6个文件。作者还对苏、美、法三国在波兰问题上的激烈斗争作了评价。

第二，关于西方民族民主国家的绥靖政策。

杨凯《莱茵兰事件中法国军方态度辨析》(《历史教学问题》1995年第4期）一文，通过对30年代中期法国军事状况的分析，认为在莱茵兰事件中法国妥协退让的原因，并非是军方将领临阵时的怯懦与推诿责任所致，其根源在于一战后法国名不符实的军事力量，落后的战略思想，以及对一旦进军莱茵兰将引发一场法德全面战争的判断。

金卫星《美国对德绥靖的“韦尔斯计划”》(《历史研究》1995年第4期）认为，在英、法积极谋求对德绥靖，上演慕尼黑丑剧之前，美国也曾基于摆脱经济危机、操纵世界事务的战略目标，酝酿、提出过自己的对德绥靖方案，即“韦尔斯计划”。该计划设想通过在殖民地和军备方面的对德让步，换取后者同意在经济上实行“门户开放”，从而建立美国分享其利益的欧洲集体安全体系。美国一度企图与英国一起实施这一计划。只是由于缺乏与英国合作的共同基础，而美国本身又不愿为之承担政治义务，才最终放弃了它。

叶江《试论1939年布拉格事件后英国的对苏政策》(《上海师范大学学报》1995年第1期）一文，运用英国内阁档案资料，对1939年3月到9月的英国对苏政策做了分析。通过英苏谈判的具体过程，说明作为对德军占领布拉格的反应，张伯伦的“伯明翰演说”表明了英国政府对德绥靖政策有所改变，但由于张伯伦并未彻底抛弃绥靖政策，在与苏谈判中，既想联合苏联共同抗德，又想以英苏谈判作为继续对德绥靖的工具，致使英国最终丧失了与苏联手抗德的时机。

王宇博《英国与1931—1933年远东危机的结束——兼评〈李顿调查报告〉》(《苏州大学学报》1995年第1期）一文，利用原始文献资料，对英国这一时期的远东政策和李顿报告书给予了较积极的评价。文章指出，由于英国缺乏与日本抗衡的力量，只能求助于外交手段和舆论工具，执行一条以防日、限日和避免与日本发生军事冲突为主要内容的政策，《李顿调查报告》是这一几经变化的政策的最终体现。作者认为，尽管在该报告书中不尊重中国主权的部分应当受到批判，但不应忽视英国的政策和报告书在客观上，对中国具有颇为有利的积极内容。正是这些内容在法律上否定了日本侵略的合法性，使日本在世界舆论面前处于受指责的被动地位。

三、第二次世界大战暨抗日战争研究

1995年是第二次世界大战和中国抗日战争胜利50周年，中国学术界对这一20世纪最重大的历史事件的研究极为活跃，并在以下三个方面取得了一些新的成果。

第一，在二战前和二战中盟国的战略合作与分歧方面，中国学者继续进行了较深入的研究。

徐蓝《评1939年汉普顿的华盛顿之行》(《首都师范大学学报》1995年第4期）一文，运用大量资料，详细论述了1939年6月英美海军秘密举行的参谋会谈的背景、过程及对双方的影响。指出通过这次会谈，英国进一步把它的远东战略置于美加的军事援助之上，而美国则完成了其战略目标的重大转移，即把坚持了几十年的取向太平洋针对日本进攻的战略，转变为取向大西洋和太平洋针对德意日多个敌人进攻的联合战略，“彩虹计划”的最终制定便是这一转变的标志。“彩虹5号”的设想成为二战爆发后英美两国为这场战争确立的“先欧后亚”全球战略总原则的基础。

熊伟民《战时英美欧洲战略比较研究》(《社会科学战线》1995年第4期）一文，比较了英美两国对欧洲的不同战略。认为英国主张实行在欧洲边缘紧缩对德包围圈，从地中海向欧洲内陆发展，最终打败德国的间接战略，其目的在于维护大英帝国的根本利益，并防止共产主义可能在欧洲进一步发展，这一战略有悖于“先欧后亚”原则中先打败敌对集团中的强国的思想。美国则主张以英国为基地，横渡海峡与德国打一场短而快的战争的直接战略，其目的在于扫清轴心国，然后与苏联合作打败日本，并在合作、限制、抗衡苏联中实现战后美苏合作，这一战略是“先欧后亚”原则的延伸和表现形式。

王家福《二战时期远东中苏美的战略演化》(《史学集刊》1995年第2期)一文，从国际战略的角度，论述了中国战场始则成为苏联避免两线作战的战略支点，继之在客观上成为美国得以推行“先欧后亚”的战略基地，其结果是使中国权益受到战略性重创的过程。指出雅尔塔会议上中美苏关系的战略变位，使中国沦入被支配的地位，是使中国利益受损的直接根源。

朱寰、程舒伟《二战时期第一次缅甸战役与中美英三国战略述评》(《思想战线》1995年第4期)一文，评述了在1942年中美英军队联合抗击日本的第一次缅甸战役中，三国在政治目的、军事战略方面存在的分歧。认为英国为维护其远东的殖民统治，将中美两国看成其殖民统治的竞争对手，使三国合作蒙上阴影；美国希望中国成为亲美大国，以达到削弱英、日的目的，使英美在援华问题上出现矛盾；中国为成为大国，希望英美援华并把保卫滇缅公路放在第一位，与英美的先德后日的最高战略原则相矛盾，最终造成盟军在缅甸丧师失地，惨重失败。

戴超武《美国结束太平洋战争的战略与原子弹的使用》(《世界历史》1995年第4期)一文认为，罗斯福去世后，随着太平洋战局的发展与美苏关系的变化，美国开始调整并修改远东战略。1944年春美国要求苏联参战的愿望在逐步消失，原子弹的试验成功，使美国决策者排除了苏联参战的考虑，决意对日使用原子弹。这一选择，不仅是出于军事考虑，更体现了美国新的远东战略设想，即保证日本向美国投降，防止苏联战后插足日本，并迫使苏联在战后国际问题上作出让步。

另外，徐友珍《英国对欧洲抵抗运动政策初探》(《武汉大学学报》1995年第4期)一文，对英国对欧洲抵抗运动政策的提出、发展演变、在某些主要地区和国家的实施情况，以及最后失去其积极作用的过程进行了探讨。指出支持欧洲抵抗运动作为英国正式的官方政策，是法国败降后英国在欧洲孤军作战的产物，为此英国成立了特别行动执行局(SOE)负责这项工作，英国也成为最早支持欧洲抵抗运动的国际中心。这一政策的实施与发展，不仅符合英国反法西斯的短期战略需要，而且同它在特定地区和国家追求的长远政治利益有关。

第二，对中国史学界过去很少涉及的澳大利亚在二战中的外交政策，进行了有益的探讨。

张天《从单元到多元的澳大利亚外交》(《世界历史》1995年第1期)一文，概述了1934—1942年澳大利亚从只与英国发生单元外交，到推行独立自主的与多国发生外交关系的多元外交的转变过程，以及这一转变所具有的被迫实行、以国防转变为契机等特点；指出单元外交是澳大利亚作为移民殖民地残余的体现，而多元外交则是它完成国家独立任务的标志。

费佩君《柯廷总理与澳大利亚的对日作战》(《华东师范大学学报》1995年第4期)一文，通过具体事实论述了30年代澳大利亚总理柯廷实行的首先针对日本、建立本国独立国防体系的政策，以及通过联美抗日，使澳大利亚摆脱了英国控制，实现了“外交革命”，从而使澳大利亚步入世界独立国家之林的过程。

潘兴明《澳大利亚与第二次世界大战——纪念反法西斯战争胜利50周年》(《南京大学学报》1995年第3期)一文，评述了澳大利亚在二战中的积极作用，认为它参战的原因不仅有来自国内的压力和国际形势的急剧变化，更重要的是它在外交方面仍受英国的影响和支配；二战推动了它的国内工业化，也使它把美澳友好关系作为其对外政策的基石。

第三，对第二次世界大战和中国抗日战争及其影响的考察与评价。

罗荣渠《辉煌、苦难、艰辛的胜利历程——第二次世界大战若干问题的再认识》(《北京大学学报》1995年第4期)一文，就有关第二次世界大战的理论和历史问题，提出了一系列重要观点：1.对法西斯主义认识不清与战争初期的思想误导，带来了巨大灾难；2.西方的绥靖政策与苏联在关键时刻从正确立场向错误立场的转变，使本来可能制止的战争成为不可能制止；3.有效的军事合作与战争的正义性和全民爱国热情高涨，是反法西斯同盟取胜的决定性条件；4.中国抗日战争是全民抗战，正面战场是反法西斯主战场之一，对中国军队的战斗力应全面评价；5.反法西斯同盟的两重性与胜利的两重性密切相关；6.近年来日本否定侵略罪行的逆流，与清算日本战争罪行不彻底之间有着密切联系；7.正确汲取二战的历史经验与教训，关系着21世纪的前途和命运。

彭树智《第二次世界大战与第三次技术革命》(《西北大学学报》1995年

第3期）一文，运用“历史交往”这一历史哲学概念，表明第二次世界大战和高科技发展的关系。认为二战最突出的意义在于它促进了开始于40年代末，一直持续到20世纪（注：原文为“本世纪”）下半期的，以原子能、电子、空间利用和生物技术为标志的第三次技术革命。这场战争的历史交往进一步说明，在世界史研究中不能把生产力与生产关系的关系作为历史发展的单线结构，只有生产力和世界交往纵横联系、经纬交织和综合多线的结构，才能重现丰富多彩的整体世界史的本来面貌。

李巨廉《战争历史运动坐标上的第二次世界大战》（《世界历史》1995年第4期）一文，从战争历史运动的角度考察二战，认为在人类战争历史运动中，存在战争向越来越大越烈的方向发展的显性趋势和制约与控制战争的隐性趋势；从远古到20世纪前半叶，战争的显性趋势和隐性趋势的相互作用，使战争的历史在总趋势上向无限化发展，最终导致了二战。二战是战争无限化发展的“临界点”；二战后制约和控制战争的隐性趋势开始占主导地位，这是人类战争历史运动的重大转折，人类从此进入一个新的有限战争的时代。

张象《论反法西斯战争胜利的影响》（《历史教学》1995年第8期）一文，对两次世界大战进行了比较，指出二战对国际政治和世界经济的重大影响，主要体现在联合国的诞生，世界银行、国际货币基金组织、“关税与贸易总协定”的形成；并特别指出二战对世界文化发展的影响，认为它促进了国际进步文化战线的形成，促进了世界文化的多元化、多类型、多层次化。

齐世荣《中国人民抗日战争的国际环境和世界意义》（《求是》杂志1995年第14期）一文，以大量历史事实，说明在抗日战争中，中国人民在相当长的时间内孤军奋战，国际条件并不有利，后来虽然得到一些外援，也很有限。但中华民族以前所未有的凝聚力，依靠自力更生，坚持抗战达八年之久，为世界反法西斯战争的最终胜利作出了不可磨灭的贡献。

四、战后国际关系研究

近年来，随着西方各国陆续公布20世纪50—60年代的政府档案，为史学界研究二战后的国际关系提供了方便。1995年中国学者在以下几个方面进行了较深入的探讨。

第一，关于冷战的起源，明确指出了苏联的作用。

白建才《论冷战的起源》（《陕西师大学报》1995年第4期）一文认为，冷战是多种因素合力的产物，它深深植根于社会主义与资本主义两种意识形态及社会制度的抗争，直接产生于苏联保障国家安全战略与美国称霸全球战略的碰撞；原子武器的出现增强了美国的实力，它以核垄断进行核讹诈，加速了冷战的爆发，英国对冷战的爆发起了推波助澜的作用。

张盛发《论苏联在“冷战”形成中的举措》（《上海师范大学学报》1995年第1期）一文认为，斯大林关于资本主义世界经济体系必然要导致新的世界大战的演说，苏驻美大使诺维科夫严厉批判与否定美国的报告，莫洛托夫关于同东欧发展经济关系的计划，以及共产党情报局的成立，是苏联方面进行“冷战”的信号与举措。因此冷战是美苏双向的斗争过程，只提美国和西方国家发动冷战的证据失之偏颇。

第二，关于冷战时期苏联对东欧的政策。

时殷弘《激变战略与解放政策——冷战时期美国政府对苏联东欧内部状况的政策》（《世界历史》1995年3期）和《促进苏东变革——从设想到政策（1953—1955）》（《南京大学学报》1995年第3期）两文，运用近年来公布的美国档案资料，对冷战的重要环节——美国对苏联东欧国家内部状况的政策史进行了考察。指出随着欧洲冷战的地缘政治格局和军事格局的定型，美国杜鲁门政府于1949年把争取苏东国家内部发生根本变化确立为一项基本目标，办法是通过作者所称的“激变战略”，即通过敌对宣传和隐蔽活动，争取在苏联东欧助长社会紧张，加剧或激发反政府情绪乃至造反行动，最终由苏东内部的反动势力搞垮现政权。艾森豪威尔执政初期对苏东的解放政策，就其实质来说，是前任的激变战略的继续。但是，随着苏东内部发生趋于比较宽松和多样化的社会政治渐变，以及美国对这种变化的认识，艾森豪威尔政府于1953年底正式确认无法依靠下层的造反实现苏东的剧烈变革。1955年1月将“演变而非革命”正式确立为美国对苏东的政策目标。

第三，进一步对日本的战争赔偿问题进行了研究。

崔丕《美国关于日本战争赔偿政策的演变》(《历史研究》1995年第4期)一文，运用大量原始资料，论述了美国关于日本战争赔偿政策的演变过程。认为战后初期赔偿问题与美国要永远根除日本的战争能力紧密相关，但无法协调与中国和苏联的立场，以及与美国军方的意见分歧，使赔偿未能按最初的鲍莱计划实施。1948年3月，遏制战略的始作俑者凯南赴日考察，是美国转向放弃赔偿政策的关节点。美国家安全委员会于1948年10月和1949年5月分别通过的第13/2、13/3号文件，标志着美国东亚战略的重大改变，从此在东亚，美国遏制战略的主要目标从苏联转向中国，日本成为美国东亚战略的基石，因此美国对日战争赔偿政策转向放弃赔偿。至于《旧金山和约》中“劳役赔偿”原则的确立，是美国设想的通过“日本—东南亚—美国”模式推动日本经济复兴的体现。

湛贵成《关于日本赔偿问题与战后经济》(《世界历史》1995年第4期)一文，具体分析了拆迁赔偿和协议赔偿这两个不同阶段的政策制定、实施状况和特征。认为拆迁赔偿受到美国世界政策特别是远东政策的左右，致使这一赔偿“雷声大，雨点小”，亚洲各受害国并没有得到真正的赔偿，而日本则在设备更新中受益。在协议赔偿阶段，由于赔偿国与受偿国各自的政治、经济条件的制约，以及美国把赔偿问题作为其远东政策的重要补充，因此日本的赔偿虽对受偿国的经济发展起了一些积极作用，但更对日本的经济腾飞起了一大助力作用。

姜维久《二战赔偿问题评述》(《学术月刊》1995年第8期)一文，列举了具体数字，指出在战后50年中，德国对欧洲各国支付了巨额战争赔偿，众多企业还直接对民间战时受害个人给予了大量金钱赔偿。与德国相比，日本对外国的赔偿却少得很不相称，可谓天地之差，但日本却不惜重金对自己国内的所谓战争受害者按军阶给予了巨额补偿。认为即使口头道歉谢罪也不能代替实质性的赔偿责任，日本对亚洲的二战受害国和受害个人的损失必须赔偿。

第四，战后亚太地区的国际关系。

李世安《评朝鲜战争初期英国艾德礼政府的对台湾政策》(《中国人民大学学报》1995年第2期）一文，通过对档案资料的分析认为，艾德礼政府在朝鲜战争初期曾反对美国侵略中国台湾的政策；承认台湾属于中国，应当归还中华人民共和国，并认为这是解决因美国侵略而引起的台湾海峡危机的唯一办法。英国的上述政策对缓和远东紧张局势起了一定作用。

郑启荣、孙洁婉《试论1949—1954年英国对华政策的演变及其动因》(《世界历史》1995年第6期）一文认为，这一时期的英国对华政策受到它的战后整个外交政策总构想的支配，不能过于强调经济因素的作用。无论是率先承认中华人民共和国，赞成中国加入联合国，企图同中国发展关系，还是后来采取的一系列敌视中国人民的行动，都是在冷战的国际背景下，在英美特殊关系的制约下进行的，不应该对英国这一时期的对华政策给予过高评价。

王善中《50年代初美国对我国台湾问题的政策》(《世界历史》1995年第6期）一文认为，美国在对我国台湾的政策上，经历了所谓不干涉、中立化立场到完全转向台湾国民党政权一边的倒退过程，它反映了美国制造台独或两个中国的意图的发展过程。

沈志华《美国是怎样卷入朝鲜战争的？》(《世界历史》1995年第3期）一文，列出了一张美国从6月24日初获战争爆发消息的震惊和恐慌，到6月30日作出全面介入战争的最后决定的详细时间表，并对美国做出这一决定的原因进行了探讨。认为尽管美国政府对北朝鲜的意图的迷惘、判断失误以及心理和军事都准备不足，是使其仓促做出介入战争决定的重要原因，从而使该决定具有一定偶然性，但存在美国卷入战争的历史基础，又使这种决定带有某种必然性，它受到美国力求保卫资本主义世界、遏制苏联及国内政治斗争的重大影响，而苏联的明显置身事外的特点又在客观上使美国能得心应手地实施其出兵朝鲜的计划。

第五，英美对其殖民地和不发达国家的政策。

李安山《日不落帝国的崩溃——论英国非殖民化的“计划”问题》(《历史研究》1995年第1期)一文，运用近年公开的英国官方档案，对大英帝国在二战后实行的非殖民化的“计划”问题进行了探讨。文章勾勒了16世纪中叶—20世纪大英帝国兴衰史，认为“非殖民化”一词在英国最早出现于1932年，表明了从殖民地向独立国家的转型过程，最终为大多数学者和联合国认同。作者对国际上流行的解释英帝国非殖民化的四种观点，即民族主义论、外来因素论、新殖民主义论和计划撤离论进行了论述，认为上述论点的争论焦点在于非殖民化是否是有计划的。作者的研究表明，有计划的殖民地改革和有计划的非殖民化是决然不同的两个概念，前者的目的在于改善和加强对殖民地的政治控制，以竭力维护其殖民统治；后者则应理解为主动撤离殖民地的有关计划；而大英帝国至少到1956年苏伊士运河危机之前，没有制定过系统的非殖民化计划。

时殷弘、许滨《来自冷战外的挑战——美国在菲律宾的失败与调整(1945—1954)》(《美国研究》1995年第2期)一文，利用大量文献资料，以二战后美国对菲律宾的政策为例，研究了国际关系重组时期美国对世界不发达国家的政策。文章叙述了战后10年美国对菲关系经历的初步确立、冲突与危机、政策调整、重建合作的发展变化过程，指出这一走向是美国从力求改造菲律宾的社会和政治，到不得不承认菲国内现状，以容忍菲政府的低效、腐败和执拗为代价，维持美国在那里的存在，并维持与此相关的各种真实或想象的冷战利益。认为美国在菲律宾遇到的挑战，不同于来自冷战的挑战，美国对这一挑战的失败表明，美国在可行或可设想的政策范围内很难对一个政治独立的、积极能动的社会实施深层次的改造，除非这个社会内部有着与美国政策合拍的足够有力的改造趋势。美国在菲律宾尝试改造的政策及其失败是战后美国对世界不发达国家的政策及其失败的一个实例。

第六，关于联合国。

赵永峰《顺应时代要求，促进和平发展——纪念联合国成立50周年》(《华东师范大学学报》1995年第4期)一为，概述了50年中联合国在维护和平、缓和冲突、促进国际裁军、推动军控谈判、促进发展、保障人权等方面发挥的积极作用；并指出联合国自身存在诸多缺陷，它的明显的国际论坛性质，“干预”而非“预防”的维和机制，组织机构，以及重和平、轻发展的倾向，都是有待改革的。

李少军《评美国与联合国关系的历史进程》(《美国研究》1995年第2期)一文，追溯了50年来美国与联合国关系的历史发展，指出联合国的建立，标志着美国从孤立主义走向世界主义过程的完成，也标志着它在全球范围走向霸权主义的开始。但冷战时期美国在联合国的主导地位日益下降，使它对联合国的态度日益冷淡，联合国也基本丧失了解决重大国际问题的能力；冷战后在世界格局日趋多极化之时，由于美国的世界主义和干涉主义少不了联合国的世界主义体制，因此在冷战时期形成的美国对联合国的热不了亦冷不得的关系模式也许还将长期保持下去，所以人们对联合国的前景还不能抱太乐观的期望。

综上所述，1995年中国学者关于国际关系史的研究成果不仅数量多，范围广，而且有越来越重视现代和战后国际关系史研究的趋向。如何更深入地挖掘和利用第一手资料，如何把新的史学理论和方法与我们的研究有机地结合起来，更多地开展经济外交、军事外交、文化外交的研究，是中国国际关系史研究要解决的问题和发展的方向。

1996年国际关系史研究①

在经历了1995年纪念第二次世界大战胜利50周年的轰轰烈烈之后，1996年中国的国际关系史研究正在向广度和深度平稳发展，这不仅表现在学者们更深入地钻研史料和更冷静地思考研究传统的外交史问题，更表现在国际文化交流关系、国际经济交流关系、东西关系、南北关系、中外关系和二战史的研究方面，取得了一系列可喜的新进展。

一、国际文化交流关系研究

国际文化交流关系的研究是中国1996年国际关系史研究中最引人注目的动向。公开发表的文章虽然不多，但内容和观点十分值得重视。

伍宗华《中国近代文化教育史上的教会大学》(《世界历史》1996年第1期）考察了教会大学在我国的发展与消失。认为从19世纪中叶起，在我国封建社会危机深重趋向解体的环境中，在“中华归主”，征服东方文明的驱动下，西方教会教育家依靠殖民势力和强权，有力冲击了晚清封闭的旧制度和旧秩序，用含有种种消极性的形式，不自觉地促进了我国社会经济和文化教

① 本文是为中国历史学年鉴撰写的专稿，发表于《中国历史学年鉴·1997年》，三联书店1998年，第340—352页。

育的近代化，在教育领域建树尤多。教会大学也在民族民主革命潮流的反冲击下发生了深刻变化。但是受到西方列强和教会的牢牢控制，教会大学的领导层不能认同我国人民的革命主流，背离了广大学生，最后未能避免在我国大陆上消失的命运。然而对教会大学在不同的发展时期各种政治倾向和态度的评价，需要慎重对待，具体分析，不应简单地予以全盘否定。

罗志田《传教士与近代中西文化竞争》（《历史研究》1996年第6期）从近代中西文化的碰撞、竞争与相互作用入手，对处于中西文化竞争前沿的西方传教士在这一动态进程中的活动给予了勾勒和分析，特别注意考察传教士如何运用科学和出版物来向中国的士人证明西方文化的优越，以说服中国士人，以及后者对此的回应。指出，西方传教士在中国的成败，不仅在于使多少人皈依基督教，而且在于是否使更多的人改变思想方式。但西方文化优势在中国确立的结果，非但未能使士人之大多数接受基督教，而且他们一旦掌握了科学，就立即用之来证明基督教的不科学，且认为学习西方的目的是要使中国富强并最终凌驾于西方之上，这却是传教士所始料不及的。

赵德宇《试论南蛮文化》（《世界历史》1996年第1期）论述了16世纪中叶到17世纪初，随着天主教在日本的迅速传播而来的天主教文化即南蛮文化在日本的传播过程，亦即日本文化对南蛮文化的吸收和和排斥历程。认为南蛮文化是日本迈进近代的童年时代，它拓宽了日本人的文化视野，丰富了日本人的学问领域，并使无学的庶民阶层也得到了某些科学文化知识，是日本历史上引进中国文化以来又一个重要转折点，为日本人进一步接受欧洲异质思想文化准备了知识前提。

冯玮《概论20世纪以前日本“西学”的基本历程》（《日本学刊》1996年第1期）概述了20世纪前日本“西学”所经历的“南蛮时代”—“兰学时代”—“洋学时代”的基本历程和基本特征，揭示了西方文化与日本文化的交融过程。

二、国际经济交流关系研究

目前在中国的国际关系史研究中，国际经济关系的研究仅处于起步阶段。其中有代表性的研究是张德明《浅谈环太平洋经济网络的产生》(《世界历史》1996年第1期)。该文引用诸多经济史资料，追溯了太平洋世界的三大板块——亚太、美太和南太——相互发生经济联系的过程。指出，环太平洋经济网络的雏形产生于从19世纪中期起的半个多世纪里；它发端于1848年加利福尼亚金矿的发现和美国西部的开发；美国、日本和华人是这一网络的“编织者”；在其发展中出现的商路、贸易、劳动力国际化、生产的国际分工、金融的通连和资本的环流这六条“线”将太平洋周边国家和地区联在一起，从而初步形成了多层次的环太平洋经济网络。

另外，张友伦《美加自由贸易关系的形成及其历史启迪》(《世界历史》1996年第4期)从历史的角度，探究了美国和加拿大之间从相互保护关税到形成自由贸易关系的全过程。认为经济发达国家在他们的经济发展水平比较接近的情况下，才有可能形成自由贸易关系，但仍然会存在相当严重的摩擦和许多保护性措施。

高芳英《战后日本与东盟经济关系的演变》(《文史哲》1996年第4期)对第二次世界大战后日本与东盟的经济关系从恢复——日益密切——产生矛盾与摩擦的演变过程进行了探讨。指出在双方形成的“相互补充”的经济关系中，日本是渗透者，掌握主动权，其获利程度超过东盟国家。

三、东西关系：冷战史研究

随着冷战的结束和西方国家对50—60年代档案的解密，中国有相当一部分学者把研究重点放在冷战史研究上，并形成了1996年国际关系史研究的一个热点，其中在冷战起源、朝鲜战争、深入分析美苏关系、美日关系、美中关系、中苏关系与冷战格局形成和发展的交互影响等方面，取得了一批富有启发性的成果。

1. 冷战起源

时殷弘《论第二次世界大战中的对苏租借援助》(《江海学刊》1996年第

3期）运用大量史料，详细论证了二战进程中美国对苏联租借援助与冷战起源的关系。认为租借法适用于苏联是美苏战时同盟的真正开端，对苏租借援助大致实现了它的军事目的，但却未能像罗斯福希望的那样达到为美苏战后合作奠定基础的政治目的。由于在苏联军事状况十分危急最需要盟国援助的时期，美英主要因运输方面的客观困难而未能及时和较充分地履行对苏租借援助承诺，特别是第二战场开辟后军事形势已经改观的情况下，美国主要出于政治考虑，在未与苏联协商也未预先通知的情况下，以相当粗暴的方式结束了特惠援苏政策和整个对苏租借援助，大大加深了苏联的怀疑与敌意，从而在一定程度上促进了冷战的形成。

2. 朝鲜战争

崔丕、侯文富《美国国家安全委员会第81/1号文件形成问题研究》（《历史研究》1996年第6期），利用大量解密资料，详细论述了1950年9月11日由杜鲁门批准的确定美国在朝鲜战争中“北进”原则的美国国家安全委员会第81/1号文件的来源与形成过程。指出该文件的形成过程是美国在朝鲜推行直接军事介入，全面遏制政策的确立过程；不仅使美国的对外援助从经济援助为主向军事援助为主转变，使亚洲的冷战完成了向热战的转变，而且使中美两国走上了军事和政治全面对抗之路，也引发了美国政府内部对亚洲战略问题的论争。

沈志华《越过三八线：美国扩大朝鲜战争的战略决策》（《世界历史》1996年第6期）根据原始资料，分析了美军越过三八线的军事行动的决策及实施过程。指出，美国之所以决定进击北方，不仅在于仁川登陆在极困难的条件下获得成功，更重要的是出于对影响美国决策的制约力量——苏联或中国军队是否会出兵参与朝鲜战争的判断。作者认为，美国对苏联不会出兵干预朝鲜冲突的判断是正确的，但对中国也不会出兵干预朝鲜冲突的判断则是非常错误的。这种错误的原因既有对东方式交际手段和信息传递手段的不理解，也有对中国军队作战能力的估计不足；既有对中苏关系状况的错误分析，也有对中国高层领导意图的盲目认识。

金正浩《朝鲜战争与东北亚格局》（《延边大学学报》1996年第3期）认

为，朝鲜战争一开始在本质上是一场要求被分裂的祖国实现民族独立和国家统一的国内战争，但是美苏两国推行的冷战政策，必然使美苏亲自播下“分裂火种”的朝鲜成为两大阵营之间第一次交锋的事发地区。这场战争对东北亚冷战格局的形成，日本经济的发展，朝鲜南北的对立和中美之间20余年的敌对都有直接影响。

3. 美苏关系

于群《美国国家安全委员会152号文件的形成》(《历史研究》1996年第1期）利用大量解密档案文献，对1953年5月27日美国国家安全委员会制定的题为“经济防卫政策考察”的NSC152号文件的制定背景、内容和实施过程进行了深入研究。指出从1953年到1954年6月，美国通过NSC152号文件及其后的修改文件，终于完成了朝鲜战争结束后美国新经济防卫政策的制订。尽管该政策在以后不断进行调整和修改，但其对社会主义国家实行经济封锁和遏制的总体战略和基本原则却一直延续下来，成为美国以意识形态为标准对社会主义国家进行经济冷战的重要工具。

时殷弘《美国与苏共二十大》(《南京大学学报》1996年第3期）通过已刊档案资料，深入探究了美国对苏共二十大造成的双重影响的双重反应。指出，苏共二十大前，美国在谋求苏东内部变更方面的基本战略仍然是促其激变，尽管通过东西方交流而使苏东演变的战略已初步确立，但仍属纸上谈兵。但以一般所称非斯大林化为主要标记的苏共二十大，对苏东的局势造成了双重巨大影响：一方面，它导致了苏联集团在国家政治和意识形态领域内展开了幅度空前的改革，使之进一步有节制地向比较宽松、多样化的方向变化；另一方面，由于各种因素作用，使这一改革在若干场合造成了严重的动荡乃至变乱。作者认为，苏东局势的这种两重性，决定了美国反应的双重性：一方面，改革失控引起的严重动荡使美国得到了有利条件来重新实施早已陷入困境的激变战略；另一方面，苏东在现存的基本政治、经济体制中的有序改革则使初出茅庐的演变战略在理论上臻于成熟，其标志是1956年6月初杜勒斯亲自起草的题为《东西方交流》的文件。至此演变战略成为与遏制战略相并行的关于苏东的另一项基本战略。随着匈牙利事件的结束，演变战略终于在美国的政策中占了压倒性优势。

4. 美日关系

于群《旧金山和约后的美国对日政策新构思》(《世界历史》1996年第4期)论述了旧金山和约后美国国家安全委员会制订的题为“美国对日行动目标和方针”的第152/2号文件的形成过程和具体内容。指出美国最高决策机构在制订对日政策时，把冷战模式和意识形态作为制定政策的基本依据，把亚太地区的国家按社会制度简单划分为“敌人”和“朋友”，并把所谓的“中苏威胁”强行作为美国对日政策的前提条件，以此武装日本，使日本服从美国的战略利益。

冯昭奎《日美关系：从战后到冷战后》(《美国研究》1996年第3期)讨论了二战后日美关系的变迁，指出在战后日本对美国的外交中存在着“追随外交”和“自主外交”两种成分，这两种成分相对比重不断交替变化，但基本特征是前者，其目的是最大程度地利用冷战格局为日本谋利益；冷战的结束也未带来日美特殊关系“散伙儿”的后果。

5. 美中关系

林利民《1949年美国政府编纂发表对华政策白皮书的原因与国共美三方政治反应》(《华中师范大学学报》1996年第2期)论述了美国政府对华政策白皮书的编纂发表经过，指出其意图在于推卸对国民党政权失败所负的“责任”，应对国内“院外援华集团”等反对派的批评，并为与该政权脱离关系作准备。但是蒋介石政权出于继续争取美援的目的而对此事淡化处理；中共则发起一场轰轰烈烈地批判白皮书的运动，以系统阐述中共革命基本理论，教育全党；美国政府反对派则在国内挑起了“谁丢失中国”的政治大辩论。文章认为这份白皮书是一份失败多于成功的历史文件，其结果是既未能借此达到与国民党政权脱离干系的目的，还“使劲关上了”与新中国建立新关系的“大门”，这与其炮制者的最初意图相距甚远。

项锷《“放蒋出笼”：论50年代的美国远东新战略》(《上海师范大学学报》1996年第3期)利用大量解密的原始资料，探究了朝鲜战争后美国远东新战略的制定原因、过程与结果。指出这一战略是美国从其冷战的全球战略考虑的产物，其中心是遏制中国革命的影响向越南进而向东南亚的扩大；其表现是加强台湾的国民党政权，“放蒋出笼”；其目的是遏制中国，因此使中美关系陷入僵局。

6. 中苏关系

薛衔天《战后东北问题与中苏关系走向》(《近代史研究》1996年第1期）对目前国内学术界尚未予以充分注意的东北问题与新中国外交对苏联“一边倒”形成的关系问题，进行了深入探讨。指出东北问题一直是中苏关系的主要内容，并制约着国共双方对苏关系的变化和组合。文章论述了二战后由于冷战格局的形成和中国国内政治力量的变化而引起的战后“三国四方”（三国指美、苏、中，四方指美、苏、中共和国民党政府）关系在中国东北问题上的不断重新组合的原因和过程，认为面对美苏两大营垒对抗的世界格局，中共要取得民族解放斗争的彻底胜利，恢复在东北的国家主权，巩固发展新政权，实行对苏“一边倒”外交是当时的唯一选择。

牛军《论中苏同盟的起源》(《中国社会科学》1996年第2期）运用大量历史资料，考察了第二次世界大战结束后中共与苏联关系的发展，以及新中国领导人与斯大林谈判的历史过程。认为中苏结盟是在双方不断协调战略利益关系并解决意识形态方面的分歧中完成的。《中苏友好同盟互助条约》的签订标志着中苏正式结盟，为以后10余年的中苏关系全面发展奠定了基础。但苏联领导人在结盟过程中，坚持苏联在战后国际格局中从中国东北获得的权益，也为后来同盟的破裂埋下了种子。此外，作者依据近年来俄罗斯公布的有关档案，对中国学术界有争论的关于米高扬访问西柏坡是否代表斯大林劝阻中共不要打过长江的问题，作出了说明。

三、南北关系：“非殖民化”研究

近几年来，中国学者对西方殖民帝国的解体问题，特别是对殖民国家在殖民地人民的民族解放运动的冲击下被迫采取的“非殖民化”行动，给予了重视，并对英、法等老殖民帝国进行了个案研究。

张顺洪《论英国的非殖民化》(《世界历史》1996年第6期）首先对“非殖民化”进行了界定，认为“非殖民化”和“民族解放运动”是西方殖民帝国瓦解这一历史过程的两个方面，“非殖民化”主要是指殖民国家在被迫撤出殖民地的过程中采取的旨在尽可能地维护自身利益的各种行动。文章具体考察了英国的情况，指出英国“非殖民化”的中心任务与核心内容，是权力移交给谁的问题和如何实现从旧殖民主义向新殖民主义的转移问题。英国通过在殖民地实行“宪政改革”，选择接受权力对象实现了有利于英国维护其长期影响的权力移交；通过与旧殖民地签订一系列军事条约、财政协定和公职人员协定等方法，把新生国家纳入英联邦，实现了旧宗主国与殖民地的关系转移。

李维《试论戴高乐的阿尔及利亚非殖民化政策的两重性》(《世界历史》1996年第6期）具体考察了戴高乐的非殖民化思想，论述了法国在解决阿尔及利亚问题时以怀柔政策和军事政策并举的实践。

四、中外关系史研究

1. 中英关系

王栋《中英〈马凯条约〉的谈判与签订》(《学术月刊》1996年第4期）对1902年中英依据《辛丑条约》第11款规定而进行的修订商约的谈判，即中英《马凯条约》的谈判与签订过程进行了详细论述。认为这一条约为以后的其他新商约提供了范本，由于这次谈判与清政府的革新紧密相连，故其革新内容有利于中国经济、司法及文化制度走向国际化，对中国社会发展确具进步意义。但另一方面，该条约作为近代中国不平等条约体系中的一环，反映了20世纪列强大大加强了对中国经济各个领域进行渗透的特点。

陈谦平《1943年中英关于西藏问题的交涉》(《历史研究》1996年第4期）依据大量史料，详细探讨了1943年由于西藏地方政府关闭了由印度经西藏通往中国内地的畜力运输线，从而引发了中国和英国与印度政府之间的危机的起因、双方交涉过程和结果。指出这场危机的主要原因在于英国试图将西藏从中国分裂出去并控制西藏的图谋，它的解决是中国中央政府决心维护中国统一和领土完整的体现。

莫世祥《盟友与对手——香港对日作战中的中英关系》(《近代史研究》1996年第4期）叙述了面对日本侵略中英两国作为盟友合作抗战的历史，以及面对战后香港归属问题两国政府在幕后进行的外交较量。指出英美在坚持拒绝归还香港问题上的合作，以及国民党政府为继续争取美英的军事援助而实行委曲求全的“弱国外交”，是中国未能乘抗战胜利、光复国土之机收复香港主权的主要原因。

2. 中俄关系

米镇波《论鸦片战争前后沙皇政府在恰克图地区禁止鸦片走私的政策》(《南开学报》1996年第1期）根据原始资料，分析了当时沙皇俄国从自身利益出发，实行了不同于英、法、美等国的禁止在中俄边境走私鸦片的政策，以及这种政策的不彻底性。

杨奎松《孙中山的西北军事计划及其夭折——国民党谋求苏俄军事援助的最初尝试》(《历史研究》1996年第3期）利用大量资料，论述了在本世纪20年代孙中山向苏俄政府提出希望援助在中国西北地区建立军事基地，从那里向北京政府发动进攻的西北军事计划的经过，以及蒋介石受命出使莫斯科与苏俄具体谈判此事的过程。指出这一计划被否定的主要原因，在于孙、蒋提出的计划涉及苏俄最敏感的外蒙古问题，苏俄不同意国民党在外蒙古进行活动使整个计划最终夭折。蒋介石莫斯科之行的完全失败，是蒋对苏俄产生恶感的开始。

3. 中日关系

俞辛焞《试探孙中山对“满洲租借”问题的态度》(《南开学报》1996年第5期）对辛亥革命时期孙中山与日本之间可能有过的、以提供满蒙权益为条件的借款交涉，即所谓“满蒙租借”问题这一中日关系中的大悬案，进行了探讨。作者通过对日方研究提供材料的考证和分析，认为尽管日方有关该问题的材料较多，提供了重要的证据，但这些材料反映的孙中山本人的态度是矛盾含糊的，而且缺乏出自孙中山本人的直接材料，因此我们目前只能说此事可能性较大，下肯定结论为时尚早。另外在研究和考证“满洲租借”问题时，应先揭露日本企图利用孙中山和南京临时政府财政穷乏之际，趁火打劫，以提供贷款为名图谋租借和迫使中国割让东三省的侵略野心。

4. 中美关系

金光耀《顾维钧与中美关于“二十一条”的外交活动》(《复旦学报》1996年第5期）梳理了一战时任北京政府外交部参事的顾维钧围绕“21条”的交涉展开的对美外交活动，指出他所主张的联美制日方针，显露出近代中国外交发生重大转折的征兆。此后民国各届政府在面临日本威胁时大都采取了相同对策，但他们并未足够认识到他们对美国的期待与美国的门户开放利益均沾的对华政策之间的差距。

罗志田《济南事件与中美关系的转折》(《历史研究》1996年第2期）运用大量史料，详细论述了1928年5月北伐军与入侵山东之日本干涉军在济南发生的冲突对中国外交的影响。指出：该事件粉碎了国民党对日本工作的全部希望，使之在外交上更转而寻求与美国建立密切关系以制衡日本在中国日益增强的侵略活动；当时张作霖控制的北京政权在外交上也力图向美国倾斜，中国南北政权正是在日本威胁加剧的背景下，重新认识了“中美特殊关系”的重要性；济南事件也是美国为遏制日本在中国东北日益要求“特殊权益”，从对中国内部权力斗争保持中立的政策，转向支持国民党政权的政策。

王琛《美国西藏政策的演变（1947—1951）》(《史学月刊》1996年第5期）论述了二战结束后美国承认中国政府对西藏拥有主权的政策受到的一系列挑战，以及美国政府从这一传统政策步步退却的过程，分析了美国最终未使其彻底转变的原因。指出，冷战酝酿、形成和升级的过程是美国对西藏政策传统涵义与日俱减和干涉西藏的企图日趋深化的过程；但从美国的全球战略与远东全局考虑，西藏并未重要到使美国公开干涉与承担义务的程度；印度政府的中立和不加入冷战集团的态度和新中国的强大巩固与统一也是制约美国西藏政策未能彻底改变的重要因素。

五、二战史研究

第二次世界大战史的研究始终是中国学术界不衰的课题。

梁占军《1939年苏联出兵波兰与英国的反应》(《首都师范大学学报》1996年第4期）探讨了二战爆发之初的苏英关系。指出尽管苏联出兵波兰是对波兰安全的主要保证国英国的严重冲击，但英国从当时的总体战略出发，对苏联的行动采取了克制谅解政策，并致力于改善英苏关系，为日后两国能迅速建立同盟关系奠定了基础。

徐蓝《从“橙色”计划到“彩虹”计划——太平洋战争前美国的战略演变》(《历史研究》1996年第6期）依据90年代出版的美国战争计划档案，详细探讨了两次大战之间的年代中美国战争计划的演变过程。认为太平洋战争爆发前，美国最终把坚持了23年的以亚太地区为主要战略取向的“橙色”计划，转变为以先欧后亚大战略和以美英军事合作为基础的“彩虹”计划，反映了美国军政当局对其地缘政治和战略环境的准确认识。

韩永利《“先欧后亚”战略与太平洋战争爆发前的美国远东政策》(《武汉大学学报》1996年第5期）认为，由于美国战略制定者只从美国自身的利益、安全和追求的目标考虑，致使“先欧后亚”战略在如何实施“太平洋守势”上缺乏具体构想和切实可行的计划，这是酿成太平洋战争之初美英盟国一溃千里惨败的重要原因。

纵观1996年中国的国际关系史研究，存在一些问题。1.一些论文在研究内容上缺乏新意，在资料运用上缺乏对原始资料的挖掘。2.在研究方法上基本没有新的突破。如何运用社会科学的新理论和新方法进行国际关系史研究，是中国学术界应当探讨的课题。

1997年国际关系史研究[①]

1997年中国国际关系史研究的一个突出特点，是与这一年中国发生的重大政治事件密切相关，特别是围绕香港回归祖国和以江泽民主席访问美国为标志中美关系的重大改善这两大问题，出现了一批从不同角度研究香港问题和考察中美关系的学术论文。另外在国际关系史研究的传统热门领域，如美国外交政策、二战史研究、中外关系史研究等方面，也有较高质量的著述问世。值得注意的是，在20世纪即将走完它的全程的时候，人们也开始重视对19世纪和20世纪国际关系的宏观探讨。

一、香港回归

刘存宽《英国强占香港岛与所谓“穿鼻条约”》(《世界历史》1997年第2期）依据中英两国的档案文献进行分析研究，雄辩地证明了关于将“香港岛和港口”割让英国的所谓“穿鼻条约”，即义律等所谓经琦善“盖印”、“协议”、“文据”也者，纯属无中生有。英国对香港岛是非法占领的。

萧致治《鸦片战争与香港割让》(《武汉大学学报》1997年第4期）以确

① 本文是为中国历史学年鉴所写的专稿，发表于《中国历史学年鉴·1998年》，三联书店2000年，第272—281页。

凿的史实证明英国在鸦片战争前200年就蓄意侵占中国领土，并经过深入调查肯定“香港是世界上无与伦比的良港”而积极谋求占领；英国占领香港是义律交互使用外交讹诈和武力威胁的结果，所谓“穿鼻条约”或“穿鼻草约”完全违背历史真相且都是后人所杜撰。

郭卫东《鸦片战争时期中英关于香港居民司法管辖权的交涉》(《史学月刊》1997年第2期）论述了英国对香港居民的司法管辖权问题，指出1841年1月义律和琦善在穿鼻洋蛇头湾的会晤是我们所看到的关于香港司法问题的首次正式谈判，在此之前英方关于双方就香港地区司法达成的协议的所有“通告”都是英人的捏造；但是从1841年1月到1843年底中英之间时断时续拖延日久的关于在港华人司法管辖权的交涉仅仅限于外交谈判，实际上从英国侵占香港的那天起，对在港华人的审判便基本由港英当局单独管理，1844年以后中英未再对此进行交涉，香港居民（主要是华人）的司法管辖权便在有形无形间归于英国。

齐鹏飞《旧中国政府早期“收回香港”的外交活动述评》(《中国人民大学学报》1997年第5期）论述了1919年巴黎和会、1921—1922年华盛顿会议、1923—1924年孙中山的“废除不平等条约”运动和1928年蒋介石发起的“修改不平等条约”运动，力图收回香港但终未成功的历史过程。

王建朗《中国废除不平等条约的历史考察》(《历史研究》1997年第5期）勾勒了自不平等条约产生起中国人民历经艰辛的废除不平等条约的斗争历程。指出中国的废约是几代人和数届政府不断努力的结果；群众性的反帝运动和历届政府的废约外交相辅相成缺一不可；中国的废约是一个渐进的具有明显阶段性的过程。

李世安《香港在新中国成立初期对外贸易中的作用》(《世界历史》1997年第2期）指出香港是新中国对外贸易的重要桥梁，分析了香港与中国内地贸易发展的根本原因是中国政府实行了正确的贸易政策以及英国政府为了自身的利益而实行的不干预政策，从而使香港为发展我国的对外贸易、恢复国民经济作出了重要贡献。

李一平《香港开埠以来英人经济与华人经济的对比研究》(《世界历史》1997年第2期）以大量统计资料，回顾了150年来香港社会经济的发展历程，比较了英人经济与华人经济的力量的发展消长变化。

于群、程舒伟《美国的香港政策（1942—1960）》（《历史研究》1997年第3期）利用解密资料，详细地论述了1942—1960年美国对香港的政策经历了太平洋战争爆发后美国从道义上支持中国收复香港，到二战结束时帮助英国接受日军受降重建亚太地区殖民统治，再到中华人民共和国建立前后美国把香港作为“岛屿防卫链”的重要一环和对华进行经济封锁与遏制的主要阵地，进而在50年代末利用香港作为对华进行意识形态领域作战的前哨阵地和展示西方生活方式的橱窗的演变过程。

钱乘旦、洪霞《从于心不甘到面对现实》（《南京大学学报》1997年第3期）从英国报纸杂志发表的文章，追寻自1982年撒切尔夫人来华揭开关于香港问题的中英谈判序幕，到1997年7月1日香港回归的15年中英国舆论变化的轨迹，指出英国舆论从对香港负有道义责任到学会以一个局外人的身份来看待香港的回归中国，是从一个侧面表明了大英帝国雄风已去的历史事实。

另外值得指出的是，在围绕香港问题展开讨论的同时，随着1999年中国恢复对澳门行使主权时日的临近，国内学术界也更加关注澳门问题。在这方面比较有代表性的文章是黄庆华《早期中葡关系与澳门开埠》（《史学集刊》1997年第4期），该文依据中外载籍，通过分析和论述16世纪葡萄牙人在中国东南沿海的活动，对早期中葡关系和葡人入居澳门的历史背景进行了梳理，对一些讹传的涉及澳门主权的重大事件和关键问题给予了澄清。文章认为400多年前葡萄牙初次遣使中国遭到失败，其原因既不在明朝政府自大排外，闭关锁国，亦不在华夏文明与西方文明格格不入，而在于葡国政府的海外侵略扩张掠夺及葡人在中国领土上的奸诈专横暴戾；自1522年葡人被逐出广东到1553年借居澳门的30年中，葡人一直在闽浙一带进行海盗活动；而后来葡人入居澳门，既不是靠武力征服，亦不是中国皇帝的赐予，更不是中国政府的割让，而是谎称晾晒被水贡物，重金贿赂海道副使所致；葡人从1553年到1572年借居澳门，从1573年到1848年蓄意改借居为租居，从1849年起借助列强势力，乘中国鸦片战争之危拒纳地租，转而强居；至于讹传的葡人因“助剿海盗得赐澳门”的说法是没有任何真凭实据的。

二、中美关系

王立新《近代基督教传教运动与美国在华商业扩张》(《世界历史》1997年第2期)从近代来华的商人和传教士之间的既相互利用，又各自独立，有时甚至相互攻讦的关系的角度评述了近代以来的中美关系；指出两者在扩张美国文明这一根本目标上的一致性和双方不同的精神追求、价值观念和利益范围是产生上述既合作又矛盾的原因。

朱卫斌《西奥多·罗斯福与排华》(《中山大学学报》1997年第4期)叙述了20世纪初西奥多·罗斯福总统从严厉排华到执行一项较为宽松的排华政策的演变过，认为罗斯福的排华政策既与他本人的种族主义思想有关，也是对国内主张严厉排华的排华利益集团和要求对中国移民限制较少的“门户开放”集团妥协斗争的结果。

章百家《周恩来与马歇尔使命》(《近代史研究》1997年第4期)运用新公布的中共档案，论述了周恩来外交生涯中的一段重要经历——1946年周恩来与美国调解国共矛盾特使马歇尔的谈判过程。指出在毛泽东提出的总框架下，无论是在谈判前夕对形势的分析方面，还是在“中立美国”的政策制定方面以及在谈判的目标和预案方面，周恩来都发挥着最主要的作用。文章详细讨论了周恩来与马歇尔从谈判开始时双方顺利建立起合作关系到最终无可挽回地关系破裂过程，指出蒋介石决心依靠武力压倒共产党而拒不合作，以及美国政府出于自己的利益需要而不得不支持蒋介石是这场谈判最终破裂的基本原因。

林利民《1949年美国延宕承认新中国“共同阵线”政策述评》(《世界历史》1997年第2期)以中美关系的历史和当时的冷战格局为总背景，依据大量档案资料，对美国企图在承认新中国问题上与其西方盟国实行“共同阵线”政策的提出原因、主要内容、贯彻过程进行了评述，并分析了这一政策最终失败的根本原因在于美国过高估计了自己在国际事务的影响和驾驭西方盟国的能力，而过低估计了中国革命的意义和新中国奉行的独立自主外交政策的信心和能力。

陶文钊《禁运与反禁运：五十年代中美关系中的一场严重斗争》(《中国社会科学》1997年第3期）依据大量史料，论述了20世纪50年代美国对华贸易禁运政策的制定、实施和演变过程，阐释了新中国政府颇有成效的反禁运努力。

孟庆龙《艾森豪威尔政府对华冷战外交探析》(《世界历史》1997年第5期）从心理战和决策者个人的作用等角度，分析了艾森豪威尔、杜勒斯政府的对华政策，指出对具体的经济、安全利益的考虑和盟国的态度，是该政府实行意识形态最浓、最热衷于进行核讹诈、但始终没有把冷战上升为热战的反华政策的根本原因。

顾宁《美国"遏制但不孤立"中国政策提议的历史由来、反响及其意义》(《世界历史》1997年第1期）根据较为丰富的史料，对1966年3月8日到30日美国参议院外交委员会先后举行的9天关于美国政府二战结束以来推行的对华政策听证会的背景、内容、反响和意义进行了评述。认为这次听证会为美国的中国通们提供了一个公开谈论美国政府对华政策的机会，使美国公众第一次有机会了解中国的真相，而由这些中国问题学者提出的"遏制但不孤立"中国的政策则最终改变了自杜鲁门总统以来的"遏制并孤立"中国的政策，并成为从尼克松到克林顿政府的对华政策。

杨洁勉《试论中国对美政策的调整》(《复旦学报》1997年第2期）从宏观的角度，叙述了中国对美政策从对苏联的"一边倒"政策，到70年代谋求中美关系正常化的"一条线"战略，到80年代的"不结盟"政策，再到1989年中美关系受到重大挫折的"大起落"状况的调整过程，进而论述了目前中国对美政策的第五次调整，认为这次调整典型地反映了世界多极化进程加速的趋势和中国崛起这一时代特点。

赵宝煦《台湾问题：影响中美关系的重要因素》(《北京大学学报》1997年第1期）从历史与现实的角度论证了台湾问题在中美关系中产生的破坏性影响，认为：美国始终存在着制造"一中一台"并控制台湾的野心以及台湾在美国东亚战略中的重要地位不易改变；李登辉坚持"独台"道路不会回头；中国绝不容许侵犯主权原则，绝不容许领土被分割的决心亦不会动摇。这些因素将会使中美之间的关系不断经历激化与缓和交替出现的状况，只有当两岸和平统一条件成熟时中美关系才有可能正常发展。

三、美国对外政策

在对美国外交政策的研究中，中国学者开始注意从历史文化和价值观念方面探讨美国外交政策制定的深层次原因。

韩莉《威尔逊的社会政治观、历史观及其外交政策》(《首都师范大学学报》1997年第1期）通过对威尔逊担任公职前的学术著作的观点分析，说明：威尔逊在研究了美国的政治体制发展后，认为时代的发展要求美国有一个强大的中央政府对社会加强控制，才能使社会有序进步并保持国家的统一。随着美国实力的强大，他进一步将这个观点运用于国际事务，这就成为国际联盟的理论基础。威尔逊深受边疆学说的影响，认为在西进运动结束后，要将开拓边疆的模式向世界推广，从而为美国向外扩张并充当世界领袖提供了理论依据。

王晓德《美国对外关系的文化探源》(《历史研究》1997年第3期）认为对人类历史发展和命运承担特殊责任的“使命”神话，隔岸观火的“孤立”情绪，边疆无尽的“扩张”意识，以及唯我独尊的“优越”心态等文化价值观念都影响着美国外交政策的制定。

时殷弘《苏联东欧内部变化和美国的政策》(《世界历史》1997年第6期）从宏观上探讨了20世纪50—60年代美国对苏东内部变化的反应、战略与政策。认为在斯大林去世后的20年间，美国对苏联、东欧的内部政治、经济和社会变化采取的主要战略是提供种种条件加强变化趋势以促成根本改变苏东国家性质的演变战略。该战略的实施条件是美苏关系处于缓和状态；演变战略与社会主义国家的改革密切相关，改革的出现和有序进行导致了演变战略的问世和可行性，而改革的停滞也不会改变演变战略的实施。由于演变战略的一项主要功能是使苏东各界人士以西方的面貌为楷模来简单化地评判本国社会，所以在当代条件下，社会主义事业生存和发展的切实希望，是逐步改善社会主义国家的体制，造就使广大民众认同于社会主义事业的那种生活水平和政治文化环境。该作者在《美国与南斯拉夫50年代初内政改革方向问题》(《扬州大学学报》1997年第1期）中则从微观的角度具体探讨了美国对南斯拉夫改革方向的认识和反应，并揭示了美国对南政策的实质是最终改变南斯拉夫的社会制度。

四、中外关系

鸦片战争以来中外关系的一个极其重要的方面就是经济关系，而这种经济关系又是以西方列强的对华经济侵略为主要内容。

汪敬虞《19世纪末叶外国在华银行的投资活动》(《近代史研究》1997年第4期）较详细地论述了19世纪最后五年，作为列强经济侵略重要工具的外国银行在中国的活动，通过对包括财政借款、铁路借款和企业投资三个方面的争夺，揭示了西方列强越来越以企业联合形式出现的、以银行和洋行联合为主体的辛迪加在华争夺势力范围的过程，认为从这些方面也反映了世界资本主义向帝国主义过渡的时代特征。

宓汝成《庚子赔款的债务化及期清偿、“退还”和总清算》(《近代史研究》1997年第5期）对20世纪中外关系史中的重要事件——庚子赔款进行了详细研究，论述了以下一些重要问题：作为保留清王朝不被瓜分的重要条件之一的庚子赔款债务化的过程，以及按当时中国人口数确定的4.5亿两海关银赔偿额对各国的分配情况；清政府和北洋政府对列强为增加实际赔偿量而炮制的“镑亏”和“金法郎案”委屈让步的经过，从而得出自1901年《辛丑和约》签订后关于庚款的预计本利合计应为11亿两海关银而不是以往所估的9.8亿两才更符合实际的结论；详细考察了美法意比荷俄英等国对庚款的“退还”情况以及日本并未“退还”的事实，指出“退还”是以中国付给为前提，“退还”的量有从截至约定某年起庚款未偿余额中的部分或全部之别，基本趋势是向全部“退还”演变；指出1902—1938年37年中中国为庚款偿付的本息计为6.7亿海关银两之巨；正是由于中华民族击败侵略者并在反法西斯战争中的巨大贡献才使列强不得不在1943—1946年与中国签订的“新约”中取消了庚子赔款。

沈予《国民革命与日蒋关系》(《近代史研究》1997年第2期)以历史档案文献所反映的事实为依据，揭示了1926—1928年期间日本交替推出“币原外交”和“田中外交”两种不同的敌视国民革命的策略手段破坏中国革命，以及蒋介石背离三大政策走上联日反共道路的真相。认为这一时期蒋介石对日屈从的立场，正是“九一八”事变和30年代上半叶日本军国主义侵华变本加厉而国民政府一味奉行退让妥协政策的滥觞和渊源。

李恩涵《本世纪30年代前后日本对华北的毒化政策》(《近代史研究》1997年第4期)以大量的中英日文材料，详述了日本从20世纪初到1945年在中国华北各省制毒贩毒并从中获取暴利的犯罪事实，并认为尽管后来在美苏冷战和中苏冲突的现实国际政治下台湾海峡两岸有关方面均先后对日放弃了战争索赔权，但新日本和日本社会不应以任何借口推卸其应负的战争赔偿责任。

刘广太《新中国成立前后的加拿大对华关系》(《世界历史》1997年第6期)认为加拿大政府本欲尽早承认新中国并为此进行了大量准备工作，但迫于美国的压力和干预最终迎合了美国的“孤立中国”的政策。

李节传《加拿大与美国在“联合国军”跨越38度线问题上的分歧》(《南开学报》1997年第6期)认为自朝鲜战争之初，加拿大因担心中国出兵使战争扩大而威胁西方的整体战略利益，曾主张恢复战前状态，反对西方以武力统一朝鲜，并采取种种措施力图防止战争扩大，可是在最后关头却同意“联合国军”越过38度线，明显表现出决策和行动的严重错位。

五、第二次世界大战

程早霞、伍玉林《二战前期苏德经贸关系述论》(《北方论丛》1997年第3期)从经贸关系的角度初步探讨了二战爆发后的苏德关系。认为德国从苏联和第三国取得了战争所必需的原材料和粮食决定性地削弱了英国的大陆封锁政策；而苏联大量战争物资运往德国不但削弱了自身的战争力量，而且由于两个经贸协定的执行麻痹了斯大林对大战即将爆发的警惕性，从而使苏联在战争前期遭受了本可以避免的重大损失。

任东来《美国与1944年英苏划分巴尔干势力范围》(《美国研究》1997年第1期）对1944年英苏两家划分巴尔干势力范围的“百分比协议”的产生经过进行了论述，并指出美国对这一协议的立场只是沉默而非认可；认为美国采取这一立场的主要原因在于美国寻求所谓的全球领导责任，美国意识到战后势力范围会仍然存在但没有反对势力范围的通盘考虑，并希望利用自己的影响使苏联在东欧建立“开放的”而非“排外的”势力范围，这种对势力范围的复杂看法在外交实践上表现出来的矛盾性，实际使维持美苏战后合作关系变得非常困难。

六、对国际体系与国际秩序的发展演变的宏观论述

吴木生《试论1815年维也纳均势体系的特点》(《南开学报》1997年第3期）论述了1815年建立的维也纳体系的三个特点：首次在国际会议上明确了“均势”的定义；具有国际法性质的国际条约所确定的正统主义、均势、补偿与安全等原则是维也纳体系建立的基础；首创了维护均势体系的欧洲协调机制。认为这种通过外交谈判、签订国际条约和建立国际组织的方法解决问题的国际政治均势体系是有利于国际和平的。

曹胜强《20世纪国际秩序的历史研究——凡尔赛体系与雅尔塔体系之比较》(《世界历史》1997年第1期）对凡尔赛体系和雅尔塔体系不同创立过程、形成的国际关系的不同格局以及对战败国的不同处理方法进行了比较，认为尽管凡尔赛体系并非一无是处，但未能消除战争，反而引发了第二次世界大战；而雅尔塔体系则顺应了时代发展的潮流，在和平与发展问题上做出了重大贡献。

杨泽伟《试论30年代经济危机对世界整体发展进程的影响》(《世界历史》1997年第1期）打破了对30年代经济危机的研究主要是论述这场危机给资本

主义带来巨大破坏性的局限，而是把这场危机放在世界整体发展进程中进行宏观探讨。认为这场经济危机是世界整体发展向更高阶段演进的强大推动力和转折点；它标志着从恢复世界经济旧秩序向筹建世界经济新秩序的转变，各国从单纯追求本国利益采取以邻为壑的短视行为向国际政治经济合作的转变，从战胜国不愿放弃赔款与战债到二战后赔款与战债问题被完全避免的转变；这些转变的最终结果是二战后建立的布雷顿森林体系和一般垄断资本主义向国际垄断资本主义的过渡，以及国家对经济的宏观调控政策的开始。

纵观1997年中国国际关系史的研究，产生了几点想法：1.研究水平有了显著提高，主要表现在运用第一手资料进行研究的文章不断增加，仅用中文翻译的书籍写就的论文已有所减少。2.史学研究具有双重功能，既可复原过去，也可借鉴现在，因此应该提倡史学研究贴近现实的倾向。3.国际关系史的研究与国际政治、国际经济及其他学科的交叉联系日益密切而不可分，这不仅为国际关系史的研究提供了更为广阔的领域，也对其研究提出了更高的标准和要求。

1998年国际关系史研究①

1998年中国的国际关系史研究的主要特点有两个：其一是越来越多的学者重视了对原始档案资料的运用；其二是对中外关系的研究成果颇多，形成了一个明显的热点。这两个特点的形成，不仅在于国内外档案资料以不同形式不断公布，而且与中国国际地位的上升有极大关系。另外，除了对美国外交政策的研究始终不衰之外，中国学者在“非殖民化”问题上也有新的较为深入的论述问世。一向研究薄弱的近代国际关系史领域，也出现了一些新的成果。

一、中外关系

1. 中苏关系

随着90年代以来前苏联档案的解密，中国学术界关于中苏关系史的研究也进入了一个新的阶段，一批利用这些档案写成的学术文章相继问世。

沈志华、谢·冈察洛夫《〈中苏友好同盟互助条约〉的签订：愿望和结果》（《中共党史研究》1998年第2、3期）利用俄罗斯最新解密的档案和中国

① 本文是为中国历史学年鉴撰写的专稿，发表于《中国历史学年鉴·1999年》，三联书店2002年，第278—285页。

发表的有关文献及回忆录，详细论述了1950年斯大林和毛泽东签订一个新的《中苏友好同盟互助条约》以取代1945年的《中苏友好同盟条约》的谈判过程，揭示了双方各自的立场、方针和设想，说明了他们之间的分歧与争论及其最后的让步。文章认为新的中苏条约最初文本是苏方起草的，中方未作原则改动（这与一些著作中认为最初文本是由周恩来起草或苏方按周恩来的意思起草的说法不同）；而在涉及双方根本利害冲突的中长铁路、旅顺和大连等问题上，苏方希望长期保留雅尔塔体系中的对华不平等条约的要求并未得到完全满足；尽管新的《中苏友好同盟互助条约》和相关协定尚有不尽如人意之处，但它为新中国废除一切不平等条约开启了大门，中国在1945年失去的主权和利益不久即可收回，而对斯大林来说，该条约则意味着苏联在二战后通过雅尔塔体系和中苏条约实现的远东战略目标——太平洋出海口和不冻港，至迟到1952年底将不复存在。

刘建平《苏共与中国共产党人民民主专政理论的确立》(《历史研究》1998年第1期）详细探讨了苏联、斯大林和中国共产党的人民民主专政理论及其体制建设的关系，文章勾勒了中国共产党的建国理论。从抗日战争时期的“新民主主义”，到冷战形成时期的“人民民主制度”的主张和“人民民主专政”的理论，再到建国前夕的“无产阶级领导下的以工农联盟为基础的人民民主专政”的概念，并最终使之成为毛泽东所说的新政权是“在工农联盟基础上的人民民主专政，而究其实质就是无产阶级专政”的发展过程，并具体分析了在这一过程中苏共对中共施加的影响。作者进一步指出，斯大林并没有在事实上放弃对中国革命的指导；而中国党在意识形态与国际力量上坚决认同苏联的同时，对其民族利己主义的本质和社会主义模式的局限性缺乏足够的认识，简单的二元对立思维模式和关于意识形态认同与国家利益一致性的误解容易从民族和文化意义上动摇人们独立自主的立场；这正是建国初期中国共产党在处理中苏关系和探索社会主义道路时付出了巨大的努力，但又不得不时时感到困难和被动的基本原因。

另外，李嘉谷《关于1941年苏日签订中立条约谈判的新揭密档案》(《世界历史》1998年第5期）是一组根据Б.Н.斯拉温斯基《苏日中立条约：1941—1945年外交史》一书中首次披露的关于苏日签订中立条约谈判的苏联外交档案文件的译文。这些最新揭密的苏联档案表明，斯大林在与日本外相松冈洋右的谈话中认为，签订苏日中立条约是第一步，进一步是在“大问题”上合作，使“三国条约”变成“四国条约”，即用德、意、日、苏联盟对付英、美。这是过去许多史学著作未曾提及的。

2. 中英关系

伴随着1997年香港的回归祖国，中国史学界对中英关系史的研究也大大升温，1998年又有一批深入的微观研究成果问世。

程美宝《庚子赔款和香港大学的中文教育——二、三十年代香港与中英关系的一个侧面》（《中山大学学报》1998年第6期）利用大量英国档案文件，对1925年英国国会宣布愿意将中国尚欠英国的庚子赔款用在发展中国教育及其他用途之后，当时的香港总督金文泰立即希望申请部分庚款以发展香港大学的中文教育一事，进行了深入考察。港大最后获得的庚款只相当于金文泰要求的26.5%的基本原因，在于英国政府希望与1928年成立的中国国民政府建立友好关系以增进英国在华投资机会的优先考虑；香港大学中文系的建立也反映了当时中国文化在香港的发展，并非是单纯的文化事务，而是中国新派知识分子、国民政府、港英当局和英国政府各方政治势力相角力的结果。

吴士存《1943年中英缔结新约的国际背景》（《史学月刊》1998年第3期）考察了中英签订的英国放弃治外法权等在华特权，但保留对香港特权的新约的国际背景。指出新约得以签订的主要原因是中英之间战时同盟的形成和英国仍然在华拥有大量特权的不平等同盟关系，以及英美两国为实现其“先欧后亚”的全球战略而要保持中国继续对日作战的考虑的产物；另一方面，新约的签订也与日本的压力、特别是中国人民的英勇抗日斗争和中国国际地位的提高，有着内在的联系。

陈谦平《论“紫石英”号事件》（《南京大学学报》1998年第2期）根据中英双方的档案文献以及当事人的回忆文章，对1949年中国人民解放军渡江作战前夕在长江上发生的与英国军舰之间的炮战事件，即“紫石英”事件进行了分析。认为这一事件的发生与二战后英国对华实行的不彻底的“中立”政策和继续实行的炮舰政策有关；但英国并没有帮助国民党阻止人民解放军渡江的意图，也没有首先炮击解放军的阵地；而是待命渡江的人民解放军发现外国军舰突然闯入防区，在鸣炮示警无效的情况下断然开火，是无可指责的。文章论述了事件发生后双方的克制态度，并指出谈判未能达成协议的根本原因在于英国不肯承认“擅自侵入”中国内河的“基本错误”；但这一事件是列强的炮舰政策在中国结束的重要标志。

3. 中美关系

何大进《19世纪中叶美国舆论、传教士和商人对鸦片战争的反应》(《世界历史》1998年第2期）考察了美国的民间团体出于不同的立场、价值观念和不同的利益侧重点，对鸦片战争做出的不同解释和不同反应。指出尽管美国的社会舆论对这场殖民战争基本上持否定态度，但在华传教士对战争的爆发兴奋不已，把这场战争视为推广美国的价值观打开中国门户的手段，而在华贸易商则注重眼前利益，希望既与中国保持良好关系，又能对英国通过战争而在中国获得的好处利益均沾。文章认为以上三者的反应，显示了近代美国在处理外部事务时所表现出来的理想主义色彩和现实主义态度这两个基本特征。

才家瑞、刘婷、渠占辉《美国对台湾政策的历史演变与“台独”问题》(《世界历史》1998年第1期）追溯了从19世纪中叶到20世纪90年代美国对台湾的政策演变和对“台独”思潮的纵容与支持。认为这一演变在二战结束后经历了支持“托管台湾”的逆流，实行把台湾和中国大陆割裂开来的政策，台湾“中立化”方案，以“台独”势力牵制蒋氏政权迫其放弃国家统一目标，以中国制约苏联，直到90年代利用台湾问题长期牵制中国发展的策略的过程。指出“台独”的产生纵然和台湾社会百年来特殊的历史命运有关，但是二战后美国企图利用台湾的战略地位控制亚洲领导世界的根本目标始终未变，则是“台独”问题发展到今日状况的一个重要外因。

此外，戴超武的长篇论文《美国历史学家与50年代台湾海峡危机》(《当代中国史研究》1998年第4、5期）系统梳理了从20世纪50年代末期到90年代美国学术界对50年代发生的两次“台湾海峡危机”的研究状况，评介了50—70年代的“传统学派”、80年代的“修正学派”以及90年代的“后修正学派”研究内容和主要研究方法。文章涉及主要著作40余种，在一定程度上为中国学者进一步探讨这个问题提供了指南。

4. 中日关系

熊沛彪《论“七七”事变前夕日本“佐藤外交”的实质》(《南开学报》1998年第4期）利用以档案为主的史料，探讨了七七事变前夕日本推出的对华“新政策”，即“佐藤外交”的出台背景及实施过程，并分析了实质。认为“佐藤外交”是日本推行既定的建立以日本为中心的东亚国际新秩序的需要和转换外交手段的结果；它要求实现“日中经济提携”的前提是使中国服从日本的指导，为其实现既定的东亚政策建立牢固的基础；国内学界一直认为说“佐藤外交”就是战争是过于笼统的说法，而日本学界一般认为该外交确有改善对华关系的诚意，则是未看到其战略意图和实质。

余子道《敌乎？友乎？三十年代关于中日关系的一场论争》(《复旦学报》1998年第2期）针对海内外史学界至今对20世纪30年代日本发动全面侵华战争前夕，中国政治界和舆论界关于中日两国是势不两立的敌国还是和睦亲善的邻邦的争论的不同看法，回顾了这场争论的主要情况。揭示了蒋介石一派力图化敌为友，避战趋和；汪精卫一派始终认敌为友，主张满足日方要求，以求得两国间的“和平提携”；而力主抗战的各派人士，则认为日本的亡华灭华政策已定，中日之间的一场大战不可避免的事实。

二、美国外交政策研究

韩莉《中立与集体安全——任德罗·威尔逊的国联思想起源》(《首都师范大学学报》1998年第4期）探讨了美国总统伍德罗·威尔逊的国联思想的起源，认为第一次世界大战爆发后，美国基于其外交传统中的中立原则而不准备对欧洲事务承担任何义务，便制定了在保持中立的基础上对欧洲冲突进行调解的方针，但是这种调解本身又有参与解决欧洲事务的含义，因此这种自相矛盾的政策只能导致调解的失败。然而在这一政策中威尔逊找到了战后国际联盟这个目标，并从泛美条约的集体安全条款中找到了它的基础原则。由于威尔逊认为国际联盟能够同时满足他的既不脱离孤立主义又能参与欧洲事务的双重愿望，因此尽管战争形势迫使美国放弃了中立，但国联的思想却沉淀下来并成为威尔逊外交的主要目标了。

张民宪、萧石忠《1943—1950年美国对朝鲜问题的政策演变》(《武汉大学学报》1998年第1期）把1943—1950年美国对朝鲜的政策分为四个时期，即政策提出、“实际遏制”政策、遏制政策和积极遏制政策时期，各个时期政策的具体表现是：主张朝鲜成为自由民主国家，但遏制苏联影响的阴影已隐约可见；企图通过建立受美国操纵的南朝鲜来阻挠朝鲜的统一，继而让南朝鲜兼并北部而成为合法的全国政府，达到抵消苏联影响的目的；出于冷战需要，正式提出并推行遏制政策；将其政策集中指向朝鲜北部的所谓“公开进攻”。文章认为朝鲜问题是导致杜鲁门主义产生的重要因素之一。

时殷弘《匈牙利事件和美国的政策》(《南京大学学报》1998年第1期）主要依据美国政府近年来公布的有关档案文件和匈牙利事件参加者的有关著述，对匈牙利事件和美国的相应政策进行了较深入的探索。指出：决定匈牙利事件及其机理的基本要素，不仅在于苏联的犹豫不决，还在于纳吉与造反者之间的政治距离和他对后者影响之有限，以及后者的政治和组织特征；就事件爆发后的事态发展而言，纳吉无法制约造反者是问题的关键，它从根本上排除了相互妥协和平解决该事件的可能性。文章认为：在这一事件的酝酿和进行过程中，美国的政策特点是审慎和节制；在促进拉科西下台期间，这种政策特征主要来源于业已形成并占优势的演变战略思想；在变乱发生后，这种政策特征又由于另一些因素而得以维持，其中前人没有指出的因素是艾森豪威尔总统本人对苏联在绝望之中发动欧洲全面战争的异乎寻常的担忧，以及美国和苏联一样希望纳吉主导局势，从而达成与波兰事件结局相类似的解决办法。作者认为，后一因素尤其耐人寻味，表现了即使在对抗时期也存在着超级大国的共同利益和共同愿望，这对研究冷战史或许可以有所启发。

周琪《美国人权外交及有关争论》(《美国研究》1998年第1期）论述了美国人权外交的演变过程和冷战之后的新特点，并对此进行了一些初步的理论分析。文章指出，人权外交虽然是当代国际社会的新现象，但在美国的对外关系史上却始终以不同的形式而存在；人权的概念被引进美国外交领域始于第二次世界大战之后；在冷战时代美国人权外交的发展过程中，卡特政府是美国人权外交史上一个里程碑，里根时期把人权外交作为与共产主义意识形态进行斗争、推行冷战政策的工具，使人权外交的特征带有严重的双重人权标准，而布什时期已经在一定程度上淡化了人权意识。文章认为冷战结束之后，美国的人权外交至少从形式上看不再同意识形态的斗争交织在一起，人权已经和经济与安全一起列为美国的三大外交政策的目标之一，因此美国的人权外交不会逆转。

另外，安成日《论佐藤内阁时期的日美关系——从依附走向相互依存》（《史学集刊》1998年第3期）论述了1964—1972年的日美关系。认为这一时期日本利用日益膨胀的经济实力，借美国深陷越南战争、经济实力大大滑坡、在远东急需日本提供战略合作的有利时机，围绕越南战争、东南亚开发、东亚战略"换肩"、小笠原、冲绳的施政权归还等问题展开了频繁的首脑外交，不仅顺利地解决了日本战败遗留下来的日美之间的最大外交课题，而且实现了日美在远东的战略"换肩"，提高了日本在美国远东战略中的地位和作用，使日美关系从战后的日本对美国的依附时代进入了日美相互依存的时代，为70年代日本结束"战后"时期迈出了决定性的一步。

三、非殖民化问题

李安山《论"非殖民化"：一个概念的缘起与演变》(《世界历史》1998年第4期）针对学术界对"非殖民化"一词的不同解释和运用，探讨了"非殖民化"这一概念的产生、演变和各方的理解。指出：早在1927年布哈林就首先提出了"非殖民化"这一概念，而最早对"非殖民化"进行理论概括的是印度共运创始人马·纳·罗易，1932年该词出现在《社会科学百科全书》中，很可能是西方学术界对该词的第一次使用。"非殖民化"一词在其传播和使用过程中受到了不同的解释和运用。文章概括介绍了学术界对这一概念的三种观点：1. 是指殖民宗主国在二战后（甚至更早）主动给予殖民地独立或自治地位的行动；2. 主要是指殖民宗主国在撤出殖民地过程中采取的旨在维护自身利益的行动；3."非殖民化"一词含义丰富且具中性，它所表达的是一种顺应历史潮流的过程或运动。作者认为"非殖民化"具有两层意义：从狭义上说，它是指殖民统治终结、殖民机构解散这一历史过程；从广义上说，它主要是指前殖民地和半殖民地国家及其人民在取得政治独立后必须在经济、历史和文化心理上摆脱殖民主义的遗产，从而获得真正意义上的独立。

四、近代国际关系史研究

董小川《阿拉斯加割让问题研究》(《世界历史》1998年第4期）对1867年俄国以极其低廉的价格把阿拉斯加及附近岛屿卖给美国这宗世界历史上最大的领土买卖进行了考察。概述了自1853年克里木战争爆发后俄国出卖阿拉斯加的动议，到1868年美国向俄国交付购买款项的整个割让过程，分析了俄美双方对这一战略要地进行了如此交易的原因及其影响。认为克里木战争的爆发导致的俄国对英国威胁阿拉斯加的担忧，俄美公司在该地区的经营不善，以及俄国在侵占黑龙江流域之后阿拉斯加战略地位的下降，是俄国出卖该地的主要原因。而美国购买该地的原因不仅在于这是其天定命运理论指导下的又一次领土扩张行动，而且是美国在与俄国的长期殖民扩张冲突后俄国承认失败的一种较为妥善的解决办法和最后结局。作者认为阿拉斯加割让的根本意义在于结束了美俄在美洲的争夺和100多年来的俄美友好，开始了双方在亚洲的和谐与冲突。

徐奉臻《迪士累利的怀柔外交与英法对埃及的争夺》(《世界历史》1998年第2期）初步探讨了英国占领埃及前保守党政府执政时期（1874—1880）英法对埃及的争夺，以及迪士累利首相对法怀柔外交在英国最终占领埃及中的作用。认为以1875年的近东危机和股票交易为界，英法埃及之争大致分为两个阶段，第一阶段是法国在埃及的优势地位，在第二阶段，迪士累利通过购买苏伊士运河股票，与法国共管埃及，以不阻止法国占领突尼斯为条件换取法国对英国占领塞浦路斯的默认等手段，最终实现了英国对埃及的单独占领。

纵观1998年中国的国际关系史研究，有几点想法。1.研究水平有了进一步提高，突出表现在出现了一批运用新解密的档案文件进行研究的论文上。2.冷战结束已近10年，随着俄罗斯对苏联档案的解密，国际学术界对冷战的研究也进入了一个新的阶段并形成了一个热点，而中国学术界对冷战的研究尚处于初级阶段，希望能够在这一研究领域跟上国际学术界的步伐。3.学术规范化不仅是整个学术界的长期任务，也是从事国际关系史研究的学者的义不容辞的责任，望共勉之。

1999年国际关系史研究①

1999年在中国的历史上是不同寻常的一年。12月20日中国政府终于恢复了对澳门行使主权，它标志着西方殖民势力最终退出了中国。对于这一重大的历史事件，学术界反应热烈，许多学术刊物都撰写了有关的论文，其中一些对葡萄牙强占澳门历史的考察具有相当的学术深度。与此同时，中国人民在改革开放20周年之际庆祝建国50周年，这不仅使中国更加关注世界，也使中国的国际关系史研究更加注重对中外关系的历史考察。这种考察主要集中在两个方面：其一是随着中国档案以各种形式公布，学术界对中国外交的历史研究得以深入；其二是继续对其他大国对中国的关系给予进一步探讨，其中尤以研究中美与中苏关系为重点。有关这些方面的论著众多，其中的一些研究成果引人注目。另外，冷战结束以来，随着各国档案的不断解密，国际学术界对冷战史的研究继续发展。我国史学界在这方面的研究与国际学术界同步发展，并在1999年形成了一个冷战国际史的研究高潮，发表了一批颇有价值的论文。至于以往研究的热点，如对美国外交政策、苏联外交政策以及二战前史问题的探讨，也有新的成果问世。

① 本文是为中国历史学年鉴所写，发表于《中国历史学年鉴·2000年》，生活·读书·新知三联书店2009年，第350—363页。

一．澳门问题与中葡关系

黄庆华《有关1862年中葡条约的几个问题》(《近代史研究》1999年第1期）从立约背景、谈判过程以及换约失败的原因，对1862年《大清国大西洋国和好贸易章程》这一中葡关系史上的大事进行了深入探讨。指出在此条约签订之前的葡萄牙人借居澳门的300年里，葡人始终处于中国地方官员的管辖之下并如期交租付税；随着西方殖民主义势力不断入侵中国，特别是鸦片战争后中英《南京条约》的签订，葡人便决意以香港为例，企图通过与中国立约而使澳门获得如香港之待遇，但清政府并未就范；上述条约虽然由于没有互换批准书而未能生效，但葡萄牙采取欺诈蒙骗手段企图窃取澳门主权的阴谋则暴露无遗。

邓开颂《葡萄牙占领澳门的历史过程》(《历史研究》1999年第6期）一文论述了1553—1910年葡萄牙通过入据、“租居”、侵占和扩张四个阶段实现了对澳门的占领过程，其中详细揭露了英国帮助葡国大做手脚，企图通过1887年的中葡《和好通商条约》达到使澳门获得与中英《南京条约》中所规定的香港相同的地位。指出这一条约使中国政府实际丧失了对澳门的管辖权，使葡萄牙获得了“永居管理澳门”的地位，但在领土归属问题上采取似是而非的概念，该条约并未规定将澳门割让给葡萄牙。

刘存宽、郦永庆《关于澳门问题的历史考察》(《人民日报》1999年9月9日）通过对澳门问题的历史考察，特别是对1862年中葡《和好贸易章程》和1887年中葡《和好通商条约》的剖析，澄清了早期澳门的法理地位。认为鸦片战争前，澳门实际上是一个在明清政府主权的有效管辖下，由葡萄牙人经营的特殊贸易地区；鸦片战争后，葡萄牙只是“永居、管理澳门”，其地位仅仅是一种特殊的租借地，中国在法理上仍然对澳门享有主权；国内一些著作称葡萄牙人于1553年“侵占”澳门的说法不能成立，澳门问题与香港问题不尽相同，历代中国政府从未将澳门割让给葡萄牙，葡萄牙也始终不曾对澳门拥有主权。指出葡萄牙攫取我国澳门的历史，是一个早已式微的西方殖民小国侵略半封建半殖民地的东方大国的历史，它突出而集中地证明了落后必挨打这一国际关系中的基本法则，给中国人民留下了无法忘记的惨痛教训。

彭顺生《试论鸦片战争前300年澳门在中西文化交流中的地位与贡献》（《史学月刊》1999年第5期）认为，鸦片战争前葡萄牙人占据澳门的300年，正是中西文化交流的第一次高潮期，而澳门作为西方基督教文化的最初入口、中西文化的交汇之地和窗口，不仅为“西学东渐”和“东学西渐”作出了贡献，而且致力于中西文化的融合与贯通，从而形成了澳门中西合璧的独特文化。

二. 中外关系

1. 中国外交

牛军《新中国外交的形成及主要特征》(《历史研究》1999年第5期）一文，利用大量中共中央文件，深入探讨了1949年前后—1954年这一时期新中国外交在其形成过程中所表现出来的革命性、内向性和过渡性这三个主要特征及其历史含义，以弥补以往研究之不足。文章认为，革命性以“一边倒”原则为代表，它产生于中国革命的理论思想与革命实践，反映了中共领导人对世界政治力量分野和发展趋势的总看法，并与新中国的建国方略直接相关；内向性以三大决策（与苏联缔结同盟条约、援越抗法和抗美援朝）为代表，它们总的说来是为达到国内的政治目标而制定的，受到国内政治的制约与影响，这与以往的中国外交在深层次上具有连续性；过渡性以和平共处五项原则为代表，标志着新中国外交从革命外交向国家外交的过渡性转变，也标志着新中国外交的最终形成。这些特征基本上同时存在，并在相当长的时间里存在于中华人民共和国的外交之中。

刘建平《毛泽东的美国观与新中国“一边倒”国际战略的形成》(《中国社会科学》1999年第5期）论述了1914年—1949年毛泽东对美国看法的转变过程，并从毛泽东的美国观这一视角出发，考察了“一边倒”国际战略的形成过程及其实质。指出：革命的意识形态决定了毛泽东基本的反对帝国主义的美国观以及对苏联的认同；但是当认识到无望获得苏联的援助而美国注定要在二战后的远东国际政治中发挥决定性的作用时，毛泽东曾进行过适当的政策调整，只是由于美国对中共的调整没有作出积极的回应，致使毛泽东更加从帝国主义的本质来认识美国；在美苏两极对峙格局形势下，中国革命终于取得胜利并形成了在意识形态、国际政治立场和外交政策都“一边倒”向苏联的国际战略。文章认为：革命至上的价值观难免遮盖了现实的国家之间的利益关系本质，而中共也不得不面临着苏联用意识形态辞藻包装起来的民族利己主义的压力。

余万里《通向缓和的道路——1968—1970年中国对美政策的调整》(《当代中国史研究》1999年第3期）一文，注重于中国在这一时期对美政策调整的决策过程，认为中国决定调整对美政策的动因是中苏矛盾的升级；这种调整是在中国领导人克服了长期形成的一系列思想观念上的障碍之后才得以实现的，并经历了两个阶段，即采取公开方式利用中美关系向苏联施加压力的阶段和接受美国提出的秘密接触方式真正缓和双方关系并实现关系正常化的阶段，从而体现出决策的渐进性特征。

牛军《1969年中苏边界冲突与中国外交战略的调整》(《当代中国史研究》1999年第1期）一文，结合近年来的研究成果和新公布的历史文献，特别是参考这一时期中美关系的发展，认为：直到1969年3月中苏边界冲突发生以前，中国的外交战略还未发生根本性的变化，仍以全力反对美国的扩张政策为其外交的首要任务；中国军队在珍宝岛进行的战斗是中国领导人对苏军不断制造边界事件的反应，是追求有限目标的结果，因此总的说来他们对苏联的反应准备不足，这导致他们高估了战争的危险，并成为调整外交战略的重要原因；但是，尽管在尼克松竞选总统前及其当选前后毛泽东已经注意到美国有可能调整对华政策，但从现有资料和分析来看，至少我们不能断定毛泽东在这一时期的开始阶段就已经做出了调整中国外交战略的决定，也谈不上有意地去实施一项明确的战略了。作者的这种看法同已有的对本问题的研究成果有所不同。[①]

2. 大国与中国之间的关系

中美关系

李庆余《争取大国地位——门户开放照会新论》(《南京大学学报》1999年第1期）一文，从国内国际环境以及美国特有的文化传统背景对1899年和1900年美国的两次门户开放照会进行了新的考察，对门户开放史学研究中的一个流行观点，即美国提出门户开放照会是为了谋求中国市场的观点提出疑问，并认为这两个照会的主要动机不是商业利益，而是美国在面临中国领土被瓜分时谋求在中国的权势，争取大国地位的外交调整与外交哲学。

秦珊《1913年美国威尔逊政府率先承认中华民国的决策过程》(《南开学报》1999年第2期）论述了威尔逊就任美国总统后，在美国公众舆论和国会的压力下，从意识形态和美国的国家利益出发，改变前任政府的与其他列强一道，一再推迟承认中华民国的政策，而是率先承认中华民国的决策过程，指出这份送给袁士凯的政治贺礼的目的是为美国与众列强的在华竞争中争取到一个有利的地位。

李晔、王仲春《美国的西藏政策与“西藏问题”的由来》(《美国研究》1999年第2期）依据近年来解密的档案资料，论述了美国政府对中国西藏的政策。指出这一政策是在英国炮制的旨在否定中国对西藏拥有主权的所谓“宗主权”的理论上形成的，它的推行伴随着冷战的发展，大体经过了从侧重“承认西藏是中国领土的一部分”，转变为把西藏作为一个独立的政治实体对待，支持西藏上层分裂势力、秘密参与谋划制造“西藏独立”的日益强化干涉中国“西藏问题”的过程，其实质是反华反共，遏制中国。

---

① 已有的研究成果主要有两种看法：一是认为中国军队在珍宝岛采取军事行动是毛泽东在调整中国外交战略的过程中有意识地利用中苏边境争端，见李丹慧:《1969年中苏边界冲突：缘起和结果》(《当代中国史研究》1996年第3期）；二是认为这一行动是在“文化大革命”强调反对修正主义的特殊背景下，对苏联不断制造边界事件的一种反应，此后中国寻求改善中美关系是“中苏紧张局势事实上的缓和”带来的“一个有国际意义的副产品”，见徐焰:《1969年中苏边界的武装冲突》(《中共党史研究资料》1994年第5期）。

杨彪《美国对台湾战略决策的历史转折（1949—1950）》(《华东师范大学学报》1999年第4期）运用丰富的档案资料，论述了美国在1949—1950年间表现在对台政策上的美国对华战略的转变过程。指出第二次世界大战后初期，由于美国政府将战略重点放在欧洲，其对华战略发生变化，即改变全面介入中国内战，在台湾问题上宣布“脱身”；但是这一战略观念并没有为军方和其他政治势力所接受，致使美国政府在对台战略决策上出现反复与矛盾；随着中国革命的胜利、朝鲜半岛局势的紧张以及美国核垄断地位的丧失所带来的东亚与世界格局的剧变，美国的对台政策终于发生从“脱身”到“台湾中立化”直到最终支持蒋介石的根本性转折而走向极端。

崔丕《艾森豪威尔政府的东西方贸易管制政策》(《东北师大学报》1999年第2期）运用大量档案，考察了作为美国冷战战略的重要组成部分之一的东西方贸易管制政策的形成过程，论证了艾森豪威尔时期美国虽然缓和了对苏联和东欧各国的贸易管制，但仍然继续奉行对共产党中国的全面贸易禁运政策的主要原因。指出艾森豪威尔政府把中国视为对东亚非共产党国家的主要而直接的威胁从而要继续遏制中国的“中国观”，是其奉行上述政策的思想根源。这一政策的实行不仅恶化了美国与其西方盟国之间的关系，阻碍了中国的现代化进程，也使美国付出了沉重的经济和政治代价。

张振江、王琛《美国与中国核爆炸》(《当代中国史研究》1999年第3期）根据美国最近解密的但并不完整的档案文件，初步揭示了美国对中国核计划的格外关注并试图以各种方法阻挠、破坏甚至要以武力打击中国核试验基地的建议，认为这是美国单方面严重高估了中国拥有核武器后对美国及其盟友的国家安全和利益所带来的影响与危害，而原因则在于美国决策者僵硬的冷战思维、反共意识形态与核霸权思想。

胡卫清《美国监理会在华教育事业研究（1848—1911年）》(《近代史研究》1999年第2期）以丰富的资料，详细论述了美国基督教监理会的传教士们以教育为手段，从以中国的社会底层和边缘人物为对象，到吸引中国上层社会子女入学，以便楔入和影响中国社会的努力过程。认为尽管这些努力对监理会在华教育事业的发展不无裨益，其完备的从小学、中学到大学的三级教育体制取得了成功，但是由于在教育主权、教育体制、教育方针及宗教信仰等问题上与中国的世俗化的新式教育存在根本的差异，这就使它不可能融入中国的教育体制之中，而永远处于边缘的地位。一旦支持这一边缘地位的不平等条约被消除，教会学校便失去了在中国立足的任何理由。

中苏关系

杨雨青《国家利益：苏俄对在华合作者的选择》(《历史研究》1999年第4期）指出：20年代初苏俄对华政策具有推进中国革命和与中国建交以保留沙俄在中国留下的以外蒙古和中东铁路等问题为代表的苏俄在华利益即其国家利益的双重性质。文章认为：苏俄在与中国各派政治力量发生关系时，始终围绕上述双重目的旋转，并以此来选择在中国的合作者，并因此而走了一条从选择吴佩孚，到极力促使吴佩孚与孙中山联合组成亲俄政府，再到最终转向实力和地位不断上升的孙中山的路线；而最终在孙中山这里，苏俄对华政策的两个方面有机地融合为一体了，《孙文越飞联合宣言》表示苏俄要与孙中山建立关系，也宣布孙中山在外蒙古和中东铁路的问题上同意苏俄的意见。

杨奎松《陈独秀与共产国际——兼谈陈独秀的“右倾”问题》(《近代史研究》1999年第2期）一文，运用大量历史材料，主要论述了陈独秀在任中国共产党第一任总书记时期的所作所为，以及他与当时介入中国革命的共产国际之间的冲突与合作的复杂关系，并提出了一些重要的与以往的结论不同的看法。文章指出，陈独秀最早提出了有关中国革命需要“两步走”的思想，并且在与国民党合作的过程中反对无条件地支持国民党，主张向国民党的右派宣战；他还起草了中共四大决议并坚决主张无产阶级领导地位；而所谓陈独秀对国民党的三次“大让步”，与共产国际特别是苏共中央的指挥有直接关系，对此不应让陈独秀承担多少责任；对陈独秀在1927年反对工农运动“过火”而被共产国际加上“右倾投降”的罪责，应当具体分析。作者认为，由于一系列复杂原因，1927年共产党的失败几乎是不可避免的，并非是陈独秀某种错误的直接后果，他在多数情况下对共产国际是言听计从的；而他少数情况下的某些独立见解与不服从，正是他作为一代中共领导人所具有的求实态度；尽管他的一些主张未必很妥当和真的具有可操作性，但是这种独立思考恰恰推动中共领导人逐渐成熟起来，成为最终摆脱共产国际束缚的基本要素。

沈志华《中苏结盟与苏联对新疆政策的变化（1944—1950）》(《近代史研究》1999年第3期）综合利用了新疆地方档案、俄国档案和当事人的回忆等历史资料，探讨了第二次世界大战后期到新中国建立初期苏联对我国新疆的政策演化过程。文章通过对苏联策动和支持下的民族起义——三区革命的论述，对1945年《中苏友好同盟条约》和1950年《中苏友好同盟互助条约》的谈判过程的研究，认为在这一时期，尽管从表面上看苏联对新疆的政策反复无常，或支持地方政府自治，或鼓动新疆独立，或支持国民党，或援助共产党，但其根本目的是保持二战后的中苏同盟关系，以确保苏联在新疆地区的优势地位和特殊影响。

另外，罗志田《西方的分裂：国际风云与五四前后中国思想的演变》(《中国社会科学》1999年第3期）一文，从反思的角度考察五四新文化运动时期形成的一些基本倾向在此后大约一二十年的后五四时期里的演化与转变，尤为侧重第一次世界大战及其后的国际环境对中国思想界的影响。文章指出，以第一次世界大战的爆发和苏俄的建立为标志的西方的分裂，使以条约为表征的帝国主义在华体系被打破，在中国与世界的联系日益紧密的同时，中国人也认识到西方分裂的事实，这是20世纪中国思想史上的一大变化，并使中国人学习西方的选择性明显增强。从此日本不再是中国的学习榜样，美国的影响虽一度上升，但巴黎和会的结果造成的五四运动的爆发，使中国的知识分子转为“以俄为师”，这最能体现国际风云对中国思想界的强大冲击。五四以后社会主义各派学说的流行和对资本主义的贬斥是当时全社会的主流思潮，对此我们过去则认知不足。文章还对西方分裂之后，在后五四时期中国发生的各种西方“主义”的论争即西与西战，进行了介绍。

三、冷战国际史研究

张盛发《从消极冷漠到积极支持——论1945—1949年斯大林对中国革命的立场和态度》(《世界历史》1999年第6期）一文，利用新解密的俄国档案，分冷战爆发前、后两个阶段，论述了斯大林对中共和中国革命从消极的不与中共建立实质联系的态度到逐渐积极的支援中共和中国革命的转变。认为美苏冷战的开始、中国革命进入战略反攻、国民党政府越来越追随美国以及苏南冲突的发生等等，是导致这种转变的重要因素，而整个转变过程则基本上是与斯大林战后初期的对外政策从大国合作到集团对抗的演变相吻合并同步发展的，是由斯大林对外政策中维护苏联安全的战略目标所决定的。

杨奎松《美苏冷战的起源及对中国革命的影响》(《历史研究》1999年第5期）一文，利用大量中外文件，通过对第二次世界大战结束前后的中国革命进程中的各种国际因素的形成与作用的分析，特别是对美苏之间不可调和的意识形态分歧的日益加剧，以及斯大林从实力地位出发追求通过维护苏联共产党政权达到维护国家利益，并因此建立其势力范围的信念与实践的分析，说明在二战后美苏双方的外交战略的重大调整以及由此带来的世界政治关系的分化与改组，反映在中国则是造成苏联对国民党的极不信任，从而给中共带来了前所未有的历史机遇，使中共得以不战而得到东北的相当部分地区和重要的苏联军事援助，使东北根据地得以巩固并对中国革命的命运产生了极大影响。

张小明《美国对中苏同盟的认识与反应》(《历史研究》1999年第5期）依据已经解密的美国国务院、中央情报局和国家安全委员会的政府档案文件，分三个阶段论述了美国对中苏同盟的认识和反应。指出尽管中苏同盟从建立到破裂经历了一个较长时期，但美国对同盟性质的认识没有发生根本变化，始终认为中国不是莫斯科的“卫星国”，中国具有较大的独立性，该同盟迟早分裂。然而美国针对这一同盟所做出的对应政策则经过了从“以和促变”到“以压促变”的转变，以促使中苏矛盾发展；而当同盟分裂后，美国政府又反应迟钝，没有改变其僵硬的对华政策，致使中美关系没有得到及时的改善。作者认为，美国对中苏同盟的认识与反应的演变过程，不仅表明了冷战时期美国对外政策的基本特征是以对苏关系为核心，也反映了美国政府对所谓的“中国威胁”的错误估计。

沈志华《1948年苏南冲突起因的历史考察——来自俄国及东欧国家解密档案的新证据》(《历史研究》1999年第4期）利用新解密的俄国与东欧国家

的档案资料，对苏南冲突的起因进行重新研究。指出：直到1948年初苏联与南斯拉夫仍然保持着联盟关系；冷战的爆发使斯大林将通过放松对东欧国家的控制以换取美国合作的政策变为想通过强硬路线迫使美国承认苏联在东欧的绝对地位，而铁托对这种转变产生误解则造成了苏南之间的重大分歧；苏南分歧的焦点在巴尔干的南保联盟、南阿关系和希腊革命等问题；斯大林要求社会主义阵营绝对服从莫斯科的指挥和铁托坚持要保证南共在巴尔干的特殊地位导致苏南最终分裂；并认为南斯拉夫走上独立发展的道路是苏南冲突的结果而不是它的起因。

李世安《英国与冷战的起源》(《历史研究》1999年第4期）利用英国的档案文献，对一些人提出的英国是冷战的“始作俑者”的看法提出质疑。认为在杜鲁门主义出台之前，英国政府没有制定正式的冷战政策；丘吉尔的“铁幕”演说并不代表英国政府的观点，它与英国政府放弃希腊的做法为美国公开其冷战政策提供了机会，但英国不是冷战的始作俑者，也不是冷战形成的推动者，更不能就此说英国有积极的促成冷战形成的政策；冷战的起源应该从时代的特点，特别是从美苏争霸中去探寻。

叶江《斯大林的战后世界体系观与冷战起源的关系》(《历史研究》1999年第4期）一文，从新的视角研究苏联与冷战的起源。认为：斯大林的战后世界体系观是战后初期苏联外交政策的基础，它源于斯大林的一国建成社会主义的理论；这种世界体系观认为二战后统一的无所不包的资本主义世界市场已经瓦解，苏联在二战中的决定性作用是该体系瓦解的直接原因，社会主义将从苏联一国走向数国，并形成与资本主义对立的世界市场和阵营；在上述观念的指导下，战后苏联的外交政策注重主动出击，扩展势力范围，但由于实力所限，苏联的出击行动是有一定限度的；而美国对苏联的战后世界体系观缺乏正确的认识，把当时苏联的有限行动误认为是向全球扩张共产主义，并用全面遏制的方法与苏联对抗，从而导致冷战的爆发。

李晓岗《美国的难民政策与冷战外交》(《美国研究》1999年第1期）具体论述了冷战期间美国的难民政策。认为意识形态始终指导着美国的难民政策；其对外政策的调整指导着难民政策的调整，以使之成为推行美国外交政策、显示其国力和在世界上的地位的工具；尽管美国的难民政策具有一定的人道主义色彩，但并非始终如一地得到贯彻，因为在这两重性当中，人道性是受强权性所主导的。

四. 其他研究热点

在关于美国外交政策的研究中，赵怀普《美国缘何支持欧洲一体化？》（《世界历史》1999年第2期）通过历史的考察，认为对苏联和德国实行“双重遏制”，追求一个理性的有效率的和有助于减轻美国负担的欧洲，以及在欧洲实行美国模式是美国支持欧洲一体化的基本动因。舒建中《关贸总协定的建立与美国对外政策》（《世界历史》1999年第2期）利用原始资料，追述了美国在二战期间及战后关于多边自由贸易提出的背景，较详细地叙述了关贸总协定的建立过程，揭示了美国在这一过程中实行大国外交的种种特点。

在苏联外交政策研究中，时殷弘《苏联对外政策的转变——从斯大林去世到苏共二十大》（《南京大学学报》1999年第1期）一文，论述了发生在斯大林去世到苏共二十大的三年时间内苏联对外政策发生的最大转变，指出这一转变过程的主要特征，在于缓和冷战高潮形成的东西方极端紧张对峙的局势，调整由于超度严苛的霸权控制而造成的苏东关系状况，并开始将苏联的战略与外交势力突入广大不发达地区。文章分析了苏共二十大所确立的和平共处观念与列宁和斯大林的和平共处观念的差别，并认为赫鲁晓夫时期苏联外交政策的这些基本变化在很大程度上确定了此后近30年的苏联对外政策的根本模式。

在关于二战前史的研究中，梁占军《公众舆论与政府决策——1934—1935年英国“和平投票”的政治影响》（《史学月刊》1999年第2期）利用较丰富的资料，对英国历史上第一次全国性的民意调查进行了个案探讨，考察了这一“和平投票”的发起与运作过程，政府对投票结果的反应以及对政府在意埃冲突问题上所作的策略调整。指出尽管拥护国联集体安全的投票结果的确给政府的决策带来了一定影响，但并没有根本改变英国纵容意大利侵略埃塞俄比亚的政策，英国政府之所以表面顺应民意高举拥护国联的旗帜，不过是为了保守党赢得大选的国内政治的需要而对公众舆论的利用。

1999年我国的国际关系史研究取得的进步特别突出地表现在对中国外交与中外关系史，以及冷战国际史的研究方面。进入新的千年之后，希望并相信我国的国际关系史研究能够在以下几个方面会有突破性进展。第一，随着中外大量档案资料的陆续开放，将有越来越多的学者把研究的范围扩大到第二次世界大战之后的历史研究之中，对冷战国际史、非殖民化进程、中外关系、社会主义与资本主义的发展变化、后冷战国际关系、战争与和平等问题进行宏观与微观相结合的探讨；而且研究者将会立足中国而又跳出中国，他们会站得更高，以更广阔的全球视野看待一国的历史与世界的历史发展之间的关系。第二，国际关系史的研究工作者还会更加重视对各种国际政治理论的学习、吸收和运用，使国际关系史的研究向更深的层次发展。第三，对于高科技的发展对国际关系所产生的划时代的影响，也会通过对具体的历史事件研究，对一些传统国际关系中的重大问题，如战争与和平的规律、国家利益的界定与维护方法、国家安全的内涵，等等，得出某些新的结论。第四，学风的建设。学风对于学术的发展至关重要，这一点没有人会加以否认。同样不可否认的是学风问题仍然是阻碍史学发展的大敌，而且已经成为一个“老生常谈”的话题。在树立良好的学风方面，除了积极展开学术批评之外，中青年学者也要自律。今天，我们承担着承前启后的历史责任，更要坚持对自己高标准、严要求，认真读书，认真做学问，不为一时之名利，不争一日之短长，把我国优良的史学传统延续下去。

2000年国际关系史研究[①]

2000年是21世纪的开始。在刚刚过去的20世纪里，人类经历了两次世界大战和一次冷战，但是在二战后长达40多年的冷战及冷战后时期，尽管发生了多次局部热点战争，但全世界保持着整体和平状态也是不争的历史事实。因此，在新世纪开始之际，战争与和平这一人类历史上的永恒主题，再一次引起了历史学家的思考与研究。殖民主义的终结是20世纪的另一件大事，学术界对殖民化和非殖民化的研究不断深化。2000年是第二次世界大战结束55周年，对二战前史和二战史研究的新成果或利用了新的档案资料，或提出了一些新的看法。冷战国际史作为一个新的学术增长点，也有相当重要的研究成果问世。对中外关系历史的考察逐步深入，成果众多。

一、战争与和平问题研究

李巨廉《人类战争运动的历史趋势及21世纪世界大战可能性析论》(《华东师范大学学报》2000年第1期）对人类历史上的战争给予总体考察，认为人类战争存在无限化和受到制约控制这两种运动趋势，而20世纪的世界大战

① 本文是为中国历史学年鉴所写的专稿，发表于《中国历史学年鉴·2001年》，生活·读书·新知三联书店2009年，第172—183页。

是实行“固守绝对目标、使用绝对手段、谋求绝对胜利”的无限化总体战争，第二次世界大战把战争推到了能够毁灭整个人类的极限，从而促使人类进入新的有限战争时代。核武器和人类的整体发展是20世纪后半期没有发生新的世界大战的主要因素。文章指出新的世界性的贫富两极分化和全球化与民族国家主权之间的冲突，是影响21世纪战争与和平前景的两大矛盾。文章还对中国政府对是否会发生第三次世界大战的认识发展给予了勾勒。

韩洪文《20世纪的和平研究》(《华东师范大学学报》2000年第3期）对20世纪产生于西方的“和平研究”给予评介，指出这是关于和平及其对立面研究的一门新的学科，这里所说的和平是指世界和平，过去那种“无战争状态即和平”的传统观念已经受到诸多质疑；和平学的研究对象主要包括对暴力、战争根源、危机冲突、非军事化等的研究；该学科的产生与人类在20世纪经历的从战争走向和平的重大转折直接相关。

张宏毅《从欧洲优势、两极对峙到多极世界——20世纪国际关系发展趋势探析》(齐世荣、廖学盛主编:《20世纪的历史巨变》人民出版社2000年）从三次科技格局、经济格局和政治格局的变动看20世纪国际关系从欧洲优势到两极格局以及多极化进程的基本发展趋势，认为两极格局解体后，世界的科技、经济和政治格局都在走向多极化。同时认为“两极”概念未能准确反映第三世界的地位，多极化的提法也未能把为数众多的国家的地位作用及其团结的力量加以充分概括，“极”的概念只应具有相对的意义。

徐蓝《战争与和平：两次世界大战的比较研究》(齐世荣、廖学盛主编:《20世纪的历史巨变》人民出版社2000年）对20世纪发生的两次世界大战的起源、目的、后果与影响进行比较研究，认为帝国主义及其政治经济发展的不平衡规律以及民族主义在西方的恶性膨胀是两次世界大战起源的共性，而凡尔赛体系是二战爆发的温床，法西斯国家是发动二战的罪魁祸首，西方民主国家的绥靖政策促使二战提前爆发。两次世界大战使社会主义从理想变成了现实并不断发展，使殖民主义退出历史舞台，使欧洲为中心的国际格局不复存在，在其后的两极格局中孕育了多极化发展趋势。今天各国相互依存的国际经济关系、核武器的发展以及两次世界大战和冷战的教训，成为抑制大战再次爆发的重要因素。

二、殖民化和非殖民化研究

曹宏举《利用外资须固守主权——西方资本与奥斯曼帝国的瓦解》(《西亚非洲》2000年第6期)，论述了自19世纪中期以来，西方资本以借贷公债和私人资本渗透两种形式进入并逐渐控制奥斯曼帝国的政治经济命脉，进而完成了对帝国的最后瓜分的过程，认为外国资本在奥斯曼帝国的失控发展，加速了帝国的崩溃。

郭家宏《论美国革命后英国帝国政策的调整》(《河南师范大学学报》2000年第3期)从美国革命后英国对其帝国政策调整的原因和措施入手，论述了英国对印度和加拿大这两块殖民地的政策调整过程。认为英国对前者的政策调整为英国统治落后地区殖民地提供了蓝本和依据，对后者政策的调整则确立了英国对英裔和非英裔白人殖民地的统治机制；这种放弃旧的重商主义殖民政策，开始新的自由主义殖民政策的结果是巩固了印、加殖民地并奠定了英帝国发展的基础。

高岱《殖民主义的终结及其影响》(《世界历史》2000年第1期)对发生在20世纪的重大事件——殖民主义的终结进行了整体研究，认为民族主义的兴起与发展，是促进现代殖民主义最终终结的重要原因之一，第二次世界大战作为一个重要的外部条件，大大加速了殖民地民族主义运动的发展和殖民帝国的解体进程，并导致了许多新兴国家的兴起，这些新兴国家的经济虽然有了一定程度的增长，但与发达国家相比仍然有很大的差距。文章认为，“依附论”解释了这种现象产生的原因并提出了解决办法：非殖民化自身并不能结束前殖民地对欧洲与北美之间的依附关系，因为这种依附早在殖民统治开始建立之时就已经逐步形成了；只有经过一场革命，使殖民地从资本主义过渡到社会主义，并脱离国际经济体系，才能使殖民地摆脱欠发达的困境，获得真正的发展。但认为该结论在总体正确的同时，也存在误区，即不能把脱离国际经济体系当成是欠发达国家获得真正发展的先决条件。

三、二战前史和二战史研究

梁占军《1935年英德海军协定的缔结与英法关系》(《世界历史》2000年第2期)，运用《英国外交文件》(DBFP)，新出版的《英国外交事务文件》(DBFA)等原始档案资料，对英德海军谈判的缘起和1935年英德海军协定签订，以及法国对此协定的不满反应和英法之间的交涉进行了详细论述，认为英法在英德海军协定问题上的矛盾，体现了两国在如何应付德国外交挑战问题上的原则对立，即英国希望通过对德谈判让步的方式达到与德国的和解的原则与法国希望通过与英、意、苏等国结盟共同对付德国的原则的对立，而英国政策的背后则含有抑制法国、平衡法国在欧洲大陆暂时拥有的优势的打算。他的另一篇论文《1939年苏芬战争爆发与英国的反应》(《首都师范大学学报》2000年第1期)认为英国对苏芬战争态度谨慎，极力避免卷入与苏联的军事冲突，坚持反对国联制裁苏联的动议，它支持国联开除苏联也并非本意。英国的行动出于其战略的考虑，为日后英苏走向联盟留下了余地。

徐蓝《关于1940年美英“驱逐舰换基地”协定的历史考察》(《历史研究》2000年第4期)，利用新面世的档案资料《英国外交事务文件》(DBFA)和其他有关文献，对1940年美英“驱逐舰换基地”协定的背景、谈判过程以及这份以互相交换信件的形式签署的秘密协定的内容进行了较为详细的探讨。认为该协定不仅是第二次世界大战爆发后，美国尚处于战争之外的情况下，美国与英国达成的第一个重要的双边军事协定，也是两国结成反法西斯同盟的关键一步。与此同时，这一行动不仅揭开了大英帝国从西半球撤退的序幕，也是美国逐渐摆脱孤立主义并走向全球政治的关键一步。她的另一篇论文《凡尔赛—华盛顿体系与两次世界大战之间的国际关系》(《历史教学问题》2000年第3期)认为凡尔赛体系的弊端和内在矛盾，是导致战后德国民族主义和复仇主义蔓延，从而导致30年代纳粹党得以上台的重要原因之一；20年代对该体系的部分修改，并未解决该体系的根本问题。美国作为以“门户开放”原则为核心的华盛顿体系的主要规划者和潜在保证者，与日本独霸中国和东亚的既定国策的矛盾终归不可调和，美日之间的冲突也早晚会发生。

余章松《从军事经济实力的消长看苏德战争的成败》(《世界历史》2000第3期)，对军事经济的含义给予了界定，并通过战时苏德工业生产能力、民用消费、军工生产等方面的对比，对双方军事经济实力的消长变化进行了具体论述，认为正是由于法西斯制度的虚弱本质及战争的非正义性，使纳粹德国始终不敢过多地压低民用消费和扩大军工生产，劳动力动员水平也极低，从而使其在苏德战争中军事经济基础雄厚的优势被抵消，并转化为军事经济的劣势，最终加速了德国的失败。而苏联的胜利则是人民战争的胜利，社会主义制度的胜利，爱国主义的胜利。

程洪《论阿根廷在二战期间的独特对外政策》(《拉丁美洲研究》2000年第1期)，论述了二战期间阿根廷执行的独特对外政策——在英美和德国之间采取中立政策的产生背景、内容和展开过程以及形成原因，认为阿根廷对外政策的重心在于加强与欧洲国家特别是英国的联系，以维护其传统的经济伙伴关系；重视与德国关系的目的在于从德国获取所需的武器装备和工业品，为阿根廷在南美洲称雄创造条件；对美国则表现出与其作对，但不与之彻底决裂的基本态度，这一政策所具有明显的亲欧反美的倾向性，反映出阿根廷对外政策制定者们的矛盾心态和在与大国争斗中的艰辛与无奈。

何跃、何王莉《在夹缝中求生存——客观评价西亚国家在二战中的地位和作用》(《西亚非洲》2000年第6期)通过对战前英法和德意在西亚的争夺、二战中西亚国家因盟国的占领而从“中立”到参战的转变，以及西亚人民积极协助盟军运送战争物资等行动的论述，指出了西亚在盟国战略中的重要性，肯定了西亚人民为反法西斯战争的胜利作出的贡献，并分析了战后西亚成为冷战冲突主要起源地的原因。

徐康明《日本的“有条件投降”及其消极影响——日德两国投降情况比较》(《日本学刊》2000年第2期)通过论述二战中的反法西斯同盟对无条件投降的决定、德国的无条件投降以及日本的整个投降经过，认为该同盟对先后败降的意德日三国执行无条件投降政策的宽严程度差别很大。美国单方面放宽日本投降的条件，最主要的是允许日本保留天皇制。日本有条件投降是战后日本一直未能正确认识和深刻反省其侵略战争罪行的历史根源，并给少数右翼分子歪曲历史、美化侵略予可乘之机。

姜维久《论二战平民受害赔偿责任》(《社会科学战线》2000年第1期)，对亚洲平民在二战和中国抗日战争中的23项受害索赔诉讼案进行分析，并将其与德国对受纳粹迫害的犹太人的个人赔偿，加拿大对战时日裔受害者的个人赔偿，意大利对南斯拉夫、埃塞俄比亚、希腊、阿尔巴尼亚、苏联等国的赔偿，进行了国际对比，对德、日两国对战争和赔偿的强烈反差给予比较，认为重新提出解决日本侵华战争遗留的民间个人受害索赔问题，对抑制日本现实中的军国主义的膨胀，意义重大。

四、冷战国际史研究

张盛发《雅尔塔体制的形成与苏联势力范围的确立》(《历史研究》2000年第1期)，利用90年代才解密的前苏联的原始档案，以苏联在二战初期扩张领土和建立势力范围的努力为基点，论述苏联势力范围的建立与雅尔塔体制的形成之间的关系，对雅尔塔体制范围内的苏联势力范围问题和冷战的起源问题提供了新的认识。

崔丕《美国的遏制战略与巴黎统筹委员会、中国委员会论纲》(《东北师大学报》2000年第2期)利用新解密的档案资料，以美国遏制战略、巴黎统筹委员会、中国委员会的兴衰史为对象，揭示了冷战时期西方国家对社会主义国家经济遏制政策的演变趋势以及在各个历史时期的主要表现：打击对象从苏联转向中国、复归于苏联，呈现出“马鞍形”的发展态势；从禁运战略物资为主转向限制高新技术转让；从把经济、军事援助与贸易管制直接联系起来转变成为进口制裁与贸易管制相结合；从阻碍苏联集团国家战争潜力的增长转变成为改变苏联的外交政策和国内政治；而其对待波兰的“差别”政策则是分化苏联集团国家关系的重要手段。文章认为美国的冷战战略左右了巴黎统筹委员会、中国委员会东西方贸易管制政策的走向，西方国家的动向也在一定程度上制约着美国冷战战略的调整和变迁，当西方国家对社会主义国家奉行敌视性的贸易管制政策时，社会主义国家的经济建设便只能是在

“封闭”的方式下进行了。1994年3月31日，巴黎统筹委员会、中国委员会宣布解散，标志着冷战在真正意义上的结束。

石斌《杜勒斯与美国对1958—1959年柏林危机的反应》(《国际论坛》2000年第6期)，是利用1993年新出版的档案材料，如《美国外交政策文件》(FRUS，1958—1960)，研究艾森豪威尔政府对这次危机的反应，探明杜勒斯在美国政策形成和发展过程中的作用。文章认为，从柏林危机发生到最后处理，杜勒斯从坚持“代理论”到坚持柏林的权利“不能替代”的原则，以及军事压力加外交谈判的“双管炮”策略，是与其对苏政策的既坚持军事威慑又不放弃谈判但以对抗为主的立场是一贯的，美国政府相信通过显示武力可以使苏联望而却步、却不敢在军事上有什么大动作的政策特点，是冷战的一个基本特征。

五、中外关系

中外关系研究主要涉及中日、中美、中英、中法、中德关系。

林敏《试论伊藤博文在近代中日关系格局形成中的作用》(《日本研究》2000年第3期)主要分析了四任日本首相、参与明治时期所有对中国的政策制定和实行的伊藤博文的中国观和对中国的政策。认为伊藤等人并非真正的“东洋连衡论”者，而是与中国彻底决裂的“脱亚论”、“征韩论”者，并领导了对华开战的中日甲午战争，这场战争进一步将其“东洋霸主”意识赋予了新的含意，通过强调中国的危机，煽动日本经济界对中国进行经济侵略，呼吁日本军备扩张。他组建的日本政党“立宪政友会”，标志着甲午战争后向帝国主义过渡时期日本国内政治新体制的形成。文章认为日本对华实行了长期、一贯、有计划的侵略立场，这一立场还决定了近代中日关系非对等的格局，即侵略与被侵略的格局。

武寅《日本对外战略与台湾问题》(《世界历史》2000年第2期)追述了二战前日本将台湾从中国大陆分割出去的历史，剖析了台湾问题在日本对外战略中的地位。指出，在战前日本对外战略从“利益线”到“生命线”再到

"大东亚共荣圈"的发展过程中，台湾都是其不可缺少的一环，是日本为自己构筑的"生存空间"的一角。战后在经济、地缘政治和国家安全方面，亚洲仍然是日本战略的重点，台湾地位的重要性有增无减。文章认为日美关系和日中关系是制约日本对台政策的两个主要因素，日美关系的重要性并不能排除在特定条件下日本与美国在台湾问题上采取不同行动的可能性，日中关系的好坏也不会影响日本要确保台湾作为一个独立的实体存在的对台政策的实质，只是影响它外在的表现形式。

樊吉社《美国分离西藏：从策划到失败（1949—1951）》（《国际论坛》2000年第6期），利用美国外交文件，对中华人民共和国建国之初美国分离西藏的政策进行论述。指出：从1949年初到《关于和平解放西藏办法的协议》的达成，美国曾尝试使用劝说、诱使英国和印度的合作等政治、外交手段将西藏从中国分离出去，但终因印度和英国自身的政治利益考虑而采取的消极不合作政策，以及中国中央政府及时经营西藏问题，使美国的分裂政策宣告失败。

王建朗《新中国成立初年英国关于中国联合国代表权问题的政策演变》（《中国社会科学》2000年第3期）主要根据英国国家档案馆所藏英国外交部档案，勾画出1950年英国政府对中国代表权问题的政策演变过程。认为英国最初的消极弃权方针受到中方批评之后，曾努力游说一些安理会成员国支持中国，但未获成功。1950年6月英国做出了改变弃权政策而投票支持中国的决定，但由于美国的强烈反对和朝鲜战争的爆发而两度中止。但朝鲜战争的爆发并未使英国立即转为消极政策，而是在9月召开的联合国大会上对新中国投了赞成票。但此后不久，英国投票政策又出现倒退。尽管英国为支持中国进入联合国投赞成票的时间相当短暂，但不能否认它确曾为此做出过认真的努力。

葛夫平《论义和团运动时期的法国对华外交》（《近代史研究》2000年第2期），利用法国的文献，论述了法国在中国义和团运动时期的外交政策。指出：义和团运动初起时，法国率先联络各国公使催促清政府采取有力措施镇压义和团，继而竭力促成列强联合出兵侵华，并最先建议列强对中国实行武器禁运；在谈判签订《辛丑条约》的过程中，法国也在一系列重大问题上提出了与他国不同的主张，其强硬态度十分明显。在义和团运动时期，法国的对华政策并不完全被法俄同盟所左右，而是把与英、美、德等列强的联合行动置于对华外交的优先地位。法国在促成帝国主义列强共同出兵镇压义和团运动过程中扮演了元凶的角色。

房建昌《纳粹德国与伪满洲国的交往》(《德国研究》2000年第2期)，运用了中、日、德、英文文献，对1931—1945年德国与伪满洲国的交往史给予勾勒，指出这种关系经历了德国最初顾忌与蒋介石政权的关系到最终承认伪满洲国的过程，但双方的关系一直为德日关系所左右，德国的兴趣更多的是在经济方面，而更深层次的原因是希望日本在伪满的军力能牵制苏联，并为日后进攻苏联做准备。德国入侵苏联后，陆路通道不畅，双方贸易基本终止。

另外，赵志辉《雅尔塔体系的形成与中国关系的再认识》(《南京社会科学》2000年第6期)认为中国是雅尔塔体系的创建国之一，雅尔塔体系有关中国问题的安排并不仅仅限于秘密协定中对中国领土主权的侵害，它还包括有关中国作为一个大国的国际地位的规定和明确承认台湾是中国领土的规定。雅尔塔体系的形成对中国抗战胜利的进程、胜利后的局势和中国革命的进程均产生了重大影响。

六、美国外交研究

周琪《"美国例外论"与美国外交政策传统》(《中国社会科学》2000年第6期)认为现实主义和理想主义共同构成了美国外交政策传统，而且美国外交政策比大多数欧洲国家都富有理想主义和使命感。文章追述了美国理想主义外交政策的发展，并从其政治文化中探讨这一理想主义特征的深层次原因。认为优越的地理位置，独特的移民文化，上帝赋予美国人自由的信念，美国革命成功后诞生的稳固民主制，基督教的祈愿和自省等因素结合在一起，形成了美国人独特的自我意识：生活在"山巅之城"的美国人是上帝的特殊选民。这种意识深入美国人的灵魂，形成美国政治文化中的"美国例外论”以及其自由价值和民主制度应当推广到全世界的使命感。这一使命感在当代的表现就是在全球追求民主和人权。但是在如何使美国的价值观普遍化方面，美国一直存在树立榜样和实行干预两种观点。20世纪以来，随着美国实力的增长，其使命感日益同取得世界领导权的驱动力结合在一起，并使其外交更频繁地显示出通过干预实现其理想的“十字军东征”精神。

白玉广《美国对以色列的政策及美以关系的发展（1948—1958）》（《世界历史》2000年第2期），利用美国解密的档案材料及相关著述，对以色列建国初期（1948至1958年）美国对以色列的策略及美以关系的发展进行梳理与分析，认为以色列建国伊始，美国就给予这一新生国家巨大帮助，但是在战略上，美国并未将以色列视作特别重点考虑对象。第二次中东战争结束后，美国对以色列的战略地位重新予以评估，鉴于以色列在美国中东战略中的地位和作用日益突出，美国也日益重视以色列。但是只有美以双方在安全观上都作出调整并产生趋同倾向之后，两国全面战略合作方能最终实现。

2001年国际关系史研究[1]

2001年中国的国际关系史研究平稳发展。在各国关系的研究中，不仅依然重视大国之间的关系，而且对大国围绕中亚、中东、东欧地区和韩国、匈牙利等中小国家的关系也展开了深入的讨论。在中外关系的研究方面，中美、中英、中日关系的研究进一步深化，对日本的政府开发援助（ODA）外交和中日钓鱼岛争端引起中国学者的重视。对二战前史和二战史的研究热情始终不衰。随着有关各国档案的解密，冷战国际史的研究不断有相当重要的成果问世。与此同时，美国外交仍然是学术界关注的主要问题。

一、近代以来的各国关系研究

朱新光《英俄角逐中亚与1873年英俄协定》(《西北民族研究》2001年第2期）利用俄、英双方的档案资料，以19世纪前期的中亚为背景，勾勒了该时期英俄争夺中亚，并达成关于阿富汗边界的英俄1873年协定历史概貌。文章指出，英国签订该协定的目的，仍是在试图削弱俄国在阿姆河流域影响的同时，加强自己在阿富汗的统治地位，作为它进一步对中亚施加影响的跳板；该协定在一定程度上暂缓了英俄在中亚的紧张对峙局面，为英属印度的

① 本文为《中国历史学年鉴·2002年》所写的专稿，但该年鉴至今没有出版。

安全创造了适度的环境，但也在某种程度上刺激了俄国的扩张势头，使俄国加快了吞并中亚三汗国布哈拉、希瓦和浩罕的步伐。

赵军秀《英国与1885年平狄危机》(《首都师范大学学报》2001年第1期)利用原始档案和相关研究成果，对1885年发生在中亚平狄的围绕阿富汗的英俄战争危机的历史渊源、平狄危机的发生、解决以及对英国中近东外交战略的影响给予论述。认为这次危机是英俄在中亚和中近东长期争夺的产物，危机使英俄关系到达战争边缘，英国之所以放弃以战争解决危机主要是由于在欧洲的外交孤立，危机不仅使英国进入海峡的欲望更为强烈，而且使其中亚政策和海峡政策逐渐成为英印帝国防御总战略的共同组成部分。

高春常《英国历史传统与北美奴隶制的起源》(《历史研究》2001年第2期)从17世纪英国早期资本主义的垄断性特点，白人共同体观念的不断强化以及白人意识在法律中的固定化等方面，深入分析了上述这些英国历史的传统与北美奴隶制起源之间的关系。认为：北美种族奴隶制度的确立是英国早期资本主义的和平自由交换原则和英国法律方面的“自由”传统受到白人意识制约的结果，是使这些“自由”传统局限于白人共同体之内的结果。从而较有说服力地回答了“在以和平自由交换为本质的资本主义滥觞之际，一个本以崇尚‘自由’为骄傲的民族，却在北美新大陆确立了种族奴隶制”这样一个令人难以理解的问题。

郑雪飞《第一次世界大战初期的美英伦敦宣言之争》(《史学月刊》2001年第4期)对1908—1909年伦敦海军会议结束时签署的海战宣言即伦敦海战法宣言的内容给予介绍，对美英两国对是否接受这一宣言的争论过程给予论述，并分析了美国妥协以及这一妥协的后果。认为由于伦敦宣言有利于中立贸易和同盟国而限制了英国在海上展开经济战的能力，英国在实质上没有让步，而美国出于经济、政治、外交等各方面的原因，最终撤销了自己要求接受这一宣言的提议。但是这场争论决定了在1917年美国参战之前的“中立”特征，也不利于中立国运用中立的法律权利维护自己的利益并反对交战大国的海上霸权。

杨冬燕《巴格达条约的形成及其对中东的影响——英美在中东的矛盾与争夺》(《南京大学学报》2001年第2期)通过对巴格达条约形成过程的论述，

分析了美英采取的截然不同的政策：英国主要从保持英国在中东地区势力的潜在工具的认识出发，从最初对巴格达条约缺乏热情到加入该条约；美国则主要由于埃及和以色列的反对而从最初的极大热情到最终置身于该条约之外。因此，该条约虽然为美国在中东取得优势创造了条件，但并没有给中东带来稳定和安全，反而成为导致第二次中东战争爆发的主要原因。

李兴《1939—1945年苏联的东欧政策剖析》（《世界历史》2001年第6期）根据俄罗斯最新解密的档案资料，对二战前夕到二战结束这一时期的苏东关系进行了研究。认为围绕东欧问题，苏联在6年的时间里，先后与德国、英国和美英集团进行了秘密或公开的谈判、斗争、妥协和交易，对该地区进行了多次瓜分，说明争夺和控制东欧是苏联外交从不忽视、从不忘记的基本国策。苏联的做法，不仅出于对其国家安全和输出革命的考虑，也是与沙俄时期的大国主义、民族主义的传统一脉相承的。

安成日《旧金山对日和约与战后日韩关系》（《日本学刊》2001年第6期）主要探讨日韩之间围绕对日媾和问题的外交攻防以及《对日和约》的签订对战后日韩关系的影响。指出正是日本和英国的反对以及美国的让步，韩国没有参加对日媾和会议；在美苏冷战不断激化的形势下，美国推行以大国为中心阻止所谓“共产主义膨胀”的外交政策，在亚太地区的战略与防卫问题上采取了优先考虑扶持日本的政策，在日韩关系上，对韩国采取了强调“日韩提携”并为此迫使韩国作出更多的让步的政策；在对日和约中没有解决或没有圆满解决诸如日韩恢复邦交、“财产请求权”、“麦克阿瑟线”及渔业纷争、在日朝鲜人的法律地位、船舶、独岛等一系列的悬案问题，特别是没有明确规定实际上由韩国控制、日韩之间存在争议的“独岛”（或“竹岛”）的归属，导致了日后两国之间长期的“独岛”领土争端。

胡舶《美国在匈牙利事件中的态度与政策》（《陕西师范大学学报》2001年第3期）依据美国外交档案文件，分析和探究美国对匈牙利事件的态度及政策。指出美国对该事件采取了从观望到最终确立“不干涉政策”的过程。认为美国实行不干涉政策的深层次原因在于：美国担心苏联会因其在东欧地位的严重恶化而孤注一掷采取极端措施，从而引发美苏之间的直接对抗乃至于爆发世界大战；美国希望以自己不干涉的保证，使苏联人感到没有必要一定要对波匈诉诸武力并迫不及待地镇压这些新成立的政府，并允许这些国家享有某种程度的独立；担心赫鲁晓夫下台和苏共党内的强硬派上台，不利于刚刚开始的美苏缓和进程。同时文章指出美国的所谓不干涉政策在具体实践中远未严格遵守。

另外，关冬宇《日本谋求常任理事国进程中的ODA外交》(《外交学院学报》2001年第4期）从二战后日本的政府开发援助（ODA）的起源入手，论述了日本在谋求联合国常任理事国的过程中运用ODA外交的表现和原因，指出冷战结束后的10年间，日本ODA的金额每年都位居世界第一，其目的也从谋求经济利益为主要目标转变为更重视政治利益的外交手段。认为尽管日本利用ODA提高了自己在联合国的地位，其国际形象得以改善，谋求常任理事国也获得阶段性成功，但这种外交手段也有不可避免的局限性，各国对其提高政治地位的企图持谨慎态度。不过ODA作为一种有效的外交手段，日本还会继续实行下去。

二、中外关系研究

1. 中美关系

仇华飞《德兰诺瓦事件考辨》(《南京社会科学》2001年第6期）通过对《清代外交史料》、美国《北美评论》以及早期英美来华传教士在中国创办的最早刊物《中国丛报》作为论述1821年德兰诺瓦事件的依据，分析事件发生的前因后果、中美双方的态度和影响这次事件处理的其他因素。认为在如何审理这一典型的刑事案件问题上，体现了中美两国不同的司法观和文化价值观，中国按照本国法律宣判肇事者有罪是中国独立行使司法权的表现，无可非议，美国以自己文化价值观看待德兰诺瓦案，其偏见显而易见；至于该案的处置方法是否过激应依据当时的客观情况而定，事实上，早期中美关系受清政府排外政策影响，德兰诺瓦案也不例外；该案件的发生对近代中美关系产生很大影响，美国领事和商人提出的处理要求已经体现了在华实行治外法权的最初思想。

姚椿龄《美国与亚非会议》(《世界历史》2001年第6期)利用90年代解密的美国外交关系文件，研究了美国对亚非会议的态度和反应。指出美国在会议召开前并不希望会议召开，得知会议要召开之后便图谋利用其所谓的“友好国家”左右会议，并打算由“友好国家”出面，利用亚非会议向中国施加压力，阻挠中国人民解放台湾；美国中央情报局在万隆会议前和会议期间，进行了各种各样的秘密活动，认为它与克什米尔公主号事件有关。文章还对杜勒斯对这次会议的评价给予介绍。作者认为，在该会议取得一致同意的决议方面，周恩来的作用功不可没；会议公报作为一个妥协折中的文件，对集体防御原则的肯定、殖民主义的表述方法以及对西方援助和西方资本作用的肯定等方面，不结盟国家和中国从各自的主要目标出发，都作了较大的让步；杜勒斯对中国的僵化思维和极端敌视，使中美两国在当时改善关系十分不易；而美国的一些“友好国家”也并非完全听命于它。

郝雨凡《从策划袭击中国核设施看美国政府的决策过程》(《中共党史研究》2001年第3期)根据近年来美国解密的档案和一些学者的研究，揭示60年代上半期美国政府曾考虑动用武力摧毁中国的原子弹研制基地这段鲜为人知的历史内幕，并以此透视白宫的决策过程。文章指出，肯尼迪—约翰逊政府在得知中国正在进行原子弹研制时，一度非常紧张，并曾策划采取军事行动破坏中国的核武器研制。尽管行政当局的破坏计划一度已相当具体，为此美国还秘密向苏联试探，谋求美苏合作，但是在其军事和情报当局加紧策划对中国核基地实施打击方案并拟定“退出战略”(即在采取行动后如何收场)时，国务院内出现了不同的声音，文职官员对各种军事行动方案的可行性提出异议；而苏联对打击计划也态度消极，最后导致白宫没有采取行动。

2. 中英关系

王建朗《台湾法律地位的扭曲——英国有关政策的演变及与美国的分歧(1949—1951)》(《近代史研究》2001年第1期)依据英国档案对英美尤其是英国在有关台湾地位问题上的政策演变给予探讨。认为由于实力的限制，英国对台湾的政策常常受到美国的影响。尽管日本战败后台湾回归中国，而且在相当一段时期内英美对台湾地位的变更没有提出任何疑问，但是，随着中国共产党取胜的前景越来越明朗，英美对台政策开始发生变化。为了防止中共占领台湾，英美都提出了在对日和约缔结之前，台湾在法律上还是“日本领土”的说法。中华人民共和国成立后，英美态度一度出现转变，明确承认台湾是中国的一部分，准备接受中共占领台湾的现实可能。朝鲜战争爆发后，美国对台政策再次发生转变。尽管英国仍表示要遵守开罗宣言的承诺将台湾交还中国，但最终不得不把它与朝鲜问题挂钩而暂时回避了履行开罗宣言的责任。在缔结对日和约的过程中，英国曾坚持应邀请中华人民共和国的代表参加，并在和约中规定日本将台湾交还中国。但在美国的反对下，英国最终退让，英美达成妥协：国共双方均不参与和约签署、和约只言日本“放弃”台湾主权而不明文交给中国。

3. 中日关系

吴辉《从国际法论中日钓鱼岛争端及其解决前景》(《中国边疆史地研究》2001年第1期）从中日双方在钓鱼岛主权问题上的不同立场、东海海洋权益争议及其海洋法适用、解决争端的前景三个方面，对这一争端进行考察。认为从国际法的时际法原则来看，中国早在15世纪即已通过发现这些岛屿而获得其主权，日本占有钓鱼岛的过程并不符合国际法上的“无主地先占”原则，而美日之间的任何条约或协定也不能视为日本拥有钓鱼岛主权的依据；根据联合国新海洋法和国际司法判例，钓鱼岛不应享有大陆架和专属经济区，亦不具有划界效力；在和平解决争端的前景下，钓鱼岛问题面临三种可能的选择：搁置岛屿主权争议，共同开发海洋资源；双方本着公平和互谅精神，运用成比例方法进行协商划界；在通过双边协调仍无法解决争端时，可考虑将问题提交国际法庭仲裁或接受司法解决。

另外，杨奎松《新中国从援越抗法到争取印度支那和平的政策演变》(《中国社会科学》2001年第1期）探讨了新中国从几乎是全力（除了出兵以外）援助越南抗法战争，到力主划界停战的日内瓦会议的政策转变过程及原因。认为日内瓦会议的成功及和平共处五项原则的提出，是新中国外交政策从突出强调意识形态的“一边倒”，转向较多地考虑国家利益而开始走向务实的一个重要标志。

三、二战前史和二战史研究

梁占军《意埃战争爆发后法英在对意制裁问题上的合作与分歧》(《历史研究》2001年第4期)利用大量第一手法国外交档案和英国外交档案，对法国和英国在这一事件中纵容、袒护意大利，阻挠、拖延对意大利实施石油制裁，并于私下寻求与后者妥协的整个过程与内幕进行了较为系统深入的探讨，揭示了法、英双方的合作与分歧，以及法英对意大利法西斯侵略所实行的绥靖政策对国际关系的消极影响，从而深化了中国学者对30年代西方民主国家对法西斯侵略采取绥靖政策的研究，并在法国外交资料的使用方面给予了一定的引导。

徐蓝《对"罗斯福—韦尔斯和平计划"的历史考察》(《世界历史》2001年第4期)从美英关系的角度，依据原始档案及当事人的回忆录等第一手资料，并参考有关这一问题的研究成果，对1937年底到1938年初美国希望与英国采取联合行动并通过战争以外的方法维持世界和平的"罗斯福—韦尔斯和平计划"的来龙去脉进行了探讨。认为张伯伦政府坚持推行绥靖政策和美英之间的互不信任，以及该计划本身的非现实性与实际发展的国际形势的现实之间所形成的巨大反差，是该计划最终夭折的根本原因。

陈晖《试论二战前夕苏联与英法的结盟谈判》(《俄罗斯研究》2001年第4期)，利用新解密的苏联外交档案，对国内学者以往较少研究的苏联外交进行探讨。文章从谈判中苏联的政策入手，对整个谈判过程中的苏联行为进行剖析，认为谈判失败的最主要原因是苏联与英法安全观的对立。慕尼黑会议之后，苏联已不再满足于一般意义的互助条约，而是要取得对周边邻国的控制权，以防止它们倒向德国而成为反苏的跳板，以确保本国的安全；而英法则希望保持中东欧的现状，无意将东欧的利益交给苏联，双方虽有合作的愿望，但在维持现状和改变现状之间很难找到共同点，因此谈判破裂不可避免。

丁金光《试论〈苏德互不侵犯条约〉对美共的影响》(《青海社会科学》

2001年第4期）论述了苏德互不侵犯条约签订后美国共产党的政策从贯彻人民阵线政策、支持罗斯福政府，到谴责“第二次帝国主义战争”、抵制罗斯福政府的方针的转变，对该条约存在期间美共的反政府反战争活动进行了叙述，并分析了对美共造成的消极影响。认为在评价该条约的历史地位时不能忽略它对美国和其他国家共产党的影响。该条约过大于功。

严双伍《二战期间美法矛盾成因析考》（《武汉大学学报》2001年第4期）指出，二战期间的反法西斯盟国关系中，美法矛盾尖锐深刻，引人注目。文章分析了美法矛盾产生的原因，认为主要包括美国对夺取战后世界霸权的战略追求，削弱孤立英国、防止英国与己争霸的考虑，控制法国殖民地、属地的意图，对法国政治现实和未来走向的判断失误，信息不全、情报不确导致决策的盲目性以及罗斯福和戴高乐之间不和谐的个人关系等因素；并认为二战中的美国对法国的政策是美国外交的最大失误。

四、冷战国际史研究

崔丕《艾森豪威尔政府对朝鲜政策初探》（《东北师大学报》2001年第3期）以美国政府解密的美国国家安全委员会文件为基础，通过与杜鲁门政府的对比，探讨艾森豪威尔政府对朝鲜政策的形成过程、动因及其特点。文章指出，艾森豪威尔政府对朝鲜的政策与杜鲁门政府相比既有共性也有区别。其共同之处在于它们都是在“遏制战略”的框架内规划对朝鲜政策的；都坚持“在韩国主导下的统一”和加强韩国的实力地位。其区别在于杜鲁门政府的朝鲜政策从属于“遏制苏联集团”的战略目标，加强韩国实力地位的主要手段是提供军事援助；在亚洲军事战略部署中，日本占据核心地位；韩国的安全保障主要依靠美国的保护。艾森豪威尔政府对朝鲜的政策从属于“遏制中国”的战略目标，对韩国的援助既有军事援助也有经济援助，军事援助优先，经济援助为提高军事实力服务；美国不仅要保障韩国的安全，而且要推动韩国加入西太平洋地区集体防卫体系；韩国在美国的亚洲军事战略部署中的地位明显提高。文章认为这种转变，与同时期美国政府对日本政策的调整密切相关。

蔡佳禾《肯尼迪政府与1962年的中印边界冲突》(《中国社会科学》2001年第6期)通过对大量档案材料的解读，指出肯尼迪政府希望通过援助并怂恿印度在中印边界采取军事冒险政策，以达到遏制中国、改变印度的不结盟政策、在南亚建立针对中国的“联合防御体系”、加深中苏分裂等多重目的。但是美国的全球冷战政策与亚洲政策之间的矛盾以及南亚复杂的国际关系，使美国并未达到战略目的。

陈兼《关于中国和国际冷战史研究的若干问题》(《华东师范大学学报》2001年第6期)对20世纪最后十年有关“冷战史新研究”的若干问题给出作者的看法。指出冷战的复杂性和特殊性在于它并不能用简单的“两极对立”予以概括，而是在结构上具有多维多层次特征；冷战虽然主要是美苏两个超级大国的对抗，但是中国在冷战中的地位决非无足轻重，冷战之所以没有发展为全球“热战”，原因之一就在于中国的参与和东亚冷战的发展将美苏两大国分割开来，使其发生直接军事冲突的机会和可能性大大减少。冷战所涉及的并不仅仅是一般意义上围绕国际权力的分配所展开的争斗，它从一开始就表现为对立的意识形态的交锋，表明意识形态在冷战时期的国际关系发展中起着重要作用。作者认为从历史发展的眼光看，冷战的根源在于世界近代化过程所产生的种种问题难以在当时资本主义制度所能够提供的范围内解决；冷战结束后表面上由美国主导的国际体制并没有为美国的世界霸权提供合法的依据；中国在向国际体系和体制提出挑战的过程中逐步进入国际体系并使自己关于国际关系准则的一些基本认识，如“反霸权”原则成为国际体制基础的重要国际共识。

五、美国外交研究

孙哲《美国的总统外交与国会外交》(《复旦学报》2001年第4期)对国内学术界比较忽视的“美国国会与美国外交”这一重要课题进行探讨。认为尽管在历史上某些“帝王式总统”如二战中的富兰克林·罗斯福当政时期，国会因其自身运作机制的特点在对外决策中居于次要地位，但是随着全球化的发展、公众外交的影响以及内政与外交的融合，国会在美国外交决策过程中的地位不仅得到显著提升，而且还逐渐显现掌控美国外交的“锚与舵”的发展趋势。作者以美国对华政策的制订过程为例，分析国会在外交领域中日益凸显的作用，并建议我国对美国国会的工作应有相应对策。

韩召颖《美国公众外交与美国对外政策》(《太平洋学报》2001年第4期)论述了美国公众外交的定义和特点、发展演变和主要活动，以及在美国对外政策中所起的作用。指出美国公众外交是美国政府针对其他国家民众采取的公开的对外宣传和文化交流活动；自第二次世界大战以来，美国公众外交受到了美国各届政府的重视，已经成为美国对外政策不可忽视的组成部分和重要工具；其目的在于：一是通过对外宣传美国的政策特别是外交政策，赢得外国民众和外国政府对美国的支持，二是使外国民众更好地了解美国，了解其社会制度和文化，从而加强美国人民和其他国家人民之间的相互理解，最终维护美国的国家利益；其实质是进行意识形态的对抗和输出美国的价值观念和生活方式。

2002年国际关系史研究[1]

2002年是中国国际关系史研究成果较多的一年。在各国关系的研究中，一个突出的特点是对大国与中小国家的关系展开了较为深入的讨论。在中外关系的研究方面，对20世纪中国外交线索的基本勾勒引人思考；利用新的档案材料对1949年以后中外关系的个案研究有进一步的发展，其中有关新疆问题的中苏关系研究引人瞩目，日本的ODA外交和有关钓鱼岛领土争端问题继续引起学者的重视。二战前史和二战史的研究以及冷战国际史的研究不断有重要的成果问世。

一、近代以来的各国关系研究

朱新光《试论1879 ~ 1880年英波同盟及其影响》(《贵州师范大学学报》2002年第5期）根据近年来出版的《英国外交事务机密文件》(BDFA）对19世纪的英、俄、波斯之间的关系进行考察，对英波两国为对付俄国而签订英波同盟的背景、过程以及该同盟不了了之的原因、影响进行考察。认为英波同盟是英国殖民霸权的产物，它作为英保守党政府向中亚推行“前进”政策的重要组成部分，尽管没有最终确立，但使波斯国内政局发生巨变，触发了

① 本文是为《中国历史学年鉴・2003年》所写的专稿，但该年鉴至今没有出版。

英俄争夺中亚势力范围活动的全面展开，加速了中亚国家半殖民地半封建化的进程。

张忠祥《略论尼赫鲁时期的印苏特殊关系》(《浙江师范大学学报》2002年第4期）探寻尼赫鲁时期印苏关系演变的轨迹以及其特殊关系形成的原因。指出自1955年起，印、苏之间建立的特殊关系是两国利益一致的产物：印度视苏联为对付巴基斯坦和美国结盟以及对付中国的可依托力量，苏联则把印度当成对抗美国和中国的盟友；1971年《印苏和平友好条约》的签订，标志着印苏建立了准同盟关系，使得在亚太地区形成以印苏为一方、美巴中为另一方的战略态势。文章认为印苏特殊关系为印度带来了许多实际利益，但损害了印度不结盟的国家形象，在与其他大国的关系中处于被动地位。

王传剑《从“双重遏制”到“双重规制”——战后美韩军事同盟的历史考察》(《美国研究》2002年第2期）探讨了第二次世界大战结束以来美韩军事同盟的结构调整与功能转化，特别是该同盟在由遏制朝鲜、遏制共产主义的“双重遏制”向规制朝鲜、规制半岛周边大国的“双重规制”的转变过程。认为美国之所以坚持在未来“朝鲜威胁”不复存在的情况下继续保留驻韩美军，不是单纯的军事问题，而是带有全局性意义的战略性问题，隐藏在这一问题深处的，是美国对未来东北亚地区乃至整个亚太地区安全战略的重新设计和总体规划。

兰鹏《德波关系中的奥得—尼斯河边界问题》(《德国研究》2002年第1期）通过对奥得—尼斯河边界问题的由来、两个德国在该边界问题上的不同立场、两德统一和奥得—尼斯河边界的最终确认等问题的论述，探讨了国内学术界较少深入研究的德波边界问题的来龙去脉。指出该边界的划定引发了欧洲历史上最大的难民潮，而对它的最终认可又成了两德成功统一的前提条件之一。

洪邮生《英国与德国的重新武装》(《史学月刊》2002年第12期）根据英国文件等史料，对这一时期英国对德国重新武装的政策变化及其动因进行探讨。指出迫于美国迫切要求重新武装德国的压力，以及英国坚持大西洋联盟的基本框架，英国在重新武装德国的问题上，对法国提出的普利文计划采取了先反对后支持的立场，而在法国的计划失败后，英国又通过艾登计划最终将德国重新武装纳入大西洋联盟的框架。认为英国不能对普利文计划的失败负责，造成该计划失败的主要原因还在于法国人自己。

黄民兴《近现代时期的阿富汗中立外交》(《西亚非洲》2002年第4期）勾勒了阿富汗中立外交的起源和发展，指出近代阿富汗疆界的划定与1907年《英俄协约》，标志着其缓冲国地位的形成；1919年独立后，阿富汗正式实施中立外交；二战后苏联的渗透和阿富汗国内的各种矛盾最终导致中立外交失败。文章认为，近现代时期阿富汗长期奉行中立外交的主要原因包括其重要的战略位置，地小国弱，英俄竞争，其亚洲邻国未形成对抗西方的联盟等因素；目前阿富汗已不单纯是一个缓冲国，处于政治重建中的阿富汗急需恢复其中立和不结盟的传统。

二、中外关系

1. 中国外交

章百家《改变自己　影响世界——20世纪中国外交基本线索刍议》(《中国社会科学》2002年第1期）将20世纪的中国外交分为近代中国外交的起源与困境；民国初年外交失败引起的反响；国际体系的大变动与中华民族的独立；革命的中国与苏美冷战的碰撞；改革开放、面向未来的中国外交等5个时期，勾勒了中国外交发展的基本线索。作者力图将百年来中国外交放入中国近现代历史发展的全过程中进行考察，并通过分析国际环境变迁、国内政治变革与中国外交演进三者之间的交互作用，揭示各个时期的外交遗产以及隐藏在革命造成的断裂之下的中国外交的连续性。作者指出，百年来中国外交有两项基本任务：20世纪前半叶，中国人追求的是恢复19世纪失去的国家独立和主权；20世纪后半叶，中国外交的核心问题是如何作为一个独立的主权国家同现存世界打交道，学习更好地维护自身的利益，并推动国际秩序朝更加公正合理的方向发展。改变自己是中国力量的主要来源，改变自己也是中国影响世界的主要方式。

2. 中美关系

牛军《越过三八线——政治军事考虑与抗美援朝战争目标的确定》(《中共党史研究》2002年第1期)通过研究相关档案材料，针对以往研究中存在的一些疑问，探讨中国参战目标的复杂性、志愿军作战方针的变化过程及其原因、盟国关系对中国决策的影响等问题。认为中国领导人从考虑参战起，他们提出的作战目标至少是经常变动的，保持弹性和模糊性；从出兵的决策过程看，三个目标中的每一个都反映了协调“国际主义”和国家安全两个方面的需要；越过三八线大大超出了志愿军入朝初期所争取实现的作战目标，该决策在军事上带有权宜之计的特点，在政治上则主要是出于对中国的政治威望和苏联的反应等考虑。

牛大勇《肯尼迪政府是怎样观察和对待中苏分歧的？》(《中国社会科学》2002年第2期)依据近年来解密的肯尼迪档案，指出肯尼迪当政时曾密切关注中苏分歧的发展，并试图通过美苏首脑会谈、同蒙古人民共和国关系正常化、延迟中国核武器试验、心理舆论战等手段，利用中苏分歧。但是，美国认为中苏关系的发展存在变数，在中苏之间，中国更敌视美国、更坚决地支持世界各地反帝斗争的一方，而美国此时对于自己在亚洲的战略利益和力量限度，尚有许多不切实际的认识，因此美国官方对国际共运的分歧一直保持谨慎的低调，而其对华政策则保持着比对苏政策更僵硬的立场。

唐小松《美国对中国“文化大革命”的反应(1966—1968)》(《当代中国史研究》2002年第4期)根据新解密的美国档案，阐明美国拒绝进一步改变对华政策的原因。认为1966年约翰逊政府虽提出“遏制但不孤立”中国的政策，但并未将其贯彻到底，其原因主要是由于美国对中国的这场内乱设定了自己的目标：希望导致中国政局发生有利于美国的变化。随着“文化大革命”局势的渐趋稳定，美国的期望落空，其政府内强硬派人士拒绝进一步尝试新的对华政策。从某种意义上说，“文化大革命”及其“红卫兵外交”为美国政府强硬派人士拒绝进一步调整对华政策提供了关键的借口。

宫力《从中美缓和到实行“一条线”的战略——20世纪60年代末、70年代初中国对外战略的转变》(《中共中央党校学报》2002年第2期)论述了

20世纪60年代末70年代初，处于文革期间的中国领导人面对国际格局的巨大变化，为扭转外交失控所作的努力：从缓和中美关系入手，为调整对外战略进行宏观思考并采取了最初的步骤，以此为基础形成了“一条线”、“一大片”和“三个世界”的国际战略的整个过程。认为这种战略调整扭转了中国两面受敌的不利局面，使中国获得了远远超出自己实力的国际地位，在国际政治格局中形成了影响全局的美苏中大三角关系，从而开创了中国外交的新局面。

3. 中苏关系

黄建华《1943—1949年间国民党政府在新疆问题上的对苏政策》(《新疆大学学报》2002年第1期）根据第一手资料，对国民党政府在新疆问题上的对苏政策进行探讨。认为尽管1943年国民党政府逐走苏联在新疆的势力，但是鉴于中苏实力对比上的显著差距，以及苏联在新疆的特殊影响和新疆孤悬塞外的地理因素，不能不采取一种有别于整个对苏政策的特殊政策，即始终对苏进行妥协、以英美力量掣肘苏联在新疆的活动、允许新疆对苏实行睦邻政策，但国民党政府允许新疆地方奉行亲苏政策是出于无奈。

齐清顺《论<中苏友好同盟互助条约>谈判中涉及新疆的几个问题》(《新疆大学学报》2002年第4期）根据当事人回忆录和近年解密的苏联档案，对在新疆境内不得有第三国人员势力活动，恢复和发展新疆与苏联的贸易，中苏合股开采新疆石油、有色及稀有矿藏，在新疆境内继续设立苏联领事馆，新疆境内的苏联侨民，中国利用苏联铁路从东北到新疆运送军队和物资及其他问题的发生缘由和影响给予分析和评论，并对该条约给予评价。认为该条约不仅使新疆争取到了使其可以更多受益的经济援建项目，而且在维护新中国安全和加快中国经济恢复建设步伐等方面都发挥了重要作用。但是该条约及其同时签订的一些附件和协议，对中国来说并不能算是完全平等的。

汪朝光《战后中苏东北经济合作交涉研究》(《近代史研究》2002年第6期）以战后中苏东北经济合作交涉为个案，叙述这一交涉的前因后果，揭示这一经济问题背后的中苏、中美、国共所谓三国四方政治、外交关系在这里的交织而导致的复杂图景。认为国民政府拒绝苏联要求在它强占的“战利品”进行经济合作是正当的。但是国民党在战后东北处于既要不失国家与民族利益，又要维持其党派利益的两难处境，使它对东北的政策基本上是被动应付，且前方谈判者与后方负责者不能协调一致，再加上无论国民党作出何等让步苏联总是“猜忌不安”从而不断制造麻烦，使中苏东北经济合作交涉的最后失败成为必然。

沈志华《对在华苏联专家问题的历史考察：基本状况及政策变化》(《当代中国史研究》2002年第1期）对大量中国地方档案和俄国解密档案及当事人的回忆进行梳理和考证，并在此基础上描述了1949—1960年苏联专家来华的基本状况及中苏双方政策的变化。文章认为，10年之间约2万名苏联专家来华，是为了满足中国巩固政权和发展经济的需要；但中苏双方对短时间内大量专家来华都缺乏必要的准备和严格的管理，致使该工作存在混乱状态；1954—1956年是专家来华的高潮期，受到波兰事件影响，从1957年双方加强对专家来华的控制；1957—1960年中国实行少而精原则，特别要求增加国防新技术专家，但中苏关系恶化导致专家工作停顿。

沈志华《赫鲁晓夫、毛泽东与中苏未实现的军事合作——关于远东防空协定、长波电台及联合舰队问题的再讨论》(《中共党史研究》2002年第5期）结合近几年披露的俄国档案文献及苏方当事人的回忆，从社会主义国家同盟关系及其政治特征的角度，对20世纪50年代中后期中苏军事合作方面发生的远东防空协定问题、建立长波电台问题和组建联合舰队问题进行论述。通过对上述事件的历史背景、原由以及两国领导人处理问题的动机和方式进行分析，提出一些不同以往的看法。认为实现军事合作是中苏双方的愿望；苏联在与中国交往中确有某种程度的领导者心态，但并没有任何侵犯中国主权的意图；在长波电台和联合舰队问题上，毛泽东作出过激反应，迫使赫鲁晓夫屈服，也给中苏进一步的军事合作制造了心理障碍；中苏最终未能实现军事合作的根源在于社会主义阵营同盟关系内在的不稳定性。

4. 中日关系

武寅《热战　冷战　温战——国际大背景下的日本政治走向与中日关系》(《日本学刊》2002年第4期）抓住二战前、二战后到冷战结束前、冷战结束后这三个不同历史时期国际关系与国际格局的主要特征，对百年来的中日关系给予探讨。认为近代以来，国际关系的发展先后经历了以战争为主要特征的热战阶段；以意识形态对立为主要特征的冷战阶段；以国家利益的折冲为主要特征的温战阶段。与此相对应，日本国内政治先后经历了武力扩张、保革对立、政治多元化三个阶段，中日关系也依次经历了民族敌对、中日“友好”、国家关系双重性三个阶段。指出目前中日关系存在的既近又远、不该摩擦而摩擦最多、其重要性既清楚又模糊三大矛盾，将在相当长的时期内构成两个关系的基本内容与特点。

林晓光《日本的对华开发援助与中日关系》（《国际论坛》2002年第6期）对日本对华官方发展援助（ODA）的历史沿革、发展变化、决策过程、政策调整、战略意图、实施现状、未来走向和理论框架等一系列问题进行学理分析和历史考察，提供了大量数据。认为日本政府力图通过ODA政策的变化和调整来体现对华战略意图，对中国施加影响；ODA政策的变化不仅反映日本政府对华政策和外交战略的变化，也将对今后的中日关系和亚太地区国际关系产生不容忽视的潜在影响。

刘文宗《石油资源与钓鱼岛争端》（《中国边疆史地研究》2002年第1期）指出，美国人提出的未经证实的东海蕴藏巨大石油资源的假设，在中日韩之间引发了关于钓鱼岛主权归属及东海大陆架划界问题的巨大争端，许多学者对“另一个波斯湾”表示怀疑；但钓鱼列岛是被日本侵占的中国领土，按照国际法应归还中国；《联合国海洋法公约》的签订加剧了钓鱼岛主权归属问题的复杂性。

张植荣、蒋苏晋《美国与中日钓鱼台列屿争端》（《中国边疆史地研究》2002年第3期）通过回顾有关历史，揭示美国在钓鱼台列屿争端中的作用、法律关系及其相关政策与立场。文章对美国一再声称的“中立立场”提出质疑。认为二战后美国对日单独占领，单独媾和，行使行政管辖权及归还琉球的历史过程，正是一个使钓鱼台列屿问题逐步走向复杂化的过程，且美日安保体制的存在和强化使争端的解决更为复杂。但是，从国家利益和整体战略考虑，美国并不愿因钓鱼台列屿争端而破坏与中日之间建立的良好关系。因此，美国选择“模糊战略”，但在其表面中立的背后，隐藏着偏袒日本的本意。

5. 中英关系

康民军《试析“麦克马洪线”问题的来龙去脉》(《首都师范大学学报》2002年第6期）利用历史地理知识，力图对“麦克马洪线”问题的来龙去脉进行较全面的分析，认为中印东段边界的传统习惯线在喜马拉雅山南麓。西姆拉会议期间，英国想诱迫和欺骗中国方面接受一条沿喜马拉雅山脊的中印东段边界，即所谓的麦克马洪线的阴谋未能得逞。1936年以后，英国在官方地图上标出了“麦克马洪线”，并伪造了《艾奇逊条约集》，还对中国领土进行蚕食，从而制造了中印边界争端中的“麦克马洪线”问题。

另外，潘琪昌《伯尔尼会谈——中德关系史上的一段秘史》(《德国研究》2002年第3期）对1964年中德两国间第一次举行的秘密官方谈判的来龙去脉进行了论述。

三、二战前史和二战史研究

刘作奎《第一次鲁尔危机》(《首都师范大学学报》2002年第1期）探讨了各类史书中绝少提及的、发生在1920年4月6日的鲁尔危机。文章论述了这次危机发生的过程，德军进入这一中立区的原因和法军随后出兵占领鲁尔区的法兰克福和达姆施塔特的行动，以及围绕这一危机英、法、德等国的外交活动。指出这次危机虽然以英法两国的相互妥协而解决，但已经暴露了一战后协约国之间在对待德国问题上的矛盾与分歧。

何兰《德国不承认伪满洲国政策的形成原因》(《世界历史》2002年第2期）认为伪满洲国成立后，德国之所以采取“不承认”政策，并非基于主持正义、恪守公道，而是由于德国传统的对远东“中立”政策的影响和外交部的反对与抵制、西方列强及国联态度的制约以及德国在华巨大经济利益的牵制。但德国期待拓展其在伪满的经济利益，这必然要影响到其不承认政策的演变。

章毅君《试论1935年伦敦海军会议》(《历史教学》2002年第8期）对1935年伦敦海军会议召开的背景、过程、后果进行论述和分析，认为当德、意、日法西斯对世界和平已构成严重威胁时，英美两国缺乏充分的认识；在伦敦海军会议上，当日本宣布退出会议而完全不受海军裁军条约的限制时，美英仍坚持签订新的限制海军军备条约，从而导致两国海军建设的严重落后，削弱了抵抗法西斯侵略的能力。

高翠《英国与尼翁会议》(《首都师范大学学报》2002年第5期）通过对原始档案资料、有关当事人的日记、回忆录等的研究，对1937年尼翁会议的起源、过程和结果进行论述，指出英国明知意大利是地中海袭击商船的潜艇战的罪魁，但是不仅积极邀请意大利参加会议，为其划出巡逻区，会后还在满足意大利平等要求的基础上将其拉入海军巡逻体系，证明尼翁会议并不是西方民主国家对抗意大利潜艇攻击的尝试，而是“不干涉”政策的另一种形式，是对意大利的绥靖。

齐世荣《论英国对意大利的外交政策（1936年7月至1938年11月）》(《历史研究》2002年第1期）运用大量的档案资料和国外学者的论著，详细论述了20世纪30年代后半期英国对意大利的绥靖政策，文章对当时意大利国家的综合实力进行了评估，并对当年英国对德意日三个法西斯国家所采取的战略方针和外交政策进行了剖析，指出英国在战略上做了最坏的打算，在外交上却做了最好的打算，悲观主义的战略估计加上机会主义的外交政策是导致英国在二战开始后不久即遭惨败几乎亡国的重要原因。

李嘉谷《<苏日中立条约>签订的国际背景及其对中苏关系的影响》(《世界历史》2002年第4期）利用苏联档案，详细论述《苏日中立条约》的签订过程及其对中苏关系的影响。指出苏联学者齐赫文斯基所说的莫洛托夫完全不理睬松冈洋右关于在中国领土上划分苏日势力范围的建议是不符合事实的，实际上，与《苏日中立条约》一起发表的关于外蒙古与“满洲国”的宣言表明，苏联实际承认“满洲国”问题，是苏联提出的。这一宣言侵犯了中国的领土主权，是对中国抗日军民心理上的一个重大打击，该条约是抗战时期中苏关系冷却的起点。

四、冷战国际史研究

徐蓝《试论冷战的爆发与两极格局的形成》(《首都师范大学学报》2002年第2期）对冷战爆发的原因和两极格局形成的线索给予勾勒，认为第二次世界大战结束后，美国的全球扩张战略和苏联的保障国家安全战略之间的直接碰撞，导致两国的斗争日益激烈；杜鲁门主义和两大阵营理论不仅标志着冷战的开始，也标志着美苏两国对世界政治的两极看法正式确立；马歇尔计划对冷战的激化和两极格局的最终形成负有更为直接的责任。但两极格局是既不对称也不完全的，鉴于苏联的经济实力始终远逊于美国，因此在两国对立的整个历史时期中，冷战对苏联的伤害程度远远甚于苏联对美国的伤害程度，而在两极格局的基础上也不断生长出多极的力量。

崔丕《美国〈共同防御援助统制法（1951）〉的形成及其影响》(《历史研究》2002年第3期）利用丰富的原始档案，对冷战高潮时期美国的经济遏制共产党国家的政策发展过程，民主党和共和党在东西方贸易管制政策方面的分歧与相互调整，立法权与行政权的关系，以及美国与其盟国之间关系的角度，论述了1951年美国《共同防御援助统制法》的形成过程，并通过对该法案的主要条款的阐述以及为贯彻这些条款而展开的波及50多个国家的外交活动，论述了该法案对强化巴统组织的东西方贸易管制体系的重要影响。

刘东明《试论杜鲁门政府的越南政策》(《首都师范大学学报》2002年第2期）认为杜鲁门政府的越南政策经历了从支持越南抗击日本和法国殖民统治，到转而支持法国重返印度支那，最终使美国自身卷入越南战争的过程。究其变化的原因，在于杜鲁门政府的冷战政策，以及在这一政策下的“多米诺骨牌理论”。

石斌《1953年东德事件与美国对苏东“演变”战略的起源》(《史学月刊》2002年第12期）利用档案材料，探讨了美国对1953年东德事件的反应。认为美国的反应表明其针对苏东内部事态的政策已显示出由“激变”向“演变”过渡的倾向，而这次骚乱本身的结局，反过来又使艾森豪威尔政府进一步意识到“激变”战略的局限性，并开始酝酿“演变”战略。“演变”战略既是出于对后斯大林时期苏东形势的逐步顺应，也与决策当局的冷战观与战略指导思想有关。着眼于冷战的长期性质，杜勒斯与艾森豪威尔等人对苏东内部形势的认识和战略指导思想一开始就与杜鲁门政府有所不同。

潘锐《从“大规模报复”到“星球大战”——论冷战时期美国核战略的演变》(《太平洋学报》2002年第3期）从探讨美国核战略的由来入手，勾勒了冷战时期美国核战略的发展演变，以及该战略与美国外交政策的关系。认为“大规模报复战略”强化了冷战，为北约和日本提供了核保护伞；“灵活反应战略”作为美国第二个核战略，在越南战场试验的失败以及美苏在战略核力量方面的基本均势，导致美国第三个核战略“现实威慑战略”的出台；随着苏联核力量的发展，该战略为“战略防御计划”即“星球大战”所取代，该战略作为核时代向太空时代转变的指导战略，是美国对苏联建立战略优势的工具。

叶江《冷战、美国霸权与全球化——冷战史研究新视角》(《华东师范大学学报》2002年第6期）通过对冷战与全球化、美国霸权与全球化，全球化对冷战和美国霸权的交互影响的分析，指出冷战在造成两大对立的、其内部高度协调的国际集团分割世界的同时，又对世界市场一体化有着直接的推动作用；冷战时期的美国霸权通过支持和维护西方集团的政治稳定，确保了战后资本主义世界市场的自由化和多边开放，推动了国际经济向全球经济转化，全球化由此而迅速发展；全球化是冷战时期两极国际体系比较稳定的重要因素之一，促使冷战以和平的方式得以结束，并对美国的霸权产生了此消彼长的复杂影响。

五、美国外交

王宏波《从道威斯计划看20世纪20年代美国经济外交》(《首都师范大学学报》2002年第3期）根据档案资料和相关研究成果，通过对美国以经济外交方式介入第一次世界大战后德国的赔偿问题的讨论，对国内较少研究的道威斯计划给予考察。指出第一次世界大战后，美国与欧洲的关系已密不可分，因此尽管战后美国实行了对欧洲不承担任何政治义务的孤立主义政策，但实际上，为自身利益所驱使，美国利用其强大的经济力量积极开展经济外交，比以往任何时候都更广泛地介入世界事务。道威斯计划充分显示了20年代美国经济外交的运作形式及对当时国际关系的重大影响。

赵志辉《富兰克林·罗斯福的中国观》(《美国研究》2002年第2期）阐述了美国总统富兰克林·罗斯福的对华思想。认为第二次世界大战时期，罗斯福总统基于对中国的认识并从其外交理念和美国的国家利益出发，提出了体现其集体安全思想的中国大国地位的思想；但他的对华政策是以支持蒋介石政府的统治为政治基础的，因此给美国对华政策带来了悲剧性的影响；他对共产党的认识虽然比较客观，但并没有真正理解中国革命的性质，最终由于意识形态的隔阂使他放弃了对共产党的承认和支持；他在雅尔塔会议上与苏联签订的有损中国主权的秘密交易损害了中国利益的事实也是无法改变的。

2003年国际关系史研究①

2003年中国国际关系史的研究成果数量不多。在各国关系的研究中，大国关系的研究仍然居于主导地位。在中外关系的研究方面，有关中国与邻国领土争端的研究发人思考；二战前史和二战史的研究以及冷战国际史的研究不断有重要的成果问世；有关联合国维和部队的研究涉及了中等力量国家在国际舞台上发挥的作用问题，对非殖民化的探讨令人瞩目。

一、各国关系研究

王晓德《英国对北美殖民地的重商主义政策及其影响》(《历史研究》2003年第6期）从重商主义与北美殖民地的建立、英国重商主义的主要内容、重商主义对殖民地经济发展的消极与积极的“双重”影响、重商主义与北美革命的发生等方面，详细论述了英国的重商主义对北美殖民地经济发展的影响。认为在殖民地经济发展初期，英国重商主义的积极作用可能比较明显，但是随着殖民地经济的壮大，其对殖民地不同地区的经济运行的消极影响则逐渐居于主导地位。英国重商主义政策是北美13个殖民地要求摆脱母国统治的主要诱因之一。

① 本文是为《中国历史学年鉴·2004年》所写的专稿，但该年鉴至今没有出版。

赵学功《第一次委内瑞拉危机与美英关系》(《历史教学》2003年第7期)探讨了1895–1896年围绕委内瑞拉与英属圭亚那领土争端而爆发的第一次委内瑞拉危机的来龙去脉，以及围绕这一危机而展开的美英关系。认为美国主导了危机的解决，通过所谓调解争端，迫使英国从美洲大陆逐步退出并进一步扩展了门罗主义的范围，从而确立了美国在美洲的霸权地位。

韩莉《竞争与妥协：巴黎和会上的美英关系》(《外交学院学报》2003年第1期)对巴黎和会期间英美在制定国联盟约时的分歧与妥协进行论述，认为英国关注战后的殖民地与海上霸权，而美国的主要目标是建立一个由美国主导的国际联盟，鉴于国际形势的发展和两国实力的对比，无论是美国的集体安全还是英国的实力均衡都有其局限性，双方最终达成妥协。

程文进《一战后美国的欧洲战略和20世纪20年代的美国对德政策》(《济南大学学报》2003年第4期)较为系统地论述了第一次世界大战后，美国极力使欧洲保持和平与稳定，以利于美国对欧洲进行经济扩张的欧洲战略的构想及实施过程，认为美国在20世纪20年代实行的以解决德国赔偿问题为核心的对德政策即服务于这一欧洲战略，而其失败也集中体现在世界经济大危机爆发后德国赔偿问题的进展之上。

高伟民《从美国解密文件读解日美间核武器秘密协议》(《辽宁大学学报》2003年第6期)通过解读美国新解密的文件，证实在美日关于归还冲绳和处理在日本的核武器的谈判中，日美之间就核武器问题存在秘密协议，尽管日本在冲绳回归问题上的公开方针是所谓“严守无核三原则，无核、本土同等待遇”方式，但在谈判的过程中主动提出以秘密协议处理核武器问题的妥协方案：在归还冲绳时，确保紧急情况下美国有权运进核武器。文章认为日美间深藏不露的秘密协议初露端倪，但关于核武器问题的秘密协议的具体详情或核心部分尚未见阳光。例如有些解密文件中隐约涉及日美在关于归还冲绳的谈判中，就“台湾有事”存在“秘密谅解”。

伍福佐《试析朝鲜战争中的印美关系》(《南亚研究季刊》2003年第3期)通过对冷战爆发到朝鲜战争中的印度与美国关系的勾勒，认为由于印度实行中间道路政策，与美国的冷战战略缺少契合点，两国在冷战初期的关系是相互疏远；尽管朝鲜战争的爆发使美国开始重视印度，但后者坚持不结盟政策，两国关系更加疏远和恶化。

邱建群、李惠《"普什图尼斯坦"问题的历史由来》(《辽宁大学学报》2003年第6期)对长期影响阿富汗和巴基斯坦关系的"普什图尼斯坦"问题的来龙去脉进行了论述。

杨仁火《战后初期日本联合国外交历史评析》(《中国社会科学院研究生院学报》2003年第3期)对战后初期日本积极加入联合国并展开的联合国外交进行了简要的历史回顾,指出在冷战的大格局下,日本加入联合国不免一波三折,这一过程也反映了日本外交的对美依赖性、进程的曲折性和政府与国民在重返国际社会这一目标上的一致性等特点。

王立新《美国国家认同的形成及其对美国外交的影响》(《历史研究》2003年第4期)通过对历史的追述,认为美国的国家认同建立在新英格兰的历史经验、共同的革命经历和对普世自由主义价值观和理想的信奉的基础之上。这种国家认同模式使美国人相信美国具有"自由捍卫者"的国家身份,因此注定要在世界上发挥独一无二的作用,并因此对美国外交政策产生了两方面的影响:其一是将捍卫和实现普世自由作为重要的国家目标,从而为美国外交注入了强烈的道义色彩,并在特定的历史时期发挥过进步作用;其二是在对外关系中不断寻找所谓"自由的敌人"并予以消灭,从而导致美国外交中的干涉主义,并滥用美国的强大力量,不仅给其他国家和国际事务带来灾难,也损害了美国的利益,在冷战后的时代更为如此。

王振华《英国外交的几个问题》(《浙江学刊》2003年第3期)对19世纪以来的英国外交给予概述,认为"三环外交"是二战后丘吉尔为维持英国的大国地位提出的一项外交总方针,是一个国力日趋衰微的大国在外交战略上所作的无奈选择;布莱尔的"枢纽外交"说是工党政府试图为英国外交所面临的两难选择、即"大西洋主义"还是"欧洲主义"寻求出路的一种尝试。

二、中外关系

1. 中英关系

许建英《关于帕米尔交涉的几个问题》(《中国社会科学院研究生院学报》2003年第5期)利用档案文献，对英俄在中亚的角逐和早期有关帕米尔的两个协议、英国侵占坎巨堤及其影响、英国违背同中国的承诺而伙同沙俄私分帕米尔的原因、瓦罕走廊的法律地位进行论述。认为英国通过与俄国在侵犯中国帕米尔地区的基础上达成的平衡，使其构筑起防堵俄国进逼英属印度西北边疆的防线，把阿富汗缓冲地带扩展到违背国际法原则的瓦罕走廊一带。英俄的侵略行径给中国的边界留下了长期的纠纷。

王宏斌《清末广东禁烟运动与中英外交争执》(《近代史研究》2003年第6期)将中、英外交文件进行对比研究，对清末围绕广东旨在限制鸦片销路征收“牌照捐”而展开的中英之间的外交斗争的来龙去脉进行探讨。认为清末新政时期广东禁烟运动在许珏的主持下，针对中外鸦片运销和吸食等各个环节采取了许多积极措施；中国官员为了捍卫国家禁烟主权而与英国外交官进行了坚决斗争。作者还纠正了他在《禁毒史鉴》(岳麓书社1987年)一书中曾经认为广东“在清末禁烟运动中未起重要作用”的说法。

张北根《论英国与直系的关系》(《史学月刊》2003年第7期)通过对英、日档案的考察，认为英国对中国的内战持中立态度，英国虽然同情吴佩孚，但未向吴提供军火和经济援助，并不支持包括直系在内的任何一方，而是采取“等着瞧”的策略，因此英国不是直系的后台。

2. 中法关系

葛夫平《抗战时期法国对于废除中法不平等条约的态度》(《抗日战争研究》2003年第3期)对维希政府、自由法国和法国临时政府对废约的态度进行探讨，指出由于法国维希政府在废约问题上基本追随日本，倒向汪伪政府一边，以致重庆国民政府单方面宣布废止中法不平等条约，并与维希政府断交；戴高乐领导的自由法国和法国临时政府将废约问题与争取重庆国民政府对它的承认以及法国重返印度支那联系在一起，但法国在这一问题上不占主动地位，最终与中国签订新约。

唐小松《“法国承认中国”对美国对华政策的影响（1964—1966）》（《国际论坛》2003年第1期）利用档案文献，分析了1964年法国承认中华人民共和国对美国对华政策产生的影响。认为尽管美国在其盟国在承认中国问题上的“多米诺骨牌效应”反应强烈并采取了补救措施，但是由此引发的美国政府内关于对华政策的大讨论，使政府不得不现实地审视其对华政策，法国的行动是导致美国1966年以后提出“遏制但不孤立”政策的重要原因之一。

3. 中德关系

陈仁霞《陶德曼调停新论》（《历史研究》2003年第6期）利用德国档案文献，较为详细地再现了陶德曼调停的历史过程，认为国民政府从寄希望于国联而拒绝调停到对国联失望后消极接受调停，并坚守了“国家主权”和“领土完整”的底线；日本旨在灭亡中国并两度提高议和的价码；德国则一直向国民政府施加压力，并在其调停失败后最终倒向日本。

4. 中加关系

唐小松《加、美在中国联合国代表权问题上的分歧（1964—1966）》（《世界历史》2003年第5期）依据加拿大对外政策档案以及不久前解密的美国外交政策文件，对1964—1966年加拿大与美国在中国代表权问题的争执过程给予论述，指出当时加拿大不顾美国的压力，对阿尔巴尼亚提案（即驱逐国民党、接纳中华人民共和国的提案）投过弃权票，其初衷是支持中国进入联合国的，并为后来加拿大重新定位其对华政策起了开拓作用。

5. 中菲关系

张明亮《南中国海争端与中菲关系》（《中国边疆史地研究》2003年第2期）对南中国海争端的过程、中菲关系发展的历程和二者之间的互动以及争端的发展趋势和对两国关系的影响等方面进行梳理、分析。认为菲律宾最早对南中国海的岛礁提出领土要求可追溯到20世纪30年代，70年代以前，菲律宾政府不断对南沙岛礁提出领土要求并支持其国民到南沙海域勘探；70年代菲律宾占领了部分南沙岛礁；冷战结束后，由渔业纠纷而引发的美济礁和黄岩岛问题对双方关系影响较大。但这一争端不会影响中菲关系的大局。

三、二战史研究

唐思《二战前夜纳粹德国报纸政策研究》(《中国青年政治学院学报》2003年第4期）对1933—1939年纳粹德国的报业政策进行探讨，认为纳粹政权对大众传媒的垄断形成了一套宣传体系：通过行政和法律控制对报业进行“合法化”管制使纳粹报刊迅速发展；通过宣传纳粹主义意识形态，力图统一全民思想，提出极权主义口号，树立元首或领袖神话，使报业蜕变为政府统治的工具。

程文进《慕尼黑危机与美国对纳粹德国的绥靖》(《首都师范大学学报》2003年第5期）分为三个阶段对美国在慕尼黑危机中的表现进行具体阐述，指出美国支持满足德国吞并苏台德区的愿望，企图以牺牲捷克斯洛伐克的利益来换取欧洲和平。罗斯福总统在危机期间虽有一些斥责绥靖政策的言行，但只是一种策略，危机期间美国对纳粹德国同样奉行绥靖政策。

夏正伟《希特勒的“边缘战略”与英国在地中海的抗战（1940年6月至1941年6月）》(《上海大学学报》2003年第4期）对自法国战败至苏德战争爆发期间英国在本土危难之时在地中海地区与德意进行的激烈较量和对抗进行初步探讨，认为英国在进行本土保卫战的同时，针对德国对地中海地区的图谋，通过政治、军事和外交努力，最终维系了后来成为第二次世界大战欧洲战场以外的又一重要战场。

田小惠《麦尔金报告与英国对德战败赔偿政策》(《重庆教育学院学报》2003年第5期）通过研究英国政府内部对德国赔偿问题的争论和讨论，认为与美苏相比，英国政府是最早开始研究对德战败赔偿问题的，1943年8月由麦尔金委员会向内阁提交的“麦尔金报告”，尽管没有得到进一步讨论，但是它所坚持的"经济安全第一"的原则，影响了美英对德赔偿政策的制订。

徐蓝《试论第二次世界大战后国际秩序的建立与发展》(《世界历史》2003年第6期）认为第二次世界大战后形成了以美苏英中法五大国为主导的新的国际秩序结构，该结构在政治上表现为联合国，在经济上则可视为由国际货币基金组织、世界银行以及关税及贸易总协定所组成的布雷顿森林体系。文章对联合国与布雷顿森林体系在战后国际政治经济领域中的地位和作用给予具体阐述，并认为这些组织在21世纪仍然是支撑和协调世界政治和经济秩序的主要支柱，它们将通过不断的改革与完善，继续成为世界和平与发展的推动力量。中国加入世贸组织不仅将促进自身的进一步改革开放并加快融入世界经济发展的进程，而且表明中国将从自己的实情出发，着眼于国家利益的维护，通过遵守现有规则的方式参与国际经济秩序的制定、修改和不断完善的过程。因此这是中国政府正确的战略选择。

四、冷战史研究

陈兼、余伟民《"冷战史新研究"：源起、学术特征及其批判》(《历史研究》2003年第3期）对冷战史的"旧研究"给予了概括性的说明、解释和批判，对以美国学者J. L. 加迪斯为代表的冷战史"新研究"的基本特征给予阐释，对中国学者的贡献进行了评价，并对中国的学术界如何进一步发展冷战史的研究提出了看法。正如文章所说，任何有价值的研究成果，都必须以扎实的第一手资料研究为基础，学术规范化是学术生命力的前提与基础。

沈志华《冷战史新研究与档案文献的收集和利用》(《历史研究》2003年第1期）从方法论的角度，探讨如何收集和利用档案文献，认为在国内档案的利用和研究尚有诸多不便的情况下，可以通过国际合作更加广泛地利用国外档案，充分利用地方档案，将档案文献与口述史料相互印证，以深化中国的冷战史研究。

白建才《冷战初期美国"隐蔽行动"政策的制订》(《陕西师范大学学报》2003年第4期）依据近年来美国解密档案，对冷战期间美国对苏联、东欧各国及中国等社会主义国家实施的主要政策——“隐蔽行动”的制订过程给予剖析，指出从杜鲁门政府到艾森豪威尔政府通过一系列国家安全委员会的文件，将其实施隐蔽的心理战行动全面展开。该政策和行动不仅是冷战的重要内容，也进一步深化了冷战。

杨友孙《论冷战中美国对东欧的双轨政策》(《俄罗斯研究》2003年第4期）对冷战中美国对东欧国家实行的区别对待政府与人民、力图在政府与人民之间制造分裂的双轨政策给予考察，认为在美国对东欧实行的激变战略、演变战略和剧变战略中，“双轨政策”不仅是贯穿于这些不同战略中的主线和灵魂，也是美国外交中对软国力与硬国力的灵活运用，是美国重视影响人民的外交传统的一个表现。

毛立坤《核武器的诞生与美苏合作的破裂》(《同济大学学报》2003年第2期）以新公布的档案文献为依据，从核武器的诞生及由其催生的核外交的角度，对美苏在台前幕后的较量和冷战的起源进行了探讨。

刘晓原《“蒙古问题”与冷战初期美国对华政策》(《历史研究》2003年第3期）对美国政府从1945年到1949年的“内蒙古外交”进行探讨，试图揭示美国从冷战出发的对华政策如何成为中国解决民族边疆问题的一种条件。指出当时美国的对华政策以抗衡苏联为主，以国民党政权为前驱，对内蒙古的民族自治采取了先敌视、后转而寻求同内蒙反共派别的隐秘合作；但是出于同苏联的道义竞争以及对中国民族统一意向的顾虑，美国始终对内蒙出现的自治和分离运动相当冷漠。文章认为美国政府的态度实际上抑制了战后内蒙古对中国的离心倾向，是内蒙古民族问题继续在中国“内政化”的历史条件之一。

赵学功《古巴导弹危机与20世纪60年代的美苏关系》(《史学月刊》2003年第10期）对古巴导弹危机发生的根源、危机发生和过程处理给予探讨，认为美苏两国首脑对核战争有共同的恐惧心理，美国的优势地位以及美苏之间建立了迅速、有效和秘密的联系渠道，有助于双方保持克制和忍耐态度，避免冲突升级并消除双方的误解，从而将危机控制在可操作的范围内，最终是双方相互妥协，使世界得以从大战边缘蹒跚而过。

戴超武《中印边界冲突与苏联的反应和政策》(《历史研究》2003年第3

期）依据近年来解密的苏联、美国外交档案文献以及中国和印度方面的相关资料，勾勒了苏联从“两个阵营”理论到“和平共处”理论的发展、西藏叛乱和中印边界问题导致的中印关系的根本变化、1959年中印边界冲突和苏联的政策以及中苏分歧、苏联对1962年中印边界冲突的反应及其政策选择的基本过程，认为苏联对中印边界冲突的反应和政策，是苏联对印度政策发展变化和赫鲁晓夫推行“和平共处”外交政策的必然结果，是自20世纪50年代中后期以后苏联和中国在一系列重大理论及国际战略问题上所存在的基本矛盾和根本分歧的突出体现，这些矛盾和分歧成为中苏论战的重要内容和中苏分裂的重要起因与标志。

徐蓝《国家大战略与对外政策调整——20世纪40—60年代冷战态势的演变》（《浙江学刊》2003年第6期）认为从杜鲁门到约翰逊总统的历届美国政府，并未改变自二战结束以来向全球扩张的国家大战略，而斯大林逝世后苏联的保障国家安全的大战略核心也未发生根本变化，但是苏联政局和整个国际形势的变化，使美苏各自的外交政策进行了有限调整，从而在东西方关系中形成了缓和与对抗并存的局面。文章对这一时期的冷战演变进行了全景概括勾勒。

五、联合国研究

孙洁琬《皮尔逊与第一支联合国维和部队的创建》（《世界历史》2003年第5期）对加拿大著名政治家和外交家莱斯特·皮尔逊立足于加拿大的中立政策，运用联合国的力量解决苏伊士运河危机的努力进行探讨，指出他不仅率先倡导了联合国第一支维和部队的建立，而且是有关的秘书长报告的主要起草者，对该部队性质及行动原则的形成发挥了决定性影响。他的行动是中等力量国家在国际舞台上发挥影响和作用的一种典型模式。

六、非殖民化研究

张祖兴《论太平洋战争时期英国策划马来亚联盟的动机》(《中山大学学报》2003年第4期）利用档案资料，对太平洋战争期间英国的马来亚计划的决策背景和过程进行分析，认为英国官方所说的建立马来亚联盟的意图是将马来半岛地区融为一体，为将来马来亚自治做准备的说法并非事实，该计划的真正意图是英国要重新占领马来亚，恢复殖民统治，利用马来亚的经济和战略资源为英帝国服务。

张顺洪《战后英国关于殖民地公职人员的政策（1945—1965）》(《历史研究》2003年第6期）利用大量第一手资料，对20世纪40—60年代英国在不断从其殖民地撤退的过程中实行的有关殖民地公职人员的政策分三个阶段进行了细致深入的考察，认为英国政府在其殖民撤退过程中实行的一系列稳定殖民地公职人员队伍的政策，其目的是延缓统治权力向当地人士的转让以维护英国的利益。

2002—2010年中国的国际关系史与地区史研究[①]

第一部分　国际关系史研究

据不完全统计，2002—2010年大陆学者在内地出版的国际关系史和外交史的专著200余部，教材18部，各种涉及外交关系的文献资料64部（一些是连续出版），在主要专业核心期刊发表的学术论文1300余篇。现将研究的重要问题和主要成果归纳如下。挂一漏万，敬请谅解。

一、第二次世界大战前及围绕二战的国际关系史研究

1. 近代国际关系史研究

该领域中的新研究主要包括三个方面：

（1）近代欧洲国际关系研究。主要探讨近代欧洲的国际关系体系以及在该体系中的霸权与均势之间的关系，以及通过较为系统地考察英国近代对黑

① 由于各种原因，自2009年《中国历史学年鉴・2001年》出版后，以后各卷一直没有出版。中国史学会决定将2002—2010年的中国大陆的史学研究状况进行概括介绍，出版一本年鉴，本文即为此而作。这本年鉴原定于2013年出版，但至今尚未见成书。

海海峡的政策发展，对“东方问题”做出新的研究。[①]

（2）中外关系研究。具体从英国的对华鸦片贸易政策和对新疆的政策等方面深入探讨中英关系，通过对列强外交使团在中国的运作方式及清帝光绪对外观念的调适来探讨中外关系。[②]

（3）日本外交与中日关系研究。对日本近代以来的大陆政策、亚太政策和霸权战略进行了比较系统的探讨，对日本的侵华决策机制和过程做出评述，对日本在中国关税自主问题上的态度做了深入考察，特别是对近代以来日本与中国西藏的关系进行了深入考察。另外，从历史学与国际政治学的角度，比较日本与英国、日本与德意结盟的外交策略，也有一定新意。[③]

2. 美国对德国经济外交政策研究

这是对美德关系的新研究。学者从美国对第一次世界大战后德国的赔款和欧洲安全的政策决策与实施的角度，或从美国对欧洲实行的粮食外交、贸易外交、金元外交等方面，比较深入地考察了20世纪20—30年代初美国对德国经济外交的特点、成就与局限。[④]

3. 围绕第二次世界大战的国际关系研究

这里既有对老问题的新研究，如对绥靖政策的研究，也有对战时国际关

---

① 周桂银：《欧洲国家体系中的霸权与均势：1494—1815》，陕西师范大学出版社2004年；赵军秀：《英国对土耳其海峡政策的演变（18世纪末至20世纪初）》，中国社会科学出版社2007年。

② 吴义雄：《权力与体制：义律与1834—1839年的中英关系》，《历史研究》2007年第1期；王宏斌：《从英国议会文件看英国外交官关于鸦片贸易合法化的密谋活动》，《世界历史》2010年第3期；许建英：《民国时期英国与中国新疆（1912—1949）》，新疆人民出版社2008年；黄文德：《北京外交团的发展及其以条约利益为主体的运作》，《历史研究》2005年第3期；茅海建：《戊戌变法期间光绪帝对外观念的调适》，《历史研究》2002年第6期。

③ 俞辛焞：《近代日本外交研究》，天津古籍出版社2006年；沈予：《日本大陆政策史（1868—1945）》，社会科学文献出版社2005年；熊沛彪：《近现代日本霸权战略》，社会科学文献出版社2005年；雷国山：《日本侵华决策史研究1937—1945》，学林出版社2006年；王建朗：《日本与国民政府的“革命外交”：对关税自主交涉的考察》，《历史研究》2002年第4期；秦永章：《日本涉藏史——近代日本与中国西藏》，中国藏学出版社2005年；李广民：《与强者为伍——日本结盟外交比较研究》，人民出版社2006年。

④ 王宏波：《第一次世界大战后美国对德国的政策1918—1929》，社会科学文献出版社2008年；徐振伟：《美国对欧经济外交（1919—1934）》，知识产权出版社2009年。

系中的一些双边或多边关系的论述。学者通过基于原始档案解读的个案研究，对英、法对德、意、日的绥靖政策和美国以“中立”为名实为绥靖的政策做出了进一步深入探讨[①]；对第二次世界大战中的苏联与波兰、德国的关系进行考察；对二战中美国的战略与中国抗日战场之间的关系研究，以及对二战中的中国与世界各方面关系的论述，从不同角度丰富了战时国际关系史的内容。[②]

4. 国际组织与国际秩序研究

通过对国民政府在创建联合国过程中发挥的积极作用的细致考察，通过对美国对联合国善后救济总署的政策以及该国际组织与中国的关系的考察，拓宽并深化了国际组织的研究领域，是这一时期国际关系研究的重要发展。另外，对二战与战后国际秩序建立之间的关系研究也有重要的进展。[③]

二、第二次世界大战后的国际关系史研究

1. 美国和日本外交政策研究

在大国的战后外交政策方面，主要集中于美、日外交政策研究。学者从意识形态、美国国会、公众舆论、自由主义与外交思想等多个角度，探讨影

① 高翠:《英国与尼翁会议》,《首都师范大学学报》2003年第5期；梁占军:《1936年法国防范德国重占莱茵非军事区的决策》,《史学月刊》2006年第5期；张皓:《1931年英国处理中日争端政策的演变》,《世界历史》2007年第5期；程文进:《美国安抚纳粹德国的富勒使命》,《历史教学》2006年第8期。

② 吴伟:《苏联与“波兰问题”：1939—1945》，世界知识出版社2002年；耿志:《1941至1942年波兰军队在苏联的组建与撤离》,《世界历史》2006年第2期；陈晖:《1933—1941年的苏德关系》，南京大学出版社2005年；韩永利:《战时美国大战略与中国抗日战场：1941—1945》，武汉大学出版社2003年；胡德坤主编:《反法西斯战争时期的中国与世界研究》(9卷)，武汉大学出版社2010年。

③ 金光耀:《国民政府与联合国的创建》,《中国社会科学》2003年第6期；韩长青:《试析1943年美国国会与政府在UNRRA协定上的冲突与妥协》,《首都师范大学学报》2007年第2期；王德春:《联合国善后救济总署与中国（1945—1947）》，人民出版社2004；徐蓝:《试论第二次世界大战后国际秩序的建立与发展》,《世界历史》2003年第6期。

响美国外交决策的各种因素，并且从文化外交和能源外交等层面对美国外交进行梳理，进一步拓宽了美国外交的研究内容[①]；对日本与东盟、日本与联合国的关系进行的深入考察，是战后日本外交政策研究的新进展。[②]

2. 冷战史研究

这是进入21世纪以来中国国际关系史研究的重点领域。具有创新性的研究成果主要集中于四大领域。

（1）美国的冷战战略。这又是冷战史研究的重点领域。研究的重点问题主要包括：美国的遏制战略与冷战起源，美国的国家大战略与对苏政策调整，美国的核政策与冷战的关系，美国对其盟国英国、联邦德国、奥地利和西班牙、澳大利亚和新西兰的政策，美国对苏联和东欧国家的宣传战略与文化渗透，美国对苏联和中国的经济遏制政策，冷战中的美国外层空间政策等问题。这些研究通过解读原始档案资料，从多角度多层次拓展了美国的冷战战

① 周琪：《意识形态与美国外交》，上海人民出版社2006年；王立新：《意识形态与美国外交政策：以20世纪美国对华政策为个案的研究》，北京大学出版社2007年；官进胜：《美国对华政策中的国会因素1945—1950》，上海人民出版社2007年；李庆四：《美国国会与美国外交》，人民出版社2007年；李期铿：《台前幕后：参议院外交关系委员会主席与美国外交》，世界知识出版社2008年；袁小红：《公众舆论与美国对华政策：1949—1971》，湖南大学出版社2008年；任晓、沈丁立：《自由主义与美国外交政策》，上海三联书店2005年；赵志辉：《罗斯福外交思想研究》，安徽大学出版社2009年；王晓德：《"美国化"与德国反美主义的文化释读》，《世界历史》2008年第2期；胡文涛：《美国文化外交及其在中国的运用》，世界知识出版社2008年；徐洪峰、李林河：《美国的中亚能源外交：2001—2008》，知识产权出版社2010年。

② 乔林生：《日本对外政策与东盟》，人民出版社2006年；连会新：《日本的联合国外交研究》，天津社会科学院出版社2007年。

略与政策研究。[①]

（2）苏联与东欧关系研究。重点探讨了在冷战的大背景下苏联与南斯拉夫、匈牙利、波兰的关系，并从大国关系的互动方面进行了比较深入的论述。[②]

（3）冷战与发展中国家。关注发展中国家，是冷战史研究的新方向。学者在美国从其冷战战略出发制定“和平队”政策和该政策的实行，以及美国对第三世界的经济援助政策的研究方面做出了新成果。[③]

（4）冷战中的危机与冲突。学者利用解密的原始档案，解读并分析伊朗危机、古巴导弹危机与冷战进程的关系，揭示冷战期间围绕国际热点问题的大国互动和外交。另外，围绕德国问题的冷战研究，也有亲历者的回忆与研究成果问世；对冷战时期的中国与周边国家的关系，也有新的研究成果。[④]

---

① 张曙光：《美国遏制战略与冷战起源再探》，上海外语教育出版社2007年；徐蓝：《国家大战略与外交政策调整——20世纪40–60年代美苏冷战态势的演变》，《浙江学刊》2003年第6期；牛军主编：《战略的魔咒：冷战时期的美国大战略研究》，上海人民出版社2009年；赵学功：《核武器与美苏冷战》，《浙江学刊》2006年第3期；张颖：《从“特殊关系”走向“自然关系”：20世纪60年代美国对英国政策研究》，黑龙江人民出版社2006年；崔丕：《艾森豪威尔政府对联邦德国政策新探（1953—1960年）》和《艾森豪威尔政府对西班牙政策探微》，分别见《欧洲研究》2005年第2期和2006年第1期；王帆：《试论美澳新同盟的历史演变》，《国际论坛》2005年第2期；汪诗明：《1951年〈澳新美同盟条约〉研究》，世界知识出版社2008年；张晓霞：《从进攻性的心理战到渐进的文化渗透——评冷战初期美国对苏东宣传政策的演变》，《南京大学学报》2004年第5期；于群：《新冷战史研究：美国的心理宣传战和情报战》，上海三联书店2009年；崔丕：《美国的冷战战略与巴黎统筹委员会、中国委员会（1945—1994）》，中华书局2005年修订版；张清：《应对危机：尼克松政府对外经济战略与政策研究（1969—1972）》，南京大学出版社2009年；张杨：《新冷战前沿：美国外层空间政策研究1945—1969》，东北师范大学出版社2009年。

② 沈志华：《斯大林与铁托——苏南冲突的起因及其结果》，广西师范大学出版社2002年；胡舶：《冷战阴影下的匈牙利事件：大国的应策与互动》，中国社会科学出版社2004年；杨友孙：《美国文化外交及其在波兰的运用》，《世界历史》2006年第4期。

③ 刘国柱：《美国文化的新边疆——冷战时期的和平队研究》，中国社会科学出版社2005年；王慧英：《肯尼迪与美国对外经济援助》，中国社会科学出版社2007年。

④ 李春放：《伊朗危机与冷战的起源：1941—1947年》，社会科学文献出版社2007年；赵学功：《十月风云：古巴导弹危机研究》，天津人民出版社2009年；于振起：《冷战缩影——战后德国问题》，世界知识出版社2010年；牛大勇、沈志华主编：《冷战与中国的周边关系》，世界知识出版社2004年。

3. 中外关系史研究

战后新中国与世界的关系，始终是学者关注的领域，除了美国、前苏联的档案不断解密外，中国外交档案的解密使这一研究出现了新的增长势头，出现了一些重要的新问题和新成果。主要有五个方面。

（1）美国对华政策与中美关系。该领域始终是中国学者的关注重点，受到档案解密期限的限制，比较集中在20世纪50—70年代，探讨的重点问题包括：美国在两次台海危机、中印边界冲突中实行的对华敌视与遏制政策和中国的反应，美国对1960年中国粮荒的政策反应，美国对中国联合国代表权的政策演变，美国对中法建交的政策应对，越南战争时期的中美关系，美国对中国西藏的政策及其与达赖集团在国外分裂活动的关系，以及对50—70年代美国对华政策的困境与变化的整体考察。这些成果，对中美关系进行了“多元多层”的新探讨。①

（2）中苏关系。通过档案文献解读和口述史料，对1917—1949年的民国时期的中苏关系，以及1917—1991年中俄/中苏关系的全面发展进行梳理和深入分析，对1948—1960年的苏联专家在中国的活动进行了系统考察。在个案研究方面，学者对围绕外蒙古问题、中长铁路问题和新疆苏联侨民问题的

---

① 戴超武：《敌对与危机的年代——1954—1958年的中美关系》，社会科学文献出版社2003年；牛军：《三次台湾海峡军事斗争决策研究》，《中国社会科学》2004年第5期；王帆：《从二次台海危机看美台军事合作困境》，《历史教学》2006年第10期；王琛：《美国对1962年中印边界冲突的反应》，《史学月刊》2002年第1期；牛大勇：《缓和的触角抑或冷战的武器——美国政府20世纪60年代初期对中国粮荒的决策分析》，《世界历史》2005年第3期；姚百慧：《约翰逊政府与中国在联合国的代表权问题——以1966年研究委员会提案为中心的讨论》，《首都师范大学学报》2006年第6期；《论美国与中法建交的关系》，《世界历史》2010年第3期；唐小松：《遏制的困境——肯尼迪和约翰逊政府的对华政策（1961—1968）》，中山大学出版社2002年；温强：《肯尼迪政府与中国——“遏制但不孤立”政策的缘起》，天津古籍出版社2005年；吕桂霞：《遏制与对抗：越南战争期间的中美关系1961—1973》，社会科学文献出版社2007年；张曙光：《接触外交：尼克松政府与解冻中美关系》，世界知识出版社2009年。樊吉社：《美国分离西藏：从策划到失败（1949—1951）》，《国际论坛》2000年第6期；程早霞：《“十七条协议”签订前后美国秘密策动达赖出逃历史探析》，《中共党史研究》2007年第2期；张云帆：《美国国家安全委员会与对华西藏政策的制定（1953—1961）》，《国际论坛》2007年第4期；郭永虎、李晔：《美国国会与中美关系中的“西藏问题”新探——基于<国会记录>的文本分析》，《西藏民族学院学报》2008年第1期。

深入考察，进一步丰富了中苏关系史的研究内容。[①]

（3）日本对华政策与中日关系。重点研究了日本的国内政治对中日关系的影响，以及中国台湾问题对中日关系的影响，特别涉及了近代日本与中国西藏的关系，对中日关系的较长时段的发展，也有新的成果问世。[②]

（4）中国和英国、印度、韩国的关系研究。对1948年的沙面事件有基于新解密的宋子文档案的新研究，对1947—1965年的中印关系进行了纵向与横向的系统梳理，通过对未刊的档案史料的解读，对韩国临时政府驻华代表团的活动个案进行考察，揭示该代表团的成立、发展至解体的历史过程。[③]

4. 非殖民化研究

继续重点考察"非殖民化"的理论含义，并对英国的非殖民化"计划"及其实行的殖民地公职人员的具体政策，以及法国戴高乐时期实施的非殖民化政策，进行了个案探讨。[④]

---

① 薛衔天、金东吉:《民国时期中苏关系史》(3册)，中共党史出版社2009年；沈志华主编:《中苏关系史纲1917—1991》，新华出版社2007年;《苏联专家在中国（1948—1960）》，中国国际广播出版社2003年 / 新华出版社2009年；刘存宽:《中俄关系与外蒙古自中国的分离（1911—1915）》，《历史研究》2004年第4期；张盛发:《中长铁路归还中国的历史考察》，《历史研究》2008年第4期；李丹慧:《新疆苏联侨民问题的历史考察（1945—1965）》，《历史研究》2003年第3期。

② 武寅:《热战　冷战　温战——国际大背景下的日本政治走向与中日关系》，《日本学刊》2002年第4期；张耀武:《中日关系中的台湾问题》，新华出版社2004年；秦永章:《日本涉藏史——近代日本与中国西藏》，中国藏学出版社2005年；田桓主编:《战后中日关系史：1945—2003》，中国社会科学出版社2002年；史桂芳:《战后中日关系史》，当代世界出版社2005年；孙乃民主编:《中日关系史》（3卷），社会科学文献出版社2006年。

③ 张俊义:《1948年广州沙面事件之始末——以宋子文档案为中心》，《中国社会科学》2008年第6期；尚劝余:《尼赫鲁时代中国和印度的关系1947—1964》，中国社会科学出版社2009年；石源华:《大韩民国临时政府驻华代表团研究》，社会科学文献出版社2009年。

④ 潘兴明:《试析非殖民化理论》，《史学理论研究》2004年第3期；张顺洪:《战后英国关于殖民地公职人员的政策（1945—1965）》，《英属东非公职机构本土化初考》，分别见《历史研究》2003年第6期和《世界历史》2010年第4期；陈晓红:《戴高乐与非洲的非殖民化研究》，中国社会科学出版社2003年。

三、国际关系史档案文献整理

有四部重要的档案资料集值得关注：沈志华总主编的《苏联历史档案选编》(36卷)，社会科学文献出版社2002年；沈志华、杨奎松主编的《美国对华情报解密档案：1948—1976》(8卷)，上海东方出版中心2009年；周建明、王成至主编的《美国国家安全战略解密文献选编1945—1972》(3卷)，社会科学文献出版社2010年；中国与苏联关系文件汇编（1949年10月至1951年12月）编委会编:《中国与苏联关系文件汇编(1949年10月至1951年12月)》，世界知识出版社2009年。

四、国际关系专题性系列出版物

有三种专题出版物值得重视：南京大学国际关系学院朱瀛泉主编的《国际关系评论》(2000年至今)；华东师范大学国际冷战史研究中心李丹慧主编的《冷战国际史研究》(2004年至今)；首都师范大学历史学院国际关系研究中心徐蓝主编的《近现代国际关系史研究》(2006年至今)。

总的来说，进入21世纪以来，中国的国际关系史研究取得了重要进步，出现了越来越多的运用原始档案资料撰写的论点比较中肯的"功底型"论著；一批学者逐步确定了自己相对稳定的研究重点，并能够就研究的问题进行比较深刻的多层面思考；在研究主题的选择方面，也体现了研究者的问题意识和现实关怀。但是也存在研究的领域仍然相对集中，研究的方法论方面跨学科研究的成果仍然不多等问题。

第二部分　地区史研究

2002–2010年，中国大陆的地区史研究成果斐然。限于篇幅，这里仅择其要者予以介绍。不当之处，还请批评谅解。

一、欧洲史研究

重要研究领域是对欧洲一体化进程的考察。主要包括：从英国的政治文化和外交传统探讨英国对欧洲一体化的若即若离的政策，英国对欧安会的政策演变；联邦德国与欧洲一体化的关系；第二次世界大战对欧洲一体化起源的影响；以及对欧盟共同农业政策改革的探讨。另外，对西欧民族国家形成与主权问题的探讨也有新意。[①]

二、亚洲史研究

亚洲史研究无论在成果数量上还是质量上都有了明显的进步。据粗略统计，这一时期发表的专著约100余部，学术论文达到1000余篇。主要分为以下几个领域。

① 赵怀普:《英国与欧洲一体化》，世界知识出版社2004年；申红果:《英国与欧安会的起源:1968—1975》，南京大学出版社2009年；张才圣、吴友法:《德国新东方政策与欧洲一体化研究》，《武汉大学学报》2009年第1期；严双伍:《第二次世界大战与战后欧洲一体化起源研究》，武汉大学出版社2004年；姜南:《试析欧盟共同农业政策的改革》，《世界历史》2002年第4期；王加丰:《"欧洲化"、西欧现代民族国家的形成与主权问题》，《世界历史》2008年第3期。

1. 亚洲各国和地区的现代化研究

亚洲的现代化研究主要集中在对中国周边国家和几个大国如韩国、印度、伊朗等国家的研究上，主要研究现代化与经济发展、现代化与民主政治、现代化与文化发展等问题。[①]钱乘旦总主编的《世界现代化进程》(6卷，江苏人民出版社2010年)，对东亚(董正华主编)、北美(李剑鸣主编)、拉美(韩琦主编)、中东(王铁铮主编)、西欧(陈晓律主编)各地区的现代化进程作了系统梳理，并对整个世界的现代化进程做了总体论述(钱乘旦)。

2. 国际关系史研究

亚洲是地区和国际热点的高发区，因而亚洲国际关系史的研究比较活跃。从地域来看，主要包括:

(1)围绕东亚和东南亚的国际关系史研究

主要研究的问题包括：围绕朝鲜战争的国际关系研究；[②]对日本近代以来东亚战略和政策的演变研究；[③]对冷战时期和冷战后美国、日本、英国、印

---

① 对亚洲各国现代化的研究成果数量很多，仅举几例：杨栋梁:《近代以来日本经济体制变革研究》，人民出版社2003年；孙晓翔、刘金源:《韩国现代化进程中的腐败问题》,《东北亚论坛》2010年第1期；金永丽:《印度农业发展道路探索》，中国农业出版社2006年；哈全安:《中东国家的现代化历程》，人民出版社2006年；王林聪:《中东国家民主化问题研究》，中国社会科学出版社2007年；毕健康:《伊斯兰教与民主问题——历史与现实的双重透视》，见侯建新主编:《经济—社会史评论》第3辑，生活·读书·新知三联书店2007年；盛邦和、井上聪:《新亚洲文明与现代化》，学林出版社2003年；梁志明:《东南亚历史文化与现代化》，香港社会科学出版社有限公司2003年。

② 沈志华:《中苏同盟、朝鲜战争与对日和约——东亚冷战格局形成的三部曲及其互动关系》,《中国社会科学》2005年第5期；陈时伟:《朝鲜战争时期围绕细菌战问题的三场国际政治动员——基于中英两国档案的解读》,《历史研究》2006年第6期；邓峰:《艰难的博弈：美国、中国与朝鲜战争的结束》,《世界历史》2010年第4期；齐德学:《中苏同盟在抗美援朝战争中的作用》,《世界历史》2010年第4期；徐友珍:《英国与朝鲜停战谈判中的战俘遣返问题》,《世界历史》2010年第4期。

③ 米庆余:《近代日本的东亚战略和政策》，人民出版社2007年；臧运祜:《近代日本亚太政策的演变》，北京大学出版社2009年；茅海建、郑匡民:《日本政府对于戊戌变法的观察与反应》,《历史研究》2004年第3期。

度、中国等国家与东南亚国家和地区的国际关系研究；[①]冷战中的日美关系发展及美英与亚太地区安全保障体系的关系研究；[②]对近年来比较新的研究领域——东方外交史的研究对象和方法的初步考察；对前近代东亚体系中的伦理问题的探讨，也有新的成果问世。[③]另外，对日本在第一次世界大战后至二战结束时期所进行的对南洋华侨的调查研究，也是值得注意的亚洲国际关系研究的新课题和新成果。[④]

（2）围绕中东地区的国际关系史研究

主要研究的问题是美国与苏联围绕苏伊士运河危机的关系研究，以色列、伊朗、土耳其与美国的关系研究，对美国中东政策的考察。[⑤]另外，对历史上犹太人与阿拉伯人的交往，也有新的成果发表。[⑥]

3. 出版了几部重要的史料汇编

如：刘金质等:《中国与朝鲜半岛国家关系文件资料汇编（1991—2006）》，中华人民共和国外交部亚洲司编:《中华人民共和国与斯里兰卡民主社会主义共和国双边关系重要文献汇编》，权赫秀:《近代中韩关系史料选编》，分别由世界知识出版社2006、2007、2008年出版。

---

① 纪宗安、崔丕:《印度尼西亚债权国会议的缘起与影响》,《中国社会科学》2010年第6期；瞿健文:《论冷战后东盟与印度关系的发展》,《世界历史》2004年第5期；李一平:《冷战后中国与东盟国家关系探析》,《世界历史》2004年第5期。

② 崔丕:《<日美相互合作及安全保障条约>新论》、《<美日返还冲绳协定>形成史论》、《冷战转型期的美日关系——对东芝事件的历史考察》和《美国亚洲太平洋安全保障体系的形成与英国（1950—1954年）》，分别见《历史研究》2005年第1期和2008年第2期、《世界历史》2010年第6期和《国际冷战史研究》2004。

③ 陈奉林:《东方外交史研究初探》,《世界历史》2010年第3期；韩东育:《关于前近代东亚体系中的伦理问题》,《历史研究》2010年第6期。

④ 纪宗安、崔丕:《日本对南洋华侨的调查及其影响（1925—1945）》,《中国社会科学》2009年第1期。

⑤ 杨冬燕:《苏伊士运河危机与苏美关系》，南京大学出版社2003年；李伟建等:《以色列与美国关系研究》，时事出版社2006年；范鸿达:《美国与伊朗：曾经的亲密》，社会科学文献出版社2006年；肖宪等:《土耳其与美国关系研究》，时事出版社2006年；兰岚:《美国在中东：艾森豪威尔主义研究》，南京大学出版社2010年；刘雄:《艾森豪威尔政府亚洲政策研究》，岳麓书社2009年。

⑥ 张倩红:《伊斯兰世界犹太人与阿拉伯人的交往》,《世界历史》2006年第6期。

值得注意的是，针对2001年日本科学文部省审定通过了扶桑社出版的歪曲历史的教科书，为了让中日韩三国的青少年了解真正的历史，中日韩三国的学者和教师于2003年4月正式启动了共同编写历史读本《东亚三国的近现代史》的工作，该书于2005年5月下旬分别在韩国和日本出版了韩文版和日文版，同年6月，该书中文版由社会科学文献出版社推出。它的出版为三国青少年以及东亚人民认知东亚近代以来的历史，提供了权威读本。

三、非洲史研究

据不完全统计，从2002年至2010年期间，我国非洲史学者出版学术专著20余部，学术论文和评述文章140余篇，主要涉及对外政策与国际关系和现代化等领域。

1. 对外政策与国际关系研究

主要包括对南非的对外关系研究、非洲统一组织研究、中非关系、法非关系、英非关系等的研究。[①]我国老一代非洲研究专家陆庭恩的《非洲问题论集》（世界知识出版社2005年）一书，是作者多年对非洲历史、非洲政治、非洲经济和中非关系问题的研究成果，反映了我国非洲史学者研究问题的广度和深度。

---

① 沐涛:《南非对外关系研究》，华东师范大学出版社2003年；沈福伟:《十四至十五世纪中国帆船的非洲航程》，《历史研究》2005年第6期；黎海波:《晚清政府的非洲华侨政策：评价与反思》，《华侨华人历史研究》2009年第1期；曹德明:《从历史文化的视角看法国与非洲的特殊关系》，《国际观察》2010年第1期；李安山:《浅析法国对非洲援助的历史与现状——兼谈对中国援助非洲工作的几点思考》，《西亚非洲》2009年第11期；齐建华:《冷战时期法国对非洲政策的演变分析》，《商丘师范学院学报》2008年第4期；高晋元:《英国—非洲关系史略》，中国社会科学出版社2008年；张宏明:《基督教、伊斯兰教对非洲社会发展的影响——爱德华·布莱登的宗教思想透视》，《西亚非洲》2007年第5期。

2. 非洲殖民主义与非洲的民族主义研究

既有对殖民主义与非洲关系的专论，也有对非洲民族主义的专题探讨。[①]

3. 非洲不同地区和不同国家的现代化研究

主要涉及现代化与政治、现代化与政党、现代化与女性主义等问题。[②]另外，郑家馨的《南非史》(北京大学出版社2010年)，是国内第一部全面研究南非历史的专著。

还有两种读物值得注意：李安山编著的《非洲华侨华人社会史资料选辑(1800—2005)》(香港社会科学出版有限公司2006年)；以及李安山为主编的《北大非洲通讯》(PKU African Tele-Info)。该通讯于2010年7月创刊后，至2012年5月15日已经有90期，成为了解中国非洲关系发展与中国非洲研究的又一个好窗口。

三、拉丁美洲史研究

2002-2010年拉美史研究成绩显著，大约有百余部专著、编著、译著、教材及两百余篇学术论文问世，将研究水平往前推进了一步。现将研究的重要问题及主要成果，择其要者介绍如下。

---

① 孙红旗:《殖民主义与非洲专论》，中国矿业大学出版社2008年；李安山:《非洲民族主义研究》，中国国际广播出版社2004年；韩志斌:《从革命民族主义到超越民族主义》，《西亚非洲》2009年第12期。

② 舒运国:《失败的改革——20世纪末撒哈拉以南非洲国家结构调整评述》，吉林人民出版社2004年；毕健康:《埃及现代化与政治稳定》，社会科学文献出版社2005年；哈全安:《埃及现代政党政治的演变》，《南开学报》2007年第4期；贾宝维、王泰:《当代埃及威权主义政治合法性的构建》，《西亚非洲》2010年第2期；邢桂敏:《埃及女性主义：纳赛尔到穆巴拉克》，《西亚非洲》2009年第1期；王泰:《埃及现代化进程中妇女的政治参与问题》，《西亚非洲》2007年第2期；李娜:《穆罕默德·阿里启动埃及政治现代化进程分析》，《历史教学》2009年第24期；韩志斌:《利比亚早期现代化的两条道路之争》，《世界历史》2008年第2期。

1. 现代化进程研究

学者或从拉美国家作为一个整体论述其现代化的发展，或从一个国家的现代化个案出发进行探讨；对拉美现代化中的民众主义的分析，使研究更为深入；对美国与拉美发展模式的比较研究，也是学者关注的重要课题。①

2. 政治经济思想科技史研究

（1）政治方面　包括对拉美国家政治制度和共产主义运动的整体考察，②对墨西哥革命制度党的专题研究，以及对古巴社会主义运动的个案分析。关于拉美新自由主义的发展演变，学者也做了具体考察。③

（2）经济方面　包括对拉丁美洲农业发展的系统考察，对墨西哥殖民时期大庄园的研究和政治经济改革及模式转变的分析，阿根廷经济学家劳尔·普雷维什经济思想的探讨，以及对2001—2002年阿根廷金融危机的历史研究。对拉美经济结构改革与新自由主义的关系，也有专题论述。④

（3）思想史与科技史方面　学者从印第安文化-殖民时期的西方文化与

---

① 林被甸：《拉丁美洲国家的早期工业化——外源性现代化道路实例研究》，《现代化研究》第2辑，商务印书馆2003年；苏振兴主编：《拉美国家现代化进程研究》，社会科学文献出版社2006年；张宝宇：《巴西现代化研究》，世界知识出版社2002年；董经胜：《巴西现代化道路研究——1964—1985年军人政权时期的发展》，世界图书出版公司北京公司2009年；《拉丁美洲现代化进程中的民众主义》，《世界历史》2004年第4期；刘文龙、朱鸿博：《西半球的裂变——近代拉美与美国发展模式比较研究》，上海辞书出版社2005年。

② 袁东振、徐世澄：《拉丁美洲国家政治制度研究》，世界知识出版社2004年；徐世澄：《拉丁美洲政治》，中国社会科学出版社2006年；张凡：《当代拉丁美洲政治研究》，当代世界出版社2009年；祝文驰、毛相麟、李克明：《拉丁美洲的共产主义运动》，当代世界出版社2002年。

③ 徐世澄：《墨西哥革命制度党的兴衰》，世界知识出版社2009年；毛相麟：《古巴社会主义研究》，社会科学文献出版社2005年；徐世澄：《卡斯特罗评传：从马蒂主义者到马克思主义者》，人民出版社2008年；韩琦：《简论拉美新自由主义的演变》，《拉丁美洲研究》2004年第2期。

④ 冯秀文、金计初、钱明德：《拉丁美洲农业的发展》，社会科学文献出版社2002年；王文仙：《试论殖民时期墨西哥大庄园的特征》，《世界历史》2004年第4期；徐世澄：《墨西哥政治经济改革及模式转换》，世界知识出版社2004年；董国辉：《劳尔·普雷维什经济思想研究》，南开大学出版社2003年；沈安：《阿根廷的危机回顾与思考》，世界知识出版社2009年；陈平：《新自由主义的兴起与衰落：拉丁美洲经济结构改革（1973—2003）》，世界知识出版社2008年。

印第安文化的碰撞－拉美的文化独立意识直至全球化时代的拉美文化进行了勾勒。对拉美科技发展的历史、现状、科技特点及研发体制进行了阐述。[①]

3. 国际关系史研究

研究的重点是对美国和拉丁美洲关系的整体勾勒，以及对拉美一体化进程的考察。对冷战中的美国对拉美的政策，也有新研究的成果。[②]

另外，在通史和国别史的撰写方面，成果也比较突出。

总的说来，我国的地区史研究已经有了长足的进步。但是，由于语言、资料等障碍，其研究水平与国家的需要和国际水平相比，还有很大的差距。

① 索萨：《拉丁美洲思想史述略》，云南人民出版社2003年；李明德、宋霞、高静：《拉丁美洲的科学技术》，世界知识出版社2006年。

② 徐世澄主编：《美国和拉丁美洲关系史》，社会科学文献出版社2007年；朱鸿博：《冷战后美国的拉丁美洲政策》，上海辞书出版社2007年；王萍：《走向开放的地区主义——拉丁美洲一体化研究》，人民出版社2005年；舒建中：《美国的“成功行动”计划：遏制政策与维护后院的隐蔽行动》，《世界历史》2008年第6期；翟晓敏：《美国为何归还巴拿马运河——1977年美巴运河条约评析》，《世界历史》2005年第4期。

第二部分

特约·国际关系史研究·专稿

（1978—2008）

1995—1999年中国中外关系史研究综述[①]

改革开放以来，中国与世界的联系愈加紧密。这不仅使中国更加关注世界，也使中外关系史的研究越来越受到学者的重视，这是笔者在关注国际关系史研究中注意到的一个极为突出的现象，故愿将这些论著粗加综述，以展示中国世界史工作者近五年来在这一研究领域取得的重要成果。

五年来，中国中外关系史研究的明显特点是研究的问题与这几年中国发生的重大政治事件密切相关。学者们通过对各种学术问题的认真探讨，表达了他们对现实的深切关怀。这些研究大致可以分为六个方面：

第一，围绕中国抗日战争胜利50周年，有关抗日战争时期中外关系的研究得到深入。

第二，围绕1997年香港回归祖国和1999年澳门回归祖国这两大政治事件，出现了一批从不同角度研究中英关系和中葡关系的学术论文。

第三，由于冷战结束以来中美关系出现了重大的曲折与反复，历来为学者所重视的对中美关系的研究继续发展，研究的领域和深度也在不断拓宽，出现了一批从不同层面考察不同时期中美关系和与此相关的美国外交政策的论著。

---

① 本文是应约为2000年4月在北京大学召开的“20世纪中国的世界史研究”学术讨论会所写，并在会上作了发言。关于这次会议的报道，见《世界历史》2000年第4期。

第四，随着前苏联档案的解密，中苏关系的研究取得了相当大的进展。

第五，随着中国档案以各种形式的公布，对新中国外交的研究出现了新局面。

第六，继续对中外关系的其他方面进行探讨。

下面就笔者所见，择其要者分别予以介绍。需要说明的是，一些研究成果具有交叉性，因此本文将它们划入某一方面主要是为了叙述上的方便。

一、抗日战争时期中外关系研究

关于抗日战争时期中外关系的论著主要涉及国民政府的外交关系、中国共产党的外交活动以及中国与美国的关系。陶文钊、杨奎松、王建朗《抗日战争时期的中国对外关系》（中共党史出版社1995年）和杨天石《孔祥熙与抗战期间的中日秘密交涉》（《近代史研究》1995年第5期）对国民党政府的抗战外交给予重点探讨，前者认为国民政府制定并贯彻了务实的外交政策，体现了弱国外交的特点；后者则披露了在孔祥熙指使下通过多条线索与日本秘密和谈的情况。王真《没有硝烟的战线——抗战时期的中共外交》（广西师范大学出版社1995年）着重论述了中国共产党的抗日外交战略以及对抗战做出的重要贡献。任东来《争吵不休的伙伴——美援与中美抗日同盟》（广西师范大学出版社1995年）和吴景平《抗战时期中美租借关系述评》（《历史研究》1995年第4期），透过美国对华援助来观察这一时期的中美关系，前者指出美援是美国推行对外政策的杠杆，服从于美国的国家利益，后者具体说明中国在获得租借援助的同时，对美国作出回惠租借援助的代价也相当巨大。李嘉谷《中苏关系史研究二题》（《抗日战争研究》1995年第1期）对日苏中立条约取一分为二看法，认为它对二战胜利具有全局意义，但其所附宣言书严重侵犯了中国主权。

二、围绕香港、澳门回归有关中英、中葡关系的学术研究

1. 香港与中英关系

香港回归祖国是20世纪最重大的国际事件之一，历史学家对此给予了深切关注。在这方面出版的主要著作有：萨本仁、潘兴明《20世纪的中英关系》（上海人民出版社1996年）和张顺洪等著《大英帝国的瓦解——英国的非殖民化与香港问题》（社会科学文献出版社1997年），前者按时间顺序全方位勾勒了自19世纪英国以坚船利炮打开中国大门到香港终于即将回归祖国的历史过程，后者从非殖民化的角度，论述了英国最终不得不从香港撤退的历史。

在围绕这一主题发表的诸多论文中，以论述政治、司法、经济及中国人民的废约斗争内容的文章更具深度。刘存宽《英国强占香港岛与所谓“穿鼻条约”》（《世界历史》1997年第2期）和萧致治《鸦片战争与香港割让》（《武汉大学学报》1997年第4期）指出，“穿鼻条约”纯属无中生有，英国对香港岛是非法占领。郭卫东《鸦片战争时期中英关于香港居民司法管辖权的交涉》（《史学月刊》1997年第2期）论证了从英国侵占香港开始，主要为华人的香港居民的司法管辖权就在有形无形间归于英国的事实。齐鹏飞《旧中国政府早期“收回香港”的外交活动述评》（《中国人民大学学报》1997年第5期），王建朗《中国废除不平等条约的历史考察》（《历史研究》1997年第5期）和莫世祥《盟友和对手——香港对日作战中的中英关系》（《近代史研究》1996年第4期）阐述了中国的废约是一个渐进的具有明显阶段性的历史过程，以及国民政府未能乘抗战胜利之机收回香港主权的原因。钱乘旦、洪霞《从于心不甘到面对现实》（《南京大学学报》1997年第3期）则从英国方面追寻了中英谈判香港问题的历史。李一平《香港开埠以来英人经济与华人经济的对比研究》（《世界历史》1997年第2期）和李世安《香港在新中国成立初期对外贸易中的作用》（《世界历史》1997年第2期），回顾了150年来香港的社会经济发展历程，并指出香港在新中国对外贸易中所起的重要桥梁作用。程美

宝《庚子赔款与香港大学的中文教育》(《中山大学学报》1998年第6期)注意文化关系，认为用庚款建立的香港大学中文系既是英国出于增进在华投资机会的考虑，也是中国新派知识分子和其他政治势力相角力的结果。另外，于群、程舒伟《美国的香港政策(1942—1960)》(《历史研究》1997年第3期)分析了美国从支持中国收回香港岛到利用香港作为对华遏制的主要阵地的政策演变过程。

2. 澳门与中葡关系

主要论文有：黄庆华《早期中葡关系与澳门开埠》(《史学集刊》1997年第4期)和《有关1862年中葡条约的几个问题》(《近代史研究》1999年第1期)，邓开颂《葡萄牙占领澳门的历史过程》(《历史研究》1999年第6期)，以及刘存宽、郦永庆《关于澳门问题的历史考察》(《人民日报》1999年9月9日)等。这些文章通过对澳门问题的历史考察，论证了澳门仅仅是一种特殊的租借地，中国在法理上仍然对澳门享有主权这一事实；同时指出，葡萄牙攫取我国澳门的历史，是一个早已式微的西方殖民小国侵略半封建半殖民地的东方大国的历史，它突出而集中地证明了落后必挨打这一国际关系中的基本法则，给中国人民留下了无法忘记的惨痛教训。

三、中美关系与美国外交政策研究

1. 中美关系

在中美关系研究方面，近年来出版了一些具有较高水平的专著。时殷弘《敌对与冲突的由来——美国对新中国的政策与中美关系(1949—1950)》(南京大学出版社1995年)通过对档案资料的分析，对杜鲁门政府在40年代末的对华政策是“等待尘埃落定”的看法提出疑问，认为该政府在1949—1950年对新中国实行的是近乎彻底的敌对政策。贾庆国《中美关系的隔阂与危机》(文化艺术出版社1998年)较深入地研究了50年代中期中美交往的历史，并认为当时两国确实存在着改善关系的可能性，这与传统的看法有所不同。陶文钊主编《中美关系史（1949—1972）》（上海人民出版社1999年）是作者于1993年出版的《中美关系史（1911—1950）》一书的续篇，系统论述了从朝鲜战争到中美关系正常化的历史进程。贾庆国、汤炜《棘手的合作——中美关系的现状与前瞻》（文化艺术出版社1998年）对冷战后中美关系的走向进行了论述，并指出影响美国对华政策的最关键因素是美国的国内政治。

关于中美关系的学术论文，多从美国对华政策的角度出发，且仍然以政治层面的探讨为主，但有关意识形态和文化关系的探讨也值得注意。

关于美国的“门户开放”政策：朱卫斌《西奥多·罗斯福与排华》（《中山大学学报》1997年第4期）分析了门户开放政策与排华政策之间的关系，认为西奥多·罗斯福总统实行较为宽松的排华政策主要是与国内主张门户开放的势力妥协的结果。李庆余《争取大国地位——门户开放照会新论》（《南京大学学报》1999年第1期）对美国提出门户开放照会是为了谋求中国市场的流行观点提出疑问，认为两个门户开放照会的主要动机是美国在面临中国领土被瓜分时谋求在中国的权势，争取大国地位的外交调整与外交哲学。

关于美国与中华民国的关系：秦珊《1913年美国威尔逊政府率先承认中华民国的决策过程》（《南开学报》1999年第2期）认为威尔逊率先承认中华民国的目的是为美国与众列强的在华竞争中争取有利地位。罗志田《济南事件与中美关系的转折》（《历史研究》1996年第2期）指出该事件是国民党与美国建立密切关系共同制衡日本的转折点。章百家《周恩来与马歇尔使命》（《近代史研究》1997年第4期）详细讨论了周恩来与马歇尔的谈判过程，指出蒋介石决心以武力压倒中共而拒不合作，美国出于自身利益需要而不得不支持蒋介石是谈判破裂的根本原因。

关于美国与新中国的关系：林利民《1949年美国延宕承认新中国“共同阵线”政策述评》（《世界历史》1997年第2期）分析美国在承认新中国上的“共同阵线”政策失败的原因在于它过高估计了自己驾驭西方盟国的能力，而过低估计了新中国奉行独立自主外交政策的信心与能力。张小明《美国对中苏同盟的认识与反应》（《历史研究》1999年第5期）认为美国对中苏同盟态度的转变过程，不仅表明冷战时期美国对外政策的基本特征是以苏联为核心，也反映了美国政府对所谓“中国威胁”的错误估计。崔丕《艾森豪威尔政府的东西方贸易管制政策》(《东北师大学报》1999年第2期)指出当时美国缓和对苏东贸易管制而对中国仍然全面禁运的主要原因，在于美国把中国视为对东亚非共产党国家的主要而直接的威胁从而要遏制中国的“中国观”。孟庆龙《艾森豪威尔政府对华冷战外交探析》(《世界历史》1997年第5期)分析了艾森豪威尔政府意识形态色彩最浓，最热衷于进行核讹诈，但始终未把对华冷战上升为热战的原因。顾宁《美国“遏制但不孤立”中国政策提议的历史由来、反响及其意义》(《世界历史》1997年第1期)对1966年3月美国参院外交委员会举行的对华政策听证会进行了全面评述，认为由中国问题学者提出的“遏制但不孤立”中国的政策是美国对华政策的转折点。

关于美国与台湾问题：重要专著是苏格《美国对华政策与台湾问题》(世界知识出版社1998年)，该书详细论述了半个世纪以来在美国干预下台湾问题的形成与发展，以及对中美关系正常发展所产生的巨大障碍。主要论文有赵宝煦《台湾问题：影响中美关系的重要因素》(《北京大学学报》1997年第1期)，才家瑞、刘婷、渠占辉《美国对台湾政策的历史演变与“台独”问题》(《世界历史》1998年第1期)，杨彪《美国对台湾战略决策的历史转折(1949—1950)》(《华东师范大学学报》1999年第4期)，王善中《50年代初美国对我国台湾问题的政策》(《世界历史》1995年第6期)等，这些文章从历史和现实的角度论证了台湾问题在中美关系中产生的破坏性影响，指出美国在二战后企图利用台湾的战略地位控制亚洲领导世界是“台独”问题发展到今日状况的重要外因。

关于美国与西藏问题：李晔、王仲春《美国的西藏政策与“西藏问题”的由来》(《美国研究》1999年第2期)论述了美国从侧重“承认西藏是中国领土的一部分”到日益强化把西藏作为一个独立政治实体对待的政策转变过程。

另外，张振江、王琛《美国和中国核爆炸》(《当代中国史研究》1999年第3期)初步揭示了美国对中国核试验从关注、阻挠、破坏到甚至要以武力打击中国核试验基地的情况。

关于意识形态和文化关系方面：主要涉及对传教士活动的研究。王立新《近代基督教传教运动与美国在华商业扩张》(《世界历史》1997年第2期)评述了美国来华传教士与商人之间既合作又矛盾的关系，以及双方在基本目标和价值观上的同异。何大进《19世纪中叶美国舆论、传教士和商人对鸦片战争的反应》(《世界历史》1998年第2期）指出尽管美国社会舆论对这场殖民战争基本持否定态度，但在华传教士则由于将这场战争视为推广美国价值观念的手段而对战争的爆发兴奋不已。胡卫清《美国监理会在华教育事业研究（1848—1911年）》(《近代史研究》1999年第2期）详细论述了美国的传教士们以教育为手段，从吸引社会下层到吸引社会上层子女入学以便楔入和影响中国社会的努力过程，并分析了这种教育在中国永远处于边缘地位的原因。另外，资中筠《洛克菲勒基金会与中国》(《美国研究》1996年第1期）认为洛氏基金会在20世纪上半叶中国艰难地走向现代化的过程中起了积极作用，基金会在促进中美文化关系方面是双向的，与后来美国政府把文化宣传作为一种政策工具尚有所不同。

总之，这些研究运用大量原始资料和新公布的中外档案，从政治、经济、军事、文化、意识形态等多角度地考察了中美关系的各个方面与各个时期，为我们今天认识中美关系的现状提供了多种背景资料。

2. 美国外交政策

与中美关系的研究相联系，对美国外交政策的研究热度始终不退，近年来的突出变化是学者们已经开始注意从政治的层面向文化价值观的层面发展，探讨美国外交政策制定的深层次原因。

在政治方面，以王玮主编《美国对亚太政策的演变1776—1995》(山东人民出版社1995年）为代表，该书以“门户开放”为主线，全面勾勒了美国从告别大西洋向进入太平洋进行扩张的基本政策去向，分析了“门户开放”政策的单向性、片面性和时代性及其民族利己主义的实质。

在文化、价值观与外交政策的关系方面，具有代表性的专著是王晓德《梦想与现实——威尔逊“理想主义”外交研究》(中国社会科学出版社1995年)，该书从文化的角度揭示了美国理想主义外交的历史起源，研究了威尔逊思想中的理想与现实的关系以及这种外交的运用，为理解以“理想主义”为旗号，以实现世界领袖地位为目标的美国外交实质提供了一面历史的镜子。另外，周琪《美国人权外交及有关争论》(《美国研究》1998年第1期)认为美国的人权外交在美国的对外关系史上一直不同程度地存在，冷战结束后，人权已经与经济和安全并列为美国的三大外交政策目标。

四、中苏关系研究

90年代苏联档案的解密，为我国学者研究中苏关系提供了大量资料，并出版了一批有深度的研究成果。

关于早期苏俄（苏联）对华政策：邱捷《越飞与所谓“孙吴合作”》(《近代史研究》1998年第3期）和杨雨青《国家利益：苏俄对在华合作者的选择》(《历史研究》1999年第4期）都指出，20年代初苏俄对华政策具有推进中国革命和与中国建交以保留沙俄时代在华特殊权益的双重性质，并以此为标准选择在中国的合作者。杨奎松《陈独秀与共产国际——兼谈陈独秀的“右倾”问题》(《近代史研究》1999年第2期）对陈独秀的评价提出了一些与以往不同的看法，认为1927年共产党的失败几乎是不可避免的，并非是陈独秀的某种错误所致，而陈独秀在少数情况下对共产国际的不服从，正表明了他作为中共领导人所具有的求实态度。

关于毛泽东与苏联领导人之间的关系：杨奎松《毛泽东与莫斯科的恩恩怨怨》(江苏人民出版社1999年）对涉及20—60年代毛泽东与莫斯科关系的历次重大事件以及毛泽东的性格和处事特点作了引人入胜的描述。作者认为，中共与苏共从战友加盟友到一度反目为仇，毛泽东的态度起了相当重要的作用，我们至少应该从历史上的恩怨、毛泽东的独特个性、民族利益的矛盾以及革命理念上的歧异四个方面来解释这种变化。王真《斯大林与毛泽东1949年1月往来电文评析》(《近代史研究》1998年第2期）认为斯大林是阻挠和谈并希望将革命进行到底的，过去所说斯大林希望中国“划江而治”是没有根据的。权延赤《毛泽东与赫鲁晓夫》(内蒙古人民出版社1998年）就赫鲁晓夫时期的中苏关系进行了叙述。

关于冷战对中苏关系的影响：张盛发《从消极冷漠到积极支持——论

1945—1949年斯大林对中国革命的立场和态度》(《世界历史》1999年第6期)论述了随着冷战的爆发,斯大林从维护苏联安全的战略目标出发对中共和中国革命态度的转变过程。杨奎松《美苏冷战的起源及对中国革命的影响》(《历史研究》1999年第5期)认为美苏冷战的爆发给中共带来了前所未有的历史机遇,使中共得以不战而得到东北的部分地区和重要的苏联援助,这对中国革命产生了极大影响。

关于中苏同盟:沈志华《毛泽东、斯大林与韩战》(香港天地图书公司1998年)和《中苏同盟与朝鲜战争研究》(广西师范大学出版社1999年)认为中苏同盟的出现是历史的必然,但是直到中国在异常困难的条件下出兵朝鲜,两国才真正形成同盟关系。牛军《论中苏同盟的起源》(《中国社会科学》1996年第2期)认为二战后中苏结盟是在双方不断调整战略利益关系并解决意识形态方面的分歧中完成的,但苏联坚持从中国东北获得权益也埋下了以后关系破裂的种子。中国中俄关系史研究会编《战后中苏关系走向(1945—1960)》(社会科学文献出版社1997年)则勾勒了中苏关系从结盟到恶化的基本发展过程。

与此同时,一些资料集也相继出版。如:中共中央党史研究室第一研究部译《共产国际、联共(布)与中国革命文献资料选辑(1917—1925)》(1)(北京图书馆出版社1996年)和《共产国际、联共(布)与中国革命文献资料选辑(1926—1927)》(3—4)(北京图书馆出版社1998年),以及薛衔天编《中苏国家关系史资料汇编》(社会科学文献出版社1996年)等。

五、新中国外交研究

随着中国档案以各种形式的解密,出现了一批较深入研究新中国外交的著述,这是近年来中外关系史研究的新发展。其中比较有代表性的论文有:牛军《新中国外交的形成及主要特征》(《历史研究》1999年第5期)探讨了1949年前后至1954年新中国外交在其形成过程中所表现出来的革命性、内向性和过渡性特征及其历史含义。刘建平《毛泽东的美国观与新中国"一边倒"

国际战略的形成》(《中国社会科学》1999年第5期)和《苏共与中国共产党人民民主专政理论的确立》(《历史研究》1998年第1期)将新中国与美、苏关系进行综合考察，从毛泽东对美国看法的转变过程出发论证了新中国“一边倒”国际战略的形成过程及其实质，认为革命至上的价值观难免掩盖了现实的国家之间利益关系的本质，而中共也不得不面临苏联用意识形态辞藻包装起来的民族利己主义压力，并具体探讨了在人民民主专政问题上苏共对中共施加的影响。薛衔天《战后东北问题与中苏关系走向》(《近代史研究》1996年第1期)认为面对美苏冷战格局，中共要取得革命的彻底胜利，实行对苏“一边倒”外交是当时的唯一选择。杨洁勉《试论中国对美政策的调整》(《复旦学报》1997年第2期)从宏观上叙述了中国对美国政策的五次调整过程。余万里《通向缓和的道路——1968—1970年中国对美政策的调整》(《当代中国史研究》1999年第3期)则具体研究了中国对美国政策调整的渐进决策过程，认为这是中国领导人在克服了长期形成的一系列思想观念上的障碍之后才得以实现的。

六、其他中外关系研究

1. 中日关系

余辛焞《孙中山与日本关系研究》(人民出版社1996年)以政治、外交为重点叙述了孙日关系演变的历史过程，评析了其中的各种矛盾现象以及对孙中山革命运动的积极与消极影响。沈予《国民革命与日蒋关系》(《近代史研究》1997年第2期)揭示了1926—1928年日本交替推出“币原外交”和“田中外交”破坏中国革命以及蒋介石背离三大政策走上联日反共道路的真相。另外，戚其章《甲午战争赔款问题考实》(《历史研究》1998年第3期)以大量具体数字和详实的经济学分析，指出日本通过各种手段掠夺的中国赔款约合平库银3.4亿两，而日本从开战到议和前的军费开支不过约合平库银1亿两。

2. 中印关系

王宏纬《喜马拉雅山情结：中印关系研究》(中国藏学出版社1998年)围绕西藏问题，以国际冷战为背景，重点对50–80年代的中印关系进行了论述，并从内政外交诸方面分析了尼赫鲁坚持挑起中印军事对抗的原因。陈谦平《1943年中英关于西藏问题的交涉》(《历史研究》1996年第4期)对1943年中国和英国与印度政府之间爆发的关于西藏问题的危机起因及交涉结果进行了探讨。

3. 中外经济文化关系研究

鸦片战争以来中外关系的一个极其重要的方面就是经济关系，而这种经济关系又是以西方列强的对华经济侵略为主要内容。汪敬虞《19世纪末叶外国在华银行的投资活动》(《近代史研究》1997年第4期)揭示了西方列强越来越以企业联合形式出现的以银行和洋行联合为主体的辛迪加在华争夺势力范围的过程。宓汝成《庚子赔款的债务化及其清偿、"退还"和总清算》(《近代史研究》1997年第5期)详细考察了美法意比荷苏俄英等国对庚款的"退还"情况以及日本并未"退还"的事实，指出"退还"是以中国的付给为前提。

中外文化交流关系的研究也引人注目。伍宗华《中国近代文化教育史上的教会大学》(《世界历史》1996年第1期)考察了教会大学在我国的发展与消失，认为西方教会的教育家们不自觉地促进了我国社会经济和文化教育的近代化，而教会大学也在民族民主革命的冲击下发生了深刻变化。罗志田《传教士与近代中西文化竞争》(《历史研究》1996年第6期)从近代中西文化的碰撞、竞争和相互作用入手，对处于这种竞争前沿的西方传教士在这一动态进程中的活动予以勾勒和分析。另外，吴士英《论租界对近代中国社会的复杂影响》(《文史哲》1998年第5期)对租界在近代中国社会中的特殊作用进行了阐述。

总之，五年来中国的中外关系史研究充分体现了历史研究既要复原过去，又要贴近现实的功能。这些著述利用大量中外原始档案资料和有关文献，以微观与宏观相结合的角度，从各个层面上论述了中国与世界主要大国之间的关系发展，并开始探讨新中国外交的主要特征，从中国外交的发展揭示出中国崛起和世界多极化趋势这一时代特征。

我们相信，进入新的千年之后，随着中外大量档案资料的继续开放，随着对各种国际关系理论和史学理论的学习与运用，随着中青年学者不断自觉规范自己的学术行为，中国中外关系史的研究将会有突破性进展，研究者将立足中国而又跳出中国，他们会站得更高，以更广阔的全球视野审视中国的历史与世界的历史发展之间的关系，并使我们的研究不断走向世界。

1995—1999年国际关系史研究概述①

九五期间中国国际关系史研究的突出特点是：1.研究的问题与这几年中国发生的重大政治事件密切相关；2.对已经有所研究的问题继续深化；3.力图紧跟国际史学界研究的热点问题。学术活动积极活跃，出版了几十部专著和上百篇专题论文，成绩斐然。

一、关于邓小平理论在国际关系研究中的指导作用

1998年在上海召开了“全国国际关系理论讨论会”，就邓小平的国际关系理论研究进行了研讨。学者们认为：邓小平关于和平与发展两大问题的论断意义深远，它使我们观察国际总体形势的基本立足点实现了从“战争与革命”向“和平与发展”的转变；应重视对近代以来尤其是20世纪国际关系发展规律的探索；应加强对冷战后国际关系深刻变化中所出现的新的重大理论课题的研究和突破；应借鉴西方国际关系学派有益的学术成果。

① 本文是2000年受张椿年先生、齐世荣先生委托，为总结“九五”期间的国际关系研究而作。

二、第二次世界大战的国际关系研究

中国学者对第二次世界大战的国际关系研究热情始终不衰，其中对绥靖政策的研究又是焦点之一。齐世荣主编的论文集《绥靖政策研究》（首都师范大学出版社1998年）是对近20年来我国学者关于这一课题研究的一次小结。全书以19篇论文对英法绥靖政策的起源、实施和结果进行了深入的个案微观探讨，并对“绥靖政策”一词的含义给予辨析。另外，学术界对苏联在这一时期实行的外交政策提出了不同的看法，孙红旗的《苏联与绥靖政策》（《社会科学战线》1995年第1期）明确指出苏联在卫国战争前同样实行了绥靖政策。

从军事战略方面研究第二次世界大战时期的国际关系，是90年代以来中国研究的较新领域，徐蓝的《从“橙色”计划到“彩虹”计划》（《历史研究》1996年第4期）分析了美国从太平洋到大西洋的战略转变过程和原因。熊伟民的《战时美国的欧洲战略》（湖南教育出版社1997年）论述了美国的欧洲战略与其全球战略之间的关系。

三、美、英等国对华关系研究

改革开放以来，中国与世界的联系愈加紧密。这不仅使中国更加关注世界，也使中国的国际关系研究更加注重对世界各国对华关系的历史考察。特别是由于几年来中美关系出现了重大的曲折与反复，历来为学者所重视的对美国对华政策的研究继续发展。这些研究运用大量原始资料和新公布的中外档案，从政治、经济、军事、文化、意识形态等多角度地考察了美国对华政策。时殷弘的《敌对与冲突的由来——美国对新中国的政策与中美关系（1949—1950）》（南京大学出版社1995年）认为40年代末美国对新中国实行的不是“等待尘埃落定”政策，而是近乎彻底的敌对政策。贾庆国的《中美关系的隔阂与危机》(文化艺术出版社1998年)认为50年代初期中美两国存在着改善关系的可能性，这与传统观点不同。苏格的《美国对华政策与台湾问题》(世界知识出版社1998年)详细论述了半个世纪以来美国的对华政策和在美国干预下台湾问题的形成与发展，以及对中美关系产生的巨大障碍。陶文钊主编的《中美关系史(1949—1972)》(上海人民出版社1999年)系统论述了从朝鲜战争到中美关系正常化的历史进程。王玮主编的《美国对亚太政策的演变1776—1995》(山东人民出版社1995年)勾勒了美国在亚太地区实行“门户开放”的过程。

另外，围绕1997年香港回归祖国和1999年澳门回归祖国这两大政治事件，出现了一批从政治、司法、经济、文化角度研究英国和葡萄牙对华关系的论著。如萨本仁、潘兴明的《20世纪的中英关系》(上海人民出版社1996年版)，张顺洪等的《大英帝国的瓦解——英国的非殖民化与香港问题》(社会科学文献出版社1997年版)和邓开颂的《葡萄牙占领澳门的历史过程》(《历史研究》，1999年第6期)等。

四、冷战国际史研究

冷战结束以来，随着前苏联档案以及各国档案的不断解密，国际学术界对冷战国际史的研究又有较大进展。中国史学界在这方面的研究起步较晚，但成绩显著，在1999年形成了一个冷战国际史的研究高潮。这一高潮主要体现在1999年在首都师范大学召开了“冷战起源与国际关系”学术研讨会，并发表了一批颇有价值的学术论文。这些论文涉及冷战的起源，冷战期间美国对苏东的政策，美苏冷战与中国的关系，核武器在冷战中的作用，朝鲜战争与冷战，英国与冷战等问题。如：张小明的《冷战及其遗产》(上海人民出版社1998年)论述了冷战中的若干重大问题。张盛发的《论苏联在“冷战”形成中的举措》(《上海师范大学学报》1995年第1期)重视苏联在冷战起源中的作用，认为斯大林关于资本主义世界经济体系必然要导致新的世界大战的演说是苏联方面进行冷战的信号与举措之一。时殷弘的《激变战略与解放政策——冷战初期美国政府对苏联东欧内部状况的政策》(《世界历史》1995年第3期),探讨了美国对苏东的“激变战略”、“解放政策”和“演变而非革命”政策之间的关系。李世安的《英国与冷战的起源》(《历史研究》1999年第4期)对英国是冷战的“始作俑者”的看法提出质疑,认为在杜鲁门主义出台之前,英国没有制定正式的冷战政策。

另外,霜木的《冷战起源刍议——兼论意识形态在国际关系中的作用》(《历史研究》1999年第4期)认为,“冷战”的概念并不能涵盖战后的世界历史,它只强调了军备竞赛对峙的一面,忽视了和平这一时代潮流,是不科学的,应该说“冷和平”或“核和平”可能更贴近于现实。

五、后冷战国际关系的研究

冷战结束已近10年,学者们对冷战后的国际关系研究也越来越重视。这些研究不仅涉及重大事件,战略探讨、伙伴关系、地缘政治,也涉及一些重大的理论问题,如:主权问题,安全问题,全球化过程中的民族国家和民族主义问题,以及国际格局中的“极”与均势理论问题,在这些问题上的看法都有不同程度的差异。例如关于“极”的概念,有的学者认为,“极”的根本问题是霸权,是由若干国家主导世界,21世纪不是“极”主导的世界。“两极”、“多极”是对过去历史的总结。今后的世界将向“非极化”、“无极化”方向发展。但是更多的学者认为,不能忽视“极”的作用,“极”是客观存在的力量中心,不能把“极”等同于霸权,中国作为一极使“极”的传统内涵出现了革命性变化。

另外,五年来出版了一批国际关系方面的通史性著作。方连庆、刘金质、王炳元主编的《战后国际关系史(1945—1995)》(上、下)(北京大学出版社1999年)以编年体例,对20世纪下半叶的国际关系进行了较详细的论述,宫少朋、朱立群、周启朋的《冷战后国际关系》(世界知识出版社1999年)分专题论述了冷战结束后至1998年的国际关系。

90年代中国现代国际关系史研究[①]

90年代以来，中国现代国际关系史研究的突出特点是研究的问题与国际国内发生的重大事件密切相关。学者们通过对各种学术问题的认真探讨，表达了他们对现实的深切关怀。从已经出版的几十部专著和几百篇学术论文中可以看出，研究的主要问题大致分为以下六个方面：

第一，关于邓小平理论在国际关系研究中的指导作用问题。

第二，围绕中国抗日战争和第二次世界大战胜利50周年，有关抗日战争和第二次世界大战的国际关系研究又掀高潮，并将这种研究与战后世界格局的形成紧密地联系起来。

第三，改革开放以来，中国与世界的联系愈加紧密。这不仅使中国更加关注世界，也使现代国际关系史研究更加注重对世界各国对华关系的历史考察。特别是由于近年来中美关系出现了重大的曲折与反复，因此历来为学者所重视的对美国对华政策的研究继续发展，研究的领域和深度也在不断拓宽，发表了一批从不同角度考察不同时期美国对华政策和美中关系的学术论著；与此同时，对美国外交政策的探讨也不断深入。

第四，冷战结束以来，随着前苏联档案以及各国档案的不断解密，国际学术界对冷战国际史的研究又有较大进展。中国史学界在这方面的研究起步

① 本文的主要内容发表于《史学理论研究》2001年第2期，第144—151页，发表时的题目是《90年代我国现代国际关系史研究综述》。

较晚，但也力图作出自己的贡献，并逐渐在1999年形成了一个冷战国际史的研究高潮。

第五，对后冷战国际关系的研究已经引起了学者的注意。

第六，在撰写现代国际关系史方面，新的成果不断问世。

下面就笔者所见，择其要者分别予以介绍。需要说明的是，一些研究成果具有交叉性，因此本文将它们划入某一方面主要是为了叙述上的方便。

一、关于邓小平理论在国际关系研究中的指导作用

1998年在上海召开了“全国国际关系理论讨论会”，就邓小平的国际关系理论研究进行了研讨。目前学者们在以下几个方面达成共识：应当坚持以马克思主义、毛泽东思想特别是邓小平理论来指导中国的国际关系研究和理论建设；邓小平关于和平与发展两大问题的论断意义深远，它使我们观察国际总体形势的基本立足点实现了从“战争与革命”向“和平与发展”的转变；应重视对近代以来尤其是20世纪国际关系发展规律的探索；应当看到科技革命对国际关系产生的重大影响，并加以认真探讨；应加强对冷战后国际关系深刻变化中所出现的新的重大理论课题的研究和突破；应借鉴西方国际关系各学派的一些新的有益的学术成果。①

二、中国抗日战争和第二次世界大战的国际关系

1. 抗日战争时期的国际关系研究

这方面的论著主要涉及两个领域：其一是关于美国对华经济政策研究。任东来和吴景平分别透过美国对华援助来观察这一时期的中美关系，前者指出美援是美国推行对外政策的杠杆，服从于美国的国家利益；后者则具体说

① 关于这次会议的详细报道，参见《世界历史》1999年第2期。

明中国在获得租借援助的同时，对美国作出的回惠租借援助的代价也相当巨大。[①]其二是这一时期中国对外关系的研究。陶文钊等人重点讨论了抗战期间国民党政府的对外关系，认为国民政府制定并贯彻了力求多寻友国，减少敌国，搁置分歧，求同存异，使国际环境有利于中国的务实外交政策，体现了弱国外交的特点。王真则着重探讨了中国共产党的抗日外交战略以及对抗战做出的重要贡献。[②]

2. 关于第二次世界大战的国际关系研究

中国学者对第二次世界大战的国际关系研究热情始终不衰。近年来这些研究主要集中在以下三个问题上。

（1）绥靖政策研究

绥靖政策是二战前史中的一个重大问题，也是80年代以来中国学者研究的热点问题之一。在此基础上，90年代出现了具有某种总结性和较深入探讨的专著。齐世荣主编的论文集《绥靖政策研究》从一定意义上说，是对中国学者关于这一课题研究的一次小结。全书收录了1978—1989年中国学者撰写的19篇论文，对英法绥靖政策的起源、实施和结果进行了深入的个案微观探讨，并对“绥靖政策”一词的含义给予辨析。该书认为，绥靖政策是“衰落的英、法帝国主义，面临德、意、日法西斯国家的挑战，为了保存自己的既得利益，采取了一种以牺牲其他国家利益为手段换取与对手妥协的政策”。[③]另外，徐蓝专门探讨了英国与30年代中日战争之间的关系，通过对一系列个案研究论证了30年代英国在远东对日本实行的绥靖政策，以及英国在东西方实行这一政策的异同。李世安专门研究了太平洋战争时期的中英关系，再现了这一时期中国人民反对英国殖民主义的斗争，揭露了英国对华政策的侵略实质，并客观评价了战后英国政策的变化及其历史作用。武寅则从日本如何

① 任东来：《争吵不休的伙伴——美援与中美抗日同盟》，广西师范大学出版社1995年；吴景平：《抗战时期中美租借关系述评》，《历史研究》1995年第4期。

② 陶文钊、杨奎松、王建朗：《抗日战争时期的中国对外关系》，中共党史出版社1995年；王真：《没有硝烟的战线——抗战时期的中共外交》，广西师范大学出版社1995年。

③ 齐世荣主编：《绥靖政策研究》，首都师范大学出版社1998年，第1—2页。

利用绥靖政策步步扩大侵略战争的角度进行研究，而这正是西方学者较少触及的一个方面。[①]

值得注意的是，学术界对苏联在这一时期实行的外交政策提出了不同的看法。孙红旗和崔剑具体研究了苏联在《苏德互不侵犯条约》和《苏日中立条约》中的所作所为，认为苏联对纵容法西斯侵略扩张负有不可推卸的责任，苏联同样是绥靖大国。[②]另一些学者则取一分为二态度，霜木认为，1939年斯大林“与强盗联手防贼”的外交是苏联外交的杰作和胜利，但是政治上和道德上的败笔；李嘉谷也认为日苏中立条约对二战胜利具有全局意义，但其所附宣言书严重侵犯了中国主权。[③]关于二战后期的苏联外交，徐天新从是否适应世界发展主流即保卫和平与发展经济的高度，对二战结束前后苏联的对外政策进行了探讨，指出苏联战后重新把革命和战争放在对外政策的首位，不符合时代的潮流，因此是短视和有害的。[④]

（2）第二次世界大战的战略研究

从战略方面研究第二次世界大战时期的国际关系，是90年代以来中国史学界研究的较新领域，并取得了阶段性成果。例如：徐蓝发表了《评1941年英美参谋会谈》等一系列论文，对1938—1941年英美为协调两国的战略而进行的多次参谋会谈进行了深入的个案探讨，并分析了美国的战争计划不断从太平洋向大西洋转变的过程和原因。熊伟民特别以美国的欧洲战略为核心，探讨了美国的战略路线与英国和苏联的分歧，以及美国的欧洲战略与其全球

---

① 徐蓝：《英国与中日战争1931—1941》，北京师范学院出版社1991年；李世安：《太平洋战争时期的中英关系》，中国社会科学出版社1994年；武寅：《从协调外交到自主外交》，中国社会科学出版社1995年。

② 孙红旗：《苏联与绥靖政策》，《社会科学战线》1995年第1期；崔剑：《论卫国战争前夕苏联对欧洲政策的嬗变及影响》，《扬州师院学报》1995年第2期。

③ 霜木：《1939年斯大林“联盗防贼”的外交》，《外交学院学报》1999年第2期；李嘉谷：《中苏关系史研究二题》，《抗日战争研究》1995年第1期。

④ 徐天新：《论苏联在二战结束前后的对外政策》，《世界历史》1995年第5期。

战略之间的关系。[①]另外，韩永利指出美国在其“先欧后亚”战略中缺少“太平洋守势”的具体计划，是酿成太平洋战争之初盟军惨败的重要原因。戴超武对美国决意对日本使用原子弹进行考察，认为这一决定不仅出于军事考虑，更体现了美国防止苏联战后插足远东的战略设想。[②]

（3）雅尔塔体系研究

80年代末90年代初，随着苏东剧变和两德统一，第二次世界大战中后期盟国建立的持续40多年的雅尔塔体制（亦称体系）基本瓦解；1991年12月下旬苏联的骤然消失，终于导致支配战后世界国际关系40多年的两极格局最后崩溃。中国学者以极为敏锐的目光，密切关注这些使世界一再震惊的事件，并积极从学术上思考和探讨雅尔塔体制这一既有理论价值又有现实意义的课题。这些研究成果，部分地体现在1990年11月22—23日在天津召开的关于“雅尔塔体制与战后世界格局”的圆桌讨论会中。与会学者主要从以下三个方面对雅尔塔体制进行了论述：

第一，雅尔塔体制的涵义。张志认为该体制在时间上主要是指1943年至1945年苏美英三大国首脑召开的一系列会议和会谈中达成的书面或口头、公开或秘密的各种协议的总和，在空间上主要指欧亚大陆上与苏联接近的地区或国家，其内容包括规划打败法西斯和安排战后世界两部分。沈永兴认为该体制是盟国领导人通过这些双边和多边会谈一致确认的对战后世界秩序所作的安排或对战后世界政治地图的划分，强调凡属有关战后世界安排的问题，均应属于该体制的范围。华庆昭认为雅尔塔体制主要包括大国势力范围的划分和联合国的成立两个方面。

第二，用历史唯物主义态度分析雅尔塔体制的作用。张志和张象都将雅尔塔体制与凡尔赛体制相比较，认为雅尔塔体制对维护战后长期和平起了积

---

① 参见徐蓝：《评1941年英美参谋会谈》，《历史研究》1992年第6期；《从“ADB”协定看太平洋战争爆发前英美在远东的军事合作》，《世界历史》1994年第3期；《评1938年初英格索尔的伦敦之行》，《历史研究》1994年第4期；《评1939年汉普顿的华盛顿之行》，《首都师范大学学报》1995年第4期和《从“橙色”计划到“彩虹”计划——太平洋战争前美国的战略演变》，《历史研究》1996年第6期；熊伟民：《战时美国的欧洲战略》，湖南教育出版社1997年。

② 韩永利《“先欧后亚”战略与太平洋战争爆发前的美国远东政策》，《武汉大学学报》1996年第5期；戴超武《美国结束太平洋战争的战略与原子弹的使用》，《世界历史》1995年第4期。

极作用，前者比后者有明显的历史进步性。张宏毅也认为雅尔塔体制的积极方面占主导地位。徐天新强调该体制包含三个积极因素：一是承认不同社会制度国家的共处与合作，二是确认在重大问题上的大国一致原则，三是承认维护世界的和平。顾德欣则认为雅尔塔体制是一个威胁世界和平的国际体制，对战后和平主要起了消极作用。同时与会学者都谴责该体制所表现出来的强权政治特征。

第三，雅尔塔体制与冷战的关系以及对战后世界格局的影响。周纪荣指出导致冷战的根源不在于雅尔塔体制，而在于形势的变化和美国对苏政策的重大转变。华庆昭认为冷战是雅尔塔体制的必然产物。黄安年认为雅尔塔体制下的苏美两极格局在40年中经历了冷战与缓和以及一定程度的冷战相交错的演变过程。李铁成对导致冷战结束的因素以及冷战后的世界走向谈了看法，认为冷战时代的结束是世界历史潮流发展的结果，但冷战的烙印和遗风不会很快退出历史舞台，世界正在向多极化发展。①

另外，周启朋和李铁成撰文专门介绍了各国政治要员和学者对雅尔塔会议的论述。②

90年代初中国学者对雅尔塔体制的研究，为深入研究二战后期的国际关系、冷战国际史起到了开导先河的作用，并终于形成了研究热点（参见本文第四部分）。

三、各国对华关系研究

1. 英中关系研究

香港回归祖国是20世纪最重大的国际事件之一，历史学家对此给予了深切关注。萨本仁、潘兴明在《20世纪的中英关系》中全方位勾勒了自19世纪英国以坚船利炮打开中国大门到香港终于即将回归祖国的历史过程；张顺

① 关于会议的详细内容，参见《世界历史》1991年第1期；关于对这次会议的综合报导，参见《世界史研究动态》1991年第1期。

② 参见周启朋、李铁成：《各国政治要员和学者论雅尔塔》，《世界史研究动态》1991年第4期。

洪等人在《大英帝国的瓦解——英国的非殖民化与香港问题》一书中则从非殖民化的角度，论述了英国最终不得不从香港撤退的历史。[①]钱乘旦、洪霞从英国方面追寻了中英谈判香港问题的历史，表明了大英帝国雄风已去的事实。李世安指出香港在新中国的对外贸易中所起的重要桥梁作用。于群、程舒伟分析了美国从支持中国收回香港岛到利用香港作为对华遏制的主要阵地的政策演变过程。[②]

2. 美国对华政策和美国外交政策研究

（1）美国对华政策

在美国对华政策的研究方面，近年来出版的一批有代表性的专著。时殷弘在《敌对与冲突的由来》一书中对杜鲁门政府在40年代末的对华政策是“等待尘埃落定”的看法提出疑问，认为该政府在1949—1950年对新中国实行的是近乎彻底的敌对政策。贾庆国在《中美关系的隔阂与危机》中较深入地研究了50年代中期中美交往的历史，并认为当时两国确实存在着改善关系的可能性，这与传统的看法也有所不同。[③]关于美国在台湾问题上的政策，重要的专著是苏格的《美国对华政策与台湾问题》，该书详细论述了半个世纪以来美国的对华政策以及在美国干预下台湾问题的形成与发展，以及对中美关系正常发展所产生的巨大障碍。[④]另外，陶文钊主编的《中美关系史（1949—1972）》，是编者于1993年出版的《中美关系史（1911—1950）》一书的续篇，系统论述了从朝鲜战争到中美关系正常化的历史进程。[⑤]

关于美国对华政策的多篇论文，仍然以政治层面的探讨为主，但有关意

---

① 萨本仁、潘兴明:《20世纪的中英关系》，上海人民出版社1996年；张顺洪等:《大英帝国的瓦解——英国的非殖民化与香港问题》，社会科学文献出版社1997年。

② 钱乘旦、洪霞:《从于心不甘到面对现实》，《南京大学学报》1997年第3期；李世安:《香港在新中国成立初期对外贸易中的作用》，《世界历史》1997年第2期；于群、程舒伟:《美国的香港政策（1942—1960）》，《历史研究》1997年第3期。

③ 时殷弘:《敌对与冲突的由来——美国对新中国的政策与中美关系（1949—1950）》，南京大学出版社1995年；贾庆国:《中美关系的隔阂与危机》，文化艺术出版社1998年。

④ 苏格:《美国对华政策与台湾问题》，世界知识出版社1998年。

⑤ 陶文钊主编:《中美关系史（1949—1972）》，上海人民出版社1999年。

识形态和文化关系的探讨也值得注意。

关于美国的"门户开放"政策：朱卫斌具体探讨了门户开放政策与排华政策之间的关系，认为西奥多·罗斯福总统实行的较为宽松的排华政策主要是与国内主张门户开放的势力妥协的结果。李庆余对美国提出门户开放照会是为了谋求中国市场的流行观点提出疑问，认为两个门户开放照会的主要动机是美国在面临中国领土被瓜分时谋求在中国的权势，争取大国地位的外交调整与外交哲学。①

关于美国与中华民国的关系：秦珊认为威尔逊率先承认中华民国的目的是为美国与众列强的在华竞争中争取有利地位。②

关于美国与新中国的关系：林利民分析美国在承认新中国上的"共同阵线"政策失败的原因在于它过高估计了自己驾驭西方盟国的能力，而过低估计了新中国奉行独立自主外交政策的信心与能力。崔丕论述了艾森豪威尔政府的对华禁运政策，认为当时美国缓和对苏东贸易管制而对中国仍然全面禁运的主要原因，在于美国把中国视为对东亚非共产党国家的主要而直接的威胁从而要遏制中国的"中国观"。顾宁对1966年3月美国参院外交委员会举行的对华政策听证会进行了全面评述，认为由中国问题学者提出的"遏制但不孤立"中国的政策是美国对华政策的转折点。③

关于美国与台湾问题：除上述提到的苏格的专著外，赵宝煦、才家瑞、刘婷、渠占辉、杨彪、王善中的文章都从历史和现实的角度论证了台湾问题在中美关系中产生的破坏性影响，指出美国在二战后企图利用台湾的战略地位控制亚洲领导世界是"台独"问题发展到今日状况的重要外因。另外，李世安对50年代初期英国对台湾政策给予论述，认为当时英国承认台湾属于中

① 朱卫斌：《西奥多·罗斯福与排华》，《中山大学学报》1997年第4期；李庆余：《争取大国地位——门户开放照会新论》，《南京大学学报》1999年第1期。

② 秦珊：《1913年美国威尔逊政府率先承认中华民国的决策过程》，《南开学报》1999年第2期。

③ 林利民：《1949年美国延宕承认新中国"共同阵线"政策述评》，《世界历史》1997年第2期；崔丕：《艾森豪威尔政府的东西方贸易管制政策》，《东北师大学报》1999年第2期；顾宁：《美国"遏制但不孤立"中国政策提议的历史由来、反响及其意义》，《世界历史》1997年第1期。

国的政策对缓和远东紧张局势起了一定作用。①

关于美国与西藏问题：李晔、王仲春论述了美国从侧重“承认西藏是中国领土的一部分”到日益强化把西藏作为一个独立政治实体对待的政策转变过程。②

关于意识形态和文化关系：主要涉及对传教士活动的研究。王立新评述了美国来华传教士与商人之间既合作又矛盾的关系，以及双方在基本目标和价值观上的同异。胡卫清详细论述了美国基督教监理会的传教士们以教育为手段，从吸引社会下层到吸引社会上层子女入学以便楔入和影响中国社会的努力过程，并分析了这种教育在中国永远处于边缘地位的原因。另外，资中筠对洛克菲勒基金会与中国的关系进行研究，认为洛氏基金会在20世纪上半叶中国艰难地走向现代化的过程中起了积极作用，基金会在促进中美文化关系方面是双向的，与后来美国政府把文化宣传作为一种政策工具尚有所不同。③

总之，这些研究运用大量原始资料和新公布的中外档案，从政治、经济、军事、文化、意识形态等多角度地考察了美国对华政策的各个方面与各个时期，为我们今天认识中美关系的现状提供了多种背景资料。

（2）美国外交政策

对美国外交政策的研究始终是中国史学界的热点，近年来的突出变化是学者们已经开始注意从政治的层面向文化价值观的层面发展，探讨美国外交政策制定的深层次原因。

杨生茂主编的《美国外交政策史1775—1989》是中国学者撰写的全面论

① 赵宝煦:《台湾问题：影响中美关系的重要因素》,《北京大学学报》1997年第1期；才家瑞、刘婷、渠占辉:《美国对台湾政策的历史演变与“台独”问题》,《世界历史》1998年第1期；杨彪:《美国对台湾战略决策的历史转折（1949—1950）》,《华东师范大学学报》1999年第4期；王善中:《50年代初美国对我国台湾问题的政策》,《世界历史》1995年第6期；李世安:《评朝鲜战争初期英国艾德礼政府的对台湾政策》,《中国人民大学学报》1995年第2期。

② 李晔、王仲春《美国的西藏政策与“西藏问题”的由来》,《美国研究》1999年第2期。

③ 王立新:《近代基督教传教运动与美国在华商业扩张》,《世界历史》1997年第2期；胡卫清:《美国监理会在华教育事业研究（1848—1911年）》,《近代史研究》1999年第2期；资中筠:《洛克菲勒基金会与中国》,《美国研究》1996年第1期。

述美国外交政策的通史性专著；李庆余的《美国外交：从孤立主义到全球主义》是以一人之力撰写的美国外交论著；洪国起、王晓德的《冲突与合作——美国与拉丁美洲关系的历史考察》是专论美拉关系的通史性著作；王玮主编的《美国对亚太政策的演变1776—1995》则专论美国从告别大西洋向进入太平洋进行扩张的基本政策去向，可视为美国与亚太关系的通史性著作。[①]华庆昭的《从雅尔塔到板门店》专门对杜鲁门时期的外交政策与行动进行深入研究，并认为“美国以本国利益为目的，以‘天定命运’为旗帜的基本外交原则是不变的”。时殷弘的《美国在越南的干涉和战争（1954—1968）》着重揭示了美国在越南越陷越深的决策过程及其多种原因，并提供了越南战争的起源与经过的概貌。[②]

在文化、价值观与外交政策的关系方面，具有代表性的专著是王晓德的《梦想与现实》，该书从文化的角度揭示了美国理想主义外交的历史起源，研究了威尔逊思想中的理想与现实的关系以及这种外交的运用，为理解以“理想主义”为旗号，以实现世界领袖地位为目标的美国外交实质提供了一面历史的镜子。作者的新著《美国文化与外交》则对200多年来美国的外交活动与其文化之间的关系进行了系统论述。[③]杨彪和韩莉都从作为历史学家的威尔逊的历史观的角度对其外交政策进行探讨，前者认为威尔逊在历史研究中深受特纳关于西部边疆历史学说的影响，并形成了自己的“边疆理论”，而西部边疆消失之时也就是美国向外扩张的开始；后者通过对威尔逊的学术著作的观点分析，揭示出他所提出的国际联盟的理论基础，以及用开拓边疆的

---

① 杨生茂主编:《美国外交政策史1775—1989》，人民出版社1991年；李庆余:《美国外交：从孤立主义到全球主义》，南京大学出版社1990年；洪国起、王晓德:《冲突与合作——美国与拉丁美洲关系的历史考察》，山西高校联合出版社1994年；王玮主编:《美国对亚太政策的演变1776—1995》，山东人民出版社1995年。

② 华庆昭:《从雅尔塔到板门店》，中国社会科学出版社1992年，第2页；时殷弘:《美国在越南的干涉和战争（1954—1968）》，世界知识出版社1993年。

③ 王晓德:《梦想与现实——威尔逊“理想主义”外交研究》，中国社会科学出版社1995年；《美国文化与外交》，世界知识出版社2000年。

模式向世界扩张的理论依据。[①]

在人权外交方面，张宏毅主编的《美国人权与人权外交》对美国的人权外交的历史与现状进行论述与分析；周琪也认为美国的人权外交在美国的对外关系史上一直不同程度地存在，冷战结束后，人权已经与经济和安全并列为美国的三大外交政策目标。[②]另外，于群专门研究了美国对日本的政策。[③]

四、冷战国际史研究

90年代随着各国档案特别是苏联档案的解密，以及国际学术界对冷战研究的新成果，中国学者对冷战的研究也逐步深入，并在1999年形成了一个研究冷战国际史的高潮，主要体现在当年在首都师范大学召开了“冷战起源与国际关系”学术研讨会，并在会议前后发表了一批有价值的学术论著，对冷战中的一些问题进行了专题论述。

在冷战国际史的研究中比较有代表性的专著是张小明的《乔治·凯南遏制思想研究》和《冷战及其遗产》，前者是中国学者第一部系统全面论述凯南遏制思想的专著，后者以战争与和平为主线，分专题讨论了冷战史中的若干重大问题，并提出了一些富有启发性的看法。[④]沈志华的《毛泽东、斯大林与韩战》和《中苏同盟与朝鲜战争研究》则是通过对朝鲜战争的研究而对冷战年代中的中国与世界之关系的专题探讨。[⑤]白建才的《美苏冷战史》和

---

① 杨彪：《威尔逊的史观及其对政策的影响》，《世界历史》1994年第6期；韩莉：《威尔逊的社会政治观、历史观及其外交政策》，《首都师范大学学报》1997年第1期。

② 张宏毅主编：《美国人权与人权外交》，人民出版社1993年；周琪：《美国人权外交及有关争论》，《美国研究》1998年第1期。

③ 于群：《美国对日政策研究》，东北师范大学出版社1996年。

④ 张小明：《乔治·凯南遏制思想研究》，北京语言学院出版社1994年；《冷战及其遗产》，上海人民出版社1998年。

⑤ 沈志华：《毛泽东、斯大林与韩战》，香港天地图书有限公司1998年；《中苏同盟与朝鲜战争研究》，广西师范大学出版社1999年。

黄正柏的《美苏冷战争霸史》则是冷战通史性著作。[①]

更多的学者集中探讨了以下一些问题。

关于苏联与冷战爆发的关系：张盛发认为，斯大林关于资本主义世界经济体系必然要导致新的世界大战的演说是苏联方面进行冷战的信号与举措之一，冷战是美苏双向的斗争过程，只提美国和西方发动冷战的证据失之偏颇。叶江认为，斯大林一国建成社会主义的理论发展为两个平行市场理论，并指导苏联在二战后有限扩展势力范围，而美国误认为苏联的行动是向全球扩张共产主义，并用全面遏制的方法与苏联对抗，从而导致冷战爆发。但有的学者不同意这种看法，认为两个平行市场理论不能完全概括斯大林的国际关系理论。由于苏联要建立的是与资本主义政治经济体系完全“异质”的社会主义政治经济体系，因此美国对苏联采取全面遏制的政策是正常的，不存在美国决策者对苏联意图的误解问题。[②]

关于冷战期间美国对苏东的政策：时殷弘的《激变战略与解放政策》等一系列论文，探讨了美国对苏东的“激变战略”、“解放政策”和“演变而非革命”政策之间的继承关系，以及这些政策的具体运用。于群通过对美国国家安全委员会152号文件的分析，认为该文件完成了朝鲜战争结束后美国新经济防卫政策的制定，成为美国以意识形态为标准对社会主义国家进行经济冷战的重要工具。李晓岗对冷战中的美国难民政策进行了研究，指出这一政策始终受到意识形态的指导，而其人道性则受到强权性所主导。[③]

---

① 白建才：《美苏冷战史》，陕西师范大学出版社1996年；黄正柏：《美苏冷战争霸史》，华中师范大学出版社1997年。

② 张盛发：《论苏联在“冷战”形成中的举措》，《上海师范大学学报》1995年第1期；叶江：《斯大林的战后世界体系观与冷战起源的关系》，《历史研究》1999年第4期；有关的争论，参见《世界历史》1999年第4期《冷战起源与国际关系学术研讨会综述》。

③ 时殷弘：《激变战略与解放政策——冷战初期美国政府对苏联东欧内部状况的政策》，《世界历史》1995年第3期；《促进苏东变革——从设想到政策（1953—1955）》，《南京大学学报》1995年第3期；《美国与苏共二十大》，《南京大学学报》1996年第3期；《美国与南斯拉夫50年代初内政改革方向问题》，《扬州大学学报》1997年第1期；《苏联东欧内部变化和美国的政策》，《世界历史》1997年第6期；《匈牙利事件和美国的政策》，《南京大学学报》1998年第1期；于群：《美国国家安全委员会152号文件的形成》，《历史研究》1996年第1期；李晓岗：《美国的难民政策与冷战外交》，《美国研究》1999年第1期。

关于美苏冷战与中国的关系：张盛发撰文论述了随着冷战的爆发，斯大林从维护苏联安全的战略目标出发对中共和中国革命态度的转变过程。杨奎松认为，美苏冷战的爆发给中共带来了前所未有的历史机遇，使中共得以不战而得到东北的部分地区和重要的苏联援助，这对中国革命产生了极大影响。张小明认为美国对中苏同盟态度的转变过程，不仅表明冷战时期美国对外政策的基本特征是以苏联为核心，也反映了美国政府对所谓“中国威胁”的错误估计。孟庆龙分析了艾森豪威尔政府实行意识形态最浓，最热衷于进行核讹诈，但始终未把对华冷战上升为热战的原因。①

关于朝鲜战争与冷战的关系：张民宪、萧石忠认为朝鲜问题是导致杜鲁门主义产生的重要因素之一。崔丕、侯文富研究了美国国家安全委员会81／1号文件，认为该文件的形成使亚洲的冷战完成了向热战的转变，也引发了美国政府对亚洲战略的论争。②

英国与冷战的关系：郑启荣、孙洁婉认为1949—1954年的英国对华政策是在冷战的国际背景和英美特殊关系的制约下进行的，不能对其评价过高。李世安对英国是冷战的“始作俑者”的看法提出质疑，认为在杜鲁门主义出台之前，英国没有制定正式的冷战政策，冷战的起源应该从美苏争霸中去寻找。③

另外，霜木提出“冷战”的概念并不能涵盖战后的世界历史，它只强调了军备竞赛对峙的一面，忽视了和平这一时代潮流，是不科学的，应当用“冷和平”或“核和平”更贴近现实。④

---

① 张盛发：《从消极冷漠到积极支持——论1945—1949年斯大林对中国革命的立场和态度》，《世界历史》1999年第6期；杨奎松：《美苏冷战的起源及对中国革命的影响》，《历史研究》1999年第5期；张小明：《美国对中苏同盟的认识与反应》，《历史研究》1999年第5期；孟庆龙《艾森豪威尔政府对华冷战外交探析》，《世界历史》1997年第5期。

② 张民宪、萧石忠：《1943—1950年美国对朝鲜问题的政策演变》，《武汉大学学报》1998年第1期；崔丕、侯文富《美国国家安全委员会第81／1号文件形成问题研究》，《历史研究》1996年第6期。

③ 郑启荣、孙洁婉：《试论1949—1954年英国对华政策的演变及其动因》，《世界历史》1995年第6期；李世安：《英国与冷战的起源》，《历史研究》1999年第4期。

④ 霜木：《冷战起源刍议——兼论意识形态在国际关系中的作用》，《历史研究》1999年第4期。

五、后冷战国际关系研究

冷战结束已近10年，学者们对冷战后的国际关系研究也越来越重视。这些研究不仅涉及重大事件，战略探讨，伙伴关系，地缘政治，也涉及一些重大的理论问题，如：主权问题，安全问题，全球化过程中的民族国家和民族主义问题，以及国际格局中的“极”与均势理论问题，在这些问题上的看法都有不同程度的差异。例如关于“极”的概念，有的学者认为，“极”的根本问题是霸权，是由若干国家主导世界，21世纪不是“极”主导的世界。“两极”、“多极”是对过去历史的总结。今后的世界将向“非极化”、“无极化”方向发展。但是更多的学者认为，不能忽视“极”的作用，“极”是客观存在的力量中心，不能把“极”等同于霸权，中国作为一极使“极”的传统内涵出现了革命性变化。还有的学者认为当今是一种“准多极”的世界。①

另外，学者们也开始撰写后冷战国际关系的著作。如：宫少朋、朱立群、周启朋的《后冷战国际关系》一书，分专题论述了冷战结束后至1998年的国际关系。对冷战后的亚太地区的国际关系也有专书予以论述。②

六、现代国际关系史著作

关于现代国际关系史的撰写方面：主要有方连庆主编的《现代国际关系史》和蒋相泽、余伟主编的《简明现代国际关系史》，石磊主编的《现代国

① 参见《世界历史》1999年第2期的学术报道《改革开放与中国国际关系理论研究20年》；关于“无极”的看法，可参见叶江：《解读欧美——欧洲一体化进程中的美苏欧关系》，上海三联书店1999年，第279—281页；关于“准多极”的看法，可参见俞正梁等：《大国战略研究：未来世界的美、俄、日、欧（盟）和中国》，中央编译出版社1998年版，第五章第1节。

② 宫少朋、朱立群、周启朋：《冷战后国际关系》，世界知识出版社1999年；陈峰君主编：《冷战后亚太国际关系》，新华出版社1999年。

际关系史》和王绳祖主编的10卷本《国际关系史》中的第4-6卷，它们分别论述了1914—1945年和1917—1945年的国际关系。[①]

关于战后国际关系史撰写方面：主要有王绳祖主编的《国际关系史》中的第7-10卷，颜声毅主编的《当代国际关系》，方连庆等主编的《战后国际关系史》，它们分别论述了1945—1979年和1945—1995年的国际关系。[②]

在战后大国外交史撰写方面，值得注意的是世界知识出版社于1993—1995年出版的一套美英法日外交史的著作。它们是资中筠主编的《战后美国外交史——从杜鲁门到里根》，张锡昌、周剑卿的《战后法国外交史（1944—1992）》，陈乐民主编的《战后英国外交史》，宋成有、李寒梅等的《战后日本外交史（1945—1994）》。在战后地区国际关系史的撰写方面，世界知识出版社在1999年和2000年出版了左文华、肖宪主编《当代中东国际关系》和马晋强主编的《当代东南亚国际关系》。

在国际组织的研究方面，比较重要的是李铁成主编的《联合国的历程》（北京语言学院出版社1993年）等一系列关于联合国的著作。

从上面的很不完全的介绍中我们可以看到，90年代以来中国现代国际关系史的研究极为活跃，并且在研究的广度和深度方面都有新的进步。这些进步主要表现在：

（1）积极关注国际学术界的研究动态，并从中吸取有益的成分，不断补充到国内的研究领域，力争使中国的现代国际关系史研究与国际学术界接轨，同时体现中国学者的研究特色。

（2）积极提倡并致力于撰写史料基础扎实、论点比较中肯的“功底型”论著，以实际行动对某些违反学术规范的行为予以否定。

（3）一批学者逐步确定了自己的相对稳定的研究重点，并能够就研究的

① 方连庆主编：《现代国际关系史》，北京大学出版社1990年；蒋相泽、余伟主编：《简明现代国际关系史》，高等教育出版社1992年；石磊主编：《现代国际关系史》上、下册，北京燕山出版社1995年；王绳祖主编：《国际关系史》（全10卷），世界知识出版社1994—1996年。

② 颜声毅主编：《当代国际关系》，复旦大学出版社1996年；方连庆、刘金质、王炳元主编：《战后国际关系史（1945—1995）》，上、下册，北京大学出版社1999年。

问题进行比较深刻的多层面的背景思考。

但是不容否认，从研究的整体来看，也存在着一些明显的问题，主要表现在：

一些文章在知识基础、资料搜集、理论修养方面的积累不够，因此或大而空，或论证不充分，或低水平重复，或资料和观点都较陈旧，难以达到学术研究既要继承也要创新的标准。

国际关系史的研究仍以政治层面上的研究为主，从经济、军事、宗教、民族、文化、意识形态等方面分别或综合论述国际关系发展的论著仍为少数，在这方面与国际水平相比，仍有很大差距。

对现代国际关系史方面的一些重大问题，特别是20世纪的一些重大问题，虽已有一定研究，但仍缺乏系统的探讨。如：战争与和平的问题，冷战国际史问题，社会主义与资本主义两大体系的关系问题，社会主义和资本主义两大体系内部的关系问题，国际体系与国际格局的演变问题，非殖民化与新殖民主义问题，民族主义与国际关系问题，科学技术的发展与国际关系演变问题，文化环境和自然环境对国际关系的影响问题，后冷战国际关系发展趋势问题，等等，需要我们今后做出不懈的努力。

近年来中国的现代国际关系史研究①

从新中国成立到“文化大革命”结束，中国的现代国际关系史研究曾在不同程度上受到前苏联史学以及国内外政治发展的影响，因此，从比较严格的学术意义上来说，中国在这一领域的研究是从20世纪80年代开始的。改革开放的不断深入使中国与世界的联系愈加紧密，经济的发展使获取各种信息和资料越来越便捷，学术研究环境的宽松使对外交流的渠道多样化且越来越频繁，这一切为现代国际关系史的研究创造了有利的外部条件，而致力于这一研究的学者们的学术道德、学术功底与学术规范，则是这20多年来中国的现代国际关系史研究之所以取得令人瞩目的成就的内在动力。

从研究状况来看，20世纪80年代可以说是研究的起步阶段，90年代以及21世纪初则是新成果不断面世的阶段。一方面，这些成果的最为突出的特点是研究的问题与国内外发生的重大事件密切相关。学者们通过对各种学术问题的认真探讨，表达了他们对现实的深切关怀。另一方面，尽管著述颇多，但是依笔者看来，真正在资料、观点或方法论方面具有创新意义的新成果，主要是围绕第二次世界大战的国际关系研究，美国外交政策研究，以及冷战史研究这三个方面展开的。

---

① 21世纪初，《河南大学学报》编辑部邀请部分首都高校学者对中国世界史学科的现状、问题和发展趋向做出评论，本文即受邀之作。这组文章发表于《河南大学学报》2003年第2期，总标题是“中国的世界史研究：现状与前景（六篇）”，本文发表在第43—47页。

下面就笔者所见，择其要者分别予以介绍。需要说明的是，一些研究成果具有交叉性，因此本文将它们划入某一方面主要是为了叙述上的方便。

一、第二次世界大战的国际关系研究

早在20世纪80年代，中国学者就开始利用原始档案等第一手资料和国际学术界的研究成果，对两次世界大战之间的大国外交政策以及中国抗日战争在这场反法西斯战争中的地位和作用等问题进行了探讨，并编辑了有关的历史文件资料集①。进入90年代以来，有关二战的研究仍然在80年代的基础上继续拓展，并主要集中在以下三个问题上。

1. 绥靖政策研究

作为二战前史中的重大问题，绥靖政策是80年代以来中国学者研究的热点问题之一。从某种意义上说，齐世荣主编的论文集是对20世纪80—90年代中国学者关于这一课题研究的一次小结②，该书对英法绥靖政策的起源、实施和结果进行了深入的探讨，并对“绥靖政策”一词的含义给予辨析。另外，徐蓝通过一系列个案研究，揭示了30年代英国在远东对日本实行的绥靖政策，以及英国在东西方实行这一政策的异同。武寅则从日本如何利用绥靖政策步步扩大侵略战争的角度进行了研究。③

但是，应当指出的是，中国学者对两次世界大战之间的国际关系研究，尽管在原始资料的运用方面已经有了很大的突破，但是在研究的视野上仍缺

---

① 第二次世界大战史研究会于1985年和1986年编写的两本《第二次世界大战论文集》，分别由三联书店和国防大学出版社出版。华东师范大学历史系第二次世界大战研究室于1986年编写的《第二次世界大战起源研究论集》，由华东师范大学出版社出版。李巨廉、王斯德主编:《第二次世界大战起源历史文件资料集（1937.7—1939.9）》和李巨廉、潘人杰:《第二次世界大战》由华东师范大学出版社分别于1985年和1990年出版。

② 齐世荣主编:《绥靖政策研究》，首都师范大学出版社1998年。

③ 徐蓝:《英国与中日战争1931—1941》，北京师范学院出版社1991年。武寅:《从协调外交到自主外交》，中国社会科学出版社1995年。

乏一定的宏观性，即缺乏将两次世界大战联系起来进行考察，这也是与国际学术界的研究水平存在差距的地方。实际上，当我们谈到第二次世界大战是第一次世界大战的继续这一命题时，其中的重要一点就是二战与一战在因果关系上的继承性。目前已有学者针对这个问题对一战后以凡尔赛体系为代表的和平安排对两次世界大战之间的国际关系的深刻影响进行了探讨。①

另外值得注意的是，学术界对苏联在这一时期实行的外交政策提出了与以往不同的看法。孙红旗和崔剑明确提出苏联对纵容法西斯侵略扩张负有不可推卸的责任，苏联同样是绥靖大国。李嘉谷则认为日苏中立条约对二战胜利具有全局意义，但其所附宣言书则严重侵犯了中国主权。吴伟利用新解密的苏联档案，详细探讨了二战期间苏联对波兰的政策。②但是对大多数中国学者来说，尽管冷战结束后苏联的原始档案已陆续面世，不过有关20–30年代的资料仍然不易获得，因此关于苏联外交政策的研究还有相当多的空白点与不足之处。

2. 第二次世界大战的军事外交与战略研究

从军事外交和战略方面研究第二次世界大战时期的国际关系，是90年代以来我国研究的较新领域。一些学者撰写的一系列论文和专著分别就美英为协调战略而进行的参谋会谈，美国战争计划不断从太平洋向大西洋的转变过程，战时美国的欧洲战略与其全球战略的关系，美国战略中的矛盾，以及美国对使用原子弹的战略考虑等问题进行了认真探讨。③

---

① 参见徐蓝：《战争与和平：两次世界大战的比较研究》，齐世荣、廖学盛主编：《20世纪的历史巨变》，人民出版社2000年。

② 孙红旗：《苏联与绥靖政策》，《社会科学战线》1995年第1期；崔剑：《论卫国战争前夕苏联对欧洲政策的嬗变及影响》，《扬州师院学报》1995年第2期；李嘉谷：《中苏关系史研究二题》，《抗日战争研究》1995年第1期；吴伟：《苏联与“波兰问题”》，世界知识出版社2002年。

③ 徐蓝：《评1941年英美参谋会谈》，《历史研究》1992年第6期；《从“ADB”协定看太平洋战争爆发前英美在远东的军事合作》，《世界历史》1994年第3期；《评1938年初英格索尔的伦敦之行》，《历史研究》1994年第4期；《评1939年汉普顿的华盛顿之行》，《首都师范大学学报》1995年第4期；《从“橙色”计划到“彩虹”计划》，《历史研究》1996年第6期。熊伟民：《战时美国的欧洲战略》，湖南教育出版社1997年。韩永利：《“先欧后亚”战略与太平洋战争爆发前的美国远东政策》，《武汉大学学报》1996年第5期。戴超武：《美国结束太平洋战争的战略与原子弹的使用》，《世界历史》1995年第4期。

但是，很长时间以来，由于除了美国、德国之外的二战中的其他主要参战大国的外交文件没有公开出版（如英国出版的外交文件DBFP只包括1919—1939年的部分，没有1939—1945年的外交政策文件，而且尚未出齐），或仅残存部分文件（如法国），因此使中国学者在获得原始资料方面有很大困难，这也是造成中国学者对二战期间的国际关系的研究相当薄弱的主要原因。不过，近几年来这种状况已经有所变化，美国Lexis-Nexis出版公司（原名为University publications of America，UPA，美国大学出版公司）于1999年出版了二战时期的英国外交部机密档案（P.普雷斯顿和M.帕特里奇主编：《英国外交事务文件：外交部机密报告与文件》，第3部分：1940—1945年，Paul Preston and Michael Par-tridge eds., *British Documents on Foreign Affairs: Reports and Papers from the Foreign Office Confidential Print. Part III: from 1940 through 1945*，简写为*BDFA*），为进一步研究提供了一定的资料方便。

3. 抗日战争时期的国际关系研究

有关抗日战争时期的国际关系的研究有了新的进展。陶文钊、杨奎松、王建朗等人重点讨论了抗战期间国民党政府的对外关系，认为国民政府制定并贯彻了力求多寻友国，减少敌国，搁置分歧，求同存异，使国际环境有利于中国的务实外交政策，体现了弱国外交的特点。王真着重探讨了中国共产党的抗日外交战略以及对抗战做出的重要贡献。[①]任东来和吴景平分别透过美国对华援助来观察这一时期的中美关系，前者指出美援是美国推行对外政策的杠杆，服从于美国的国家利益；后者则具体说明中国在获得租借援助的同时，对美国作出的回惠租借援助的代价也相当巨大。[②]在中英关系方面，李世安专门研究了太平洋战争时期的中英关系，再现了这一时期中国人民反对英国殖民主义的斗争，揭露了英国对华政策的侵略实质，并较为客观地评

---

① 陶文钊、杨奎松、王建朗：《抗日战争时期的中国对外关系》，中共党史出版社1995年；王真：《没有硝烟的战线——抗战时期的中共外交》，广西师范大学出版社1995年。

② 任东来：《争吵不休的伙伴——美援与中美抗日同盟》，广西师范大学出版社1995年；吴景平：《抗战时期中美租借关系述评》，《历史研究》1995年第4期。

价了战后英国政策的变化及其历史作用。[①]

二、美国外交政策研究

中国学者一直重视对美国外交政策的研究，成果众多。如果大致分类，可以分为对中美关系和美国对华政策的考察，以及对美国不同时期的外交政策的探讨。

1. 中美关系和美国对华政策研究

在中美关系的通史类著作方面，陶文钊利用大量已经公开出版的美国外交文件，对1911—1972年的中美关系给予了较为详细的勾勒。[②]

在专史的研究方面，王立新对19世纪末至20世纪20年代美国的对华政策对中国国内政治、经济和社会思潮的影响进行了详细阐述。[③]

资中筠可以说是我国最早利用最新解密的美国档案对新中国建立前后的美国对华关系给予论述的学者，对开启国人对美国决策的了解具有重要意义。牛军通过对赫尔利和马歇尔调处国共矛盾的研究，揭示了美国对华政策所包含的实力与目标之间的差距这一根本矛盾，系统地探讨了从20世纪30年代中期到新中国建立时期的中国共产党对外政策的缘起与发展。时殷弘将目光投向1949—1950年的中美关系，说明造成新中国建国之初中美关系就处于敌对状态的主要责任在于杜鲁门政府的对华政策。林利民把朝鲜战争前后的美国对华政策置于美国的整个远东战略和美苏冷战的大格局下进行了纵深

---

① 李世安:《太平洋战争时期的中英关系》，中国社会科学出版社1994年。

② 陶文钊:《中美关系史（1911—1950）》，重庆出版社1993年；陶文钊主编:《中美关系史（1949—1972）》，上海人民出版社1999年。

③ 王立新:《美国传教士与晚清中国现代化》和《美国对华政策与中国民族主义运动（1904—1928）》分别由天津人民出版社和中国社会科学出版社于1997年和2000年出版。

探讨。[①]

贾庆国研究了50年代中期中美之间寻求的“和解”与“共处”，并认为美国政府的反华反共政策是两国关系未能得到改善的主要原因，尽管中国方面也有一定的责任。苏格详细论述了20世纪40年代到20世纪末影响中美关系的最大问题——台湾问题的来龙去脉。[②]

特别值得指出的是，近几年来，中国的海外学子也在国内出版了他们的研究成果。他们在尽量吸收美国学术界近20年的研究成果的基础上，综合分析，并通过自己特殊的视角，参与了中国对美国对外政策和中美关系的讨论与对话。其中邓鹏、李小兵、刘国力从美国外交政策产生的文化背景和社会条件出发，考察了美国外交政策的宪法基础、政府机构和具体操作程序，并重点对二战后至世纪之交的美国外交和美中关系中的一些至关重要的问题和现象进行了探讨。郝雨凡也从美国对华政策的决策和整个制定过程出发，通过研究从杜鲁门到克林顿的各届政府主要对华政策的产生过程以及影响该过程的众多因素，在理论上探讨美国的内部机制在对华政策上所扮演的特殊角色。[③]

2. 美国外交政策研究

在关于美国外交的通史方面，杨生茂和王玮分别主编了19至20世纪晚期的美国外交政策史和美国对亚太地区的外交政策史；资中筠主编了二战结

---

① 资中筠:《战后美国对华政策的缘起与发展（1945—1950）》，重庆出版社1987年,2000年以《追根溯源——战后美国对华政策的缘起与发展（1945—1950）》为书名由上海人民出版社再版；牛军:《从赫尔利到马歇尔——美国调处国共矛盾始末》，福建人民出版社1989年，1992年再版;《从延安走向世界——中国共产党对外政策的起源》，福建人民出版社1992年；时殷弘:《敌对与冲突的由来——美国对新中国的政策与中美关系（1949—1950）》，南京大学出版社1995年；林利民:《遏制中国——朝鲜战争与中美关系》，时事出版社2000年。

② 贾庆国:《未实现的和解——中美关系的隔阂与危机》，文化艺术出版社1998年；苏格:《美国对华政策与台湾问题》，世界知识出版社1998年。

③ 邓鹏、李小兵、刘国力:《剪不断理还乱——美国外交与中美关系》，中国社会科学出版社2000年；郝雨凡:《白宫决策——从杜鲁门到克林顿的对华政策内幕》，东方出版社2002年。

束至冷战结束前的美国外交政策史。①

在美国外交政策的专史论述方面，李庆余勾勒了美国外交从传统的孤立主义向全球主义演变的过程；华庆昭对杜鲁门政府的外交政策进行了评述；蔡佳禾对艾森豪威尔政府的东亚政策作出了全方位研究；时殷弘对美国对越南的政策和军事干涉以及尼克松主义作出了国内学者的第一次系统探讨；赵学功对二战结束后半个世纪的美国东亚政策的发展轨迹进行了论述。②

另外，王晓德从美国文化的角度对美国外交进行了重新解构；韩莉从传统与现实相冲突的角度，探讨了美国总统威尔逊的国际联盟政策从提出到失败的过程；周琪、王缉思和李世安等人从传统、政策实施、国内外政治因素、美国的全球战略等方面，以及具体从美国的跨国市民社会运动的角度对美国的人权外交政策进行了研究；刘建飞则从美国的反共的意识形态角度，重点论述了美国在冷战时期对社会主义国家的外交。③

可以看出，这些研究尽管涵盖了20世纪的整个时间段，但最重要也是最多的研究成果基本上是限于美国档案的解密期，即20世纪70年代初（海外学者获得资料的条件大大优于国内学者，故不包括在内）。它说明国内学术界对利用原始档案资料撰写高水平的国际关系史已形成共识。当然，政府档案作为历史的见证，仍然有它的局限性，不能认为那就是全部历史的客观依据，更何况对如此浩瀚的档案文件进行取舍，也必须依靠作者的主观判断。

① 杨生茂主编：《美国外交政策史1775—1989》，人民出版社1991年；王玮主编：《美国对亚太政策的演变（1776—1995）》，山东人民出版社1995年；资中筠主编：《战后美国外交史：从杜鲁门到里根》，世界知识出版社1994年。

② 李庆余：《美国外交：从孤立主义到全球主义》，南京大学出版社1990年；华庆昭：《从雅尔塔到板门店——美国与中、苏、英（1945—1953）》，中国社会科学出版社1992年；蔡佳禾：《双重的遏制——艾森豪威尔政策的东亚政策》，南京大学出版社1999年；时殷弘：《美国在越南的干涉和战争》和《尼克松主义》，分别由世界知识出版社和武汉大学出版社于1993年和1984年出版；赵学功：《巨大的转变：战后美国对东亚的政策》，天津人民出版社2002年。

③ 王晓德：《梦想与现实——威尔逊"理想主义"外交研究》和《美国文化与外交》，分别由中国社会科学出版社和世界知识出版社于1995年和2000年出版；韩莉：《新外交·旧世界——伍德罗·威尔逊与国际联盟》，同心出版社2002年；周琪：《美国人权外交政策》，上海人民出版社2001年；王缉思主编：《高处不胜寒：冷战后美国的全球战略和世界地位》，世界知识出版社1999年；李世安：《评美国的跨国市民社会运动与人权外交》，《世界历史》2002年第6期；刘建飞：《美国与反共主义——论美国对社会主义国家的意识形态外交》，中国社会科学出版社2001年。

三、冷战史研究

冷战结束以来，随着苏联档案以及各国档案的不断解密，国际学术界对冷战国际史的研究又有较大进展。中国史学界在这方面的研究起步较晚，但也力图作出自己的贡献，90年代以来已经发表了一批颇有价值的论著。

白建才和黄正柏分别撰写了关于冷战的通史性著作[①]。

在专史方面，张小明对凯南的遏制思想进行了系统研究，并以战争与和平为主线，分专题讨论了冷战史中的若干重大问题。时殷弘认为，以美苏为核心的冷战是多种因素综合作用的结果。张盛发利用大量最新解密的苏联档案，对苏联在冷战爆发中所起到的不可推卸的责任进行了阐述。李春放探讨了二战中及战后大国围绕伊朗的争夺与冷战爆发之间的关系。[②]在经济冷战方面，崔丕的专著利用多国档案和比较研究的方法，通过对巴统、中国委员会的兴衰史的研究，全面揭示了美国对社会主义国家的经济冷战战略。[③]

关于美国对苏东国家的政策，时殷弘撰写了一系列论文，探讨了冷战期间美国对苏联和东欧国家所采取的"激变战略"、"解放政策"和"演变而非革命"政策之间的继承关系，以及这些政策的具体运用。[④]

---

① 白建才:《美苏冷战史》，陕西师范大学出版社1996年。黄正柏:《美苏冷战争霸史》，华中师范大学出版社1997年。

② 张小明:《乔治·凯南遏制思想研究》和《冷战及其遗产》，分别由北京语言学院出版社和上海人民出版社于1998年和1994年出版。时殷弘:《美苏从合作到冷战》，华夏出版社1988年。张盛发:《斯大林与冷战》，中国社会科学出版社2000年。李春放:《伊朗危机与冷战的起源（1941—1947）》，社会科学文献出版社2001年。

③ 崔丕:《美国的冷战战略与巴黎统筹委员会、中国委员会（1945—1994）》，东北师范大学出版社2000年。

④ 时殷弘:《激变战略与解放政策——冷战时期美国政府对苏联东欧内部状况的政策》,《世界历史》1995年第3期;《促进苏东变革——从设想到政策（1953—1955）》,《南京大学学报》1995年第3期;《美国与苏共二十大》,《南京大学学报》1996年第3期;《美国与南斯拉夫50年代初内政改革方向问题》,《扬州大学学报》1997年第1期;《苏联东欧内部变化与美国的政策》,《世界历史》1997年第6期;《匈牙利事件和美国的政策》,《南京大学学报》1998年第1期。前文提到的一些有关美国外交和中美关系的著作，也属于冷战研究的范围。

有关冷战中的中苏关系方面，杨奎松根据大量有关的中苏档案和亲历者的回忆，对毛泽东及中共与斯大林和苏共的关系作出了历史的评述；沈志华则根据最新解密的苏联档案，对朝鲜战争时期的中苏关系进行了专题探讨。①

从上述挂一漏万的介绍中已经可以看出，20年来中国的现代国际关系史研究极为活跃，并且在研究的广度和深度方面都有根本性的进步。这些进步主要表现在：

积极关注国际学术界的研究动态，并从中吸取有益的成分，不断补充到国内的研究领域中，力争使中国的国际关系史研究与国际学术界接轨，同时体现中国学者的研究特色。

积极提倡并致力于撰写史料基础扎实、论点比较中肯的“功底型”论著，以实际行动对某些违反学术规范的行为予以否定。

一批学者逐步确定了自己的相对稳定的研究重点，并能够就研究的问题进行比较深刻的多层面的背景思考。

但是不容否认，从研究的整体来看，也存在着一些明显的问题，主要表现在：

研究的深度不够。一些文章在知识基础、资料搜集、理论修养方面的积累不够，因此或大而空，或论证不充分，或低水平重复，或资料和观点都较陈旧，难以达到学术研究既要继承也要创新的标准。

研究的内容较窄。现代国际关系史的研究仍以政治层面上的研究为主，从经济、军事、宗教、民族、文化、意识形态等方面分别或综合论述国际关系发展的论著仍为少数，在这方面与国际水平相比，仍有很大差距。

研究的方法仍然以实证为主。在坚持辩证唯物主义和历史唯物主义的分析方法的同时，除少数学者之外，较少尝试运用国际关系理论对具体的国际关系问题进行研究，缺乏国际关系方面的跨学科研究。例如，用政治学、经济学的理论和方法来研究国际关系史，在国际学术界很常见，甚至可以说是

① 杨奎松:《毛泽东与莫斯科的恩恩怨怨》，江西人民出版社1999年；沈志华:《毛泽东、斯大林与韩战——中苏最高机密档案》和《中苏同盟与朝鲜战争研究》，分别由（香港）天地图书有限公司和广西师范大学出版社于1998和1999年出版。

一种传统，它有助于研究的深化。我国史学界在这方面的研究还相当薄弱，不过也已经有学者在进行这方面的尝试并取得了成果。①

缺乏对国际关系史方面的一些重大问题，特别是20世纪的一些重大问题的系统探讨。如：战争与和平的问题，社会主义与资本主义两大体系的关系问题，社会主义和资本主义两大体系内部的关系问题，国际体系与国际格局的演变问题，非殖民化与新殖民主义问题，民族主义与国际关系问题，科学技术的发展与国际关系演变问题，文化环境对国际关系的影响问题，自然环境对国际关系的影响问题，后冷战国际关系发展趋势问题，等等。

新的世纪对现代国际关系史的研究提出了新的要求。国际关系的史料浩如烟海，如何从这些史料中找出最有价值的史学研究问题，是研究者必须具备的基本能力。与此同时，国际关系史的研究不仅涉及多个国家或地区，还涉及多个层面的问题，因此研究者必须具有更为宏观的视野，具有多角度、多层次的观察、思考和分析能力，以及运用跨学科的研究方法进行微观与宏观相结合的研究能力。这样的研究，不仅会更加清晰地透视与再现20世纪这个刚刚逝去、变化最大最快的世纪，为21世纪提供更多、更准确的背景资料与历史借鉴，而且也是中国历代史学家要求治史者所应具备的“史家四长”，即“史才、史学、史识、史德”的具体体现。

① 时殷弘的《新趋势、新格局、新规范》（法律出版社2000年）是运用国际关系理论对20世纪的国际关系进行解构的新成果。

中国第二次世界大战史研究①

第二次世界大战是人类历史上最大规模的正义战争，中国不仅是主要参战国之一，而且是亚洲战场上抗击日本的主力。第二次世界大战以及作为这场战争重要组成部分的中国抗日战争，对中国有着历史转折点的意义。二战结束60多年来，中国对这场战争的研究取得了大量成果。在此世界沟通交流日益密切的今天，向世界同行学者报告中国的学术成果和研究动态有着非常重要的意义。

第一部分　研究历史的总体回顾

中国的第二次世界大战史研究大体上经历了起步、相对沉寂、复苏和发展四个阶段。

① 本文受中国史学会委托，为纪念改革开放30年所作，主要内容发表在张海鹏主编:《中国史学30年（1978—2008）》（中国社会科学出版社2008年）第98—116页。本文的论述仅限于中国大陆学者的研究成果。本文在2005年提交给第二次世界大战史国际委员会悉尼年会的《中国第二次世界大战史研究状况（国家报告）》和2007年在北京召开的国际历史科学大会代表会议的专题发言稿的基础上进行了修改和补充，并部分参考了赵文亮编著的《二战研究在中国》（武汉大学出版社2006年）一书，在此深表感谢。

一、起步阶段：从20世纪30年代到1949年

20世纪30年代，随着法西斯主义在德国、日本和意大利等国的泛滥，中国学术界就开始关注这一国际政治中的热点问题，并翻译和撰写了数百部/篇相关著作和文章，对法西斯主义的起源、特征、理论以及重要人物进行了介绍和探讨。①

第二次世界大战全面爆发后，中国的战地记者如萧乾、乔冠华等撰写了大量评论和报道，刘思慕则从1939年9月起，连续撰写了40余篇文章对二战的若干重大问题进行评述；②关于二战的起源及其进程的通史性著作（包括译著）以及对各大战场的论述也陆续出版。③

随着第二次世界大战和中国抗日战争的胜利结束，中国学者加大了对二战研究的力度，特别是在资料的整理和反映二战全貌的著作出版方面一度非常活跃。在资料方面比较重要的是王德馨等编《二次世界大战史料》（6卷本，大时代书局1941—1946年）；军训部军学编译处编《第二次世界大战军事参考资料》（全4册，军用图书社1943—1946年）；马皓、智建中编《世界反法西斯战争文献初编》（东北书店1947年）等。据不完全统计，在此期间，

---

① 1933年，上海神州国光社出版了萧文哲的《法西斯蒂及其政治》，1935年上海商务印书馆又出版了该作者的《法西斯意大利政治制度》，1933年该馆出版了傅无退编的《日本法西斯主义》；1935年商务印书馆翻译出版了德国史学家康拉德·海登（Konrad Heiden）的著作，名为《德国民族社会主义工人党史》（A History of National Socialism，New York，1934），以后多次再版，更名为《德国国社党史》；同年该馆出版了希特勒的《我的奋斗》，以后亦有多种版本；1936年该馆出版了吴有三的《法西斯运动问题》；1938年上海现实书社出版了季米特洛夫的《论法西斯主义》，等等。

② 萧乾：《一个中国记者看二战》，生活·读书·新知三联书店1996年；乔冠华：《从慕尼黑到敦刻而克：关于第二次欧战的形成、发展和演变》，世界知识出版社1984年；刘思慕：《第二次世界大战：历史与教训》，国防大学出版社1990年版。

③ 如：哲人：《日本对世界战争之准备》，南京日本评论社/正中书局民国二十八年（1933年）；宋庆龄等著：《第二次世界大战前夜》（新善本），上海战时出版社1938年；世界知识社编：《慕尼黑会议后的世界》，生活书店民国二十八年（1939年）；邵荃麟：《论第二次世界大战》，金华充实出版社民国二十八年（1939年）；国民新闻社编纂：《第二次世界大战史》，国民新闻图书印刷公司民国三十二年（1943年），等等。有关这些论著的出版情况，参见赵文亮：《二战研究在中国》。

我国共出版二战史书籍174部，其中中国学者著作105部，国外学者译著69部。[①]如舒宗侨编著《第二次世界大战画史》（联合画报社1946年）和曹聚仁、舒宗侨编《中国抗战画史》（联合画报社1947年），就是两本图文并茂、资料丰富、参考价值较高的专著。

可以看出，中国学者对第二次世界大战的研究起步较早，但大部分属于普及性质，而且涉及的领域也不够广泛，缺乏对重大问题的深入探讨。

二、相对沉寂阶段：1949—1978年

新中国建立后，由于海峡两岸的分裂与对峙，国际上的冷战和国内文革等方面因素的影响，大陆方面的二战史研究进入了近三十年的相对沉寂期。在此期间几乎没有任何有关二战的学术巨著出版，深入研究性的文章也不多见。

但是二战史并未完全淡出中国学者的视线。主要表现在：

1.新中国成立初期，一些军队和地方院校在教学中涉及了二战史的内容，重点是讲述苏联卫国战争的历史，并出版了一些翻译著作和教材。[②]

2.50年代中后期主要围绕第二次世界大战的起点、性质、阶段划分等问题，中国学术界曾掀起了一次二战史研究的小热潮，但只是昙花一现。[③]

3.出版了一些有关抗日战争的著作。如中国现代史资料编辑委员会等翻印出版了延安时期编写的《抗战的中国丛刊》（上海人民出版社1957—1961

---

① 赵文亮:《二战研究在中国》，第3页。

② 如：军事学院编印:《苏联伟大卫国战争的军事政治总结及苏联军事学术在战争中的发展》，1956年和《战史参考资料》，1967年。

③ 当时出现了对二战起点的不同看法的争鸣，如：张继平认为二战的序幕为1931年，郑玉林认为在1935—1937年左右，胡雪岩认为二战的起点是1937年，林举岱认为是1939年，而以1939年为学术界的主流。分别参见张继平:《试论第二次世界大战的开始、起因和性质问题》，《光明日报》1956年11月22日；郑玉林:《再论第二次世界大战的一些问题》，《光明日报》1957年1月3日；胡雪岩:《关于第二次世界大战的开始和性质问题》《光明日报》1957年1月17日；林举岱:《第二次世界大战的性质和开始日期》，《历史教学问题》1957年第2期。

年），包括抗战中的中国经济、政治、军事、教育与文化，等等。

但是文革开始后，中国大陆的学术研究严重倒退，学术活动基本处于停滞状态。

三、复苏阶段：1978—1985年

1978—1985年是中国大陆的二战史研究开始复苏并逐渐步入正轨的阶段。1978年中国共产党第十一届三中全会后，随着中国全方位的改革开放，学术界的思想解放，中国的抗战史和二战史研究逐渐恢复了生机。其重要的标志主要有以下几点：

1. 1980年地方院校和军队院校共同成立了中国第二次世界大战史研究会，[①]标志着中国的二战史研究进入了一个规范化、系统化的阶段。到1985年，共举办二战史和与二战相关问题的全国学术研讨会12次，编印、出版论文集7部。涉及的问题包括大战的起源、起点、性质，德、意、日法西斯主义，英、法等国的绥靖政策，大战爆发前后苏联的对外政策，围绕“九一八事变”的国际关系，中国抗日战争在世界反法西斯战争中的地位和作用，等等。

2. 陆续成立了一些专门研究二战史的机构。如：1979年和1980年武汉大学历史系和华东师范大学历史系分别成立了二战史研究室；80年代初，北京师范学院（现首都师范大学）历史系成立了国际关系研究室，研究的重点之一就是关于两次世界大战之间的国际关系及二战起源问题；中国社会科学院世界历史研究所和军事科学院军事历史研究部（现为世界军事研究部）也分别设立课题组，对二战史的若干重大问题进行集体攻关。

3. 以1985年召开的“纪念中国抗日战争和世界反法西斯战争胜利40周年大会”为契机，使有关抗日战争的研究成为中国二战史研究的最大热点，

---

① 该学会于1979年全国首届第二次世界大战史学术讨论会上决定成立，简称“中国二战史研究会”，英文名称为Chinese Association for the History of the World War II，缩写为CAHWWII.

学术专著和论文开始增多，形成了二战史研究的一个高潮。

四、大发展阶段：1985年以来

1985年以后，是中国抗战史和二战史研究大发展并取得丰硕成果的阶段，其发展势头至今不衰。主要表现在以下几个方面：

1. 发表了大量论文，出版了大量著作。

据不完全统计，从1985—2005年，中国大陆学者出版有关第二次世界大战史的图书1778部（公开出版1415部，内部印刷363部），其中中国学者著作1054部（公开出版823部，内部印刷231部），外文译著724部（公开出版592部，内部印刷132部）；撰写和翻译有关第二次世界大战史的文章8629篇，其中中国学者撰写的文章7995篇，译文634篇。这些文章或资料，有7770篇刊登在期刊上，295篇刊登在报纸上，564篇收在论文集中。应该指出的是，在中国学者的著作中，含博士、硕士论文43篇。这些成果的大部分是1985年以后出版的，涉及第二次世界大战史的方方面面。

2. 建立了完整的人才培养机制，形成了一支相对稳定的教研队伍。

上个世纪的70年代末80年代初，武汉大学、华东师范大学和首都师范大学开始招收二战史和现代国际关系史的硕士研究生，80年代中期开始招收博士研究生，使国内高校的国际关系史和二战史课程涵盖了本科生和硕士、博士研究生，这些研究生的研究课题涉及二战起源以及二战本身的各种重大问题，为二战史研究的人才培养奠定了坚实的基础。目前，已经形成了一支老中青相结合的实力比较强大的相对稳定的教学与科研队伍，保证了中国的二战史研究健康发展。

3. 开展了相当活跃的国内外学术交流。

随着中国改革开放的深入，中国学者与国外研究二战史同行的交流和沟通日益增多。多次召开和参加有关第二次世界大战的学术会议和形式多样的学术交流。自1986年以来，大陆学界举办了有关抗战和二战各种问题的学术研讨会60余次，其中国际学术会议有十多次，出版论文集14部；同时开展了各种形式的国际交流。自1980年以来，中国学者与国际历史科学大会、第二次世界大战史国际委员会建立了长期联系，并与美国、意大利、苏联/独联体/俄罗斯、加拿大、奥地利等国的学者进行交流。特别值得一提的是2001年12月国际历史学会会长、德国柏林自由大学教授于尔根·科卡（Jürgen Kocka）来北京访问期间，在首都师范大学与中国二战史研究会副会长徐蓝教授和张海麟教授以及部分在京理事进行了交流，为中国二战史学会加入第二次世界大战史国际委员会（International Committee for the History of the Second World War，缩写为ICHSWW）牵线搭桥。2005年，中国二战史学会的会长胡德坤教授和副会长徐蓝教授作为中国史学会代表团成员和中国第二次世界大战史研究会代表团成员出席了在澳大利亚悉尼召开的第20届国际历史科学大会和第二次世界大战史国际委员会悉尼年会，并使中国二战史学会正式成为二战史国际委员会的成员。2010年徐蓝成为第二次世界大战史国际委员会执行局成员。

另外，中国二战史学会建立了自己的网站：http：//www.cihww2.org，进一步便利了国内外的学术交流。

总体上讲，这一时期，虽然有关抗日战争史的研究仍然是中国学者关注的重要领域，但是中国学者的研究视野已经扩展到其他战场、国家和地区。在研究成果方面，无论是资料的编辑、学术专著的出版和专题论文的发表都呈现迅速增长的状态。在学术研究机构和人员等方面也已经有了十几个相对稳定的中心和一支逐渐扩大的专业研究队伍。

第二部分　主要研究机构和研究人员

近六十年来，中国学术界从事二战史研究的学者主要分布在国家直属的科研机构、大专院校等教育机构和民间的学术团体这三类机构和组织中。

1. 科研机构

主要包括中国军事科学院、中国社会科学院世界历史研究所和中国近代史研究所、中国抗日战争纪念馆、中国历史博物馆、中国革命博物馆（2003年二者合并为中国国家博物馆）、侵华日军南京大屠杀遇难同盟纪念馆等。这些机构一般有稳定的经费、资料和人员编制，是二战史研究的主力之一。

2. 大专院校

在全国上千所大专院校中，不少高校开设二战史研究（包括国际关系史研究）的专题课程，如武汉大学、首都师范大学、华东师范大学、南京大学、国防大学以及一些军队院校等，他们一般都有二战史研究的资料中心和专门的研究人员。其中军事院校有关二战史的研究主要侧重于军事方面，而一般高校则涉及战前国际关系，战时政治、外交、经济、社会、文化等各个方面。

3. 民间团体

中国涉及到第二次世界大战史研究的学术团体有十多个，其中全国规模的、影响比较大的主要有以下两个：中国第二次世界大战史研究会和中国抗日战争史学会。

①中国第二次世界大战史研究会（Chinese Association for the History of the World War II，缩写为CAHWWII）

中国第二次世界大战史研究会是中国规模最大的有关二战史研究的全国

性的民间学术团体，成立于1980年6月，1991年注册为全国性学术团体。由中国社会科学院世界历史研究所、军事科学院、武汉大学、华东师范大学、安徽师范大学等单位联合发起。首批成员共129人，遍及全国21个省市的56个单位。20多年来，中国第二次世界大战史研究会的队伍和影响不断发展壮大，会员人数稳步增加，目前已达到370多人，来自全国134个单位。

与此同时，中国二战史研究会还编辑出版会刊《二战史通讯》(到目前为止已编辑20期)，及时向广大会员和二战史爱好者通报国内外二战史研究的最新动态并刊登代表性文章。此外，研究会致力于推进国内有关二战史的研究，每年都主办和协办各种类型和专题的学术研讨会。据统计，自成立以来，二战史研究会共主办或协办学术会议33次。会议主题涉及二战研究的各个方面。会后往往将与会者提交的论文结集出版，至今已经有十多部论文集问世。

②中国抗日战争史学会

这是中国史学界侧重研究二战中国战场的学术团体，成立于1991年1月。同年9月，由中国抗日战争史学会主办、中国社会科学院近代史研究所编辑的《抗日战争研究》创刊。该刊物目前为中国大陆集中反映抗日战争研究成果的最重要的专题学术期刊之一。

第三部分　主要研究领域和整体性研究成果

总体而言，中国大陆学者对第二次世界大战史的研究分为两大类：一类是以中国战场为主，即专门考察中国抗日战争的历史；另一类则不仅仅局限于中国战场，而是从世界大战的角度关注这场战争的各个方面的情况。两相比较，总体上说，限于语言和材料等条件，中国学者关注抗日战争的人数较多，研究成果也相对突出。

一、中国抗日战争/中国战场整体研究

有关抗日战争的研究一直是中国学者关注的重点。近六十年来，无论在资料的收集、整理和历史专题的研究方面都取得了丰硕的成果。

1. 资料汇编

在资料汇编方面，有一系列大部头的权威史料结集出版。如：

中央档案馆、中国第二历史档案馆、吉林省社科院合编的《日本帝国主义侵华档案资料选编》（中华书局1988年），按专题分为18卷，1千万字，包括"九·一八"事变、华北事变、伪满傀儡政权、东北"大讨伐"、细菌战与毒气战、汪伪政权、伪满宪警统治、东北历次大惨案、华北大扫荡、华北治安强化运动、华北历次大惨案、南京大屠杀、日汪的清乡、东北经济掠夺、华北经济掠夺、河本大作与日军山西"残留"，等等。迄今各卷已经陆续出版问世。

章伯锋、庄建平主编的《抗日战争》（四川大学出版社1997年）是一部大型综合性资料汇编，按专题分为7卷11册，近1千万字，包括绪论——九一八至七七、抗日战争时期的正面战场和敌后战场、抗战时期的国内政治、抗战时期中国的对外关系、抗战时期国民政府与大后方的经济、日伪政权与沦陷区、日军暴行日志。该书被列为中国社会科学院八五重点项目，是中国史学会主编的"中国近代史资料丛刊"之第13种，所收资料包括文献档案、政府公报、有关专著、回忆录、各地文史刊物中的史料，以及美、英、日、苏、德、法等国的档案文件，被认为是迄今为止国内外第一部全面展现中国人民抗日战争的综合性权威性史料集。

有关日军的侵华暴行，有《近代史资料》编辑部、中国人民抗日战争纪念馆编的《日军侵华暴行实录》（4册，北京出版社1995年），和辽宁省档案馆编的《日本侵华罪行档案新辑》（15册，广西师大出版社1999年）等。

有关国民政府的抗战，有中国第二历史档案馆编《抗日战争正面战场》

（上、下册，江苏古籍出版社1987年），收集了有关正面战场的许多原始资料；中国人民政治协商会议全国委员会文史资料委员会编的丛书《原国民党将领抗日战争亲历记》（中国文史出版社1985—1995年），共12册，包括从九一八到七七事变、七七事变、八一三淞沪抗战、南京保卫战、徐州会战、武汉会战、晋绥抗战、湖南四大会战、粤桂滇黔抗战、闽浙赣抗战、远征印缅抗战、中原抗战。

有关中国共产党领导的抗战史料，主要是中国人民解放军资料丛书和抗日根据地战史和经济史资料，例如由军队系统编纂的《八路军》、《新四军》资料丛书。地方中共党史研究机构与档案馆、科研院所合作编辑出版了陕甘宁、晋察冀、冀热辽、冀鲁豫、鄂豫边区、豫皖苏、华中，以及苏北、苏中、皖江、淮南、山东等抗日根据地的资料选编和财政经济史资料选编。此外，各地藏档单位编辑的当地的抗日战争史料极多，如东北地区档案馆等编《东北抗日联军史料》（中共党史资料出版社1987年）、中共北京市委党史研究委员会编《北京地区抗战史料》（紫禁城出版社1986/2005年）、广东省党史研究会编《琼崖抗日斗争史料选编》（1986年）、《广东华侨港澳同胞回乡服务团史料》（1985年）、何理等编的《百团大战史料》（人民出版社1984年）等等，均具有较高的史料价值。

有关抗日民族统一战线的资料，主要有中共中央统战部、中央档案馆编《中共中央抗日民族统一战线文件》、重庆市政协文史资料研究委员会编《抗战时期国共合作纪实》（上、下卷，重庆出版社1992年），以及西安事变、皖南事变等多种专题史料。

另外，还翻译了一些非常重要的史料和著作。如：江苏人民出版社和江苏教育出版社翻译出版的《拉贝日记》（江苏人民出版社1997/2009年）、《东史郎日记》（江苏教育出版社1998/2005年）等，以及中国社会科学院近代史研究所翻译的《中国事变陆军作战史》（中华书局1981年）、天津市编译中心摘译的《日本军国主义侵华资料长编——<大本营陆军部>摘译》（上、中、下，四川人民出版社1987年），美国作家张纯如撰写的《南京暴行——被遗忘的大屠杀》（东方出版社1998年）等。上述这些资料和著作的出版，对抗日战争的研究起到很大的推动作用。

2. 对抗战的整体研究成果

中国学者关于抗日战争的专题研究主要从以下两个方面入手，即日本侵华策略与罪行研究和中国人民抗日斗争的各方面研究。关于日本侵华研究包括专题伪满洲国史研究、汪伪政权研究、日本侵华暴行研究、日本侵华战略研究等几个方面。中国社会科学院近代史研究所编《日本侵华七十年史》(中国社会科学出版社1992年)是代表性的通史性著作。

有关中国抗日情况的研究则主要涉及中国抗日民族统一战线、中国共产党与敌后战场、中国国民党与正面战场、抗日战争的起点、抗日战争的领导权、抗日战争在历史上的地位和作用、抗战时期的中外关系、抗战时期的社会、经济和文化等几个方面。特别要指出的是，改革开放以来，大陆学者对国民党正面战场的抗日行动给予重视，出版了一系列兼顾国民党正面战场和共产党敌后战场的著作。如郭汝瑰、黄玉章主编的《中国抗日战争正面战场作战记》(江苏人民出版社2005年)，军事科学院编纂的3卷本《中国抗日战争史》(解放军出版社1994年)，张宪文主编的《中国抗日战争史》(南京大学出版社2001年)，是具有较高学术权威性的专著；中国抗日战争史学会和中国抗日战争纪念馆主编的《中国抗日战争史丛书》(已出版20多本，北京出版社2001年)、解放军文艺出版社出版的22卷本《抗日战争纪实丛书》(2005年)、军事科学出版社出版的5卷本《中国抗日战争史画丛书》(2005年)、中国国际战略研究基金会编辑的《中国人民抗日战争史录》(中央文献出版社1995年)，图文并茂，是具有学术性的普及读物。另外，2007年7月山东画报出版社出版了萨苏的《国破山河在——从日本史料揭秘中国抗战》一书，该书从日本的史料、包括历史照片中挖掘大量不为国人所知的抗战史实，并与国内的资料相互对证，使许多珍贵的历史片段得以重现。

二、对第二次世界大战的整体研究

有关第二次世界大战的整体研究在中国同样取得了比较显著的成绩。中国学者不仅翻译出版了大量国外有关二战的史学著作，而且通过自己的视角诠释二战的重大问题。

1. 翻译出版国外著作

近六十年来，中国史学界非常重视翻译外国有关二战的史学著作。世界主要国家有关二战历史的经典著作和主要当事人的回忆录基本上都被译成了中文。

在通史性的译著方面，包括英国利德尔·哈特的《第二次世界大战》（上、下册，上海译文出版社1978/1980年），阿诺德·汤因比的《国际事务概览·战时编1939—1946》（11卷19本，上海译文出版社1979—1990年）；法国亨利·米歇尔的《第二次世界大战》（上、下，商务印书馆1980年）；苏联德波林等的《第二次世界大战史》（11卷本，上海译文出版社1978—1989年），沃罗彪夫·贝洛夫的《苏联伟大卫国战争（1941—1945）》（人民出版社1954年）；德国蒂佩尔斯基的《第二次世界大战史》（上、下册，解放军出版社1986/1992年）；美国埃尔森等的《图文第二次世界大战史》（全39卷，中国社会科学出版社1987年）；日本历史学研究会的《太平洋战争史》（全5册，商务印书馆1959—1965年），服部卓四郎的《大东亚战争全史》（商务印书馆1984年），等等。

在重要人物的回忆录方面，包括温斯顿·丘吉尔的《第二次世界大战回忆录》，艾登的《面对独裁者》和《清算》，戴高乐《战争回忆录》，艾森豪威尔的《远征欧陆：第二次世界大战回忆录》，以及二战著名将领朱可夫、崔可夫、巴顿、蒙哥马利、隆美尔、古德里安、曼施坦因、史迪威等人的回忆录等。

在有关二战起源的重要专著方面，包括英国学者约翰·惠勒–贝内特的《慕尼黑：悲剧的序幕》，A. J. P. 泰勒的《第二次世界大战的起源》，米德尔马斯的《绥靖战略》，麦克唐纳的《美国、英国与绥靖》，卡斯顿的《法西斯主义的兴起》，沃尔特·拉克尔:《法西斯主义——过去，现在，未来》；德国学者赫内的《德国通向希特勒独裁之路》，埃尔德曼的《德意志史，第四卷，世界大战时期：1914—1950》，莱因哈特·屈尔曼的《法西斯主义剖析》；

美国学者温伯格的《希特勒德国的对外政策》(上、下篇)，奥夫纳的《美国的绥靖政策：1933—1938年美国的外交政策与德国》，特尔福德·泰勒的《慕尼黑——和平的代价》，赖萧尔的《日本人》；瑞士学者埃里希·艾克的《魏玛共和国史：从洛迦诺会议到希特勒上台(1925—1933年)》(上、下册)；苏联外交部编的《第二次世界大战前夕苏联为争取和平而斗争：1938—1939年文件和材料》，等等。

在战时国际关系的研究方面，包括英国欧文的《盟国高级司令部内幕：将军们之间的战争》；美国艾森豪威尔的《从珍珠港到诺曼底》，菲斯的《中国的纠葛：从珍珠港事变到马歇尔使华，美国在中国的努力》，入江昭的《巨大的转变：美国与东亚(1931—1949)》；苏联外交部编的《1941—1945年苏联伟大卫国战争期间苏联部长会议主席同美国总统和英国首相通信集》(第一、二册)，戈尼昂斯基的《外交史》第四卷(上、下册)，泽姆斯科夫的《欧洲第二战场外交史》；日本信夫清三郎的《日本外交史》(上、下册)，法眼晋作的《二战期间日本外交内幕》，等等。

据统计，截至2004年底，中国翻译有关二战的外文著作724部，其中公开出版592部，内部印刷132部。这些译著的出版帮助中国学者了解国外二战史研究的材料和成果，极大地推进了中国二战史的研究。

2. 对二战的整体研究

在第二次世界大战的通史研究方面，1980年罗荣渠出版了改革开放以来第一本二战史著作《第二次世界大战：伟大的反法西斯战争》(商务印书馆)；1982年朱桂生、张椿年等编写的《第二次世界大战史》(1985年修订，1995、2005年再版)的1984年张继平、胡德坤等编著的《第二次世界大战史》(甘肃人民出版社)的1990年李巨廉、潘人杰的《第二次世界大战：专题述评》(华东师范大学出版社)是具有独到见解的专著；1994年李巨廉、金重远主编的《第二次世界大战百科词典》(上海辞书出版社)是有关二战的重要工具书；1995—1999年中国军事科学院编写的5卷本《第二次世界大战史》是中国学者第一部有关二战的多卷本代表作，比较全面地反映了20世纪中国学者关于二战的基本看法；1996年徐蓝的《埋葬法西斯》(华夏出版社、广东人民出版社）是“历史爱好者丛书”中的一本，以通俗生动的语言叙述了二战的恢弘与惨烈，引导读者从流逝的历史中领悟二战所蕴含的历史启迪；1995年人民邮电出版社等出版的《历史呼唤和平：纪念中国抗日战争暨世界反法西斯战争胜利50周年（邮票集）》通过邮票反映了二战进程；1995年郑志国等编的《第二次世界大战画史》（上、下册，世界知识出版社），解放军出版社的《二战画史丛书》（10卷本）则通过图片反映了二战的全景；2005年范大鹏等的《军事艺术丛书》是通过二战中的漫画、海报、飞机喷绘等战争艺术的视角审视二战；1999年吴伟、徐蓝撰写的《从萨拉热窝到东京：两次世界大战》（中国青年出版社）是把两次世界大战联系起来进行考察的专著。

据不完全统计，2005年以前，出版各种二战通史、论文集、工具书、资料等著作120余种；在2005年纪念抗日战争暨世界反法西斯战争胜利60周年前夕，解放军出版社等11家军队出版社与全国70个城市的100余家书店联手，共同推出了260种纪念抗战的书籍，620种纪念二战的图书。

除了编写大部头的通史类著作之外，中国学者对二战的研究更集中于一些重大的微观问题，并撰写了大量专著和论文。其中包括：二战起源研究、二战本身的若干问题研究、战时国际关系研究、中国抗战在第二次世界大战中的地位与作用研究、中国抗战与其他大国的关系研究、二战中的军事学术研究、大国安排与战后国际关系格局研究、二战遗留问题研究，等等。我们将在本文的第四部分加以介绍。

第四部分　若干重大问题的个案研究

一、二战起源研究

在第二次世界大战的起源方面，中国大陆学者主要集中于法西斯与法西斯主义问题、西方民主国家的绥靖政策、苏联战前外交政策等问题，近年来，则注重探讨第一次世界大战后的和平安排与二战起源的问题。

1. 法西斯与法西斯主义问题

中国史学界从20世纪80年代开始把法西斯主义作为一个重要的研究课题。最初是结合第二次世界大战起源的研究，继而发展成为一个相对独立的专题。以朱庭光为首的一批专家学者，十几年来一直致力于这一课题的研究，逐步填补了我国史学的这一空白领域。

朱庭光主编的《法西斯主义与第二次世界大战》（华夏出版社1988年）是我国关于法西斯主义的第一本论文专集。该书主要围绕德国和意大利法西斯的崛起与第二次世界大战，论述了德、意法西斯主义产生的历史条件、与各阶级的关系、如何攫取政权及其对内极权、对外扩张最终发动二战的内外政策，大致反映了我国学者80年代中期所达到的研究水平，但不包括对日本法西斯主义的研究。

朱庭光主编的《法西斯新论》（重庆出版社1991年），是我国关于法西斯主义研究的第一部学术专著。该书以法西斯主义在德、意、日的兴起和法西斯政权在三国的确立为重点，在参阅和吸收近年来国内外许多学者的研究基础上，对上述所说的国际学术界关于法西斯主义和法西斯运动的一系列问题进行了探讨，对有关这些问题的主要争论，给予了系统的阐述和回答，并就若干问题提出了自己的看法。例如：该书对法西斯主义的定义是："法西斯主义是在帝国主义陷入全面危机期间（按作者的观点，帝国主义陷入全面危机，是指第一次世界大战和十月革命爆发到50年代中期这样一个历史时期），主要在一些封建主义和军国主义传统影响浓厚的帝国主义国家出现的，以克服危机、对抗革命、实行扩张为目标的反动社会思潮、政治运动和政权形式"；并就法西斯主义的特征给予说明。该书反映了我国学者80年代末所达到的研究水平。

朱庭光主编的《法西斯体制研究》（上海人民出版社1995年），是我国关于法西斯主义研究的第二部学术专著，是《法西斯新论》的姊妹篇。该书的重点在于深入到德、意、日法西斯国家内部，通过对德国的纳粹体制、意大利的极权体制、日本的"国防国家体制"的全面确立过程和运行机制进行详细的探讨，揭示德、意、日法西斯国家体制的特点，以及与第二次世界大战的密切关系。反映了我国学者在这一领域中研究的新进展。

陈祥超等编写的《法西斯运动和法西斯专政》(中国青年出版社1999年),陈祥超的专著《墨索里尼与意大利法西斯》(中国华侨出版社2004年),对相关问题做了进一步探讨。

2. 西方民主国家的绥靖政策

中国学者在对法西斯主义进行研究的同时,也开展了对20世纪30年代英、法对法西斯国家采取的绥靖政策和美国中立法的研究,并成为80年代以来我国学者研究的热点问题之一。在此基础上,90年代出现了具有某种总结性和较深入探讨的论著。

齐世荣主编的论文集《绥靖政策研究》选取9位学者从1978年到1989年的研究成果,这19篇文章以坚实的档案文献为基础,不仅论述了英国和法国的绥靖政策的形成和发展,而且揭示了德国、意大利和日本对绥靖政策的利用,代表着20世纪80年代末中国学者关于英、法绥靖政策的研究水平。他们对绥靖政策的定义是:"衰落的英、法帝国主义,面临德、意、日法西斯国家的挑战,为了保存自己的既得利益,采取了一种以牺牲其他国家利益的手段换取与对手妥协的政策"。①

关于绥靖政策的形成原因,已经从"祸水东引"(即把法西斯这股祸水引向苏联,反苏反共)、"避战求和",发展到对更深层次的原因探讨。例如:徐蓝在其专著《英国与中日战争1931—1941》中,通过解读原始档案资料,对一系列个案进行研究,论证了30年代英国在远东对日本实行的绥靖政策,分析其成因并指出英国在东西方实行这一政策的异同。认为对英国来说,第一次世界大战的极端残酷性所引起的战后和平主义的盛行,在地缘政治和意识形态的双重意义上阻止"布尔什维主义的蔓延",在保住既得利益的前提下修正"凡尔赛条约"以平复德国的不满从而通过英德协调形成英德法意四大国主宰欧洲的局面并恢复欧洲的均势,世界经济萧条和各国以邻为壑的对外经济政策所造成的英国经济的虚弱以及当权者无视国际形势的日益恶化而

① 齐世荣主编:《绥靖政策研究》,首都师范大学出版社1998年,前言第1—2页。

一味削减国防开支，还有不可忽视的英国所面临的全球战略困境，都是绥靖政策在英国形成的重要因素。同时认为英国在东方对日本的绥靖政策并没有达到在西方对德国的绥靖政策那样的程度。武寅在其专著《从协调外交到自主外交》中则从日本如何利用绥靖政策步步扩大侵略战争的角度进行研究，而这正是西方学者较少触及的一个方面。在英国对意大利的绥靖方面，梁占军通过对英国1934—1935年的公民投票进行研究，指出其结果并未根本改变英国政府纵容意大利侵略埃塞俄比亚的政策。①

关于30年代美国的孤立主义和“中立法”，中国学者一般认为这是一种美国式的绥靖政策。如邓蜀生认为“鼓励主义是纵容法西斯势力的绥靖主义的变种”；丁建弘、孙仁宗认为中立法是1935—1941年美国主要对待欧洲国际冲突的政策，在1939年11月修改以前是绥靖政策的表现；李庆余认为“中立法是美国式的绥靖”；徐蓝认为“中立法以‘中立’为名，实际上起到了与英法绥靖政策基本相同的作用”。程文进具体分析了美国在慕尼黑危机中的表现，认为罗斯福总统在危机期间虽有一些斥责绥靖政策的言行，但只是一种策略，危机期间美国对纳粹德国同样奉行绥靖政策。②

3. 苏联参战前的外交政策

对苏联参战前的外交政策的探讨集中于《苏德互不侵犯条约》、苏联建立“东方战线”、《苏日中立条约》的签订和评价。主要有以下几种看法。

①认为苏联签订《苏德互不侵犯条约》出于苏联自身的安全需要而“迫不得已”的，但对大战的提前爆发产生了不可否认的影响。如：李巨廉、潘人杰认为苏联缔约是苏联“在当时复杂的国际环境下不得不采取的外交抉择”；何春超认为，“苏联在争取建立集体安全的努力遭到严重挫折的情况下，

① 徐蓝：《英国与中日战争1931—1941》，北京师范学院出版社1991年；武寅：《从协调外交到自主外交》，中国社会科学出版社1995年；梁占军：《公众舆论与政府决策——1934—1935年英国“和平投票”的政治影响》，《史学月刊》1999年第2期。

② 分别见邓蜀生：《罗斯福》，浙江人民出版社1985年；丁建弘、孙仁宗主编：《世界史手册》，浙江人民出版社1988年；李庆余编著：《美国外交——从孤立主义到全球主义》，南京大学出版社1990年；齐世荣、廖学盛主编：《20世纪的历史巨变》，学习出版社2005年；程文进：《慕尼黑危机与美国对纳粹德国的绥靖》，《首都师范大学学报》2003年第5期。

为了不使自己成为英法绥靖政策的牺牲品，被迫做出这种选择”；齐世荣认为，“当英法苏军事谈判看来无成功希望而德国又竭力靠拢时，苏联政府为了维护自身的安全，便与德国签订了互不侵犯条约”；徐蓝认为，“苏联从提倡集体安全原则变为实行中立自保政策，固然是其保卫国家安全的被迫选择，但是对国际关系的坐标迅速向大战倾斜也产生了不可否认的影响。”霜木认为，1939年斯大林“与强盗联手防贼”的外交是苏联外交的杰作和胜利，但是政治上和道德上的败笔；李嘉谷认为日苏中立条约对二战胜利具有全局意义，但其所附宣言书严重侵犯了中国主权。①

②对苏联建立“东方战线”的行动，认为也是苏联出于自身安全的需要的产物，但对其作用的评价是否定的。如梁占军认为，作为苏联筹建东方战线的重要步骤之一，苏芬战争的爆发本质上是苏联在二战之初所采取的“避战自保”政策的必然产物；5卷本的《第二次世界大战史》认为，苏联在芬兰的军事行动所暴露出的弱点对希特勒发动侵略苏联的战争起到了一定的促进作用。②

③一些学者认为苏联对德国和日本都实行了绥靖政策。如孙红旗和崔剑都认为，苏联在《苏德互不侵犯条约》和《苏日中立条约》中的所作所为，对纵容法西斯侵略扩张负有不可推卸的责任，苏联同样是绥靖大国。③

4. 第一次世界大战后的和平安排与二战的起源

从80年代起，中国学者对这个问题已经开始探讨，近年来对这一问题的研究逐步深化，即认为两次世界大战是有其内在的联系的。张继平、胡德坤

① 分别见李巨廉、潘人杰：《关于二次大战前史的若干问题》，《世界历史》1979年第5期；何春超：《国际关系史纲》，法律出版社1987年，第162页；齐世荣主编：《世界史·现代史编》（上册），高等教育出版社1994年，第339—340页；《20世纪的历史巨变》，第443页；霜木：《1939年斯大林“联盗防贼”的外交》，《外交学院学报》1999年第2期；李嘉谷：《中苏关系史研究二题》，《抗日战争研究》1995年第1期。

② 分别见梁占军：《1939年苏芬战争爆发与英国的反应》，《首都师范大学学报》2000年第1期；军事科学院军事历史研究部：《第二次世界大战史》，第2卷，军事科学出版社1995年第252页。

③ 分别见孙红旗：《苏联与绥靖政策》，《社会科学战线》1995年第1期；崔剑：《论卫国战争前夕苏联对欧洲政策的嬗变及影响》，《扬州师院学报》1995年第2期。

认为，第一次世界大战后帝国主义国家制定的凡尔赛条约播下了新的战争的种子。陈兼认为，从二战形成的历史过程看，问题的关键首先在于一战后产生的极不稳定的和平结构本身。徐蓝认为，在两次世界大战之间的年代，国际事务中的每一个重大事件无不直接或间接地与一战后战胜国建立的凡尔赛—华盛顿体系相关联，并指出，“第二次世界大战的一个重要根源，即在于第一次世界大战后战胜国对世界作出的和平安排之中”，“凡尔赛体系是产生第二次世界大战的温床”；凡尔赛体系的弊端和内在矛盾，是导致战后德国民族主义和复仇主义蔓延，从而导致30年代纳粹党得以上台的重要原因之一。时殷弘认为“战后所谓凡尔赛体系与生俱来的致命弊端”，既激发了德国的复仇心理，又加强了德国根本的地缘战略地位并赋予它潜在的战略优势。①

二、二战本身的若干问题研究

1. 二战起点研究

中国学术界对第二次世界大战的起点的争论由来已久（参见第一部分），至今并没有一致的看法，其原因主要在于确定起点的标准和依据不同。目前比较有代表性的是1937年7月7日/1939年9月1日/“从1931年到1939年的逐渐发展”等三种看法。

徐天新、方连庆、王捷、杨玉文等都认为第二次世界大战从1939年9月

① 分别见张继平、胡德坤：《第二次世界大战史》，甘肃人民出版社1984年；陈兼：《走向全球战争之路》，学林出版社1989年；齐世荣主编：《世界史·现代史编》（上册），高等教育出版社1994年，第100页；徐蓝：《战争与和平：两次世界大战的比较研究》，见齐世荣等主编：《20世纪的历史巨变》（论文集）人民出版社2000年，第329页；徐蓝：《凡尔赛—华盛顿体系与两次世界大战之间的国际关系》，《历史教学问题》2000年第3期；时殷弘：《新趋势、新格局、新规范》，法律出版社2000年，第112页。

德国入侵波兰开始。[①]齐世荣认为:“1937年7月7日,日本发动侵华战争,第二次世界大战爆发。1939年9月1日,德军入侵波兰,第二次世界大战全面开始。”[②]军事科学院军事历史研究部编著的《第二次世界大战史》(5卷本)认为,1931年“九一八”事变是大战的序幕,1937年7月7日的卢沟桥事变标志着大战在亚洲的爆发,1939年9月1日德军袭击波兰标志着大战在欧洲的爆发。[③]

对于1931年“九一八”事变揭开了第二次世界大战的序幕这一看法,中国学界基本没有异议。

2. 二战性质研究

对二战性质的看法也是中国学术界争论的老问题,但近些年来这种争论已不多见。主要的看法有以下三种:

一些学者从时间上将二战的性质分为两种:王春良、祝明认为,1941年6月苏联参战之前是帝国主义争霸的非正义战争,苏联参战后是反法西斯的正义战争;朱贵生、王振德认为,从德波战争爆发到1940年4—6月是帝国主义性质的战争,以后二战性质发生变化,转变为反法西斯战争。[④]

绝大多数学者认为二战自始至终是一场反法西斯的战争。李巨廉指出,二战所具有的反法西斯性质,终究不是由苏联的参战与否决定的,各国人民更不应该以苏联的外交政策来决定自己对战争的态度;罗荣渠认为,第二次世界大战是由法西斯侵略者首先发动对东西方的弱小民族和新兴独立国家的侵略而点燃战火的,被侵略国家的反抗斗争使这场战争一开始就具有反侵略与民族解放双重性质;徐蓝认为,“就第二次世界大战的发动者德意日法西斯

---

① 分别见徐天新等主编:《世界通史·现代卷》,人民出版社1997年,第546页;方连庆等主编:《国际关系史·现代卷》,北京大学出版社2001年,第351页;王捷、杨玉文等主编:《第二次世界大战大词典》中的“第二次世界大战”词条,华夏出版社2003年,第674页。

② 齐世荣主编:《世界史·现代卷》,高等教育出版社2005年,第296页。

③ 军事科学院军事历史研究部编著:《第二次世界大战史》(5卷本),军事科学出版社1994年,第1卷第17—19页。

④ 分别见王春良、祝明主编:《世界现代史》(上册),山东人民出版社1983年,第430页;朱贵生、王振德:《第二次世界大战史》,军事科学出版社1994年,第148—149页。

国家的动机来说，是帝国主义的”，但是“无论是对资本主义的美、英来说，还是对社会主义的苏联和抵抗日本侵略的中国来说，这都是一场民族与国家的生死存亡之战，也是一场信仰之战。所以第二次世界大战就其战争的目的和性质来说，是一场反法西斯的正义战争。”①

3. 法国迅速败降原因探讨

这一课题曾是中国学者探讨较多的问题之一，大多数学者认为法国迅速败降是多种因素综合作用的结果。于群指出，法国遭致失败的因素很多：军备不足，战略思想陈旧，军事指挥不力，外交软弱，等等。有的学者强调军事因素，如肖伟雄等认为，法国的溃败，固然是政治、经济、外交和军事诸方面原因综合作用的结果，但从军事上看，错误的军事战略指导是其一触即溃的直接根源；并指出了法国在军事战略上的三个致命错误：消极避战、片面抗战和单纯防御。有的学者分别从政治、经济、社会心理等方面进行分析，认为法国的政局动荡、政治分裂、扶植法西斯势力、推行绥靖政策、经济落后、和平主义盛行、民族精神萎靡等等，都是法国迅速败降的原因。②

4. 苏德战争初期苏军失利原因探讨

大多数学者认为，苏军在苏德战争初期的失利是由军事、政治、经济、外交等多种因素造成的，包括实力对比上的德军强于苏军，苏军在军事上的一系列失误，战争准备不充分，军事工业发展缓慢，军队建设存在严重缺陷，外交上的短视和东方战线在军事上的严重后果，以及苏联国内政治生活

---

① 分别见李巨廉：《略论二次大战初期的性质与西欧国家“保卫祖国”的口号》，《世界史研究动态》1979年第1期；罗荣渠：《辉煌、苦难、艰辛的胜利历程——第二次世界大战若干问题的再认识》，《北京大学学报》1995年第4期；徐蓝：《战争与和平：两次世界大战的比较研究》，见齐世荣等主编：《20世纪的历史巨变》（论文集），第336页。

② 分别见于群：《论法国败降的政治、经济和社会思想原因》，《东北师大学报》1984年第1期；肖伟雄、刘双才：《军事战略指导失误的惨痛教训》，《军事历史》1994年第4期；朱贵生等：《第二次世界大战史》，人民出版社1982年；李道豫：《1940年法国败降原因分析》，《唐都学刊》1997年第1期；夏正伟：《浅析一九四〇年法国战败的原因》，《军事历史研究》1995年第1期；韩永利：《中国持久抗战胜利与法国短期败降的历史启示》，《江汉论坛》2000年第4期。

的不正常和斯大林个人的责任，等等。①

5. 围绕珍珠港事件发生原因的探讨

学界主要争论的问题是珍珠港事件是否是美国总统罗斯福的一个“阴谋”和“苦肉计”，目的是迫使日本对美国先动手，从而克服国内的孤立主义情绪，使美国进入战争。但主流看法认为“阴谋”或“苦肉计”的观点证据不足。许多学者认为珍珠港事件的发生有其复杂的背景，包括美国长期实行中立主义、实际是变相绥靖政策，战略准备严重不足、战略判断失误，等等。②

6. 美国对日本投掷原子弹原因考

对这个问题，中国学术界已经从20世纪80年代以前的相对简单的看法——美国为抢夺反法西斯战争的胜利果实和进行原子讹诈——发展为比较深入的探讨，并认为主要原因有三个方面：第一，在军事上，可以加速日本投降，减少美军伤亡；第二，为雪珍珠港之耻，并就曼哈顿工程对国会有个交代；第三，在外交上可以达到抵制苏联出兵中国东北的影响、保证美国单独摧毁和占领日本、迫使苏联在战后国际问题上的让步等战略设想。③

7. 日本的投降是否是有条件投降

中国学者虽然对“无条件投降政策”内涵的认识并不完全一致，但普遍认为该政策是反法西斯同盟国为彻底战胜法西斯侵略国所实行的政策。不过

---

① 张继平、胡德坤:《第二次世界大战史》，甘肃人民出版社1984年；沈志恩:《苏联军内“肃反”与卫国战争初期失利》，《苏联历史问题》1991年第2期；彭训厚:《对苏德战争初期苏军失利主要原因的再思考》，《军事历史研究》1994年第4期；张广翔:《苏德战争初期苏军受挫原因新探》，《长白学刊》1997年第1期。

② 李安华:《珍珠港事件是绥靖政策的必然结果——驳所谓“苦肉计”说》，《世界史研究动态》1981年第11期；张继平:《珍珠港事件为何发生？》，《世界历史》1981年第6期；孟庆龙:《华盛顿难辞其责——珍珠港事件再揭秘》，《世界历史》1995年第4期。

③ 戴超武:《美国结束太平洋战争的战略与原子弹的使用》，《世界历史》1995年第4期；刘庭华:《评美国向日本投掷原子弹》，《军事历史》1995年第4期；王文庆:《关于原子弹轰炸日本的性质和作用问题》，《世界经济与政治》1995年第5期；孙才顺:《对美国原子弹轰炸日本的再认识》，《抗日战争研究》1998年第1期。

对这一政策的具体实施存在分歧：一种意见认为，日本也是无条件投降；但另一种意见认为，由于美、日之间的交易，日本得以在保留天皇制度的前提下有条件投降，并认为这种有条件投降是战后半个多世纪以来日本未能正确认识和深刻反省军国主义侵略战争罪行的历史根源，并给少数日本右翼分子歪曲历史、美化侵略以可乘之机。有的学者还从比较德国和日本的不同投降情况来分析日本有条件投降的消极影响。①

三、战时国际关系研究

1. 抗战时期的中外关系研究

（1）中国对外关系研究

陶文钊、杨奎松、王建朗等人重点讨论抗战期间国民党政府的对外关系，涉及美、英、苏、德等多国，认为国民政府制定并贯彻了力求多寻友国、减少敌国、搁置分歧、求同存异、使国际环境有利于中国的务实外交政策，体现了弱国外交的特点。王真着重探讨了中国共产党的抗日外交战略以及对抗战做出的重要贡献。章百家对抗战结束前后中国共产党对美国的政策进行了考察。杨天石对中日关系进行探讨，揭露了在孔祥熙指使下多条线索与日本秘密和谈的情况。陈仁霞对“陶德曼调停”进行研究，再现了该调停的整个历史过程，并认为国民政府从寄希望于国联而拒绝调停到对国联失望后消极接受调停，坚守了“国家主权”和“领土完整”的底线。房建昌对1931—1945年德国与伪满洲国的交往史给予勾勒，指出这种关系经历了德国最初顾忌与蒋介石政权的关系到最终承认伪满洲国的过程，但双方的关系一

① 徐康明：《无条件投降政策的形成和作用》，《历史教学问题》1985年第4期；《日本的“有条件投降”及其消极影响——日德两国投降情况比较》，《日本学刊》2000年第2期；邱维骥：《二战铁案：日本无条件投降——驳“日本是有条件投降”之说》，《历史教学》2003年第7期。

直为德日关系所左右。[①]

（2）抗战中的大国对华关系研究

齐世荣着重从国际关系的角度，阐明中国抗日战争的重大意义。任东来和吴景平分别透过美国对华援助来观察这一时期的美中关系，前者指出美援是美国推行对外政策的杠杆，服从于美国的国家利益，后者则说明中国在获得租借援助的同时，对美国作出回惠租借援助的代价也是巨大的。徐蓝对1931—1941年的英国对中日战争的政策进行了深入研究。李世安专门研究太平洋战争时期的中英关系，揭露了英国对华政策的侵略实质，客观评价了战后英国政策的变化及其历史作用。李嘉谷对抗战时期的中苏关系给予系统勾勒。[②]

2. 战时同盟国的战略关系研究

随着对档案文献研究的深入，从战略方面研究第二次世界大战时期的国际关系，是90年代以来中国史学界研究的较新领域，并取得了阶段性成果。例如：吴春秋整体论述了二战中的大战略思想。徐蓝发表了一系列论文，对1938—1941年英美为协调两国的战略而进行的多次秘密的参谋会谈、美英“驱逐舰换基地”协定等进行了深入的个案探讨，揭示了这些会谈对双方战略的影响，并研究了两次世界大战之间的年代中美国依据对地缘政治和战略环境的认识，将其战争计划不断从面向亚太地区向欧洲大西洋地区的转变过程。熊伟民特别以美国的欧洲战略为核心，探讨了美国的战略路线与英国和

① 陶文钊、杨奎松、王建朗：《抗日战争时期的中国对外关系》，中共党史出版社1995年；王真：《没有硝烟的战线——抗战时期的中共外交》，广西师范大学出版社1995年；章百家：《抗日战争结束前后中国共产党对美国政策的演变》，《中共党史研究》1991年第1期；杨天石：《孔祥熙与抗战期间的中日秘密交涉》，《近代史研究》1995年第5期；陈仁霞：《陶德曼调停新论》，《历史研究》2003年第6期；房建昌：《纳粹德国与伪满洲国的交往》，《德国研究》2000年第2期。

② 齐世荣：《中国抗日战争与国际关系（1937—1945）》，刘大年主编：《中日学者对谈录——卢沟桥事件五十周年中日学术讨论会文集》，北京出版社1990年；任东来：《争吵不休的伙伴——美援与中美抗日同盟》，广西师范大学出版社1995年；吴景平：《抗战时期中美租借关系述评》，《历史研究》1995年第4期；徐蓝：《英国与中日战争1931—1941》，北京师范学院出版社1991年；李世安：《太平洋战争时期的中英关系》，中国社会科学出版社1994年；李嘉谷：《合作与冲突：1931—1945年的中苏关系》，广西师范大学出版社1996年。

苏联的分歧，以及美国的欧洲战略与其全球战略之间的关系。韩永利对二战中美国的大战略与中国抗日战场的关系进行了深入探讨，指出了中国战场对美国贯彻其“先德后日”大战略的作用。[①]

3. 战时苏联外交研究

由于苏东剧变后大量档案的解密，对苏联战时外交的研究也有了新的进展。李兴根据俄罗斯最新解密的档案资料，对二战前夕到二战结束这一时期的苏东关系进行了总体研究。认为围绕东欧问题，苏联在六年的时间里，先后与德国、英国和美英集团进行了秘密或公开的谈判、斗争、妥协和交易，对该地区进行了多次瓜分，说明争夺和控制东欧是苏联外交从不忽视、从不忘记的基本国策。吴伟对1939—1945年的苏联与波兰的关系问题进行了系统探讨，重点分析了苏联在解决“波兰问题”上的总体思路和基本框架。耿志对1941至1942年波兰军队在苏联的组建与撤离进行探讨，揭示了这支波兰军队组建和最终撤出苏境内的艰难历程，折射出苏德战争开始前后，苏英波三国之间既相互协作、又隐含着矛盾与斗争的关系。徐天新从是否适应世界发展主流即保卫和平与发展经济的高度，对二战结束前后苏联的对外政策进行研究，指出苏联战后重新把革命和战争放在对外政策的首位，不符合时代的潮流，因此是短视和有害的。[②]

---

① 吴春秋：《大战略论》，军事科学出版社1998年；徐蓝：《评1941年英美参谋会谈》，《历史研究》1992年第6期；《从“ADB”协定看太平洋战争爆发前英美在远东的军事合作》，《世界历史》1994年第3期；《评1938年初英格索尔的伦敦之行》，《历史研究》1994年第4期；《评1939年汉普顿的华盛顿之行》，《首都师范大学学报》1995年第4期；《从“橙色”计划到“彩虹”计划——太平洋战争前美国的战略演变》，《历史研究》1996年第6期；《关于1940年美英“驱逐舰换基地”协定的历史考察》，《历史研究》2000年第4期；熊伟民：《战时美国的欧洲战略》，湖南教育出版社1997年；韩永利：《战时美国大战略与中国抗日战场1941—1945》，武汉大学出版社2003年。

② 李兴：《1939—1945年苏联的东欧政策剖析》，《世界历史》2001年第6期；吴伟：《苏联与“波兰问题”》，世界知识出版社2002年；耿志：《1941至1942年波兰军队在苏联的组建与撤离》，《世界历史》2006年第2期；徐天新：《论苏联在二战结束前后的对外政策》，《世界历史》1995年第5期。

四、中国抗日战争和第二次世界大战的历史意义

1. 抗日战争对中国历史发展的意义

中国学者认为抗日战争对中国历史的发展意义巨大。张海鹏、胡德坤等认为抗日战争的胜利完成了近代中国从“沉沦”到“上升”的转变，抗战胜利是中华民族复兴的重要标志。张振鹍认为抗日战争的胜利不但是八年抗战的胜利，也是70多年抗击日本侵略的总胜利。荣维木则从现代化的视角审视了中国的抗日战争。①

2. 中国抗日战争在世界反法西斯战争中的地位和作用

80年代以来这方面的著述颇多。中国学者一般公认中国战场是亚太地区反对日本法西斯侵略的主战场，中国人是打败日本法西斯的决定性力量。中国坚持长久抗战从战略上有力地支援了苏联、美国、英国等盟国的反法西斯战争，对世界反法西斯战争做出了巨大的、不可磨灭的历史性贡献。与此同时，中国在抗战中废除了不平等条约并赢得大国地位，从而使中国成为保障战后世界和平的重要力量。②

① 张海鹏:《走向民族复兴的重要标志——论抗日战争胜利的历史意义》；张振鹍:《抗日战争的胜利与日本侵华70年历史的终结》；荣维木:《抗日战争与中国现代化的历程》，均见中国社会科学院近代史研究所编:《中国抗战与世界反法西斯战争：纪念中国人民抗日战争暨世界反法西斯战争胜利60周年学术研讨会文集》(上卷)，社会科学文献出版社2009年。

② 刘思慕等:《中国抗日战争及其在第二次世界大战中的地位和作用》,《世界历史》1980年第4期；罗荣渠:《辉煌、苦难、艰辛的胜利历程——第二次世界大战若干问题的再认识》,《北京大学学报》1995年第4期；齐世荣:《中国抗日战争在第二次世界大战中的地位和作用》，中国史学会编:《第十六届国际历史科学大会中国学者论文集》，中华书局1985年；胡德坤、韩永利:《中国抗战与世界反法西斯战争》，社会科学文献出版社2005年；徐蓝:《世界历史视野下的中国抗日战争》,《光明日报》2005年5月10日。

3. 第二次世界大战的历史意义

众多论著分别从结束“欧洲中心”的旧格局、推动国际关系的民主化，社会主义阵营的形成，推动民族解放运动的发展，推动以联合国为代表的国际组织的发展，推动世界科技、经济和社会生产力发展等角度，分析了战争与和平问题，论证了二战对国际政治、世界经济和人类文化的巨大影响。①

五、同盟国对战后世界和平安排研究

冷战结束之前，中国学者对“雅尔塔协定”已有不少探讨。冷战结束后，对这个问题的研究主要集中在对雅尔塔体制（亦称体系）的评价方面，这也是90年代以来中国学者研究的新领域。最初的成果体现在1990年11月22—23日在天津召开的关于“雅尔塔体制与战后世界格局”的圆桌讨论会中。与会学者主要从以下三个方面对雅尔塔体制进行了论述：第一，雅尔塔体制的涵义。张志、沈永兴都认为该体制在时间上主要是指1943年至1945年苏、美、英三大国首脑召开的一系列会议和会谈中达成的书面或口头、公开或秘密的各种协议的总和，强调凡属有关战后世界安排的问题，均应属于该体制的范围。第二，实事求是地分析雅尔塔体制的作用。张志、张象、徐天新等都认为雅尔塔体制对维护战后长期和平起了积极作用，但与会者也都谴责该体制所表现出来的强权政治特征。第三，指出了雅尔塔体制与冷战的关系以及对战后世界格局的影响。②

---

① 彭树智：《第二次世界大战与第三次技术革命》，《西北大学学报》1995年第3期；李巨廉：《战争历史运动坐标上的第二次世界大战》，《世界历史》1995年第4期；张象：《论反法西斯战争胜利的影响》，《历史教学》1995年第8期；朱锋：《论反法西斯战争胜利对战后国际关系的若干影响》，《国际政治研究》1996年第1期；彭训厚、徐新民：《第二次世界大战的影响及其启示》，《军事历史》2001年第5期；徐蓝：《从两次世界大战看20世纪的战争与和平》，《光明日报》2001年5月8日；《试论第二次世界大战后国际秩序的建立与发展》，《世界历史》2003年第6期。

② 关于这次会议的详细内容，参见《世界历史》1991年第1期；对这次会议的综合报导，参见《世界史研究动态》1991年第1期。

随着档案资料的解密，研究有所深入。如张盛发论述苏联势力范围的建立与雅尔塔体制的形成之间的关系，对雅尔塔体制范围内的苏联势力范围问题和冷战的起源问题提供了新的认识。赵志辉认为中国是雅尔塔体系的创建国之一，雅尔塔体系有关中国问题的安排并不仅仅限于秘密协定中对中国领土主权的侵害，它还包括有关中国作为一个大国的国际地位的规定和明确承认台湾是中国领土的规定。徐蓝认为雅尔塔体系是战争结束时大国之间实力对比和妥协的产物，反映了二战以后的世界现实，虽然大国强权政治和秘密外交依然存在其中，但是与一战后的凡尔赛—华盛顿体系相比，有着明显的历史进步性，对于战后世界的总体和平状态和战后历史的发展有着深远的影响，从一定意义上说，它决定了战后世界和平与发展的主题，联合国是雅尔塔体系留给当今世界的宝贵遗产。①

六、联合国与战后国际和平组织研究

这是90年代以来中国学术界研究的新领域，主要分为两个方面。

（1）对联合国的研究

随着联合国在国际事务中作用的增强，中国学者对联合国的研究逐渐成为一个热点。1992年北京语言大学在国内率先成立了以李铁城为首的联合国研究中心，2007年上海复旦大学也成立了联合国与国际组织研究中心。目前对联合国的研究主要包括两方面的内容。其一是关于联合国本身的研究。在纪念联合国成立50周年之际，李铁城等对联合国的建立和发展历程、联合国在建立战后国际政治经济秩序方面的作用、联合国的机制与改革等问题进行了深入探讨；在纪念联合国成立60周年之际，许光建等又通过对联合国宪章

① 张盛发:《雅尔塔体制的形成与苏联势力范围的确立》,《历史研究》2000年第1期；赵志辉:《雅尔塔体系的形成与中国关系的再认识》,《南京社会科学》2000年第6期；徐蓝:《试论雅尔塔体系对战后国际关系的影响》,《历史教学》2002年第5期。

给予详细诠释使研究深入了一步。[①]其二是关于中国与联合国关系的研究。金光耀等人的研究涉及国民政府和中国共产党与联合国的创建，中国与联合国的整体关系发展等内容，并认为在21世纪新的历史时期，代表世界多极化的联合国的作用应该得到加强。[②]

（2）对其他国际组织的研究

随着中国越来越广泛地参与各种国际组织的活动，中国学者对二战后期建立的其他国际组织的研究也不断重视。其中最先引起注意的是联合国家粮农会议和仅存在三年的“联合国善后救济总署”。韩长青对美国与1943年举行的“联合国家粮食与农业会议”的关系进行考察，认为这次会议是罗斯福政府对盟国在战后展开国际合作的可行性以及国内政治和舆论倾向的一次考查，是对组建战后国际和平组织的一次预演和彩排，也是罗斯福关于国际和平与安全取决于经济和社会发展的理念的重要实践。他还对1943年美国国会与政府之间就“联合国善后救济总署”拨款的联合决议案的争论进行了探讨，认为这场争论比较集中地反映了战时国会两院特别是参议院的主要观点，为罗斯福政府制定战后国际和平组织的政策设定了原则框架，而且对战时和战后美国国际组织政策的制定和执行发挥了重要影响。王德春则系统考察了联合国善后救济总署与中国的关系，认为美、英、加、澳等国政府通过“联总”把大量生活必需品和善后物资及时运到中国无偿馈赠中国人民，是暗淡的近代中外关系史上闪光的一页；但从某种意义上说，“联总”不过是美国外交政策的道德工具，是美国理想主义的试验园地。[③]目前已有博士研究生深入探讨美国与战后国际和平组织的关系问题。

---

① 陈鲁直、李铁城等编写了一套有关联合国的丛书，包括《联合国与世界秩序》、《联合国的历程》、《联合国机制与改革》等，北京语言学院出版社1993—1996年出版；李铁城：《联合国五十年》，中国书籍出版社1995年，该书由中国少年儿童出版社、中国青年出版社1996再版；许光建主编：《联合国宪章诠释》，山西教育出版社1999年。

② 谢启美等主编：《中国与联合国》，世界知识出版社1995年；金光耀：《国民政府与联合国的创建》，《中国社会科学》2003年第6期。还有一些论著主要涉及冷战期间和冷战后联合国面临的问题，这里不再列举。

③ 韩长青：《试论罗斯福政府与1943年联合国家粮农会议的缘起》，《首都师范大学学报》2004年第3期；《试析1943年美国国会与政府在UNRRA协定上的冲突与妥协》，《首都师范大学学报》2007年第2期；王德春：《联合国善后救济总署与中国（1945—1947）》，人民出版社2004年。

七、战争遗留问题

所谓战争遗留问题主要是与现实有关的历史问题，中国学者的研究主要集中在日本侵华战争遗留问题上，并以实证研究为主。《抗日战争研究》杂志从1997年第3期开辟“战争遗留问题研究”专栏，使这一问题的研究不断深入。主要包括：日本的战争责任、教科书修改、领土争议（钓鱼列岛主权归属）、南京大屠杀史实考证、战争赔偿、慰安妇、强制劳工、化学战和遗留化学武器、战争期间中国财物损失统计、日本战时公债遗留及其他问题。[①]

（1）日本的战争责任问题

王希亮、高凡夫、步平、忻平等学者从不同角度，通过对历史事实的考察和对现实中日本右翼否定其战争责任的言论与活动分析，认为日本在其战争责任问题上的认识与其政治右翼化、国内和平反战运动和东南亚国际关系的变化密切相关，并认定裕仁天皇对战争负有责任。[②]

（2）教科书修改问题

针对日本一些教科书内容中回避许多重要的侵略事实，张海鹏、步平、王智新、苏智良、李秀石等学者对日本修改教科书问题进行全面研究，不仅介绍了日本教科书的编写历史，论证了近年来新编历史教科书出笼的历史和社会背景，而且特别指出了新编历史教科书中歪曲篡改历史事实之处，从多

---

① 国内一些学者已经对这些遗留问题及其研究情况进行了总体评述，主要有：何天义：《日本侵华战争遗留问题概述》，《抗日战争研究》1997年第4期；荣维木：《中日战争遗留问题研究述评》，《江海学刊》2001年第2期；梁占军：《近年中国史学界关于二战时期日本侵华遗留问题的研究成果述评》，《世界历史》2005年第4期。本文参考了这些研究成果，一并致谢。

② 王希亮：《试析日本战争责任问题的尖锐化趋势》，《日本学刊》2004年第4期；高凡夫：《日本天皇裕仁与南京大屠杀》，《南京社会科学》2005年第8期；步平：《慰安妇问题与日本的战争责任认识》，《抗日战争研究》2000年第2期；忻平：《日本佛教的战争责任研究》，《华东师范大学学报》2001年第5期，等。

方面探讨了教科书问题形成的原因。[①]

（3）关于钓鱼列岛的领土争议问题

中国学者对这一问题一直比较关注，并出版了高水平的学术论著。吴天颖、鞠德源等学者从大历史观研究钓鱼岛问题，相继对中国拥有钓鱼岛的主权进行历史、地理的考证，并对日本窃取钓鱼岛的历史过程进行系统考察和论证；米庆余通过印证和分析1534年明代琉球册封使陈侃上呈的《使琉球录》，考证了当时中、琉、日三方已有明确划定的边界，钓鱼岛为中国领土并为三方公认，为钓鱼岛是中国固有领土提供了有力佐证；李国强对近10年来国内学者有关钓鱼岛问题的研究做了较细致的梳理，为进一步研究该问题起到了承上启下的作用。吴辉从国际法的角度论证了中国对钓鱼岛的主权，并提出了和平解决争端的三种选择。[②]

（4）南京大屠杀史实考证问题

针对日本右翼否认南京大屠杀，中国学者在有关资料的收集、整理方面下了很大功夫，除了翻译出版有关南京大屠杀的第一手资料《魏特琳日记》和《东史郎战地日记》等史料之外，朱成山等人还收集了中日双方当事人的证言。与此同时，中国学者撰写了大量论著揭示南京大屠杀的真相。章开沅回顾了发现南京大屠杀史料的经过并用事实驳斥了日本右翼学者的观点；孙宅巍对南京大屠杀30万人数字给予考证，论证了这一数字的真实性；程兆奇根据现存的日军组织和官兵个人记录等材料，考证了南京大屠杀是日军自上而下有意识、有组织的犯罪事实。张连红则考察了南京大屠杀与南京市民社

---

① 张海鹏、步平主编:《对历史岂容说“不”——日本历史教科书剖析》，社会科学文献出版社2002年；王志新、刘琪编著:《揭开日本教科书问题的黑幕》，世界知识出版社2001年；苏智良:《日本历史教科书风波的真相》，人民出版社2001年；李秀石:《日本历史教科书问题剖析》，《历史研究》2002年第5期，等。

② 吴天颖:《甲午战前钓鱼列岛归属考》，中国社会科学出版社1994年；鞠德源:《日本国窃土源流——钓鱼列岛主权辩》，首都师范大学出版社2001年；米庆余:《钓鱼岛及其附属岛屿归属考——从明代陈侃〈使琉球录〉谈起》，《历史研究》2002年第3期；李国强:《近10年来钓鱼岛问题研究之状况》，《中国边疆史地研究》2002年第1期；吴辉:《从国际法论中日钓鱼岛争端及其解决前景》，《中国边疆史地研究》2001年第1期。

会心理的关系，从而拓展了研究的领域。[①]

（5）战争赔偿问题

这一问题的研究主要有三个方面。其一是论证日本的赔偿政策。曾景忠、李运祥等分别考察了战后日本利用中国分裂的形势玩弄手腕最终逃避战争赔偿并拒绝民间赔偿的历史事实；杨绍先考察了战后日本给予受害国的有限战争赔偿，指出日本至今认罪态度暧昧的原因之一就是没有偿付足够的战争赔偿；袁成毅则针对国家间的赔偿考察了战后日本对亚洲各国赔偿立场的不同，指出日本对东南亚各国采取的赔偿政策与各国对日政策和国际形势有直接关系。其二是研究美国的政策对战后日本赔偿问题的影响。崔丕在国内较早地研究了美国对日本赔偿政策的演变；胡德坤等人对美国与日本战争赔偿方式的演变和结果进行了探讨；王剑华则对中国放弃日本赔偿的决策背景和影响作出分析。其三是关于民间索赔。国内学者大多局限于间接地为相关诉讼案提供史实考证。步平对截止到2003年的23起中日跨国诉讼情况进行了初步统计和介绍，指出这些跨国诉讼的出现与战后国际形势的发展和日本的政治诉求密切相关，同时对相关诉讼存在的问题进行了探讨，强调诉讼的结果固然重要，但过程本身也是促进日本社会深刻认识战争责任问题的重要手段。另外，姜维久对亚洲平民在二战和中国抗日战争中的23项受害索赔诉讼案进行分析，并将其与德国对受纳粹迫害的犹太人的个人赔偿，加拿大对战时日裔受害者的个人赔偿，意大利对南斯拉夫、埃塞俄比亚、希腊、阿尔巴尼亚、苏联等国的赔偿进行了国际对比，对德、日两国对战争和赔偿的强烈反差给予比较，认为重新提出解决日本侵华战争遗留的民间个人受害索赔问

---

① 《魏特琳日记》，江苏人民出版社2000年；《东史郎战地日记》，世界知识出版社2000年；朱成山主编：《侵华日军南京大屠杀幸存者证言集》，南京大学出版社1994/2000年；章开沅：《从耶鲁到东京：为南京大屠杀取证》，广东人民出版社2003年；孙宅巍：《论南京大屠杀遇难人数认定的历史演变》，《江海学刊》2001年第6期；程兆奇：《南京大屠杀中的日军屠杀令研究》，《历史研究》2002年第6期；张连红：《南京大屠杀之前南京市民的社会心理》，《抗日战争研究》2002年第4期。

题，对抑制日本现实中的军国主义的膨胀，意义重大。[①]

（6）慰安妇问题

中国学者从80年代开始对这一问题进行调查和研究，1999年上海师范大学成立了慰安妇问题研究中心，推进了这一问题的研究工作。苏智良利用中日两国文献并在广泛调查的基础上出版了国内有关这个问题的第一部专著，揭示了慰安妇问题的争相，同时中国学者还在制度上对其进行了考察；步平则指出慰安妇问题难以顺利解决与日本右翼否认战争责任的错误认识密切相关。[②]

（7）强制劳工问题

有关这个问题的史料和论著都有发展。何天义、傅波、居之芬、庄建平等收集了大量档案资料，对日本在中国东北、华北及其他地区的强制劳工进行揭露；陈景彦、张国通、刘宝辰、林凤升等则对抢掠到日本的中国劳工和中国的战俘劳工幸存者进行研究。另外，在强制劳工的人数等过去研究薄弱的问题上也有进展，居之芬参照纽伦堡国际军事法庭审判德国使用强制劳工的罪行时形成的法规，运用最新发掘的大量日本和伪政权的重要档案，对二战期间日本在中国沦陷区使用强制劳工的人数和类别进行简要考证和计算，

---

① 曾景忠：《1952年台北和议中日本利用中国不统一逃脱战争赔偿》，《抗日战争研究》2000年第2期；李运祥、孟国祥：《日本逃避对华战争赔偿责任的历史与现实》，《武汉大学学报》2003年第4期；杨绍先：《日本的战争赔偿与战争认罪》，《贵州师范大学学报》2002年第3期；袁成毅：《日本对亚洲国家战争赔偿立场之比较——以国家间的赔偿为中心》，《抗日战争研究》2002年第3期；崔丕：《美国关于日本战争赔偿政策的演变》，《历史研究》1995年第4期；胡德坤、徐建华：《美国与日本战争赔偿方式的演变》，《武汉大学学报》2002年第4期；王剑华：《中国放弃日本战争赔偿的反思》，《西北大学学报》2000年第3期；步平：《关于"跨国诉讼"——中日民间战争赔偿诉讼评述》，《抗日战争研究》2003年第4期；姜维久：《日本与德国战后国家赔偿及个人受害者赔偿比较研究》，《抗日战争研究》1995年第3期；《论二战平民受害赔偿责任》，《社会科学战线》2000年第1期。

② 苏智良：《慰安妇研究》，上海书店出版社1999/2000年；苏智良、荣维木等：《滔天罪孽——二战时期日军"慰安妇"制度》，学林出版社2002年；苏智良等：《上海日军慰安所实录》，上海三联书店出版社2005年；步平：《慰安妇问题与日本的战争责任认识》，《抗日战争研究》2000年第2期。

初步认定1935—1945年间大约有1500万劳工被日军奴役。[①]

（8）化学战和遗留化学武器问题

80年代以来中国学者对这个问题的研究有新的进展。除了编辑相关的资料之外，有关的研究论著也相继出版。韩晓、辛培林对日军731部队的历史进行了个案探讨，郭成周、廖应昌对日军细菌战进行了集中研究；张海泉在深入调查、采访、查阅了大量档案资料的基础上，撰写了揭示日军侵华期间实施毒气战的纪实性著作；步平、高晓燕等对日本在二战期间在华进行化学战的筹备、组织、实施情况以及战后逃避国际法庭审判的问题，进行了迄今有关这个问题的最新、最全面的论述；朱文奇则从法律的角度对该问题进行了考察。[②]

（9）战争期间中国财物损失统计

这个问题是近年国内学术界研究的新问题。目前尚无系统研究的学术专著问世，但戴雄对中国抗战期间古建筑、文物和图书的损失进行研究，指出战时遭日军毁坏的中国古建筑至少应在10000处以上，中国文物损失在1000万件以上，中国各级各类图书馆及私人藏书损失在5000万册以上，其中珍贵藏书1000万册以上，普通百姓家庭图书损失尚未包括，其价值无法估算。黄菊艳深入考察了广东省的财物损失情况。[③]尽管研究这个问题的难度较大，但现在中国社会科学院中日历史研究中心已经把战争损失研究列为立项课题

---

① 何天义主编：《日军枪刺下的中国劳工》（4卷本），新华出版社1995年；傅波主编：《罪行、罪证、罪责》，辽宁民族出版社1995年；居之芬、庄建平主编：《日本掠夺华北强制劳工档案史料集》，社会科学文献出版社2003年；陈景彦：《二战期间在日中国劳工问题研究》，吉林人民出版社1999/2005年；张国通：《花冈事件》，河南人民出版社1999年；刘宝辰、林凤升：《日本掳役中国战俘劳工调查研究》，河北大学出版社2002年；居之芬：《二次大战期间日本使用中国强制劳工人数初考》，《抗日战争研究》2001第1期。

② 中央档案馆：《细菌战与毒气战》，中华书局1989年；韩晓、辛培林：《日军731部队罪恶史》，黑龙江人民出版社1991年；郭成周、廖应昌编著：《侵华日军细菌战纪实》，北京燕山出版社1997年；张海泉：《太阳旗下的毒魔：侵华日军毒气战真相》，解放军出版社2003年；步平等：《日本侵华战争时期的化学战》，社会科学文献出版社2004年；朱文奇：《从国际法上驳日本在其遗弃在华化学武器问题上的立场和观点》，《中国地质大学学报（社会科学版）》2004年第1期。

③ 戴雄：《侵华日军对中国古建筑的毁损》，《民国档案》2000年第3期；《抗战时期中国文物损失概况》，《民国档案》2003年第2期；《抗战时期中国图书损失概况》，《民国档案》2004年第3期；黄菊艳：《抗日战争时期广东损失调查述略》，《抗日战争研究》2001年第1期。

之一。

（10）日本战时公债及其他遗留问题

这也是国内近年来涉及的新问题。据不完全统计，战后遗留在中国的公债总值471亿日元。戴建兵探讨了战时日本在台湾大量发行公债从而将台湾经济纳入日本战时经济体系的史实和日本战败前夕疯狂掠夺中国财富的历史；曹大臣揭露了1937年日本全面侵华后在中国发行军票的背景、政策演变及其最后结局，并具体研究了日军在华中、华南地区发行军票的政策和实施情况。林晓光对日本发行军票的历史作了探讨。①

应当指出的是，有关日本侵华战争遗留问题的研究越来越呈现国际化研究的趋势。中国不仅介绍和翻译国外学者特别是日本学者的著述，而且不断出现合作性的研究成果。如在钓鱼岛问题上中日学者共同编辑了资料集《钓鱼台群岛（尖阁诸岛）问题研究资料汇编》（香港励志出版社2001年），其中收录了中国大陆、台湾、香港和日本各方的官方声明、讲话、社论等一手资料；在强制劳工问题上，解学诗与日本学者松村高夫共同主编的《满铁与中国劳工》（社会科学文献出版社2003年版），是11位中日学者合作的产物，内容论及伪满劳动统制政策、劳务体制以及战时日本在满铁奴役中国劳工的情况。特别要提及的是中、日、韩三国学者经历了3年11次会议的讨论，他们共同编写的《东亚历史共同读本》终于在2005年在三国同时出版。

结束语

总之，中国的第二次世界大战史研究在经历了风风雨雨的六十年后，已

① 戴建兵：《抗日战争时期日本在台湾的公债政策研究》，《史学月刊》2002年第3期；《日本投降前后对中国经济的最后榨取和债务转移》，《抗日战争研究》2001年第1期；曹大臣：《论日本侵华时期的军票政策》，《江海学刊》2001年第6期；张赛群：《抗战时期日本的军票侵略》，《甘肃社会科学》2003年第3期；林晓光、孙辉：《日本军票史小考》，见中国社会科学院近代史研究所编：《中国抗战与世界反法西斯战争：纪念中国人民抗日战争暨世界反法西斯战争胜利60周年学术研讨会文集》（中卷），社会科学文献出版社，2009年。

经逐步走上了一条健康、正规的发展道路，随着中国改革开放的进一步深化，中国学者与国外同行交流的机会日益增多，中国的二战史研究必将获得更大的发展。

附录

1979—2005中国第二次世界大战史研究会主办和协办的部分主要学术会议及论文集

序号	时间	地点	主 题 内 容	主要成果
1	1979.7.11—19	黑龙江哈尔滨	首次全国第二次世界大战史学术讨论会。	决定成立中国第二次世界大战史研究会。
2	1980.6.16—24	云南昆明	第二次全国二战史学术讨论会暨中国第二次世界大战史研究会成立大会。	宣告中国第二次世界大战史研究会（简称中国二战史研究会）的成立。选举产生了二战史研究会第一届理事会。
3	1980.11.4	上海	“二次大战前夕国际关系”专题学术讨论会。	会议论文整理、汇编为《第二次世界大战史论文集》，华东师范大学历史系编印，1982年。
4	1981.6.15—19	黑龙江牡丹江	“太平洋战争史”专题学术讨论会。	会议论文汇编为《第二次世界大战史论文集》，哈尔滨师范大学历史系编印，1982年。
5	1982.8.10	北京	第三次全国二战史学术讨论会。	会议论文整理、汇编为《第二次世界大战史第三次学术讨论会论文选》（全4册），中国二战史研究会编印，1982年。
6	1983.10.28	上海	“二次大战起源”专题学术讨论会。	会议论文收入华东师范大学历史系第二次世界大战史研究室编写的《第二次世界大战起源研究论集》，华东师范大学出版社，1986年。
7	1984.9.20—25	北京	“二次大战的战争初期”专题学术讨论会。	会议论文整理、汇编为《第二次世界大战史论文集》，三联书店，1985年。

8	1984.11	山东烟台	“关于欧洲法西斯主义”专题学术讨论会。	会议论文整理、汇编为《法西斯主义学术讨论会论文集》，二战史研究会编，1984年；并有部分收入朱庭光主编的《法西斯主义与第二次世界大战》，华夏出版社，1988年。
9	1985.8.28—9.2	北京	“纪念中国抗日战争和世界反法西斯战争胜利40周年”学术讨论会。	有关论文收入《第二次世界大战史论文集（2）》，国防大学出版社，1986年。
10	1987.6.22—28	江苏南京	纪念“七·七事变”五十周年:“世界反法西斯战争中的中国抗战”专题学术讨论会。	会议论文整理、汇编为《世界反法西斯战争中的中国抗战》，黄玉章主编，国防大学出版社，1989年。
11	1987.7.4	北京	“七·七事变”学术讨论会。	论文结集为《七七事变五十周年纪念文集》，人民出版社，1987年。
12	1987.10.19—26	广西桂林	“关于法西斯主义研究”专题学术讨论会。	会议论文及研究成果编入朱庭光主编的《法西斯新论》(重庆出版社，1991年）一书
13	1987.12.9—12	北京	“关于二次大战的军事学术”专题讨论会。	会议论文整理、汇编为《第二次世界大战中的军事学术》(张海麟主编），国防大学出版社，1989年。
14	1989.8.15—17	北京	“第二次世界大战全面爆发五十周年”学术讨论会。	会议论文整理、汇编为《三十年代主要国家的战略与军备》，军事科学出版社，1990年。
15	1992.8.5—7	北京	“第二次世界大战对战后世界影响”专题学术研讨会。	会议论文整理、汇编为《第二次世界大战对战后世界的影响学术讨论会论文汇编》，军事科学院图书馆编印，1992年。
16	1994.6.10—16	云南保山	“第二次世界大战中缅战场”国际学术讨论会。	会议论文整理、汇编为《第二次世界大战中缅战场学术讨论会论文提要》，保山行署等编印，1994年。

17	1995.8.18—20	河北石家庄	“纪念中国抗日战争暨世界反法西斯战争胜利50周年”学术研讨会。	会议论文收入《第二次世界大战史论文集（3）：五十年的深思》，李殿仁主编，军事谊文出版社，1996年。
18	1996.10.19—22	安徽黄山	“第二次世界大战与科学技术发展”专题学术研讨会。	会议论文整理、汇编为《第二次世界大战史论文集（5）：科学技术的力量》，戚世权主编，解放军出版社，1999年。
19	1997.7.3—4	北京	“纪念抗日战争全面爆发60周年”学术讨论会。	会议论文整理、汇编为《第二次世界大战史论文集（4）：人民战争的胜利》，刘鲁民、徐根初主编，金盾出版社，1998年。
20	2001.9.16—18	北京	“九一八事变与近代中日关系——九一八事变70周年国际学术讨论会”。	会议论文整理、汇编为《九一八事变与近代中日关系：九一八事变70周年国际学术讨论会论文集》，社会科学文献出版社，2004年。
21	2001.10.12—15	湖北武汉	第五届年会，主题为“第二次世界大战与20世纪世界历史进程”。	会议论文收入胡德坤主编的《第二次世界大战与二十世纪世界历史进程》，武汉大学出版社，2002年。
22	2002.10.19—21	重庆	二战史研究会2002年年会及学术研讨会。	会议论文收入苑鲁、谢先辉主编的《第二次世界大战与亚太国际合作》，重庆出版社，2003年。
23	2003.10.13—15	河北石家庄	“第二次世界大战与战后局部战争”学术研讨会。	会议论文收入李小军主编的《第二次世界大战与战后局部战争》，军事谊文出版社，2003年。
24	2004.11.8—9	江苏南京	“二战及其遗留问题对国际关系的影响”学术讨论会。	会议论文经二战史研究会和南京陆军指挥学院整理、汇编为《二战及其遗留问题对国际关系的影响》（二战史研究会编印，2004年）一书。
25	2005.8.15—16	北京	纪念中国人民抗日战争暨世界反法西斯战争胜利60周年学术研讨会。	会议论文整理汇编为《中国抗战与世界反法西斯战争：纪念中国人民抗日战争暨世界反法西斯战争胜利60周年学术研讨会文集》（上、中、下三卷），中国社会科学院近代史研究所编，社会科学文献出版社，2009年。

围绕第二次世界大战的国际关系史研究①

——30年来的成就与前瞻

从新中国成立到文化大革命结束，中国的国际关系史研究曾在不同程度上受到苏联史学以及国内外政治发展的影响，因此，从比较严格的学术意义上来说，中国关于国际关系史的研究是从20世纪70年代末80年代初开始的。改革开放的不断深入使中国与世界的联系愈加紧密，经济的发展使获取各种信息和资料越来越便捷，学术研究环境的宽松使对外交流的渠道多样化且越来越频繁，这一切为中国的国际关系史研究创造了极为有利的外部条件，而致力于这一研究的学者们的学术道德、学术功底与学术规范，则是这30年来中国的国际关系史研究之所以取得令人瞩目的成就的内在动力。

从30年来的研究状况看，20世纪80年代可以说是研究的起步阶段，90年代以及21世纪初则是新的研究成果不断面世的阶段。这些成果的最为突出的特点，不仅在于它们在资料、观点或方法论方面具有学术上的创新价值，而且表达了学者们对现实的深切关怀。

由于国际关系史的长期性、复杂性和内容的丰富性，中国学者对它的研

① 本文受《世界历史》编辑部委托，为纪念改革开放30年、纪念《世界历史》创刊30年所作，主要内容发表于《世界历史》2008年增刊，第143—158页。

究成果不仅在数量上难以计数，而且涉及了几乎所有的重大问题，其范围之广、程度之深，绝非一篇短文所能概括。因此本文仅依笔者所见，对围绕第二次世界大战的国际关系史的研究成果，择其要者予以介绍，并对其发展动向略作前瞻①。如此做法，难免以偏概全，谨请各位同仁谅解指正。

一、第二次世界大战前的国际关系研究

1. 西方民主国家的绥靖政策

第二次世界大战是德、意、日等法西斯国家发动的，而西方民主国家在20世纪30年代对法西斯国家的侵略扩张采取的绥靖政策，实际鼓励并助长了法西斯国家不断扩大侵略战争，最终引发大战。这一论断已经成为国内外学术界的共识。第二次世界大战爆发后，国际学术界对绥靖政策的研究热情持久不衰。从20世纪70年代末开始，中国学者在对法西斯主义展开研究的同时②，也开展了对30年代英、法、美外交政策的考察，并成为80年代以来中国学者研究的热点问题之一。

（1）对英法绥靖政策的研究

20世纪70年代末80年代初，中国学者开始探讨英、法特别是英国的绥靖政策产生的原因。主要有两种观点："祸水东引"（即把法西斯这股祸水引向苏联，反苏反共）或"避战求和"。一些学者对苏联和中国学术界长期流

① 本文论述的范围限定在中国内地正式出版的学术研究论著，不包括中国香港、澳门、台湾地区的出版物。还需要说明的是，一些研究成果具有交叉性，本文将它们划入某一方面主要是为了叙述上的方便。

② 中国史学界从20世纪80年代开始把法西斯主义作为一个重要的研究课题。最初是结合第二次世界大战起源的研究，继而发展成一个相对独立的专题。以朱庭光为首的一批专家学者，十几年来一直致力于这一课题的研究，逐步填补了我国史学研究的这一空白领域。他们的主要研究成果包括：朱庭光主编：《法西斯主义与第二次世界大战》、《法西斯新论》和《法西斯体制研究》，分别由华夏出版社1988年、重庆出版社1991年、上海人民出版社1995年出版；陈祥超、郑寅达、孙仁宗：《法西斯运动和法西斯专政》，中国青年出版社1999年；陈祥超：《墨索里尼与意大利法西斯》，中国华侨出版社2004年。

行的关于英国实行绥靖政策的主要原因是“祸水东引”提出质疑。陶樾认为，从20世纪30年代英德关系的态势看，“祸水东引”是不可能的，张伯伦热衷于绥靖的主要原因还是求和避战，更具体一点说，就是他那种非常害怕战争的心理在作祟。张培义也认为，“祸水东引”的说法并不是建立在客观事实的基础之上，而是基于对某些事实的判断和猜测；张伯伦政府实行绥靖政策的主要目的是“避战求和”。同时陶樾和张培义还认为，英国的绥靖政策是从1937年张伯伦成为英国首相以后才真正实行的。张继平认为，面对法西斯的侵略扩张，英国在1937年张伯伦成为首相后开始实行绥靖政策，法国也在1937年以后决定追随英国实行这一政策，美国的绥靖则披着“中立”的外衣，其原因既有“避战求和”，也有“祸水东引”，同时与30年代的经济大危机有关。高明振坚持认为，“祸水东引”的事实不容否认。周希奋认为，绥靖政策是英、法等既得利益国家在法西斯势力进攻面前所采取的一种外交策略行动；1935—1936年意大利侵略埃塞俄比亚战争期间，英法的绥靖政策已经产生，并不是从1937年张伯伦成为英国首相才开始的，而且这一政策不同时期的内容和表现形式是有区别的，不能笼统地一概称之为“祸水东引”。吴友法也对陶樾的有关绥靖政策的实行时间提出商榷，认为这一政策在1933年的麦克唐纳政府就已实行[①]。

从这时开始，中国学者越来越重视通过研读原始档案资料来研究绥靖政策，并编辑了有关的历史文件资料集。齐世荣主编的《世界通史资料选辑·现代部分》(第一分册，商务印书馆1980年第一版、1998年修订第二版)，李巨廉、王斯德主编的《第二次世界大战起源历史文件资料集(1937.7—1939.9)》(华东师范大学出版社1985年)，都包括大量译自英国、美国、法国、前苏联、德国、日本等国家的外交文件，具有很高的学术价值。这些资

① 陶樾:《两次大战期间英国的外交政策与欧洲均势》,《世界历史》1980年第3期；张培义:《“祸水东引”还是“避战求和”——绥靖政策目的浅析》,《山东师院学报》1981年第2期；张继平:《试论二十世纪三十年代的绥靖政策》,《武汉大学学报》1979年第6期；高明振:《祸水东引析考》,《华中师院学报》1982年第2期；周希奋等:《1935—1936年埃塞俄比亚战争期间英、法的绥靖政策》,《暨南大学学报》1980年第4期；吴友法:《二战前英国绥靖政策的起讫问题——与陶樾同志商榷》,《世界历史》1981年第2期。

料集的出版，在中国学者研究有关二战的国际关系史的起步阶段，起到了重要的奠基作用[①]。

在深入的专题研究方面，中国学者更为具体地研究英法对德国和意大利侵略扩张所实行的具体政策，并从“祸水东引”、“避战求和”发展到对更深层次原因的探讨。齐世荣从1979年起，就在国内率先以原始档案资料和当事人的回忆录等为依据发表了一系列论文，考察了英国30年代的重整军备与其绥靖外交的关系、英国在意大利侵略埃塞俄比亚的战争中实行的“同意大利协商和忠于国联”的所谓“双重政策”以及30年代后期英国对意大利的外交、西班牙内战中英法的所谓“不干涉”政策、1939年3月英国对波兰的保证等问题，从政治、经济、军事各个方面对英法绥靖政策产生的原因进行了探讨。他认为：在政治上，英法资产阶级害怕对德战争引起国内革命，也担心为苏联所利用，并把德国看作防止共产主义在欧洲扩张的屏障；在经济上，日益没落的英法资产阶级一心要保住既得的经济利益，害怕战争会破坏经济复兴，以致在大敌当前不肯加大拨款加速重整军备；在军事上，充满失败主义情绪，认定自己没有力量同时对付德、意、日三个敌人，并企图用绥靖外交来弥补国防力量的不足。这些研究具有开创性[②]。周以光具体分析法国在德国出兵占领莱茵兰事件中的妥协政策，指出经济危机和政局动荡导致法国在政治、军事、外交等方面的全面衰落是法国实行这一政策的重要背景；她还研究了当时的法国总理达拉第在慕尼黑危机中的表现，认为达拉第和英国首相张伯伦的对德政策考虑并不完全一致，“祸水东引”并不能恰如其分地反映

① 需要指出的是，1958年高等教育出版社出版的《现代国际关系史参考资料》（1917—1932年、1933—1939年两册，国际关系学院编），以及世界知识出版社和商务印书馆出版的多卷本《国际条约集》等资料，也为这些资料集的编纂奠定了一定的基础。

② 齐世荣：《三十年代英国的重整军备与绥靖外交》和《论英国对意大利的外交政策（1936年7月—1938年11月）》，《历史研究》1984年第2期、2002年第1期；《意埃战争与英国的“双重政策”》，军事科学院军事历史研究部世界军事历史研究室编：《三十年代世界主要国家的战略与军备》，军事科学出版社1990年；《慕尼黑危机的真相不容歪曲——评西方资产阶级史学著作中的几个流行论点》，《世界历史》1979年第1期；《现代国际关系史的一个“热门”——评介西方学者关于绥靖政策形成原因的研究》，《世界史研究动态》1984年第3期；《论一九三九年三月英国对波兰保证的原因及其破产》和《论“不干涉”政策的创始者及其动机》，《北京师院学报》1981年第1期、1982年第2期。

法国的现实，并从舆论的影响、国际利益的考虑等侧面分析达拉第最终倒向绥靖派的原因。杨凯通过对30年代中期法国军事状况的分析，认为在莱茵兰事件中法国妥协退让的原因，在于一战后法国名不符实的军事力量和落后的战略思想，以及对一旦进军莱茵兰将引发一场法德全面战争的判断。陈祥超探讨了意大利法西斯对英法绥靖政策的利用[①]。

从80年代后期开始，中国学者开始深入研究英法美等国对日本侵略中国的绥靖政策。周启朋论述了张伯伦政府的东方慕尼黑政策。徐蓝发表了一系列论文，通过对英国在九一八事变中对日本的妥协退让政策、1934年英国提出对日本的“政治绥靖”政策、卢沟桥事变前英国与日本进行的以对“满洲国”的“准承认”来换取日本保住英国在华既得利益的谈判、1937年布鲁塞尔会议上英法美等国对日本发动全面侵华战争的绥靖态度、英国封锁滇缅公路等问题的深入考察，研究了英法美等国对日本侵略中国实行的绥靖政策。汪文军对“九一八”事变中英国的远东政策做了整体探讨，洪邮生从决策和动因的角度研究了英国在九一八事变中的政策。武寅则围绕1931—1933年日本侵华造成的远东危机，从日本利用英美的绥靖政策而不断扩大侵略直至退出国联的角度，论述了这一问题[②]。

90年代以后，对绥靖政策的研究继续深化。徐蓝的专著通过解读英、美、日等国家的原始档案资料，对一系列个案进行研究，详细论证了30年代英国对中日战争的政策，分析了英国对日本实行绥靖政策的原因，并指出英国在东西方实行这一政策的异同。认为对英国来说，第一次世界大战的极

① 周以光:《法国在莱茵兰事件中采取的退让政策及其经济背景》、《达拉第和慕尼黑危机》,《世界历史》1986年第5期、1988年第6期；杨凯:《莱茵兰事件中法国军方态度辨析》,《历史教学问题》1995年第4期；陈祥超:《法西斯意大利如何利用英法的绥靖政策》,《世界历史》1992年第3期。

② 周启朋:《张伯伦政府的东方慕尼黑政策》,《世界历史》1985年第5期；徐蓝:《英国与“九一八”事变》和《英国与滇缅公路危机》,《北京师范学院学报》1989年第6期、1990年第5期;《试析1934年英国“政治绥靖”日本政策的提出》和《1936—1937年英日谈判中的对华关系问题》,《世界历史》1990年第2期、1991年第2期;《布鲁塞尔会议与中日战争》,《民国档案》1990年第1期。汪文军:《“九一八”事变期间英国的远东政策》,《武汉大学学报》1989年第3期；洪邮生:《英国与“九一八”事变》,《江苏社会科学》1991年第6期；武寅:《从退出国联看日本外交的失败》,《世界历史》1992年第4期。

端残酷性所引起的战后和平主义盛行，在地缘政治和意识形态的双重意义上阻止“布尔什维主义的蔓延”，在保住既得利益的前提下修正“凡尔赛条约”以平复德国的不满从而通过英德协调形成英德法意四大国主宰欧洲的局面并恢复欧洲的均势，世界经济萧条和各国以邻为壑的对外经济政策所造成的英国经济的虚弱以及当权者无视国际形势的日益恶化而一味削减国防开支，还有不可忽视的英国所面临的全球战略困境，都是绥靖政策在英国形成的重要因素。同时认为英国在东方对日本的绥靖政策并没有达到在西方对德国的绥靖政策所达到的《慕尼黑协定》那样的程度，不存在“远东慕尼黑协定”，其重要原因不仅在于英国在东西方所处的形势不同，也在于英国所要牺牲的对象不同，中国人民的坚决抗战使中国避免沦为第二个捷克斯洛伐克[①]。武寅的专著运用日、英、美等国家的原始资料，从“协调外交”、经济大危机、“九一八”事变、“一二八”事变、“满洲国”、日本退出国联等具体的事件中，详细论述了日本在从“协调外交”向武力侵略中国的所谓“自主外交”、“焦土外交”的转变过程中，如何评估并处理与西方列强的关系，如何利用西方列强的绥靖政策步步扩大侵略战争，指出以英美为首的西方列强对日本外交政策的实行有着极为重要的影响，从而把问题的研究引向了一个新的方面，这也正是西方学者较少触及的问题[②]。

另外，蒋相泽和叶江都从新的角度论述了英国实行绥靖政策的过程。蒋相泽研究了1939年德国侵略捷克斯洛伐克事件发生后的英国内阁政策，认为当时的内阁已经形成了对受侵略国提供安全保证、与这些国家组成联合阵线威慑德国以及与苏联结成同盟等意见，但英国首相张伯伦在执行过程中把上述这三件事情都搞得有名无实。叶江从英国对苏联的政策看英国的对德政策，认为作为对德军占领布拉格的反应，张伯伦的“伯明翰演说”表明了英国政府对德绥靖政策有所改变，但1939年的英苏谈判又表明他并不想彻底抛弃绥靖，致使英国最终丧失了联苏抗德的时机。王宇博对1931—1933年的远东危机中产生的李顿报告书给予了较为积极的评价，认为该报告书中不尊重

① 徐蓝:《英国与中日战争1931—1941》，北京师范学院出版社1991年。

② 武寅:《从协调外交到自主外交——日本在推行对华政策中与西方列强的关系》，中国社会科学出版社1995年。

中国主权的部分应当受到批判，但其中包括有利于中国的内容，正是这些内容在法律上否定了日本侵略的合法性，使日本在世界舆论面前处于受指责的被动地位[①]。

在这些研究的基础上，齐世荣主编的《绥靖政策研究》于1998年由首都师范大学出版社出版。该论文集包括的19篇文章，以坚实的档案文献为基础，不仅论述了英、法绥靖政策的形成原因、具体运用及其发展，而且揭示了德国、意大利和日本对绥靖政策的利用，代表了中国学者关于英、法绥靖政策的研究水平。他们对绥靖政策的定义是："衰落的英、法帝国主义，面临德、意、日法西斯国家的挑战，为了保存自己的既得利益，采取了一种以牺牲其他国家利益的手段换取与对手妥协的政策"。这一定义已经为国内学术界普遍接受。

进入21世纪，随着大量原始档案的出版，继续有利用新资料的专题研究成果问世。梁占军通过一系列论文，进一步从国内政治与外交关系的角度，探讨了英、法在德、意的侵略扩张面前既有分歧又进行合作的绥靖政策。例如，他通过对英法在1935年英德海军协定上矛盾的分析，揭示了英国希望通过对德谈判让步的方式达到与德国和解的原则和法国希望通过与英、意、苏等国结盟共同对付德国的原则的对立，而英国政策的背后则含有抑制法国、平衡法国在欧洲大陆暂时拥有优势的打算；他通过研究英国1934—1935年的公民投票，指出其结果并未根本改变英国政府纵容意大利侵略埃塞俄比亚的政策；他还具体研究了意埃战争爆发后英法在对意大利制裁问题上的合作与分歧。高翠对1937年尼翁会议的起源、过程和结果进行详细论述，证明尼翁会议并不是西方民主国家对抗意大利潜艇攻击的尝试，而是"不干涉"政策的另一种形式，是对意大利的绥靖。张皓认为，1931年英国处理中日争端政策的实质是有限度的对日强硬和妥协，它虽然一度支持中国先撤兵后直接交涉的立场，但是反对制裁日本；它虽然在是否介入解决争端、日本五条基本

① 蒋相泽:《希特勒进攻英法的决策与张伯伦的对策》,《学术研究》1994年第5期；叶江:《试论1939年布拉格事件后英国的对苏政策》,《上海师范大学学报》1995年第1期；王宇博:《英国与1931—1933年远东危机的结束——兼评〈李顿调查报告〉》,《苏州大学学报》1995年第1期。

原则上让步，但是反对日本侵占东北，要求撤兵[①]。

（2）对美国“中立法”及其绥靖政策的研究

中国学者关于30年代美国的孤立主义和“中立法”的研究，以及与此相联系的美国绥靖政策的研究，也是从20世纪70年代末80年代初开始的。就其基本观点来说，中国学者一般认为30年代的“中立法”是一种美国式的绥靖政策，但对其绥靖程度的认识有所不同。例如：邓蜀生认为，孤立主义是纵容法西斯势力的绥靖主义的变种；丁建弘、孙仁宗认为，中立法是1935—1941年美国主要对待欧洲国际冲突的政策，在1939年11月修改以前是绥靖政策的表现；李庆余认为，“中立法”是美国式的绥靖；徐蓝认为，“中立法”以“中立”为名，实际上起到了与英法绥靖政策基本相同的作用[②]。

在专题研究中，一些学者从美国国会与政府关系的角度研究了30年代“中立法”的产生过程。王贵正、张尚谦、韩莉等对当时美国国会围绕“中立法”进行的大辩论和斗争，罗斯福与“中立法”的关系，美国1935年“中立法”的具体酝酿、制定和应用展开讨论。刘戈宏讨论了30年代美国孤立主义的实质，认为孤立主义是美国绥靖政策的罪魁。韩莉认为，1935年“中立法”是罗斯福政府与孤立主义者妥协的产物，在随即爆发的意大利侵略埃塞俄比亚战争中，美国由于“中立法”的牵制，对维护和平、制裁侵略都无所

---

① 梁占军：《公众舆论与政府决策——1934—1935年英国“和平投票”的政治影响》、《1933年希特勒在德国上台与法国的反应》、《1935年萨尔全民公决与英国外交》和《1936年法国防范德国重占莱茵非军事区的决策》，《史学月刊》1999年第2期、2000年第2期、2004年第11期、2006年第5期；《1935年英德海军协定的缔结与英法关系》，《世界历史》2000年第2期；《1935年法意罗马协定的缔结与意埃战争的爆发》和《英国与“四国公约”（1933.3—7）》，《历史教学》2001年第11期、2006年第5期；《意埃战争爆发后法英在对意制裁问题上的合作与分歧》，《历史研究》2001年第4期。高翠：《英国与尼翁会议》，《首都师范大学学报》2002年第5期；张皓：《1931年英国处理中日争端政策的演变》，《世界历史》2007年第5期。

② 邓蜀生：《罗斯福》，浙江人民出版社1985年；丁健弘、孙仁宗主编：《世界史手册》，浙江人民出版社1988年；李庆余编著：《美国外交——从孤立主义到全球主义》，南京大学出版社1990年；徐蓝的观点见齐世荣、廖学盛主编：《20世纪的历史巨变》，学习出版社2005年。

作为。①

一些学者通过对30年代美国与德国的关系探讨“中立法”和美国的绥靖政策。王贵正讨论了美国的全球战略与其绥靖政策之间的关系，认为美国是欧洲绥靖主义者的积极伙伴，美国打着孤立主义的旗号推行绥靖政策，既针对德国，也用来削弱英国，争夺霸权。王明中研究了1937年到1941年美国与德国的矛盾，认为德国已经取代英国成为美国的敌人，30年代的中立政策实际上是当时国际政治中的绥靖政策，但对“中立法”有所分析，认为1935—1937年的中立法案是偏袒德国的孤立主义政策，1937—1939年制定有利于英国的中立法案，援助英国而不参战。何抗生探讨了美国与慕尼黑危机的关系，认为美国政府最终支持英法绥靖德国、出卖捷克斯洛伐克的政策，但所起的作用是不大的，罗斯福政府在这个事件上陷得不深。但黄贵荣对何抗生的看法提出商榷，认为尽管在慕尼黑会议上出卖捷克斯洛伐克的是英法政府，但这种出卖活动的最后机会却是罗斯福外交努力的直接结果；美国之所以如此，是为了积蓄力量，如果欧洲发生战争，美国将“等到交战国筋疲力尽时，发挥美国的最高主宰权”。李昌德探讨了1935—1936年意埃战争中美国的绥靖政策，认为一向标榜孤立主义的美国，也充当了法西斯意大利的帮凶，无论是意埃战争前抛出中立法，还是战争期间修改中立法，都抹杀不了美国支持意大利侵略扩张的事实。吕庆广研究了30年代美国对德国的外交，认为这一时期的美国对德外交以1937年为界分为前后两个阶段；前一阶段美国持中立立场拒绝干预德国内外事务，后一阶段逐步背离中立原则，走到德国的对立面。程文进通过一系列论文，具体分析了美国对德国的绥靖政策，认为1933—1940年美国对德国实行的是安抚、绥靖、绥靖与遏制并存的政

① 王贵正:《美国三十年代中立法》,《世界历史》1982年第2期；张尚谦:《美国三十年代的“中立”和围绕“中立”的大辩论》、《美国1935年中立法的酝酿和制订》，分别见《云南教育学院学报》1985年第1期、《云南民族学院学报》1987年第1期；刘戈宏:《试论美国30年代孤立主义的实质》,《辽宁大学学报》1988年第5期；韩莉:《评美国1935年中立法的产生及应用》,《北京师范学院学报》1992年第6期。

策，其目的是为美国的欧洲经济战略服务[①]。

一些学者通过对30年代的裁军会议论述美国的孤立主义和没有远见的裁军政策。鲁静通过对1932年世界裁军会议的考察，认为美国出于维持欧洲大陆力量均衡的考虑，采取了抑制法国、部分满足德国军备要求的策略；美国战后奉行孤立主义外交政策，在裁军活动中也被自己炮制的孤立主义怪圈所局限，瞻前顾后，未能发挥更大的作用。章毅君认为在1935年的伦敦海军会议上，英美对德、意、日法西斯国家对世界和平的威胁缺乏充分的认识，当日本宣布退出会议而完全不受海军裁军条约的限制时，美英仍坚持签订新的限制海军军备条约，从而导致两国海军建设的严重落后，削弱了抵抗法西斯侵略的能力[②]。

一些学者探讨了1937年底到1938年初美国希望与英国采取联合行动并通过战争以外的方法维持世界和平的绥靖德国的"罗斯福—韦尔斯和平计划"。陈兼和倪培华认为，尽管英美都不希望法西斯国家用武力打破世界均势，但两国存在矛盾；慕尼黑会议前，张伯伦的对德政策无疑是绥靖政策，而罗斯福的对德政策尽管带有某些绥靖色彩，但也有"进取"性质；并分析了英国内阁对绥靖德国的分歧。金卫星认为，由于缺乏与英国合作的共同基础，而美国本身又不愿为之承担义务，才最终放弃了这个计划。徐蓝进一步依据原始档案及当事人的回忆录等第一手资料对该计划的来龙去脉进行了详细考

① 王贵正:《三十年代的美国绥靖政策》和《孤立主义与美国三十年代全球战略》,《吉林师大学报》1979年第2期、1982年第4期；王明中:《1937—1941年的美德矛盾》,《世界历史》1983年第2期；何抗生:《美国与慕尼黑》,《世界历史》1984年第3期；黄贵荣:《罗斯福在慕尼黑事件中的作用——与何抗生同志商榷》,《世界历史》1985年第10期；李昌德:《1935—1936年的意-埃战争与美国的绥靖政策》,《河北大学学报》1987年第4期；吕庆广:《评1930年代美国对德外交》,《徐州师范大学学报》2001年第2期；程文进:《慕尼黑危机与美国对纳粹德国的绥靖》、《美德关于罗斯福"世界和平会议计划"的外交接触》和《美国对德国1935年重整军备的反应》,《首都师范大学学报》2003年第5期、2005年第6期、2006年第3期；《美国与第二次世界大战初期纳粹德国的"和平倡议"》,《山西大学学报》2005年第6期；《慕尼黑会议后绥靖与遏制并存的美国对德政策》,《齐鲁学刊》2006年第3期；《美国的欧洲经济战略与1933—1940年的对德政策》,《河南师范大学学报》2006年第3期；《美国安抚纳粹德国的富勒使命》,《历史教学》2006年第8期。

② 鲁静:《美国与1932年的世界裁军会议》,《首都师范大学学报》2006年第3期；章毅君:《试论1935年伦敦海军会议》,《历史教学》2002年第8期。

察，认为张伯伦政府坚持推行绥靖政策和美英之间的互不信任，以及该计划本身的非现实性与实际发展的国际形势的现实之间形成的巨大反差，是该计划最终夭折的根本原因[①]。

在对美国30年代外交政策的研究中，一个重要的方面是考察美国对日本的政策。中国学者主要从两个角度论述了这个问题。

其一是从珍珠港事件发生的原因入手。针对西方学术界的一种看法，即认为珍珠港事件是美国总统罗斯福的一个“阴谋”和“苦肉计”，目的是迫使日本对美国先动手，从而克服国内的孤立主义情绪，使美国进入战争，中国学者基本认为这种说法证据不足[②]。但是对珍珠港事件发生的原因，中国学者的看法也有一些差别。张继平认为，珍珠港事件的发生是美国的和平主义思想、推行姑息日本的外交政策、思想上缺乏对突然袭击的准备、企图玩弄远东慕尼黑、对外政策长期实行变相绥靖的中立主义，以及对战前形势的误判等因素导致的。邓蜀生认为，从1937年10月罗斯福的“防疫”演说到1941年12月珍珠港事件爆发，由于受到国内和平主义、孤立主义和利己主义的束缚，以及缺乏对战争的精神和物质准备，再加上军方对“先欧后亚”战略的坚持，使罗斯福的对日政策经历了十分曲折的过程，但总的说来，罗斯福执行的不是像张伯伦那样的对德国妥协投降的慕尼黑政策；尽管在1941年5月他有过对“满洲国”予以事实上的承认以换取日本撤军的想法，但最终放弃了这个想法，罗斯福在根本问题上并没有打算把中国出卖给日本，而且中国不是捷克斯洛伐克，中国人民的抗日战争，使任何形式的“远东慕尼黑”都难以得逞，这就是慕尼黑在远东最终没有出现的原因之一；珍珠港被袭击并不是罗斯福执行“绥靖”政策的结果，而是战术上的失误，是对日本侵略的疯狂冒险性估计不足和对其进攻方向的误判[③]。

---

① 陈兼、倪培华：《1938年罗斯福的“和平倡议”与英国内阁危机》，《世界历史》1985年第7期；金卫星：《美国对德绥靖的“韦尔斯计划”》，《历史研究》1995年第4期；徐蓝：《对“罗斯福—韦尔斯和平计划”的历史考察》，《世界历史》2001年第4期。

② 李安华：《珍珠港事件是绥靖政策的必然结果——驳所谓“苦肉计”说》，《世界史研究动态》1981年第11期；孟庆龙：《华盛顿难辞其责——珍珠港事件再揭秘》，《世界历史》1995年第4期。

③ 张继平：《珍珠港事件为何发生？》，《世界历史》1981年第6期；邓蜀生：《罗斯福与珍珠港事件》，《复旦学报》1982年第1期。

其二是从研究30年代美国对日本的政策入手。张庆熹认为罗斯福政府对日本采取了严守“中立”的妥协政策。王开琚和张秋生都讨论了太平洋战争爆发前的美日谈判，前者认为谈判具有两重性：一是美国对日本实行“绥靖政策”，二是美日间互相蒙蔽，争取备战时间或推迟战争；后者认为，美国从其全球战略和自身利益出发，在谈判中对日推行妥协与遏制并重的两面政策，使日本侵略欲望更加膨胀，并在谈判的掩护下掌握了军事主动权；美国以石油为主的全面禁运沉重打击了日本，促使其加快了对美开战的步伐。王斯德、李巨廉探讨了太平洋战争前美国的远东战略及其演变，认为1941年美日谈判的一个重要问题是希望拆散三国同盟。丁则勤和丁克迅详细研究了1941年美国与日本谈判的具体过程，揭示了美国一度想以承认“满洲国”使日本撤军的想法。韩永利认为，“七·七”事变爆发后美国对日本实行了纵容政策，其主要原因除了“反苏”和孤立主义之外，还包括美日之间密切的经济关系、美国军事准备不足、美国在中日战争初期采取“坐山观虎斗”以便轻取远东太平洋的霸权，以及在介入欧亚之争前先要稳定拉丁美洲这个美国的“后院”等因素。徐蓝在其专著《英国与中日战争1931—1941》中用不少篇幅论述了30年代美国对日本的政策从绥靖向强硬的转变。曹胜强也从经济大危机对美国国内政治的影响、稳定拉丁美洲后院和美日经济关系等方面探讨了30年代美国对日本采取绥靖政策的动因。唐庆认为，太平洋战争前美国的对日政策是绥靖与遏制相结合，其核心是避免承担义务和卷入战争；他还从经济角度论述了美国战前的对日政策的演变。李凌云认为，30年代美国对日本的政策一直带有绥靖色彩，但前期对日绥靖是主流，后期对日强硬是主流。蔡玉民考察了经济因素在卢沟桥事变到珍珠港事变期间美国对日本政策中的作用，认为美日之间的经济往来重于美国在华利益，使美国在日本全面侵华时采取了绥靖政策，但当日本扩大侵略触及了美国的根本利益时，美国展开了对日经济战，并与日本进行谈判，而双方在亚洲的相互对立的经济战略是导致太平洋战争爆发的原因之一。李京原具体探讨了太平洋战争爆发前美国对日本的经济制裁。刘笑盈认为，日本的扩张和美国的遏制都是一个渐进的过程①。

2. 第一次世界大战后的和平安排与二战的起源

在探讨第二次世界大战的起源时，一个重要的问题就是它与第一次世界大战的关系。为什么一战结束后战胜国作出的“和平安排”即凡尔赛—华盛顿体系没有带来长期和平，仅仅过了20年就爆发了第二次世界大战？第二次世界大战爆发后西方学者就开始研究这个问题。中国学者对这个问题的探讨开始于80年代，近年来的研究逐步深化，即认为两次世界大战是有其内在联系的。张继平、胡德坤认为，第一次世界大战后帝国主义国家制定的《凡尔赛条约》播下了新的战争的种子。陈兼认为，从二战形成的历史过程看，问题的关键首先在于一战后产生的极不稳定的和平结构本身。徐蓝认为，两次世界大战之间国际事务中的每一个重大事件无不直接或间接地与一战后战胜国建立的凡尔赛—华盛顿体系相关联，第二次世界大战的一个重要根源，即在于一战后战胜国对世界作出的和平安排之中，“凡尔赛体系是产生第二次世界大战的温床”。她从战争罪责、赔款、领土和安全、民族矛盾、对苏俄的态度、美国的孤立、对中国的不公正等方面具体分析了凡尔赛体系的弊端和内在矛盾，认为这些弊端和矛盾不仅导致了战后德国民族主义和复仇主义蔓延，是30年代纳粹党得以上台的重要原因之一，而且其反苏反共的性质也

① 张庆熹:《试论罗斯福政府的太平洋政策》,《河北师范大学学报》1981年第3期；王开琚:《略论1941年美日谈判的性质和后果》,《西南师范学院学报》1982年第3期；张秋生:《1941年日美谈判与太平洋战争爆发》,《徐州师范学院学报》1988年第3期；王斯德、李巨廉:《论太平洋战争前美国远东战略及其演变》,《中美关系史论丛》，复旦大学出版社1985年；丁则勤、丁克迅:《美日的私人议和活动与〈日美谅解案〉的形成》和《太平洋战争前美国在美日谈判第一阶段的远东政策》,《历史研究》1986年第5期、1989年第1期；韩永利:《“七·七”事变爆发后美国对日纵容的原因初探》,《武汉大学学报》1985年第4期；曹胜强:《三十年代美国绥靖日本侵华的战略动因》,《聊城师范学院学报》1992年第3期；唐庆:《太平洋战争前美国的对日政策》和《1931—1941年美国对日政策的演变》,《江汉大学学报》1997年第4期、2005年第4期；李凌云:《太平洋战争前美国对日政策的演变》,《日本研究》1998年第4期；蔡玉民:《经济因素在美国对日政策中的作用（1937—1941）》,《世界历史》2001年第3期；李京原:《冻结资产与石油禁运——太平洋战争前美国对日本的经济制裁》,《南都学坛》2003年第3期；刘笑盈:《眺望珍珠港：美日从合作走向战争的历史透视》，北京广播学院出版社2002年。

阻碍了二战前反法西斯联盟的形成，并成为苏联与德国接近的原因之一；美国作为以“门户开放”原则为核心的华盛顿体系的主要规划者和潜在保证者，与日本独霸中国和东亚的既定国策的矛盾终归不可调和，美日之间的冲突也早晚会发生。时殷弘认为，战后凡尔赛体系与生俱来的致命弊端，既激发了德国的复仇心理，又加强了德国根本的地缘战略地位并赋予它潜在的战略优势①。

3. 对苏联参战前的外交政策研究

对苏联参战前的外交政策的探讨集中于《苏德互不侵犯条约》、苏联建立“东方战线”、《苏日中立条约》的签订和评价。主要有以下几种看法：

第一种看法认为，苏联签订《苏德互不侵犯条约》是出于苏联自身的安全需要而“迫不得已”的，但对大战的提前爆发产生了不可否认的影响。李巨廉、潘人杰认为苏联缔约是苏联在当时复杂的国际环境下不得不采取的外交抉择。何春超认为，苏联在争取建立集体安全的努力遭到严重挫折的情况下，为了不使自己成为英法绥靖政策的牺牲品，被迫做出这种选择。齐世荣认为，当英法苏军事谈判看来无成功希望而德国又竭力靠拢时，苏联政府为了维护自身的安全，便与德国签订了互不侵犯条约。徐蓝认为，苏联从提倡集体安全原则变为实行中立自保政策，固然是其保卫国家安全的被迫选择，但是对国际关系的坐标迅速向大战倾斜也产生了不可否认的影响。霜木认为，1939年斯大林“与强盗联手防贼”的外交是苏联外交的杰作和胜利，但是政治上和道德上的败笔②。

李嘉谷特别研究了新解密的苏日签订中立条约谈判的苏联外交档案文

---

① 张继平、胡德坤：《第二次世界大战史》，甘肃人民出版社1984年；陈兼：《走向全球战争之路》，学林出版社1989年；徐蓝：《凡尔赛—华盛顿体系与两次世界大战之间的国际关系》，《历史教学问题》2000年第3期；《战争与和平：两次世界大战的比较研究》，《20世纪的历史巨变》（论文集，齐世荣、廖学盛主编），人民出版社2000年；时殷弘：《新趋势、新格局、新规范》，法律出版社2000年。

② 李巨廉、潘人杰：《关于二次大战前史的若干问题》，《世界历史》1979年第5期；何春超：《国际关系史纲》，法律出版社1987年；齐世荣主编：《世界史·现代史编》（上册），高等教育出版社1994年；徐蓝的看法见《20世纪的历史巨变》，学习出版社2005年；霜木：《1939年斯大林“联盗防贼”的外交》，《外交学院学报》1999年第2期。

件，表明斯大林在与日本外相松冈洋右的谈话中认为，签订苏日中立条约是第一步，要进一步在“大问题”上合作，使三国条约变成四国条约，即用德、意、日、苏对付英、美，这是过去许多史学著作中未曾提及的。他还详细论述《苏日中立条约》的签订过程，认为苏联学者齐赫文斯基所说的莫洛托夫完全不理睬松冈洋右关于在中国领土上划分苏日势力范围的建议是不符合事实的，实际上，与《苏日中立条约》一起发表的关于外蒙古与“满洲国”的宣言表明，苏联实际承认“满洲国”问题，是苏联提出的；这一宣言侵犯了中国的领土主权，是对中国抗日军民心理上的一个重大打击①。

对苏联建立“东方战线”的行动，中国学者认为也是苏联出于自身安全需要的产物，但对其作用的评价也是否定的。梁占军认为，作为苏联筹建东方战线的重要步骤之一，苏芬战争的爆发本质上是苏联在二战之初所采取的“避战自保”政策的必然产物；5卷本的《第二次世界大战史》认为，苏联在芬兰的军事行动所暴露出的弱点对希特勒发动侵略苏联的战争起到了一定的促进作用②。

第二种看法认为，苏联和英、法、美一样，对纵容法西斯侵略扩张负有不可推卸的责任，它同样也是绥靖大国。孙红旗认为，《苏德互不侵犯条约》与《慕尼黑协定》并无本质区别；《日苏中立条约》在法律上正式承认伪满洲国，拿中国的领土和主权做交易，是苏联对日绥靖的顶峰；苏联在安抚支持法西斯的做法上，较之西方国家有过之而无不及。崔剑认为，任何社会制度的国家，只要不是立足于反法西斯大局，而只图一国苟安或一己私利，对侵略者姑息让步甚至以牺牲他国的独立、领土和主权为代价，即可界定为绥靖政策。他用这一标准衡量苏联在卫国战争前夕的对欧政策，认为它在一定程度上也推行了绥靖政策，这一政策的起点是慕尼黑危机，因为苏联作为捷克斯洛伐克的盟国没有履行援助义务；《苏德互不侵犯条约》的订立是这一政策

① 李嘉谷：《中苏关系史研究二题》、《关于1941年苏日签订中立条约谈判的新揭密档案》和《<苏日中立条约>签订的国际背景及其对中苏关系的影响》，分别见《抗日战争研究》1995年第1期、《世界历史》1998年第5期、2002年第4期。

② 梁占军：《1939年苏芬战争爆发与英国的反应》，《首都师范大学学报》2000年第1期；军事科学院军事历史研究部：《第二次世界大战史》（第2卷），军事科学出版社1995年第252页。

的进一步发展，在本质上与《慕尼黑协定》并无二致，建立东方战线是它在欧洲推行绥靖政策的顶点；其原因在于：苏联领导人未能抓住世界主要矛盾，未能认清战争的反法西斯性质、未能分清敌友、也未能正确处理维护国家安全、民族利益和坚持无产阶级国际主义原则的关系。陆文培也对《苏日中立条约》持批评态度，认为这在本质上与英法的绥靖政策并无根本区别[①]。

第三种看法认为苏联在战前的政策不同于西方大国的绥靖政策。罗志刚认为，苏联对日缓和外交在其远东政策中居于中心地位，但决不同于西方大国的绥靖政策；中苏关系经历了曲折过程，但“七·七”事变前夕，远东初步形成了中苏合作抗战的新格局；苏联远东政策与外交属于避战自保和反法西斯性质，但其成就有限。周美云从苏联远东战略的角度考察其外交政策，认为30年代苏联的远东战略是其“先西后东”世界战略的重要组成部分，主要目标是避免卷入与日本的战争;《苏日中立条约》的签订是苏联远东战略的成功。王真考察了苏联在九一八事变中的政策，认为苏联之所以对该事变实行中立的不干涉政策，主要出于国家战略利益的考虑，力图为自己赢得一个相对和平的外部环境；苏联在实行不干涉政策时在道义上体现出对中国抗日军民的同情；不干涉政策的实质是一种妥协，但苏联对日妥协中有损及中国主权的因素，使不干涉政策偏离了正确轨道；不干涉政策具有复杂性，但不能得出苏联鼓励日本侵略中国的结论[②]。

另外，丁金光论述了《苏德互不侵犯条约》对美国共产党的影响，认为该条约的签订，使美国共产党的政策从贯彻人民阵线政策并支持罗斯福政府，到谴责“第二次帝国主义战争”，抵制罗斯福政府的方针的转变，对该条约存在期间美共的反政府反战争活动进行了叙述，并分析了对美共造成的消极影响；认为在评价该条约的历史地位时不能忽略它对美国和其他国家共

---

① 分别见孙红旗:《苏联与绥靖政策》,《社会科学战线》1995年第1期；崔剑:《论卫国战争前夕苏联对欧洲政策的嬗变及影响》,《扬州师院学报》1995年第2期；陆文培:《试论〈苏日中立条约〉对中国抗战的影响》,《军事历史》1994年第3期。

② 罗志刚:《1931—1937年苏联远东政策与外交》,《武汉大学学报》1995年第4期；周美云:《浅析三十年代苏联的远东战略》,《历史教学问题》1994年第1期；王真:《九一八事变与苏联的不干涉政策》,《中共党史研究》2003年第3期。

产党的影响，该条约过大于功。陈晖利用新解密的苏联外交档案，对国内学者以往较少深入研究的苏联与英法的战前谈判中的苏联外交进行探讨，通过剖析谈判过程中的苏联行为与政策，认为谈判失败的最主要原因是苏联与英法安全观的对立；慕尼黑会议之后，苏联已不再满足于一般意义的互助条约，而是要取得对周边邻国的控制权，以防止它们倒向德国而成为反苏的跳板，以确保本国的安全；而英法则希望保持中东欧的现状，无意将东欧的利益交给苏联，双方虽有合作的愿望，但在维持现状和改变现状之间很难找到共同点，因此谈判破裂不可避免。程早霞、伍玉林研究了苏德战争前两国之间的经贸关系，认为德国从苏联取得的各种战争物资决定性地削弱了英国的大陆封锁政策，也削弱了苏联自身的力量，两个经贸协定的执行麻痹了斯大林对大战即将爆发的警惕性①。

二、战时国际关系研究②

1. 同盟国的战略关系研究

随着对档案文献研究的深入，从战略方面考察第二次世界大战时期的国际关系，是90年代以来中国史学界研究的较新领域，并取得了阶段性成果。徐蓝发表了一系列论文，对1938—1941年英美为协调两国的战略而进行的多次秘密的、从较低级的参谋人员到双方的参谋长级的会谈，对ABC-1协定、ADB协定、美英“驱逐舰换基地”协定等进行了深入的个案探讨，揭示了这些会谈对双方战略的影响，并研究了两次世界大战之间的年代中美国依据对地缘政治和战略环境的认识，将其战争计划不断从面向亚太地区向欧洲大西

① 丁金光:《试论〈苏德互不侵犯条约〉对美共的影响》,《青海社会科学》2001年第4期；陈晖:《试论二战前夕苏联与英法的结盟谈判》,《俄罗斯研究》2001年第4期；程早霞、伍玉林:《二战前期苏德经贸关系述论》,《北方论丛》1997年第3期。

② 抗日战争时期的中外关系是第二次世界大战中的国际关系的重要组成部分，完全可以作为一个单独的题目予以介绍。鉴于王建朗先生已经发表了对这一问题的详细评述文章（见《抗日战争研究》1999年第3期），并受篇幅所限，本文除了必须提及的相关成果外，基本不包括对这一问题的论述。

洋地区转变的过程，并在1941年美国尚未进入战争的情况下，就确立了指导美国一旦进入战争的“先欧后亚”的大战略原则。熊伟民特别以美国的欧洲战略为核心，探讨了美国的战略路线与英国和苏联的分歧，以及美国的欧洲战略与其全球战略之间的关系，认为在斯大林格勒战役后美国开辟第二战场的目的具有双重性：一方面，利用渡海作战来限制、抗衡苏联势力的发展，另一方面，用渡海作战来安抚苏联，保持与发展同苏联的合作关系，后者占据主导地位①。

在中国与太平洋战场方面，韩永利认为，由于美国战略制定者只从美国自身的利益、安全和追求的目标考虑，致使“先欧后亚”在如何实施“太平洋守势”上缺乏具体构想和切实可行的计划，从而造成太平洋战争之初英美盟国的惨败。他深入探讨二战中美国的大战略与中国抗日战场的关系，指出中国战场对美国贯彻其“先德后日”大战略的巨大作用。戴超武研究了1945年美国在太平洋战争中的战略调整和原子弹的使用，认为随着太平洋战局的发展和美苏关系的变化，美国开始调整并修改远东战略，原子弹试验的成功使美国决策者排除了苏联参战的考虑，决意对日本使用原子弹；这一选择不仅是出于军事考虑，更体现了美国新的远东战略设想，即保证日本向美国投降，防止战后苏联插足日本并迫使苏联在战后国际问题上做出让步②。

2. 战时主要大国外交政策研究

其一是对苏联战时外交的研究。由于苏东剧变后大量档案的解密，对苏联战时外交政策的研究也有了新的进展，其中一个比较集中的问题，是从苏

---

① 徐蓝：《评1941年英美参谋会谈》、《评1938年初英格索尔的伦敦之行》、《从“橙色”计划到“彩虹”计划——太平洋战争前美国的战略演变》和《关于1940年美英“驱逐舰换基地”协定的历史考察》，《历史研究》1992年第6期、1994年第4期、1996年第6期、2000年第4期；《从“ADB”协定看太平洋战争爆发前英美在远东的军事合作》，《世界历史》1994年第3期；《评1939年汉普顿的华盛顿之行》，《首都师范大学学报》1995年第4期；熊伟民：《合作与抗衡——横渡海峡作战与美国的对苏政策》，《湖北大学学报》1990年第6期；《战时英美欧洲战略比较研究》，《社会科学战线》1995年第4期；《战时美国的欧洲战略》，湖南教育出版社1997年。

② 韩永利：《战时美国大战略与中国抗日战场1941—1945》，武汉大学出版社2003年；戴超武：《美国结束太平洋战争的战略与原子弹的使用》，《世界历史》1995年第4期。

联的角度探讨苏联在东欧问题上的政策以及与其他国家之间的关系。李兴对二战前夕到二战结束这一时期的苏东关系进行了总体研究，认为围绕东欧问题，苏联在6年的时间里，先后与德国、英国和美英集团进行了秘密或公开的谈判、斗争、妥协和交易，对该地区进行了多次瓜分，说明争夺和控制东欧是苏联外交从不忽视、从不忘记的基本国策。吴伟系统探讨了1939—1945年苏联与波兰的关系，重点分析了苏联在解决“波兰问题”上的总体思路和基本框架，认为苏联是“波兰问题”的始作俑者，从历史、现实和国家安全的角度来看，苏联在解决波兰问题上拥有特殊地位，苏联解决波兰问题的基本框架具有反德即反法西斯性和自利性双重特点，苏联在战争中地位和作用的不断提升，是这一框架最终基本得以落实的重要原因①。梁占军研究了二战爆发之初苏联和英国的关系，认为尽管苏联出兵波兰是对波兰安全的主要保证国英国的严重冲击，但英国从当时的总体战略出发，对苏联的行动采取了克制谅解政策，并致力于改善英苏关系，为日后两国能够迅速建立同盟关系奠定了基础。耿志研究了1941至1942年波兰军队在苏联的组建与最终撤离苏境的艰难历程，折射出苏德战争开始前后，苏、英、波三国之间既相互协作，又隐含着矛盾与斗争的关系。徐天新从是否适应世界发展主流即保卫和平与发展经济的高度，研究了二战结束前后苏联的对外政策，指出苏联战后重新把革命和战争放在对外政策的首位，不符合时代潮流，因此是短视和有害的②。

其二是研究英、美、法等国家之间的关系。李昌新、黄世相从总体上考察了二战期间英美同盟背后的竞争关系，认为二战期间的英、美两国既是反法西斯的同盟伙伴，又是争夺世界霸权的对手；它们在军事、政治和经济等方面进行着激烈的斗争，寻求各自国家利益的最大化；在反对德、意、日法西斯的共同利益的大背景下，英美两国在互动中实现了战略妥协；二战后美国最终取代英国成为世界霸主。任东来研究了美国对1944年英苏划分巴尔干

① 李兴:《1939—1945年苏联的东欧政策剖析》,《世界历史》2001年第6期；吴伟:《苏联与“波兰问题”》，世界知识出版社2002年。

② 梁占军:《1939年苏联出兵波兰与英国的反应》,《首都师范大学学报》1996年第4期；耿志:《1941至1942年波兰军队在苏联的组建与撤离》,《世界历史》2006年第2期；徐天新:《论苏联在二战结束前后的对外政策》,《世界历史》1995年第5期。

势力范围的“百分比协议”的态度，认为美国对这一协议采取“沉默而非认可”的立场的主要原因，在于美国寻求全球领导责任；美国意识到战后势力范围会仍然存在但缺乏对势力范围的通盘考虑，希望利用自己的影响使苏联在东欧建立“开放的”而非“排外的”势力范围等等，并指出美国对势力范围的复杂看法在外交实践上表现出来的矛盾性，实际使维持美苏战后合作关系变得十分困难。严双伍考察了美法关系，认为战时美法矛盾产生的主要原因是美国对夺取战后世界霸权的战略追求，削弱孤立英国、控制法国殖民地的意图，对法国政治现实和未来走向的判断失误，信息情报不确导致决策的盲目性以及罗斯福和戴高乐之间不和谐的个人关系等因素，并认为二战中的美国对法国的政策是美国外交的最大失误①。

3. 战时中小国家外交关系研究

除了大国外交关系之外，一些中小国家在二战中的外交也引起了中国学者的重视。张天概述了1934—1942年澳大利亚从只与英国发生单元外交，到推行独立自主的与多国发生外交关系的多元外交的转变过程，以及这一转变所具有的被迫实行、以国防转变为契机等特点；认为单元外交是澳大利亚作为移民殖民地残余的体现，而多元外交则是它完成国家完全独立任务的标志。费佩君也认为，30年代澳大利亚总理柯廷通过实行针对日本建立本国独立国防体系和联美抗日，使澳大利亚摆脱了英国控制，实现了“外交革命”，使澳大利亚步入世界独立国家之林。潘兴明评述了澳大利亚在二战中的积极作用，认为战争推动了澳大利亚国内的工业化，也使它把美澳友好关系作为其对外政策的基石。汪诗明考察了二战期间澳大利亚与苏联建交的全过程，认为澳苏建交是改变澳大利亚外交处于边缘状态的重要事件之一，体现了英苏关系的改善，是澳大利亚民族主体意识增强的标志，是国际反法西斯同盟不断壮大的重要体现之一。潘迎春研究了二战中加拿大与美国的关系，认为从1940年两国关于北美大陆东西海岸合作防务的“奥格登斯堡协定”，到

① 李昌新、黄世相：《论第二次世界大战期间的英美矛盾及其妥协》，《世界历史》2004年第6期；任东来：《美国与1944年英苏划分巴尔干势力范围》，《美国研究》1997年第1期；严双伍：《二战期间美法矛盾成因析考》，《武汉大学学报》2001年第4期。

1941年两国正式进入合作生产军需品阶段的《海德公园宣言》，不仅奠定了两国未来友好关系的走向，而且标志着加拿大开始挣脱英帝国的束缚，独立地走上国际政治舞台，为加拿大战时的发展和战后成为一个“中等力量”的国家奠定了基础。程洪研究了二战期间阿根廷在英、美和德国之间采取中立政策的产生背景、内容、展开过程以及形成原因，认为阿根廷对外政策的重心在于加强与英国的联系，重视与德国关系，对美国则表现出与其作对但不与之彻底决裂的基本态度，具有明显的亲欧反美倾向性，反映出阿根廷在与大国争斗中的艰辛与无奈①。

三、同盟国对战后世界和平安排研究

中国学者对同盟国有关第二次世界大战后的和平安排的研究，大致可以分为三个方面。

1. 大国之间几次重要会议研究

其一是对开罗会议的研究。中国学术界对开罗会议是不是美国对华政策的转折点存在不同看法。时殷弘认为，开罗会议和德黑兰会议之前，美国对华政策思想以“把中国当大国对待”为核心，其后以促进苏蒋接近和国共军政统一为特征，开罗会议以后美国不再支持中国成为世界大国。陶文钊认为，美国对华政策在抗战时期可以概括为扶蒋容共抗日，美国对华政策的转变是在1944年9月至1945年4月间发生的，而不是开罗会议；开罗会议以后，罗斯福对蒋介石的态度和使中国成为大国的政策没有根本改变。赵志辉认为，开罗会议之后，坚持中国的大国地位政策仍是美国对华政策的基本目

① 张天:《从单元到多元的澳大利亚外交》,《世界历史》1995年第1期；费佩君:《柯廷总理与澳大利亚的对日作战》,《华东师范大学学报》1995年第4期；潘兴明:《澳大利亚与第二次世界大战》,《南京大学学报》1995年第3期；汪诗明:《第二次世界大战与澳苏建交》,《世界历史》2005年第4期；潘迎春:《〈海德公园宣言〉与二战期间加美关系》,《世界历史》1999年第5期；程洪:《论阿根廷在二战期间的独特外交政策》,《拉丁美洲研究》2000年第1期。

标，促进苏蒋接近和国共军政统一只是美国为了实现对华目标所采取的手段，而非终极目标；1944年9月至1945年4月这个时间界标实际上是美国对国共两党政策或态度的转折点，而不是美国对华政策的转折点；罗斯福的中国大国地位思想在开罗会议以后贯穿美国对华政策的始终。他还认为，开罗会议对维护中国主权和领土完整、提高中国国际地位具有重要意义，并确立了中美两国在其中的战略关系和合作模式，是中美两国的首脑从各自国家利益出发构建远东国际新体系的尝试，是一战后远东华盛顿体系和二战后远东雅尔塔体系之间的一个过渡①。

其二是对《雅尔塔协定》的考察。周希奋认为,《雅尔塔协定》服务于美国战后世界的总战略，是美国远东政策的产物，在这场势力范围的瓜分中，得益最大的是美方，同时排除了中共的外援之路，使蒋介石能够放手消灭中共。王真认为,《雅尔塔协定》是美苏两国划分势力范围的妥协与合作，带有明显的牺牲他国利益的大国外交的特点，也蕴藏着美苏更为深刻复杂的互相限制的斗争，该协定奠定了战后美苏在远东战略格局的基础，是引起美苏冷战的根源之一。何桂全对王真文章的两个提法提出异议，认为该文把三八线看成是美苏通过《雅尔塔协定》划分的，把太平洋环形防线看成是通过该协定建立的，显然与史实不符。梁文清对《雅尔塔协定》中规定的“外蒙古（蒙古人民共和国）的现状须予维持”中的外蒙古“现状”的产生和发展做了历史性的探讨。说明1911年12月外蒙古的喀尔喀宣布独立，成为“大蒙古国”，是沙俄为实现扩张野心插手中国事务的结果，并由此产生了外蒙古“现状”问题；十月革命后苏俄背着中国中央政府筹划并承认“蒙古人民革命政府”，侵犯了中国的领土主权，使外蒙古的归属问题又趋复杂；“九一八事变”后苏联在日本扩大侵华、中国无力顾及外蒙回归时与日本签订了一系列条约，以苏联承认“满洲国”换来日本承认“蒙古国”，使外蒙古以苏联势力范围的状态保持了事实上的独立;《雅尔塔协定》签订后，斯大林实行强权政治，才

① 时殷弘:《开罗会议和美国对华政策的转折》，见《世界历史》编辑部编:《欧美史研究》，华东师范大学出版社1989年;《美国与现代中国》,《历史研究》1995年第2期；陶文钊:《开罗会议是美国对华政策的转折点吗？》,《历史研究》1995年第6期；赵志辉:《也谈开罗会议与美国对华政策的转折——兼与时殷弘和陶文钊同志商榷》和《开罗会议新论》,《世界历史》2000年第2期、2004年第5期。

迫使蒋介石政府于1946年1月5日正式承认外蒙古的独立。张振江分析了围绕《雅尔塔协定》的美、苏、中三国的外交折冲，认为雅尔塔秘密协定产生之后，当时中国政府的外交重点仍然锁定美国，并极力“邀请”美国政府介入中苏关系并影响未来的中苏谈判，但美国政府并没有接受，而是协同苏联迫使中国直接派团到莫斯科完成中苏谈判①。

其三是对波茨坦会议的考察。张振江认为，《雅尔塔协定》签订后，美国的对苏政策一直处在矛盾之中，原子弹的试爆成功迅速成为美国政策逆转的契机；波茨坦会议期间美国对中苏政策发生重大转折，美国最高决策者不但积极支持中国抵制苏联的要求，试图以中苏谈判拖住苏联参战的步伐，甚至谋求抢占中国的大连港口；由此可见，二战还没有结束，美苏在东亚竞争与对抗的帷幕就已经拉开了②。

2. 雅尔塔体系/体制研究

在这一方面，主要包括对该体系的涵义和作用的论述。1990年11月22—23日在天津召开的关于“雅尔塔体制与战后世界格局”的圆桌讨论会中，与会学者主要从以下三个方面对雅尔塔体制进行了论述：第一，雅尔塔体制的涵义，也就是雅尔塔体系包括的内容。张志、沈永兴都认为该体制在时间上主要是指1943年至1945年苏、美、英三大国首脑召开的一系列会议和会谈中达成的书面或口头、公开或秘密的各种协议的总和，强调凡属有关战后世界安排的问题，均应属于该体制的范围，但并没有作具体的论述。第二，实事求是地分析雅尔塔体制的作用。张志、张象、徐天新等都认为雅尔塔体制对维护战后长期和平起了积极作用，但与会者也都谴责该体制所表现出来的强权政治特征。第三，指出了雅尔塔体制与冷战的关系以及对战后世界格局的

① 周希奋：《雅尔塔协定和美国的远东战略》，《世界历史》1985年第12期；王真：《雅尔塔协定与美苏战略格局》，《世界历史》1987年第3期；何桂全：《对〈雅尔塔协定与美苏战略格局〉一文的两点校正》，《世界历史》1989年第3期；梁文清：《〈雅尔塔秘密协议〉中的外蒙古“现状”溯源》，《历史教学问题》1994年第4期；张振江：《〈雅尔塔秘密协定〉背后的中、美、苏关系透析》，《东南亚研究》2003年第4—5期。

② 张振江：《波茨坦会议与美国中苏政策的转折（1945年7—8月）》，《史学月刊》2004年第12期。

影响[①]。这次会议提出的问题和产生的分歧，实际上一直存在于中国学者的看法之中。

有关雅尔塔体系的涵义，中国学术界一般认为，雅尔塔体系是由第二次世界大战中后期盟国召开的所有重要会议发表的宣言、公开或秘密达成的一切协定所组成的，并以雅尔塔会议通过的公报、协定和密约最为重要。但是关于雅尔塔体系的构成，看法并不相同，一些学者认为，雅尔塔体系的主要内容是：打败法西斯并彻底铲除法西斯主义和军国主义；重新绘制战后欧亚地区的政治版图；建立联合国作为协调国际争端维持战后世界和平的机构；对殖民地和国联委任统治地实现托管计划，提倡和平、民主、独立原则；并认为雅尔塔体系主要是盟国对战后世界的政治安排，经济上的安排是布雷顿森林体系[②]。另一些学者认为，布雷顿森林体系也是雅尔塔体系的组成部分。由于对雅尔塔体系的内容的界定不一致，因此一些持后一种看法的学者认为，雅尔塔体系并没有随着冷战的终结而结束[③]。

关于雅尔塔体系的作用，吴伟认为，二战进程中由美、苏、英等大国政治家们通过一系列国际会议为战后设计的蓝图与现实存在的世界格局间存在不小差别；尽管在他们设计的蓝图中很难找到关于战后欧洲国家将要实行集团化的措辞，但由于在他们对欧洲各国疆界的划定和关于维持世界和平的安排中都包括着既要满足大国利益、又要实现大国合作的矛盾，因此形成了战后“两极对垒、集团相持”的现实欧洲格局，这与设计者们的初衷相去甚

---

① 关于这次会议的详细内容，参见《世界历史》1991年第1期，《历史教学》1991年第4期；对这次会议的综合报导，参见《世界史研究动态》1991年第1期。

② 方连庆：《第二次世界大战时苏美英三次首脑会议》，《国际政治研究》1989年第3期；吴于廑、齐世荣主编：《世界史·现代史编》（下卷），高等教育出版社1994年；齐世荣、廖学盛主编：《20世纪的历史巨变》，学习出版社2005年；齐世荣总主编、彭树智主编：《世界史·当代卷》，高等教育出版社2006年。对雅尔塔体系研究情况的论述，可参见毛锐：《近10年来雅尔塔体制问题研究的新进展》，《山东师大学报》2001年第3期。有关雅尔塔体系兴衰的论述，还可参见黄安年：《反法西斯战争胜利五十周年和雅尔塔体制的兴衰》，《历史教学》1995年第6期。实际上，在国际政治学界，这种看法是更为普遍的，这里不再列举。

③ 李世安：《从国际体系的视角再论雅尔塔体系》，《世界历史》2007年第4期；李先波：《雅尔塔体制内容再思考》，《哈尔滨学院学报》2007年第11期；杨和平：《雅尔塔体制“瓦解”质疑》，《信阳师范学院学报》2002年第2期。

远。张盛发利用90年代才解密的前苏联的原始档案，以苏联在二战初期扩展领土和建立势力范围的努力为基点，论述苏联势力范围的建立与雅尔塔体制的形成之间的关系，对雅尔塔体制范围内的苏联势力范围问题和冷战的起源问题提供了新的认识。赵志辉认为中国是雅尔塔体系的创建国之一，雅尔塔体系有关中国问题的安排并不仅仅限于秘密协定中对中国领土主权的侵害，它还包括有关中国作为一个大国的国际地位的规定和明确承认台湾是中国领土的规定。徐蓝认为雅尔塔体系是战争结束时大国之间实力对比和妥协的产物，反映了二战以后的世界现实，虽然大国强权政治和秘密外交依然存在其中，但是与一战后的凡尔赛—华盛顿体系相比，有着明显的历史进步性，对于战后世界的总体和平状态和战后历史的发展有着深远的影响，从一定意义上说，它决定了战后世界和平与发展的主题，联合国是雅尔塔体系留给当今世界的宝贵遗产①。

3. 国际组织研究

随着中国越来越多地参与各种国际组织的活动，中国学者对二战后期建立的国际组织的研究也不断重视。在有关联合国的问题上，金光耀探讨了当时的国民政府和中国共产党在创建联合国中的积极作用②。

在对其他国际组织的研究中，目前主要研究的是联合国家粮农会议和仅存在三年的“联合国善后救济总署”。韩长青对美国与1943年举行的“联合国家粮食与农业会议”的关系进行考察，认为这次会议是罗斯福政府对盟国在战后展开国际合作的可行性以及国内政治和舆论倾向的一次考查，是对组

---

① 吴伟:《雅尔塔体系与战后东西欧国家的集团化》,《首都师范大学学报》1994年第2期；张盛发:《雅尔塔体制的形成与苏联势力范围的确立》,《历史研究》2000年第1期；赵志辉:《雅尔塔体系的形成与中国关系的再认识》,《南京社会科学》2000年第6期；徐蓝:《战争与和平：两次世界大战的比较研究》，载齐世荣、廖学盛主编:《20世纪的历史巨变》（论文集），人民出版社2000年;《试论雅尔塔体系对战后国际关系的影响》,《历史教学》2002年第5期。

② 金光耀:《国民政府与联合国的创建》,《中国社会科学》2003年第6期。需要说明的是，从20世纪90年代起，中国学者对联合国的研究热情持续高涨，出版了一系列有关联合国的论著，但是，鉴于这些著作主要论述的是联合国诞生以来的发展历程和新中国与联合国的关系，更多地涉及战后国际关系史的内容，因此本文没有把这些内容包括在内。

建战后国际和平组织的一次预演和彩排，也是罗斯福关于国际和平与安全取决于经济和社会发展的理念的重要实践。他还对1943年美国国会与政府之间就“联合国善后救济总署”拨款的联合决议案的争论进行了探讨，认为这场争论比较集中地反映了战时国会两院特别是参议院的主要观点，为罗斯福政府制定战后国际和平组织的政策设定了原则框架，而且对战时和战后美国国际组织政策的制定和执行发挥了重要影响。王德春系统考察了联合国善后救济总署与中国的关系，认为美、英、加、澳等国政府通过“联总”把大量生活必需品和善后物资及时运到中国无偿馈赠中国人民，是暗淡的近代中外关系史上闪光的一页；但从某种意义上说，“联总”不过是美国外交政策的道德工具，是美国理想主义的试验园地[①]。

从上述很不完全的介绍中可以看出，经过30年的努力，中国学者围绕第二次世界大战的国际关系史的研究成果已经相当丰富，为以后的研究奠定了坚实的基础。特别是一些了解中外学术界对相关问题已有的研究成果、史料基础扎实、论点比较中肯的“功底型”论著，已经可以和国际学术界开展对话。

但是也存在一些问题。一是研究的深度不够，主要表现在知识基础、原始资料搜集与利用、马克思主义理论修养方面的积累不够，难以达到学术研究既要继承也要创新的标准。二是研究的领域仍然相对集中，并以政治层面上的研究为主，从经济、军事、宗教、民族、文化、意识形态等方面分别或综合论述国际关系发展的论著仍为少数。三是研究的方法论方面，尚缺乏对国际关系史的跨学科研究。在这些方面与国际水平相比，仍有很大差距。

从目前的研究趋势来看，中国的国际关系史研究将在以下两个方面不断取得进展。

第一，随着中国与世界的联系越来越紧密，中国学者的视野也越来越开阔，思想的不断解放和创新意识的不断强化将使中国学者继续以马克思主义的世界历史理论为指导，从全球史观出发，在坚持辩证唯物主义和历史唯物

① 韩长青:《试论罗斯福政府与1943年联合国会议的缘起》,《试析1943年美国国会与政府在UNRRA协定上的冲突与妥协》,《首都师范大学学报》2004年第3期、2007年第2期；王德春:《联合国善后救济总署与中国（1945—1947）》，人民出版社2004年。

主义的分析方法的同时，兼收其他史学理论精华，并尝试运用各种国际关系理论对具体的国际关系史问题进行跨学科、跨领域、跨层面的比较研究，不断拓展学术研究的深度和广度。

第二，20世纪前半期的国际关系，已经完全作为历史进入了学者的研究领域，各国也先后解密并不断出版相关的档案文献集①。面对这些浩如烟海的史料，如何坚持实证研究，从中找出最有价值的史学研究问题，是研究者必须具备的基本能力。相信通过对这些史料的认真研读和分析，中国学者将立足中国而又放眼世界，以更广阔的全球视野看待一国的历史与世界的历史发展之间的关系，更加注意不同国家内部的深刻变革和不同地区之间的相互联系，更加注重对政治、经济、军事、文化、社会、民族、宗教、意识形态等各方面的发展演变进行综合考察，从而对一些传统国际关系中的重大问题，如战争与和平的规律，国家利益的界定与维护方法，国家安全的内涵，国际关系、国际体系、国际格局、国际秩序的演变等等方面，进行微观与宏观相结合的研究并得出某些新的结论。只有这样的研究，才会更加清晰地透视与再现国际关系史的方方面面，也才能为今后中国的国际关系发展提供更多、更准确的背景资料与历史借鉴。这不仅是中国历代史学家要求治史者所应具备的“史家四长”，即“史才、史学、史识、史德”的具体体现，也是今天的中国史学家能够在世界史坛上拥有自己独立地位的必经之路。

---

① 举其要者：美国国务院出版的《美国对外关系文件》(*Foreign Relations of the United States*, *FRUS*)，Gale公司出版的美国政府解密档案（*Declassified Documents Reference System*, *DDRS*）；英国出版局出版的《英国外交政策文件集》(*Documents on British Foreign Policy 1919—1939*, *DBFP*)，《关于帝国终结的英国文件》(*British Documents on the End of Empire*, *BDEE*)，《英国海外政策文件》(*Documents on British Policy Overseas*, *DBPO*)，美国大学出版公司出版的《英国外交事务文件：来自外交部的机密报告和文件》(*British Documents on Foreign Affairs: Reports and Papers from Foreign Office Confidential Print*, *BDFA*)，英国内阁文件缩微胶卷（*Cabinet Papers*, *CP*）；英国出版局出版的《德国外交政策文件集》(*Documents on German Foreign Policy 1918—1945*, *DGFP*)，法国国家出版局出版的《法国外交文件》(*Documents Diplomatiques Français*, *DDF*)，以及加拿大、澳大利亚等国家的外交文件；俄国《历史档案》(ИСТОРИЧЕСКИЙ АРХИВ) 杂志公布俄国解密档案，日本外务省编纂、原书房出版的《日本外交文书》、日本みすず书房出版的《现代史资料》、日本雄松堂书店出版的《極東國際軍事法庭速記録》，中国国家图书馆馆藏《日本外务省档案》(昭和期，缩微胶卷）等等。中国方面的档案，包括台湾出版的秦孝仪主编的《中华民国重要史料初编》，中国第二历史档案馆藏《国民政府外交部档案》等。

改革开放30年：中国战后国际关系史研究的成果与展望[①]

中国的战后国际关系史是一个相当年轻的研究领域。改革开放前，由于这一学科所要求的扎实的史料基础和足够的“历史长镜头”，以及避免当事人的感情因素和个人偏见等基本要素均不具备[②]，加之受到各种思想的束缚，它尚未作为独立学科存在。随着文化大革命的结束特别是1978年党的十一届三中全会的召开，学者思想空前解放，学术问题意识和研究创新精神得到前所未有的开拓，在战后国际关系史方面不断取得新的研究成果。本文仅就30年来中国学者在这一领域的一些重要成果作以简单的回顾和展望。

---

① 为了纪念改革开放30年，《历史研究》编辑部组织了一组笔谈，标题为“改革开放三十年史学回顾”，本文即为应邀之作，发表于《历史研究》2008年第6期，第25—33页。本文评论的范围限定在中国内地正式出版的学术研究论著，不包括中国香港、澳门、台湾地区的出版物。

② 研究战后国际关系史有许多困难，举其大者有四：(1)由于各国的官方档案文献一般是25—30年解密，因此史家在相当长的时间里看不到重要的档案资料；(2)许多事件正在演变，尚未结束，或结束后不久，所以为史家所贵的“历史眼光”在研究战后历史的时候就不易表现出来；(3)研究者与所论述的问题有比较密切的关系，涉及国家、民族、阶级、集团、甚至个人等方面的荣辱利害，因此要做到客观公正、不存偏见，殊非易事；(4)即使档案解密，也因其材料太多而使史家甚至穷一生之力也难以达到“竭泽而渔”的高标准。

一、中外关系研究

改革开放以来，随着中国与世界的联系日益紧密，中国学术界对中外关系史的研究热情始终不衰，研究的重点集中于美国、苏联、日本的对华政策以及中国与这些国家的双边关系。

1. 美国对华政策与中美关系

1979年1月中美正式建交至今已近30年，其间两国的关系起伏跌宕，一直影响着中国外交和世界格局的变化，因此，美国对华政策的研究便成为中国学者最为关注的热点研究课题。由于受到美国政府档案资料解密时间等诸多因素的制约，中国学者的研究集中在1950—70年代。

（1）1950-60年代美国的对华政策

中华人民共和国成立后，美国政府为什么不承认新中国，漠视世界政治格局巨大变化这一客观事实，中国学者对此进行了深入探讨并提出了不尽相同的看法。有学者认为，在朝鲜战争爆发前的一年半时间里，美国对中国共产党和新中国的政策既非争取和解，亦非敌对、遏制和孤立，而是“等待尘埃落定”，到1949年底，美国政府在是否承认新中国的问题上仍然举棋不定，并未形成比较明确连贯的基本行动方针。决定美国态度的关键因素是美国对中苏关系的估计，不是中苏联合造成了中美对抗，恰恰是中美对抗导致了中苏结盟。[①]另一些学者不同意这种看法，指出杜鲁门政府对新中国实行的是全方位的敌视政策，这种政策的各个具体方面，大多在1949年上半年即已存在，其余的（除阻止西藏解放）则形成于是年夏秋之交，到1950年上半年，美国对华政策已经纳入了“积极遏制”的新远东战略的轨道，是中美对抗形

① 资中筠:《美国对华政策的缘起和发展（1945—1950）》（重庆出版社1987年，上海人民出版社2000年修订版）；袁明:《新中国成立前后的美国对华政策观》，袁明、哈丁主编:《中美关系史上沉重的一页》，北京大学出版社1989年。

成的根本原因。[①]

对于1950–60年代的中美关系，学者主要研究了美国在两次台海危机、中印边界冲突中实行的对华敌视与遏制政策和中国的反应，认为1950年代的两次台海危机是美国强权外交与中国革命外交之间的大较量。就美国而言，危机的起源除了冷战战略的安全因素考虑之外，意识形态无疑是决定美国对危机反应的最重要因素之一，从而使冷战在亚洲带有更为强烈的意识形态色彩，更具有导致大规模冲突的潜在可能性；对中国来说，危机的重要后果有两个，一是中国领导人意识到，在当时的国际环境下，台湾问题的解决只能通过谈判途径和平解决，这是他们对如何解决台湾问题在认识上的质变，二是使中国领导人更加相信核武器对国家安全和大国地位的重要性。在当时的情况下，中美谈判也难以产生相应的良性互动。[②]目光较长远的学者注意到1950–90年代中国人民解放军在台海地区采取的三次军事行动，都是在中美关系恶化或很不稳定的情况下发生的，中国的决策都含有对美国的政策做出反应的成分，从本质上讲都是中国政府不断追求国家最终统一过程中的特殊阶段和特殊方式。[③]

在中印边界冲突问题上，学者认为肯尼迪政府希望通过援助并怂恿印度在中印边界采取军事冒险政策，以达到遏制中国、改变印度的不结盟政策、在南亚建立针对中国的"联合防御体系"、加深中苏分裂等多重目的。但是美国的全球冷战政策与亚洲政策之间的矛盾以及南亚复杂的国际关系，使美国未达到战略目的。[④]

关于肯尼迪政府的对华政策，学者以美国对1960年代中国粮荒的反应为个案进行研究，认为当时美国的对华政策是"冷战政治压倒人道主义"，[⑤]肯

---

① 王建伟:《新中国成立前后美国对华政策剖析》,《世界历史》1986年第1期；时殷弘:《敌对与冲突的由来：美国对新中国的政策与中美关系（1949—1950）》，南京大学出版社1995年。

② 戴超武:《敌对与危机的年代——1954—1958年的中美关系》，社会科学文献出版社2003年。

③ 牛军:《三次台湾海峡军事斗争决策研究》,《中国社会科学》2004年第5期。

④ 蔡佳禾:《肯尼迪政府与1962年的中印边界冲突》,《中国社会科学》2001年第6期；王琛:《美国对1962年中印边界冲突的反应》,《史学月刊》2002年第1期。

⑤ 牛大勇:《缓和的触角抑或冷战的武器——美国政府20世纪60年代初期对中国粮荒的决策分析》,《世界历史》2005年第3期。

尼迪政府的对华政策已陷入一种“遏制的困境”：一方面，它感到了中国问题的现实压力，试图寻求某种政策变化，降低敌对、尝试“接触”；另一方面，它又不愿意放弃“敌视”中国的观念，因此肯尼迪政府在中国问题上所做的事并不多。从某种程度上说，这一时期美国的对华政策是由1950年代“遏制并孤立”转向1960年代中后期的“遏制但不孤立”的过渡阶段。①

此后的约翰逊政府对中国实行“遏制但不孤立”的政策，主张政治上承认中华人民共和国是一个存在的政体，不会马上消失；承认经济上的禁运是个失败，主张与中国进行除战略物资外的贸易往来等等。从其继任者尼克松上台后的表现来看，确实是丢掉了“孤立”的做法，而坚持“遏制”不放。②

（2）美国对中国台湾和西藏的态度

台湾问题是中国学者研究中美关系的重要领域。美国的对台政策经历了从朝鲜战争前的不准备武装保护逃至台湾的蒋介石政权，到朝鲜战争爆发后的“台湾地位未定”论，武装入侵台湾海峡，阻止人民解放军解放台湾并开始加强对蒋介石政权的援助，再到艾森豪威尔政府加强对台支持，同时反对台湾当局反攻大陆的政策演变。③学者从历史与现实的角度论证了台湾问题在中美关系中产生的破坏性影响，认为美国始终存在制造“一中一台”并控制台湾的野心，以及台湾在美国东亚战略中的重要地位不易改变，将使中美关系不断出现激化与缓和交替的状况；台湾问题成为中美关系中最重要、最敏感的问题，冷战后美国在台湾问题上的摇摆，引发了中美关系的屡次跌宕起伏。④通过对两次台海危机中美台关系的考察，学者认为美台联盟实际陷入了合作困境，一方面由于联盟的约束力，美国不得不承担相应的“责任”，另一方面出于自身利益考虑，美国又不希望台湾的自行其是将美国拖入更大的风险。因此，美国对台湾采取了既扶持又抑制的做法，并采取各种手段将

---

① 唐小松:《遏制的困境——肯尼迪和约翰逊政府的对华政策（1961—1968）》，中山大学出版社2002年；温强:《肯尼迪政府与中国——遏制但不孤立政策的缘起》，天津古籍出版社2005年。

② 顾宁:《美国“遏制但不孤立”中国政策提议的历史由来、反响及其意义》,《世界历史》1997年第1期。

③ 王勇:《浅析美国的台湾政策》,《世界经济与政治》1989年第6期。

④ 赵宝煦:《台湾问题：影响中美关系的重要因素》,《北京大学学报》1997年第1期；苏格:《美国对华政策与台湾问题》，世界知识出版社1998年。

自身风险减至最小。①

西藏是中华人民共和国神圣领土不可分割的一部分。新中国成立后直到《关于和平解放西藏办法的协议》的达成，美国试图使用劝说、诱使英国和印度的合作等政治、外交手段将西藏从中国分离出去，但终因印度和英国出于自身利益考虑而采取的不合作政策，以及中国政府及时正确处理西藏问题，使美国的分裂政策宣告失败。学者们认为，美国的西藏政策大体经过了从侧重“承认西藏是中国领土的一部分”，转变为把西藏作为一个独立政治实体对待的过程；揭露了美国秘密策划达赖出逃，干涉西藏内政，利用西藏问题阻止中国统一的图谋；指出美国长期对中国所谓“西藏人权问题”的干涉，很大程度上助长了达赖集团在国外的分裂活动。②

2. 中苏关系

中华人民共和国成立后，中国与苏联的关系极为复杂，从友好的同盟关系到边境武装冲突，最后回归到正常的国家关系，直接影响两国政治经济的发展和世界格局的巨大变化。因此，中苏/中俄关系是战后国际关系重要的研究领域之一。

中苏同盟一度是新中国外交的基石，它是当时中国实行“一边倒”外交的必然选择，是在两国不断协调战略利益关系并解决意识形态分歧中完成的，《中苏友好同盟互助条约》的签订为以后十余年的中苏关系全面发展奠定了基础。但苏联领导人坚持在战后国际格局中从中国东北获得权益，也为同盟的破裂埋下了种子。同盟破裂的原因在于中苏两党发生了政策性分歧，根源在于当时社会主义国家关系中某种结构性弊病。中苏同盟解体对两国乃至

---

① 王帆：《从二次台海危机看美台军事合作困境》，《历史教学》2006年第10期。

② 王琛：《试论1949—1951年中国的印度政策与西藏的和平解放》，《当代中国史研究》2002年第2期；樊吉社：《美国分离西藏：从策划到失败（1949—1951）》，《国际论坛》2000年第6期；李晔、王仲春：《美国的西藏政策与“西藏问题”的由来》，《美国研究》1999年第2期；程早霞：《“十七条协议”签订前后美国秘密策动达赖出逃历史探析》，《中共党史研究》2007年第2期；张云帆：《美国国家安全委员会与对华西藏政策的制定（1953—1961）》，《国际论坛》2007年第4期；郭永虎、李晔：《美国国会与中美关系中的“西藏问题”新探——基于<国会记录>的文本分析》，《西藏民族学院学报》2008年第1期。

世界政治的发展都产生了重大影响，改变了冷战格局，促进了苏联在冷战对阵中败北。有学者认为，毛泽东和赫鲁晓夫对各自社会主义道路的探索，以及对对方探索方式的认识，是确定1954—1960年中苏关系走向的决定性因素，当双方的探索和为此制定的政策趋同时，双方关系可以在求同存异中发展，反之则关系转为冷淡乃至趋向分裂。更有学者注意到核武器的研发对中苏关系的影响，认为两者是一个互动过程；在当时背景下，中国发展核武器只能争取苏联的援助，而苏联向中国提供相关的技术也有其特殊历史背景；1958年下半年以后两国在意识形态、对时代和国际形势以及核武器的态度等方面的重大分歧，促使苏联停止援助中国发展核武器，这成为中苏关系破裂的重要标志，也是日后中苏论战的一个重要论题。①

对于1960年代中国的边界武力冲突，特别是1969年中苏边界冲突，学者都予以关注。认为在中印边界冲突中，苏联的反应和实行的偏袒印度的“中立”政策，是苏联对印度政策发展变化和赫鲁晓夫推行“和平共处”外交政策的必然结果，是自1950年代中后期以后苏联和中国在一系列重大理论及国际战略问题上存在的基本矛盾和根本分歧的突出体现，这些矛盾和分歧成为中苏论战的重要内容和中苏分裂的重要起因与标志。②

关于1969年中苏边界冲突，研究虽然较多，但是由于资料的限制，所以考察的重点集中在中国1960年代的外交调整与1969年珍宝岛事件的关系方面。有人认为这一行动是在“文化大革命”强调反对修正主义的特殊背景下，对苏联不断制造边界事件的一种反应，此后中国寻求改善中美关系是“中苏紧张局势事实上的缓和”带来的“一个有国际意义的副产品”。有人认为中国军队在珍宝岛采取军事行动是毛泽东在调整中国外交战略的过程中有意识地利用中苏边境争端，使中国得以在国际战略大格局的变动中把握住了外交上的主动权。但是还存在与此不同的看法，认为从中国来说，珍宝岛之战的直接目的不过是想给苏联以教训，使之收敛挑衅行动；中国改变对美政策并

① 沈志华:《中苏同盟破裂的原因和结果》,《中共党史研究》2007年第2期；戴超武:《中国核武器的发展与中苏关系的破裂（1954—1962）》,《当代中国史研究》2001年第3、5期。

② 戴超武:《中印边界冲突与苏联的反应和政策》,《历史研究》2003年第3期。

非毛泽东声东击西的结果，而是其审时度势后采取的正确外交选择。[①]

3. 日本对华政策与中日关系研究

日本是中国的近邻，中日两国关系的发展和变化直接影响着亚洲乃至世界政治经济的发展，因而一直吸引着学者的目光。对中日关系的研究主要是从日本对华外交出发的，并集中在台湾问题与中日关系上。

学者认为台湾问题在日本对外战略中的地位十分重要，台湾是日本为自己构筑的“生存空间”的一角，在日本的战略重点中，台湾的重要性有增无减；日美关系的重要性并不能排除在特定条件下日本与美国在台湾问题上采取不同行动的可能性，日中关系的好坏也不会影响日本要确保台湾作为一个独立实体存在的对台政策实质，只是影响它外在的表现形式。与近代以来国际关系的发展相对应，日本国内政治经历了武力扩张、保革对立、政治多元化三个阶段，中日关系也经历了民族敌对、中日“友好”、国家关系双重性三个阶段；目前中日关系存在的既近又远、不该摩擦而摩擦最多、其重要性既清楚又模糊三大矛盾，将在相当长的时期内构成两国关系的基本内容与特点。[②]有学者指出，历史上的“台湾情结”、日本国内政治因素、对外谋求国家利益和日美同盟的战略需求，是日本“关注”台湾问题的根本原因；但顾及与中国的关系，日本在台湾问题上不得不以“无为”的表象掩盖“有为”的实质，台湾问题不仅是中美关系中最敏感的问题，也是今后一定时期内影响中日关系的主要问题。[③]

对战后日本政府对华开发援助（ODA），学者也进行了研究。指出1979年日本开始对华提供ODA资金，体现了地缘政治和发展对华友好，确保能源进口，开拓中国市场等关系日本经济安全的多重原因，也包含着日本政府对

---

① 徐焰：《1969年中苏边界的武装冲突》，《党史研究资料》1994年第5期；李丹慧：《1969年中苏边界冲突：缘起和结果》，《当代中国史研究》1996年第3期；杨奎松：《从珍宝岛事件到缓和对美关系》，《党史研究资料》1997年第12期。

② 武寅：《日本对外战略与台湾问题》，《世界历史》2000年第2期；《热战　冷战　温战——国际大背景下的日本政治走向与中日关系》，《日本学刊》2002年第4期。

③ 张耀武：《中日关系中的台湾问题》，新华出版社2004年。

侵华历史的负债感和对中国放弃战争赔偿的补偿心理；从实施效果看，日本当初要达到的诸项目标基本得到了实现；但是1990年代中期以来，日本对华ODA逐步出现“经援政治化”倾向，把这一经济合作与中国内政及中日政治矛盾挂钩，把ODA变成政治施压的手段，在中日之间增添了“ODA摩擦”，并造成了中日两国民众和舆论对日本对华ODA的扭曲的负面印象，中国认为“经援政治化”背离了日本对华ODA政策的初衷；中国经济的发展使日本对华ODA走向终结是大势所趋，中日两国应致力于善始善终。①

在战后国际关系领域，对中国与英国、法国、德国等国家的双边关系也有相当深入的研究，对中国外交的发展也有相对宏观的论述，限于篇幅，本文从略。

二、冷战史研究②

作为战后国际关系史的重要内容，冷战史研究是中国学者取得较大进展的领域。中国学者在这一领域做了大量的基础性工作，搜集了众多的苏联档案资料，并组织出版了其中的一部分，为冷战史的研究提供了扎实的史料基础。中国学者还力图给“冷战”这个已经结束的历史阶段下一个定义，阐发冷战的基本特征，并通过考察冷战的演进态势来构建冷战史的学术体系。他们的努力和研究成果得到了国际学术界的认同。但是，冷战史的研究不仅表现在多边档案史料的发掘与运用，更表现在对冷战本质特征的再认识，其中包括研究视角的拓展与转换。下面仅概括三个方面的成果。

1. 美国的冷战战略

学者认为战后美国的军事战略及核政策是影响冷战的最重要的因子之一。核武器的出现加剧了苏联的不安全感，是导致冷战起源的一个因素；冷

① 金熙德:《日本对华ODA的演变与中日关系》,《现代国际关系》2006年第11期。

② 有关近两年的研究成果，一定程度上参考了崔丕《中国学术界对国际冷战史的研究》一文，在此致谢。该文见高翔主编:《中国社会科学前沿（2006—2007）》，社会科学文献出版社2007年。

战期间，美苏都把核武器作为实现自身政治和外交目的的工具而大搞核竞赛，使核危机频频爆发；而双方为了防止核战争的爆发进行的限制战略武器谈判，又在一定程度上缓和了国际紧张局势，加速了冷战的结束。①

冷战中的美国对西欧国家的政策集中体现了美国外交的走向。曾是美国外交核心的美英关系，发生了美国从视英国为其最重要乃至唯一的盟友到视英国为其众多盟友中的一个的转变，在此过程中英国在美国全球战略中的地位明显下降，两国“特殊关系”也相对淡化。②学者也具体研究了美国对联邦德国、奥地利和西班牙等国的政策，特别是在联邦德国的问题上，艾森豪威尔政府实际执行的是维持东、西德国长期分裂局面的政策，并对西德实行“压力外交”，要求其在西方防务中作出更多贡献并帮助美国解决国际收支危机。艾森豪威尔政府继承了杜鲁门政府推动西班牙加入北约的政策，并提出推动西班牙政治民主化的构想，两国关系的核心是“美援与军事基地的交换”。③

1990年代前，美国在与苏联争夺世界霸权的斗争中，除了直接的武力对抗外，使用了几乎所有的手段。战后欧洲和世界的势力范围划分，德国的分治，朝鲜半岛的分裂，巴勒斯坦和以色列问题以及世界上不断的局部武力冲突，无一不与美苏两国相关。学者认为，反共主义意识形态在美国有着深厚的基础，也是冷战时期美国推行反苏政策的主要动因之一；对美国来说，意识形态不仅是与苏联对抗的手段，也是与争夺世界霸权具有同等重要意义的一个目的。意识形态是美国国家利益的一部分，布什政府宣布冷战结束的主要根据是“苏联在东欧统治的崩溃”和苏联已经放弃共产主义意识形态。意识形态一直左右着美国看待世界的方法和处理世界事务的行动；冷战时期美国的人权外交与意识形态的斗争结合在一起，服务于冷战，冷战后人权因素已同美国外交政策结合在一起，为其建立世界霸权的总目标服务，并正式成

---

① 赵学功：《核武器与美苏冷战》，《浙江学刊》2006年第3期。

② 张颖：《从“特殊关系”到“自然关系”——20世纪60年代美国对英国政策研究》，黑龙江人民出版社2006年。

③ 崔丕：《艾森豪威尔政府对联邦德国政策新探（1953—1960）》和《艾森豪威尔政府对西班牙政策探微》，分别见《欧洲研究》2005年第2期和2006年第1期。

为其全球战略的组成部分。

战后初期，凯南针对苏联提出的遏制战略，是一种夹杂着理想主义成分的现实主义思想，也是一种有自身特色的和平演变战略思想。[①]冷战时期美国对东欧国家的政策同样经历了“激变战略”、“解放政策”和“演变而非革命”政策的变化。1950年代发生在东德、波兰、匈牙利等国家的一系列事件，不仅反映了苏联维护自己阵营稳定的决心和意志，也促使美国决策层从对苏东国家的“激变”战略向“演变”战略转变。从这些事件可以看出冷战初期美国对苏东的宣传战略是进攻性心理战与文化渗透，东德事件暴露了心理战的内在矛盾，在苏联的对外政策出现松动的情况下，美国转向了文化渗透演变战略，波匈事件后演变战略完全定型，最终在苏东剧变中扮演了重要角色。[②]

学者还考察了美国的经济遏制政策，指出巴黎统筹委员会、中国委员会是以美国为首的西方国家在世界范围内对苏联、中国实行冷战和经济遏制政策的产物，其目标从阻碍苏联集团战争潜力的增长，转变为改变苏联的外交政策和国内政治，并利用所谓的“差别政策”来分化苏东集团国家。[③]

2. 苏联在冷战中的东欧政策研究

直到苏联解体前，东欧国家基本被看作是苏联的势力范围。但是苏联与东欧国家间存在着矛盾。学者解读了矛盾的典型国家——南斯拉夫与苏联的关系，认为直到1948年初苏南之间仍保持着联盟关系；冷战的爆发使斯大林将通过放松对东欧国家的控制以换取美国合作的政策，变为想通过强硬路线迫使美国承认苏联在东欧的绝对地位，铁托对这种转变产生误解则造成了两国之间的重大分歧，并认为南斯拉夫走上独立发展的道路是苏南冲突的结果而不是它的起因。他们还考察了波兰、匈牙利危机出现以前苏联、东欧和中

---

① 张小明：《乔治·凯南遏制思想研究》，北京语言学院出版社1994年。

② 白建才：《冷战初期美国“隐蔽行动”政策的制定》，《陕西师范大学学报》2003年第4期；张晓霞：《从进攻性的心理战到渐进的文化渗透——评冷战初期美国对苏东宣传政策的演变》，《南京大学学报》2004年第5期。

③ 崔丕：《美国的冷战战略与巴黎统筹委员会、中国委员会（1945—1994）》，东北师范大学出版社2001年，中华书局2005年修订版。

国相互关系的发展状态，苏联在处理波兰危机时对是否进行干预问题上的决策过程，以及苏联在匈牙利危机中两次出兵政策的形成问题。[①]

3. 冷战与发展中国家

学者主要从美国对发展中国家的冷战战略出发进行研究，涉及的发展中国家也比较多。总的来看，可以分为对美国的第三世界政策进行的总体论述和美国对某个发展中国家的政策的实证研究。

学者论述了杜鲁门政府对第三世界国家进行开发援助的“第四点计划”与冷战的关系，认为该计划是美国在第三世界冷战战略的重要组成部分，目的是通过援助，帮助稳定非共产党政权，遏制共产主义渗透；确保这些国家以“民主方式”实现经济发展和社会进步；同时为美国国内生产力拓展海外市场和原料供应，确保美国经济安全。通过对和平队与冷战、和平队与美国对第三世界国家的外交战略的关系等问题的考察，认为“和平队”是美国政府应对苏联挑战的重要举措之一，肯尼迪建立和平队的初衷就是要利用美国在经济、技术和文化上的整体优势，同苏联争夺广大中间地带，并通过和平队向新兴的发展中国家输出美国文化和价值观念，将第三世界国家的发展纳入以美国为首的西方阵营所期待的轨道；“和平队”作为美国对外关系的“软实力”，服务于美国的国家利益，在输出美国文化及价值观方面发挥了很大作用，但“和平队”的志愿者在跨文化的交流中也发挥了积极作用。[②]他们还指出，美国对发展中国家的经济援助政策是在战后冷战形势下形成的，是美国外交政策的重要内容，并通过对《1954年农产品贸易开发与援助法》的研读探讨了美国的对外粮食援助政策，认为美国以无偿与有偿援助方式对外提供粮食，开启了制度化的对外粮食援助计划——“以粮食换和平”计划，

① 沈志华：《斯大林与铁托——苏南冲突的起因及其结果》，广西师范大学出版社2002年；《一九五六年十月危机：中国的角色与影响——“波匈事件与中国”研究之一》，《历史研究》2005年第2期；胡舶：《苏联与1956年波兰十月事件》，《兰州大学学报》2005年第3期。

② 刘国柱：《第四点计划与杜鲁门政府在第三世界的冷战战略》，《历史教学》（高校版）2007年第6期；《美国文化的新边疆——冷战时期的和平队研究》，中国社会科学出版社2005年；《和平队与美国对第三世界外交的软实力》，《浙江大学学报》2008年第1期。

通过处理剩余农产品拉拢第三世界国家和遏制共产主义，成为这一时期美国对外粮食援助政策的两大目标。[①]学者考察了1950—60年代美国政府对亚洲“不结盟”国家的政策，认为该政策从缺乏足够的认识到提供大量经济援助的变化原因，是希望这些国家维持非共产主义的独立并获得经济发展。[②]美国政府对第三世界的外交政策完全服务于美国全球遏制战略和遏制中国的政策目标；美国在实现这些政策目标的过程中，军事反应、军事和经济援助成为最重要的手段；在与苏联和中国争夺第三世界的斗争中，美国使用这些手段，反对他们认定是亲共产主义或共产主义的民族解放运动以及有关的事态发展，在相当程度上忽视了第三世界国家试图在战后国际体系中寻求恰当位置的努力。[③]

学者在探讨美国对具体地区的政策时，对朝鲜半岛问题倾注了较大努力。杜鲁门政府的朝鲜政策从属于“遏制苏联集团”的战略目标，艾森豪威尔政府的朝鲜政策从属于“遏制中国”的战略目标，而其对韩国的政策与对日本的政策密切相关。[④]朝鲜半岛局势的复杂多变只不过是反映了他们的战略变化和调整。

在美国对具体国家政策的研究方面，主要涉及的有越南和越南战争，美国对菲律宾、泰国、老挝、印度尼西亚等国家的政策，对伊朗和中东地区以及苏伊士运河危机等也给予很大关注。

三、欧洲一体化史研究

战后国际关系史研究的一个重要内容，就是对国际社会出现的欧洲一体

① 王慧英：《试论战后初期美国发展援助政策的实质》、《“剩余品时代”美国对外粮食援助政策》，分别见《西南师范大学学报》2003年第2期、《世界历史》2006年第2期；《肯尼迪与美国对外经济援助》，中国社会科学出版社2007年。

② 刘青：《美国对亚洲不结盟国家态度与政策的变化（1953—1963）》，《美国研究》2008年第1期。

③ 戴超武：《肯尼迪－约翰逊时期的外交与第三世界》，《美国研究》2006年第2期。

④ 崔丕、侯文富：《美国国家安全委员会第81/1号文件形成问题研究》，《历史研究》1996年第6期；崔丕：《艾森豪威尔政府对朝鲜政策初探》，《东北师大学报》2001年第3期。

化的起源、本质、发展进程以及对法国、西德、英国等西欧主要大国对一体化的政策进行探讨。

学者认为，正是二战促进了欧洲联合思想的传播和普及，改变了欧洲人传统的民族国家观念，培育了欧洲派政治力量；二战铸就的两极格局，为欧洲一体化的启动提供了极为有利的外部条件。①

作为国际现象，欧洲一体化趋向是战后历史发展的新特点，欧洲共同体是战后兴起的地区性国家集团中比较有效行使一体化机制的国际组织，它虽具有一定的超国家因素，但就其本质而言，仍然是一个主权国家的联合体；共同体既要尊重成员国的主权，又要求成员国逐步向共同体机构转让主权；既要保持成员国的个性，又要发展共同体的共性；建设欧洲联盟是欧洲一体化运动的目标，其进程不可逆转。②

法国与联邦德国对欧洲一体化所起的作用是非常重要的。法国是战后欧洲一体化运动尤其是欧洲共同体的主要倡导者、设计者和组织者。在欧洲共同体的酝酿、建立、发展、扩大直至危机、重振等各个阶段，法国都单独或与联邦德国一起发挥了主导和关键性作用。从一定意义上可以说，法国在欧洲一体化进程中扮演一个掌握方向盘的关键角色。戴高乐的欧洲联合思想和政策，不仅对法国本身的发展，而且对欧洲联合的进程与前途以及世界政治的发展变化，都有重要影响。③同样，联邦德国总理阿登纳是“欧洲联合”运动最早的倡导者和积极支持者之一，并将其奉为国家战略而力倡法德和解，他充分利用冷战中的种种不确定因素开展灵活外交，圆满解决了法德关系中敏感的萨尔问题，大大促进了西欧早期一体化进程。④

英国迟迟不肯加入欧洲一体化进程的主要原因，在于它涉及英国的战略选择、侵蚀了英国的主权和冲击了英美特殊关系。从根本上说，这是由英国

① 严双伍：《第二次世界大战与战后欧洲一体化起源研究》，武汉大学出版社2004年。

② 伍贻康：《欧洲共同体的一体化进程及其历史地位》、《荆棘载途、任重道远——欧洲联盟的回顾和前瞻》，分别见《世界历史》1986年第7期、《欧洲》1997年第5期。

③ 周荣耀：《戴高乐与欧洲联合》，《世界历史》1984年第1期。

④ 王蕾：《康纳德·阿登纳的欧洲战略述评》，《世界历史》1996年第5期；张健：《萨尔问题的解决与西欧早期一体化》，《武汉大学学报》2002年第1期。

独特的政治文化和外交传统决定的。[①]尽管英国现在是欧盟成员，但仍对欧盟保持若即若离的关系。

苏联和美国对欧洲一体化的政策，由于立场不同而截然相反。在二战期间和战后初期的欧洲联合运动中，苏联持坚决反对态度，并采取了一些措施予以反击；导致苏联这一立场的根本原因在于其主要领导人对当时国际形势的看法和对自身安全的追求，但是苏联战后在东欧的扩张与干涉反而从事实上推动了欧洲联合进程。[②]美国则从其全球战略及自身利益出发，一开始便支持并推动这一进程；冷战期间美国对欧洲联合的支持成为美国对欧政策的基础。冷战结束后，尽管美欧矛盾不断上升，但华盛顿在总体上支持欧洲一体化的态度并未改变。[③]

四、非殖民化研究

殖民体系的崩溃是人类历史的巨大进步，也是战后国际关系史研究的重要内容。

在实证研究方面，学者主要是考察英国和法国的非殖民化政策，具体探讨了英国的非殖民化"计划"和英国实行的有关殖民地公职人员的政策，[④]并以法属西非和阿尔及利亚为个案，对法国戴高乐时期实施的非殖民化的动因与过程、特点、后果与影响进行了全方位考察，揭示了法国非殖民化运动的复杂性和殖民撤退的独特性。[⑤]

在实证研究的同时，学者探讨了非殖民化的理论含义。有人认为"非殖民化"具有两层含义：在狭义上，它是指殖民统治终结、殖民机构解散这一历史过程；在广义上，它指前殖民地半殖民地国家和人民在取得政治独立后

① 赵怀普：《英国与欧洲一体化》，世界知识出版社2004年。
② 严双伍：《苏联对早期欧洲一体化的反应与影响》，《武汉大学学报》2004年第2期。
③ 赵怀普：《美国缘何支持欧洲一体化？》，《世界历史》1999年第2期。
④ 张顺洪：《战后英国关于殖民地公职人员的政策（1945—1965）》，《历史研究》2003年第6期。
⑤ 陈晓红：《戴高乐与非洲的非殖民化研究》，中国社会科学出版社2003年。

必须在经济、历史和文化心理上摆脱殖民主义遗产从而获得真正的独立。有人认为，从广义上说，“非殖民化”泛指由殖民地、保护国、委任统治地过渡到独立国家的历史事件，从狭义上讲指二战后在民族独立运动的压力下，殖民国家从自身的利益出发被迫改变政策，使殖民地及其附属地获得独立并导致殖民帝国终结的历史进程。[①]还有人表示，“非殖民化”是指殖民国家在被迫撤出殖民地的过程中采取的旨在尽可能维护自身利益的行动，用“非殖民化”来表达争取民族独立的活动是不恰当的，容易导致概念和理论的混乱。殖民地半殖民地人民反对殖民统治争取民族独立的活动，完全可以用“民族解放运动”这个概念来表达，而不需要用“非殖民化”这个词汇。

关于新殖民主义的概念及其内涵。学者指出，“新殖民主义”是指非西方国家在名义上获得独立后，经济上继续处于依附地位的状况。新殖民主义应主要被看成一种统治手段或制度，并不代表某个具体的历史阶段，不能把1945年以后的殖民主义进程看成是“新殖民主义时期”。新殖民主义具有明显的区域性，主要影响非洲和拉丁美洲，在受社会主义思潮冲击较大的亚洲，其影响相对要小得多。他们认为，新殖民主义主要是发达资本主义大国在不进行直接殖民统治的情况下，通过各种方式对落后国家和地区进行控制、干涉与掠夺的政策和活动。[②]有学者强调：新殖民主义主要是发达资本主义大国对发展中国家维持不平等国际关系的一种体系；其表现形式多种多样且不断发展变化；国际组织机构也可能成为它们推行新殖民主义的工具。[③]

经过中国学者30年的努力和辛勤劳动，战后国际关系史研究已经奠定了坚实的基础并取得了根本性的进步。这些进步主要表现在：第一，积极关注国际学术界的研究动态和档案资料的解密，力争使我国的研究与国际学术界

① 李安山：《论“非殖民化”：一个概念的缘起与演变》，《世界历史》1998年第4期；潘兴明：《试析非殖民化理论》，《史学理论研究》2004年第3期；张顺洪：《关于殖民主义史研究的几个问题》，《河南大学学报》2005年第1期。

② 高岱：《“殖民主义”与“新殖民主义”考释》，《历史研究》1998年第2期；陆庭恩：《非洲国家的殖民主义历史遗留》，《国际政治研究》2002年第1期。

③ 张顺洪、孟庆龙、毕健康：《英美新殖民主义》，社会科学文献出版社1999年。

接轨，同时体现中国学者的研究特色。第二，积极提倡并致力于撰写史料基础扎实，论点比较中肯的“功底型”论著。第三，一批学者逐步确定了自己相对稳定的研究重点，并能够就研究的问题进行比较深刻的多层面思考。第四，在研究主题的选择方面，体现了研究者的问题意识和现实关怀。

但是也存在一些问题。一是研究的深度不够。二是研究的领域仍然相对集中，一些具有重要学术价值和现实意义的课题还没有受到应有的重视。三是研究的方法论方面，仍然缺乏跨学科的研究。

从目前的研究趋势来看，中国的战后国际关系史研究将在理论与方法论方面不断取得进展。主要表现在两个方面。

第一，随着全球化的迅猛发展以及中国融入全球化进程的加速，中国学者在坚持辩证唯物主义和历史唯物主义的分析方法的同时，兼收其他史学理论精华，并尝试运用各种国际关系理论对具体的国际关系史问题进行跨学科、跨领域的比较研究。

第二，继续坚持实证研究，通过利用各国不断解密的档案资料，进一步拓展研究深度和广度。到目前为止，许多国家有关20世纪50、60年代的历史档案都已经基本解密，70年代以来的历史档案也正在陆续开放。这些档案的公布，为战后国际关系史的研究提供了极其丰富的资料。相信通过对这些史料的认真研读与分析，中国学者将会在战争与和平，国际体系、国际格局与国际秩序的发展演变，东西方国家各自在政治制度、经济结构、社会发展、意识形态、思想观念、文化价值等方面的渐进性变化、它们之间的相互关系以及它们与发展中国家关系的发展变化，各国在重大国际事件面前为实现和维护自身利益作出的决策与其他国家之间的互动，全球化与地区一体化对国际关系的影响，民族主义与国际关系，科学技术的发展与国际关系的演变，文化环境和自然环境对国际关系的影响，后冷战国际关系发展趋势等重大问题的宏观研究和具体问题的微观探讨方面，继续取得进步，以期与国际学术界同步发展，并为21世纪的中国提供更多、更准确的背景资料与历史借鉴。

中国战后国际关系史研究30年[①]

中国的战后国际关系史是一个相当年轻的研究领域。在20世纪80年代以前，中国的学术界一般不承认有“战后国际关系史”，也并没有把战后的世界历史即当代世界史以及战后国际关系史作为历史学的分支学科来加以研究和建设[②]。这一方面是由于历史学所要求的扎实的史料基础、足够的“历史长镜头”以及避免当事人的感情因素和个人偏见等基本要素的不易具备[③]，另一方面也是由于受到各种思想上的束缚。

---

① 本文应《冷战国际史研究》编辑部邀请而作，发表于《冷战国际史研究》2009年第8辑，第1—58页。本文评论的范围限定在中国内地正式出版的学术研究论著，除个别资料外不包括中国香港、澳门、台湾地区的出版物。本文在徐蓝、牛大勇提交2007年在北京召开的国际历史科学大会代表会议的学术报告《中国的战后国际关系史研究》（该文发表于张海鹏主编的《中国历史学30年（1978—2008）》，中国社会科学出版社2008年，第117—143页）的基础上做了彻底修改和大量补充。还要说明的是，许多研究成果涉及多种领域，本文对它们的分类主要是为了叙述上的方便。

② 在世界史的教学与研究领域，世界现代史一般是指20世纪初到1945年的历史，二战后的历史一般称为世界当代史，或世界现代史的当代部分；战后国际关系史是世界当代史的组成部分，而世界当代史也是在20世纪80年代以后才发展起来的。例如，1974年人民出版社出版的北京大学历史系简明世界史编写组编写的《简明世界史》的现代部分，便没有1945年以后的内容。

③ 研究战后国际关系史有许多困难，举其大者有四：（1）由于各国的官方档案文献一般是25-30年解密，因此史家在相当长的时间里看不到重要的档案资料；（2）许多事件正在演变，尚未结束，或结束后不久，所以史家所贵的“历史眼光”在研究战后历史的时候就不易表现出来；（3）研究者与所论述的问题有比较密切的关系，涉及国家、民族、阶级、集团、甚至个人等方面的荣辱利害，因此要做到客观公正，不存偏见，殊非易事；（4）即使档案解密，也因其材料太多而使史家甚至穷一生之力也难以达到“竭泽而渔”的高标准。

随着文化大革命的结束特别是1978年党的十一届三中全会的召开，中国学术界的思想得到空前解放，其积极性、主动性和创造性得到空前激发，中国学者的学术问题意识和研究创新精神得到前所未有的开拓，在战后国际关系史方面不断取得重要的研究成果。在纪念党的十一届三中全会召开和改革开放政策实施30周年之际，本文拟依据笔者所见，对这30年来我国学者在这一领域的一些重要成果作一回顾，并对其发展动向略作讨论。

鉴于学术研究的连续性和继承性，以及中国对战后国际问题的注意和评论从40年代就已经开始，因此本文把20世纪70年代末以前的研究称之为“奠基阶段”，80年代以后研究则分为“初步发展阶段”和“稳步发展阶段”。

奠基阶段：1945年至20世纪70年代

在这一阶段，学术界一般都把对战后发生的国际关系中的各种事件的考察和评论归属于“国际问题研究”的范畴，并从此开启了战后国际关系史研究的大门。

一、战后的“国际问题研究”

自第二次世界大战结束之日起，中国的一些著名的国际问题专家如金仲华、乔冠华、楚图南、胡愈之、刘思慕、宦乡等，就在“国际问题研究”这一领域拓荒耕耘。他们在报纸杂志上撰写了大量对国际问题的评论。以金仲华为例，据不完全统计，从1946年1月到1949年1月，他就在《世界知识》杂志上发表了《战后国际问题概论》、《战后新欧洲研究》、《雅尔塔协定再评价》等9篇文章。[①]这些文章判断准确，分析透彻，在读者中颇有影响。特别值得提及的是50年代《世界知识》杂志刊登的史真、上官嵩的“战后殖民地和附属国的民族解放运动”的系列讲座，[②]文葆的“欧洲和平与安全问题讲话”，[③]以及何茂双、光友、施旅、胡今的“战后国际关系讲话”的系列讲座等，[④]都可视为新中国早期的战后国际关系史的研究；而《世界知识》杂志几乎不间断地设置的“世界大事日历”、“世界大事日志”、“半月述评”、“半月谈”、“大事日志”、“大事记”等栏目，更是形成了战后国际关系史的史实链条，为战后国际关系史的研究提供了几乎是最原始的基本素材。

但是，由于冷战的爆发，新中国在相当长的时间内受到西方集团的遏制与孤立，以及后来中苏关系的恶化，这就使中国学者对战后国际关系史的研究极为困难。因此20世纪50年代到70年代，除了对一些国际问题进行评论之外，基于第一手材料的原创性研究非常少。

然而在此阶段，中国大陆的学者在战后国际关系史的领域并非无所作为。他们不仅在资料建设方面做出了自己的努力，而且随着部分原始资料的获得，他们立即做出了自己的研究成果。

二、基本资料建设

无论是出于反对帝国主义和殖民主义、反对修正主义和防止修正主义的需要，还是出于支持亚非拉民族解放运动的需要，中国大陆学者编译、出版

---

① 这三篇文章分别见《世界知识》1946年第1、2、5期。实际上，至少从1934年金仲华、胡愈之等创办《世界知识》杂志开始，现代中国的国际问题研究就开始起步了。

② 该讲座包括战后殖民地附属国民族解放运动的特征，东南亚国家的民族解放运动，非洲国家的民族解放运动等内容，见《世界知识》1955年第1、2、5期。

③ 该讲座包括希特勒是怎样准备和发动战争的，大战的灾害和西方国家的背信弃义，从西欧联盟到巴黎协定，两个德国、两条道路等内容。见《世界知识》1955年第3、4、6、7期。

④ 该讲座包括社会主义世界体系的形成，中苏团结的加强和美国军事冒险的失败（1950—1953），“万隆精神”和“日内瓦精神”，社会主义国家的伟大团结，两个体系的对立、斗争、共处和竞赛，反殖民主义斗争的几个问题等内容，见《世界知识》1957年第6、7、8、9、11、12、14、19期。

了大量资料集，为战后国际关系史的研究奠定了一定的资料基础。

首先是有一系列大部头的权威史料结集出版。举其要者，包括：

国际关系学院编的《现代国际关系史参考资料》（战后5册）和上海国际关系学会编印的《战后国际关系史料》（4册）；[①] 世界知识出版社和商务印书馆分10卷相继出版的1945—1971年的《国际条约集》；[②] 上海人民出版社1977年出版的《中国近代对外关系史资料选辑（1840—1949）》（下卷第二分册）；中华人民共和国外交部编辑的多卷本《中华人民共和国条约集》和《中华人民共和国对外关系文件集》；以及各专门问题的资料汇编，如《中美关系资料汇编》（第一、二辑，世界知识出版社1957—1960年）、《中美关系（文件和资料选编）》（人民出版社1971年）；《日内瓦会议文件汇编》（世界知识出版社1954年）；《亚非会议文件选辑》（世界知识出版社1955年）；《日本问题文件汇编》（1—4集，世界知识出版社1955—1963年）；《南斯拉夫资料汇编》（世界知识出版社1957年）；《朝鲜问题文件汇编》（1—2集，世界知识出版社1959—1960年）；《中东问题文件汇编》（世界知识出版社1958年）；《印度支那问题文件汇编》（1—5集，世界知识出版社1959—1965年）；《巴拿马运河问题参考资料》（世界知识出版社1964年），以及各国共产党的文件汇编，等等。这些内容丰富的资料集，不仅为研究战后国际关系史提供了重要史料，而且为日后陆续编辑出版的战后世界历史和国际关系史的资料集提供了基本素材。人们不难发现，80年代以后陆续出版的相关资料集多参考了上述各种资料集的内容。

在资料方面的另一个重要建设是翻译出版了一批重要的政治人物的回忆录或言论集。如：《杜鲁门回忆录》（三联书店1974年/东方出版社2007年）；《艾森豪威尔回忆录》（三联书店1977年/东方出版社2007年）；《艾奇逊回忆

① 国际关系学院编辑的这套资料分别为：《现代国际关系史参考资料（1945—1958）总编部分》，高等教育出版社1958年，1960年再版；《现代国际关系史参考资料（1945—1949）》上、下册，高等教育出版社1959年；《现代国际关系史参考资料（1950—1953）》上、下册，人民教育出版社1960年；上海国际关系学会编辑的《战后国际关系史料》当时没有正式出版。

② 1959—1962年世界知识出版社出版了《国际条约集》1945—1947、1948—1949、1950—1952、1953—1955、1956—1957等5卷，1974—1980年商务印书馆出版了《国际条约集》1958—1959、1960—1962、1962—1965、1966—1968、1969—1971年各卷。

录》(上海译文出版社1978年);《杜勒斯言论选辑》(世界知识出版社1959—1961年);《尼克松回忆录》(商务印书馆1978—1979年/世界知识出版社2001年);《卡特回忆录》(商务印书馆1977年); 丘吉尔的《第二次世界大战回忆录》(商务印书馆1974年);《艾登回忆录: 清算》(商务印书馆1976年);《丘吉尔、杜勒斯、尼赫鲁、艾森豪威尔、戴高乐、肯尼迪关于和平共处人道主义言论》(世界知识出版社1964年);《戴高乐言论集》(世界知识出版社1964年);《赫鲁晓夫言论集》(世界知识出版社1965年);《勃列日涅夫言论集》(上海人民出版社, 1974—1975年/上海译文出版社1974—1986年);《布热津斯基言论选集》(上海人民出版社1979年),《阿登纳回忆录》(上海人民出版社1975—1976年), 等等。这些回忆录和言论集的翻译出版, 无疑给研究战后国际关系史提供了直接的第一手资料。

三、初步研究与教材编写

在研究成果方面, 最值得介绍的是刘同舜教授和他的同事们编写的《战后世界历史长编》, 该书的第一编第一分册(1945.5—1945.12)于1975年由上海人民出版社出版。这是我国第一本利用美国编辑出版的原始档案资料《美国对外关系文件集》(简写为FRUS), 并参考了苏联方面的档案以及其他西方学者撰写的论著系统介绍1945年以来的国际政治发展的著作, 实可谓开一时风气之先。[①]尽管当时该书主要是作为资料书来编辑的, 但是它所涉及的问题都是战后国际关系史发展中的最基本的大问题。以第1—5分册(1945.5—1949)为例, 就包括雅尔塔体制、联合国建立、战后国际金融体制

① 该书共11分册, 自1975年出版第1分册, 到1980年出版了1—5分册, 1985-2000年出版第6—11分册, 前后历时25年。根据美国的《信息自由法》规定的25年以前的机密文件除了特例将自动解密的原则, 该书得以参考美国公开出版《美国外交政策文件集》的战后各卷。尽管该书最初的宗旨是一部以资料为主的“长编”, 但随着时间的推移和形势的变化, 该书也越来越具有研究的性质。有关该书的详细介绍, 请参考任东来:《纪念一项延续了四分之一世纪的学术事业——为〈战后世界历史长编〉写的墓志铭》,《读书》2002年第4期; 2002年9月30日发布于史学批评网: http: //historicalreview.jianwangzhan.com。

的建立（国际货币基金组织和世界银行）、冷战起源、希腊内战、苏南冲突、印巴分治、中东战争、德国分裂、北约建立、美国调处中国内战等内容。可以毫不夸张地说，这些作为战后国际关系基本背景的重大问题，正是通过《战后世界历史长编》才比较清晰地进入中国学术界的视野的。

由于教学的需要，各高校纷纷编写世界现代史的战后部分的教材，如西北大学、陕西师大、北京师范学院（今首都师范大学，下文不再注明）等8所高校的历史系协作编写的《世界现代史》下册（一、二两本，1979年1月《南充报》印刷厂承印），①其中的国际关系史部分以毛泽东的“三个世界”理论为指导，内容则以反帝反修反殖反霸为主，反映了当时中国学术界对战后国际关系史发展的认知与理解。

初步发展阶段：1980—1991年

随着十一届三中全会所确立的改革开放政策的实施，中国学者能够从海外获得越来越多的资料和国外学者的论著，更能够踏出国门留学、访学、进修、参加国际学术会议等等，从而与国际学术界有了更多直接交流的机会。因此，进入80年代以后，中国的战后国际关系史研究也进入了一个新的阶段。

一、教材出版与资料编辑

在战后国际关系通史方面的论述，最重要的是1983年武汉大学出版社出版的由司法部法学教材编辑部审订的高等学校法学试用教材《国际关系史》（上、下册），上册由王绳组主编，时间跨度为17世纪中叶—1945年，下册

① 该教材的上册于1977年9月由山东师范学院印刷厂印刷，标明“教学用书，内部参考”。

由何春超主编，时间跨度为1945—1980年，有北京大学、中国人民大学、北京政法学院、武汉大学、河南省公安厅、商务印书馆等25所大学和单位参加编写。该书的下册作为中国第一部系统论述战后国际关系史的教材，尽管受到资料和观点方面的限制，如只能根据一些公开的文件和材料编写，但它线索清晰，从冷战政策是美国遏制苏联的政策这一基本观点出发，对冷战的爆发过程叙述清楚，并包括了新中国建立在内的战后若干重大问题，还配有大事年表和少量地图，至今仍是重要的国际关系史教学参考书之一。1986年，该书得以修订并独立出版，书名改为《国际关系史1945—1980》（司法部法学教材编辑部编审，法律出版社出版），吸收了一些新的研究成果，在体例、内容和重大事件的评价方面都做了较大改动，重新改写了部分章节。

另一部教材是1985年山东人民出版社出版的王春良、祝明等主编的《世界现代史》（下册），[①]该教材以上述1979年的教材为基础，根据1982年教育部委托北京师范学院主持编写的《世界现代史教学大纲》（战后部分）进行重写和改写，并被列入教育部的编选计划。与原书相比，这本教材在体例、内容和观点方面已有较大变化，其突出特点是单列“第二次世界大战后的国际关系”一章，并对美国的“冷战”政策给予批评。应该说明的是，在这一阶段出版使用的各种高校教材有关冷战的叙述中，其基本观点都是认为是美国对苏联发动了冷战，但对“冷战”这一概念还没有一个较为明确的界定。

在资料编辑方面：与王绳祖、何春超主编的《国际关系史》（上、下册）的教材相配套，1983年武汉大学出版社出版了《国际关系史资料选编》（上、下册），其下册的材料包括不少新翻译的国外出版的历史资料。另一部正式出版的资料集是齐世荣主编的《当代世界史资料选辑》（第一、二、三分册，北京师范学院出版社/首都师范大学出版社1990—1996年），其中第一分册“战后美苏关系”部分，包括1945—1969年的战后国际关系史的重要资料。卫林等主编的《第二次世界大战后国际关系大事记》（中国社会科学出版社1983年），是国内第一部这方面的工具书。该书按年、月、日编排，将1945—1979年的国际关系主要大事收入其中，以备查考，为学习和研究战后

① 该教材的上册编者署名“《世界现代史》编写组”，山东人民出版社1984年。

国际关系史提供了重要帮助。1983年上海市国际关系学会编辑的《战后国际关系史料》（1—5册），也提供了当时十分必要的资料。非正式出版的资料主要是1982年华东师范大学历史系资料室编辑的《世界现代史报刊论文资料目录索引（1949.10—1981.12）》（第一、二部分两本），其中包括不少战后国际关系史的论文目录，为查阅提供方便。①

在资料建设方面，还必须介绍一部重要的译著，那就是中华书局历时11年陆续出版的13卷本的《顾维钧回忆录》（中华书局1983—1994年）。这部回忆录依据作者保存多年的日记、会务纪要、电报档案及信函文件写成，第5—7分册的部分内容涉及二战后至新中国建立之间的中华民国外交，为研究这一阶段的中国对外关系提供了重要资料。②

二、重要的初步研究成果

1. 中美关系③

随着1979年1月中美正式建交，两国关系迅速升温，学术交流日益频繁，因此在这一阶段中外关系的研究方面，以中美关系的研究最为突出，其特点是开始运用原始档案资料对具体的个案进行深入探讨，研究的重点主要集中于抗战结束至新中国的成立、新中国成立至50年代中期美国的对华政策，以及新中国的对美政策。

陶文钊论证了美国的对华政策经历了由战时的援蒋抗日到战后的扶蒋反共的转变，以及伴随这种转变美国越来越深地介入中国内战的过程。牛军深入论述了马歇尔在解决东北内战中的态度和奉行的政策，不仅分析了东北内

① 实际上，当时各高校历史系的资料室，凡有条件，都按学科编辑相关的报刊论文资料目录索引，以方便师生查阅。

② 2013年，中华书局重新出版《顾维钧回忆录》，将原有十三册内容全部重新排版，订正原书错讹，增加照片，全新面市。

③ 鉴于这一时期冷战尚未结束，而中国研究中美关系的学者更多地关注中美两国之间的关系，较少论述中美关系的发展与冷战之间的关系，因此本文在论述这一时期的中美关系时将其与冷战史的研究分开叙述。

战爆发及马歇尔调处失败的原因，而且揭示了国共战略交锋背后的美苏在远东既妥协又斗争的复杂关系，以及中国共产党进军东北的重要意义。[①]

在有关新中国成立前后美国的对华政策的整体研究中，资中筠的专著《美国对华政策的缘起和发展（1945—1950）》（重庆出版社1987年。该书经作者修订后于2000年由上海人民出版社再版）值得重视，该书利用了大量新解密的美国档案，对这一时期中美关系中的一些重大问题如台湾问题追根溯源，是中国学者在80年代出版的最重要的有关中美关系的著作，具有很大学术影响。袁明、王建伟、时殷弘、高明振、林利民都对杜鲁门政府对新中国的政策进行了研究；王缉思则相对宏观地探讨了1945年至1955年的10年之中美国对中国的政策所经历的剧烈变化，及其对华政策的复杂性和多层次性，揭示了美国从1945年声称它想“使中国成为一个强国”，而1955年却执行了一项遏制、孤立、打击中国的政策的转变原因。王勇专门论述了美国的台湾政策从朝鲜战争前的不准备武装保护逃至台湾的蒋介石政权，到朝鲜战争爆发的“台湾地位未定”论，武装入侵台湾海峡，阻止人民解放军解放台湾并开始加强对台湾蒋介石政权的援助，再到艾森豪威尔政府加强对台支持，同时反对台湾当局反攻大陆的政策演变。[②]

在上述这些论著中，有关杜鲁门政府对新中国的政策方面，学者们提出了三种不尽相同的看法。资中筠和袁明认为，在朝鲜战争爆发前的一年半时间里，美国对中国共产党和新中国的政策既非争取和解，亦非敌对、遏制和孤立，而是“等待尘埃落定”政策，换言之，在这段时期里，美国的决策者始终观望不决，到1949年底，美国政府在是否承认新中国的问题上仍然举棋不

---

① 陶文钊：《赫尔利使华与美国政府扶蒋反共政策的确定》和《美国对华政策辩论与1948年〈援华法〉》，《近代史研究》1987年第2期、1988年第3期；牛军：《战后初期美苏国共在中国东北地区的斗争》和《马歇尔调处与东北内战》，《近代史研究》1987年第1期、《中共党史研究》1989年第1期。

② 袁明：《新中国成立前后的美国对华政策观》，袁明、哈丁主编：《中美关系史上沉重的一页》，北京大学出版社1989年；王建伟：《新中国成立前后美国对华政策剖析》，《世界历史》1986年第1期；时殷弘：《论美国承认新中国问题（1949—1950）》，《世界历史》1991年第1期；高明振、林利民：《试评新中国成立前后艾奇逊的对华政策》，《新的视野：中美关系史论文集（第三辑）》，南京大学出版社1991年；王缉思：《1945—1955年美国对华政策及其后果》，《美国研究》1987年第1期；王勇：《浅析美国的台湾政策》，《世界经济与政治》1989年第6期。

定，并未形成比较明确连贯的基本行动方针；决定美国态度的最关键因素是美国对中苏关系的估计，不是中苏联合造成了中美对抗，恰恰是中美对抗导致了中苏结盟。王建伟和时殷弘认为，杜鲁门政府在朝鲜战争爆发前的一年半中，对新中国实行的是全方位的敌视政策，这种政策的各个具体方面，大多在1949年上半年即已存在，其余的（除阻止西藏解放）则形成于是年夏秋之交，到1950年上半年，美国对华政策已经纳入了“积极遏制”的新远东战略的轨道，并且是中美对抗形成的根本原因。高明振、林利民则认为，当时艾奇逊所代表的美国对华政策的主流是现实主义的，其总的方向是从中国内战中脱身，同新中国建立非敌对关系，艾奇逊曾为此做出了很大努力，但终未贯彻到底；中共“一边倒”的宣言对美国政策是个很大冲击，1950年2月中苏条约签订后“尘埃”终于落定，美国虚掩了许久的通往新中国的门户最后关闭了。这些不同的看法，至今在中国关于战后中美关系的研究中仍然存在。

除了以上对美国对华政策的探讨之外，还有从中国的角度对中国的对美政策进行研究的重要成果。章百家研究了中国共产党的对美政策，指出当时中美关系的时代背景，即在两国关系的一侧是美国与其他大国争夺远东霸权的较量，在两国关系的另一侧是中国各派政治势力争夺国内政权的角逐；而中美关系作为这两个不同层次的斗争的交汇点，则一直饱受各种风浪的冲击并呈现出极为复杂的状况。①

在此时期及其后，中国学者多次召开中美关系研讨会，并出版了一系列论文集，如：中美关系史丛书编辑委员会等主编的《中美关系史论文集》（第一、二、三辑，分别由重庆出版社1985和1988年、南京大学出版社1991年出版）；汪熙主编的《中美关系史论丛》（复旦大学出版社1985年）；袁明和美国学者哈里·哈丁主编的《中美关系史上沉重的一页》；陶文钊、梁碧莹主编的《美国与近现代中国》（中国社会科学出版社1996年）；陶文钊、陈永祥主编的《中美文化交流论集》（中国社会科学出版社1999年），等等。这些论文研究的一个重点，就是20世纪40—50年代中美关系的种种问题。1989年中美建交十年之际，商务印书馆出版了中国社会科学院美国研究所和中华

① 章百家：《抗日战争结束前后中国共产党对美国政策的演变》，《中共党史研究》1991年第1期。

美国学会合编的《中美关系十年》。该书是“中美建交十周年学术讨论会”论文集，分“总论”、“外交与军事战略”、“经济贸易与技术合作”、“社会文化交流”四编，集中回顾了十年来中美关系发展的过程并展望了未来的前景。

为了使广大干部和群众了解中美关系，特别是为了给科研、教学、外事以及新闻工作者研究中美关系提供一些重要的参考资料，新华出版社于1984年出版了李长久、施鲁佳主编的《中美关系二百年》。[①]这本书从1784年2月22日美国商船“中国皇后”号开往中国开始，至1983年4月29日中国国务委员陈慕华在北京会见美国柏克德土木和矿业公司总裁高德温一行为止，将200年的中美关系按时间顺序编排史实，对重大事件的来龙去脉作简要叙述，并附有若干重要的原始资料。

另外，在中英关系方面，随着战后英国档案的解密，学者开始探讨英国战后对华政策以及对整个东亚的政策问题。翟强依据英国外交档案，探讨了1949—1954年间英国对华政策的演变，着重论述英国在承认新中国、联合国中国代表权问题、香港“两航”事件、朝鲜战争以及日内瓦会议等问题上对中国的政策，是我国学者对这一问题的较早研究。[②]

2. 冷战史研究

从20世纪40年代到50年代，中国大陆对冷战的主流看法是将其视为以美国为首的西方阵营实行的反对以苏联为首的社会主义阵营的“反动的帝国主义战略”，尽管学术界也使用“冷战”这个说法，但是普遍相信这不过是帝国主义分子使用的一种障眼法以掩盖反对共产主义的局部热战和意识形态斗争，甚至是掩盖他们对新的第三次世界大战的准备。因此中国学者在相当长的时间里把他们对冷战的相关研究置于“现代国际关系史”或“战后国际关系史”的语境之下，并未将其作为独立学科分支来研究。这种现象实际一直延续到80年代中期。正如前文所述，当时主要是在高校的教科书里接受了“冷战”的说法，但对“冷战”定义的界定以及有关冷战的深入研究尚不

① 该书当年只限国内发行。

② 翟强:《新中国成立初期英国对华政策（1949—1954）》,《世界历史》1990年第6期。

多见。[①]

在这一时期，有三本专著值得注意：汤季芳《冷战的起源与战后欧洲》（兰州大学出版社1987年），陈乐民《战后西欧国际关系1945—1984》（中国社会科学出版社1987年）和时殷弘《美苏从合作到冷战》（华夏出版社1988年）。这三本专著主要都是对围绕欧洲而展开的冷战历史进行的研究，通过考察重大事件，指出美苏冷战是多种因素综合作用的结果，至今仍是有关冷战起源与战后美欧关系的重要参考书。

另外，与国际学术界的研究几乎同步，英国与冷战的起源问题已经引起中国学者的注意，但观点不尽相同。席来旺较早地提出英国与冷战起源的关系，并认为丘吉尔在战争末期和战后初期一直在煽动美国与苏联冲突，对美国发动“冷战”起着不可忽视的推动作用。孟庆龙则以战后十年若干重大国际事件为例，指出尽管英国在欧洲积极促进美国实行冷战政策，但英国在亚洲对美国的冷战政策则在一定程度上起了抑制作用。张也白从战后世界形成的美苏对抗为基本特点的两极国际体系出发，探讨美国对苏政策中的中国因素。[②]

3. 发展中国家的国际关系研究[③]

在这一阶段，中国学术界对发展中国家国际关系的研究成果不多，其中王鸿余及时注意到1985年12月成立的南亚区域合作联盟，并对其背景、成立过程及其影响给予论述，认为抑制超级大国卷入该地区的事务是该联盟成立的重要原因之一；该联盟对推进南南合作和第三世界争取建立新的国际经济

① 尽管当时“冷战”一词已经出现在中国的某些杂志上，如《世界知识》1955年第15期刊登的马如龙的文章《开辟了结束“冷战”的道路》，以及《世界知识》1956年第12期刊登的凌冰的文章《友谊与“冷战”》。鉴于“冷战”作为战后历史发展的一个重要阶段已经结束，而且从“大历史”的角度来看，“冷战”只是战后历史发展的一个方面，因此，本文仍把冷战史的研究归于战后国际关系史研究的范畴之内。

② 席来旺：《邱吉尔与“冷战”起源》，《史学月刊》1985年第3期；孟庆龙：《论英国在冷战中对亚洲的政策》，《世界历史》1988年第1期；张也白：《美国对苏政策中的中国因素》，《美国研究》1990年第3期。

③ 中国属于发展中国家，但是为了本文叙述的方便，本文在这一标题下不包括中国的对外关系。

秩序的斗争将是一个推动；而其发展则在一定程度上取决于印度与其邻国的关系。胡少华对尼赫鲁的不结盟政策的起源和作用进行了论述；刘亚东对越南战争进行探讨，指出以美国直接卷入越南战争为标志，其不断膨胀的全球干涉主义逐渐达到顶点，但也导致了其霸权与实力之间日益严重失衡，并使其霸权地位的衰落呈现出不可逆转的趋势。黄文登通过大量数据，指出尽管海湾危机与战争对拉美的经济影响弊多利少，但促使拉美各国重视发展能源工业，对拉美地区一体化运动起到了促进作用，同时美国与拉美国家的能源合作得到加强，而美国和古巴的关系进一步恶化。[①]

从上述这些研究成果来看，有不少成果是开创性的探讨，为冷战结束后的战后国际关系史的研究奠定了初步基础。但是就整体说来，在中美关系之外的战后国际关系史的其他方面，相对来说运用档案资料进行研究的成果较少，多是对即时事件的评论和分析。

稳步发展阶段：1991至今

随着改革开放的深入发展，中国学者的思想也更加解放。特别是冷战结束后，中国学者能够获得更多的各国解密档案资料，这就使中国的战后国际关系史研究进入了稳步发展阶段。

一、教材出版、档案解密和资料编辑

教材编写方面，最突出的是90年代以来，中国大陆学者陆续出版了专门

① 王鸿余：《南亚区域合作联盟的成立及其影响》，《上海师范大学学报》1986年第4期；胡少华：《试论尼赫鲁的不结盟政策》，《世界历史》1988年第4期；刘亚东：《越南战争与美国霸权地位的衰落》，《东南亚》1991年第4期；黄文登：《海湾危机与战争对拉丁美洲的影响》，《拉丁美洲研究》1991年第4期。

论述战后国际关系史的教材。举其要者包括：方连庆等主编的《战后国际关系史（1945—1995）》（上、下册，北京大学出版社1999年），是迄今为止对战后国际关系史发展的最系统的论述；宫少朋等主编的《冷战后国际关系》（世界知识出版社1999年）分专题论述了1989—1998年的国际关系发展；肖月等主编的《简明国际关系史（1945—2002）》（世界知识出版社2003年），是对战后至2002年国际关系史的简洁叙述；顾关福编著的《战后国际关系：1945—2003》（时事出版社2003年）是1998年版本的修改本。另外，袁明和朱明权的《国际关系史》（北京大学出版社1994年，2005年再版）和刘德斌主编的《国际关系史》（高等教育出版社2003年）时间跨度6个世纪，其中的部分内容论述的是二战后的国际关系史；张宏毅编著的《现代国际关系发展史（1917—2000）》（北京师范大学出版社2002年）是1993年版本的增订版，其中包括对战后至2000年的国际关系的论述；时殷弘的《现当代国际关系史（从16世纪到20世纪末）》（中国人民大学出版社2006年），将国际政治理论与国际关系史相结合进行论述，很有特色。

其次是陆续出版了包括战后国际关系史内容的世界史教材。举其要者：吴于廑、齐世荣受教育部委托，以马克思主义的“世界历史”理论和全球史观为指导，主编了《世界史》（6卷本，高等教育出版社1992—1994年），[①]这套教材在国内率先以1500年作为中世纪史和近代史的分期，以19世纪末20世纪初作为近代史和现代史的分期，它的《现代史编》下卷，涉及二战结束至1993年的世界历史包括国际关系史的发展。目前，该教材的修订本《世界史》（4卷本）作为教育部十·五国家级规划教材，已由高等教育出版社于2006—2007年陆续出版，其中吸收了近年来许多新的研究成果，它的第4卷《世界史·当代卷》已经涉及2004年的国际关系史的内容。金重远主编的《战后世界史》（复旦大学出版社1995年），涉及了二战结束至1992年的历史；他主编的《20世纪的世界——百年历史回溯》（上、下册）作为教育部规划的面向21世纪课程教材，由复旦大学出版社2000年出版。该教材的显著特点是打破以往世界历史编纂的时序性，以“分裂的世界”、“多极的世

① 这套教材中的《近代史编》（上、下卷）于2001年出版了修订后的第二版。

界”、“矛盾的世界”、“冲突的世界”、“变化中的世界”、“科技革命中的世界”、“多元文化中的世界”、“走向未来的世界”等八编内容，叙述了战后世界历史发展的方方面面。徐天新等主编的《世界通史·当代卷》（人民出版社1997年），其历史跨度是二战结束至1995年。还有王斯德等主编的《世界当代史（1945—1991）》（1989年版本的修订版，高等教育出版社1993年），以及与之相配套的《世界当代史参考资料》（高等教育出版社1989年）。徐蓝主编的《世界近现代史1500—2007》（高等教育出版社2012年），其第五编系统论述了从15世纪到2010年的国际关系史的发展演变。

资料的解密和出版方面，在西方国家的档案陆续按规定解密的同时，俄罗斯也在冷战结束后解密了大量前苏联的档案资料。中国学者沈志华等人从这些解密的档案中选编了34卷36册的《苏联历史档案选编》（社会科学文献出版社2002年），收入俄国解密档案文献（1917—1991年）约8000余件（含附件），其中涉及战后苏联与东欧各国的关系，成为重要的研究资料。另外，齐德学、沈志华编辑了约40万字的《关于朝鲜战争的俄国档案文件》（军事科学院军事历史研究部内部编印，1996年10月）。

另一个重要的解密档案是2004年和2006年中华人民共和国外交部分两次解密了1949—1960年部分外交档案并向公众开放。①这些档案包括各种指令、报告、记录、电传、照会、备忘录及外交信函等，主要涉及中国外交关系的原则和在它的双边和多边外交领域中的一些事件，如：当时中国热诚地寻求与周边邻国建立友好关系，同时也支持亚非拉国家的反帝反殖运动；与14个亚非拉国家建立外交关系；试图通过商业和文化的交流，通过这些国家的官员、学者和议员的交流努力推进与西欧国家的关系；中美大使级会谈（第32-102次）；在一些国际组织中反对“两个中国”或“一中一台”的斗争；

① 2004年1月19日中华人民共和国外交部档案馆首次对外开放了1949—1955年的档案，2006年5月16日又开放了1956—1960年档案的60%。据报道，第二次开放档案25651件、59345页（一说25651件，366551页）。迄今为止，外交部共向社会开放了35238件外交解密档案。参见新华网（www.news.cn）2006年5月12日文章《外交档案开放又进一步　外界：中国外交自信表现》和2006年5月28日文章《中国“秘密”外交档案开放记　国家开放的标志》。2008年末外交部档案馆第三次解密档案，时限为1961—1965年，其数量大，内容也极为丰富。

在1956年的波匈事件以及苏联从中国撤走专家的事件中，中国的态度和采取的相关战略，等等。

在这些档案的基础上，中华人民共和国外交部档案馆已经出版了一些挑选的文件，如：中华人民共和国外交部档案馆和人民画报社编、廉正保主编的《解密外交文献：中华人民共和国建交档案》（中国画报出版社2006年）；中华人民共和国外交部档案馆编《中华人民共和国外交档案选编》第一集：《1954年日内瓦会议》，第二集：《中国代表团出席1955年亚非会议》（世界知识出版社2006、2007年）等。除此之外，中华人民共和国外交部条约法律司编辑的《中华人民共和国边界事务条约集》中阿、中巴、中朝、中俄（上、下）、中哈、中吉、中老、中蒙、中缅、中塔、中印、中不、中越等卷，以及中华人民共和国外交部条约法律司编译的《领土边界事务国际条约和法律汇编》，已经由世界知识出版社2004—2006年陆续出版。①

还必须指出自20世纪80年代以来陆续问世的两种重要的资料。

一种是中国官方出版了一些重要的政府文献以及毛泽东、周恩来、刘少奇等中国最高领导人的文稿、年谱、传记等。主要有：《中共中央文件选集》（1—18册，中共中央党校出版社1982—1992年）；《建国以来重要文献选编》（1—18册，中央文献出版社1987—1997年）；《建国以来毛泽东文稿》（1—13册，中央文献出版社1987—1997年）；《建国以来刘少奇文稿》（1—4册，中央文献出版社1998—2004年）；《毛泽东文集》（1—8卷，人民出版社1996—1999年）；《毛泽东军事文集》（1—6卷，军事科学出版社、中央文献出版社1993年）；《毛泽东外交文选》（中央文献出版社、世界知识出版社1994年）；《毛泽东年谱：1893—1949》（中央文献出版社1993年）；《周恩来外交文选》（中央文献出版社1990年）；《周恩来军事文选》（1—4卷，人民出版社1997年）；《周恩来年谱：1949—1976》（中央文献出版社1997年）；《刘少奇年谱：1898—1969年》（中央文献出版社1996年）；《陈云文集》（1—3卷，中央文献出版社2005年）；《彭德怀年谱：1898—1974年》（人民出版社1998年）；

① 到目前为止，中央档案馆、中央军事档案馆、国家计划委员会档案馆、铁道部档案馆等仍然不接受公众的访问，但中央档案馆的一些文件已经公开出版，其他档案馆的文件有时也可少量获得。

《邓小平文选》(第1—3卷，人民出版社1993—1994年);《邓小平手迹选(提纲批示)》和《邓小平手迹选(文书电信)》(大象出版社、中国档案出版社2004年);《邓小平年谱：1975—1997》(中央文献出版社2004年);《邓小平军事文集》(1—3卷，军事科学出版社、中央文献出版社2004年);《1949—1957年中华人民共和国经济档案资料选编》(共21卷，中国城市经济社会出版社1990—2000年);《中国共产党八十年珍贵档案》(上、下册，中国档案出版社2001年);《中共中央在西柏坡》(海天出版社1998年);《共和国五十年珍贵档案》(上、下册，中国档案出版社1999年)，以及根据档案资料写成的《毛泽东传(1893—1949)》(中央文献出版社1996年)、《周恩来传》(中央文献出版社1998年)、《刘少奇传》(中央文献出版社1998年)，等等，这些资料的出版为研究中国的对外政策提供了重要资料。

另一种资料是一些曾经在中国和国际事务中扮演重要角色的人物，陆续出版了他们的回忆录和著作。包括:《彭德怀自述》(人民出版社1981年);《聂荣臻回忆录》(人民出版社1981年)；洪学智:《抗美援朝战争回忆》(解放军文艺出版社1990年)；伍修权:《在外交部八年的经历(1950—1958)》(世界知识出版社1983年)；王炳南:《中美会谈九年回顾》(世界知识出版社1985年)；刘晓:《出使苏联八年》(中共党史资料出版社1986年)；薄一波:《若干重大决策与事件的回顾》(中共中央党校出版社1991年)；耿飚:《耿飚回忆录(1949—1992)》(江苏人民出版社1998年)；吴冷西:《十年论战：1956—1966中苏关系回忆录》(中央文献出版社1999年)；钱其琛:《外交十记》(世界知识出版社2003年)；师哲回忆、李海文整理:《在历史巨人身边：师哲回忆录》(中央文献出版社1991年);师哲口述、师秋朗笔录《我的一生：师哲自述》(人民出版社2001年)；师哲口述、李海文整理:《中苏关系见证录》(当代中国出版社2005年)；韩念龙主编:《当代中国外交》(中国社会科学出版社1988年)，等等。

还要指出的是中国的驻外使节的回忆录和著作也以各种形式陆续出版，例如：中国外交部外交史编辑室编辑的《新中国外交风云：中国外交官回忆录》(1—5辑，世界知识出版社1990—1999年)；外交部本书编委会编:《当代中国使节外交生涯》(1—6辑，世界知识出版社1995—1999年)；张颖的

《随章文晋出使美国：大使夫人纪事》（世界知识出版社1996年）和《外交风云亲历记》（湖北人民出版社2005年）；云水：《出使七国纪实——将军大使王幼平》（世界知识出版社1996年）；《“见证历史：共和国大使讲述”丛书》（上海世纪出版股份有限公司、上海辞书出版社2008年）；《新中国外交亲历丛书》（新华出版社2008年），等等。[①]这些回忆录和口述历史为研究新中国的外交活动提供了珍贵的第一手资料和事实佐证。

二、主要研究领域和研究成果

（一）战后国际关系史的整体研究

1. 通史性著作

在这方面，除了上述提到的教材也可视为通史性著作之外，还有三套书值得重视。

其一是中国国际关系史学会（中国国际关系学会的前身）组织集体力量编写，由王绳祖为总主编的多卷本《国际关系史》（目前出版12卷，第11卷由谌取荣主编，第12卷由方连庆、刘金质主编，世界知识出版社1999–2006年）。该书叙述了1648年至1999年的国际关系发展历程，是国际关系的通史体例，战后部分从第7卷开始，涉及领域广泛。但因由多人撰写，故整体水平有些参差不齐。

其二是世界知识出版社从1993—1995年陆续出版的资中筠主编的《战后美国外交史：从杜鲁门到里根》（上、下册，1994年），陈乐民主编的《战后英国外交史》（1994年），张锡昌、周剑卿的《战后法国外交史》（1993年）

① 《“见证历史：共和国大使讲述”丛书》的讲述者包括中国驻美、日、德、法、英等国及拉美、中东、南亚等国家的前大使，已经出版《五洲风云记》、《我在印度当大使》、《出使东瀛》、《中东枭雄》、《中拉建交纪实》、《给共和国领导人当翻译》、《从戴高乐到萨科齐》、《出使土耳其埃及记》、《我在非洲十七年》等九种，另有十数种拟于2009年国庆60周年之际陆续出齐。《新中国外交亲历丛书》包括《别样风雨》、《见证奥林匹克》、《风云际会联合国》、《礼宾：鲜为人知的外交故事》、《远离祖国的领土》五本。

和宋成有、李寒梅等的《战后日本外交史》（1995年），这套书利用了新的资料，成为研究这些大国战后外交与国际关系的必备参考书。

其三是裴坚章主编第一卷、王泰平主编第二、三卷的3卷本《中华人民共和国外交史》（世界知识出版社1994—1999年），系统叙述了1949—1956、1956—1969、1970—1978年的中国外交活动。另外，谢益显主编的《中国当代外交史》（中国青年出版社2002年）也叙述了新中国的外交活动。

在地区关系史方面，左文华、肖宪主编的《当代中东国际关系》（世界知识出版社1999年）和马晋强主编的《当代东南亚国际关系》（世界知识出版社2000年）以时间为经线，重大事件为纬线，勾勒出这两个地区国际关系发展的概貌。

2. 相对宏观的考察

一些学者对战后国际关系史的一些重要问题给予相对宏观的论述。时殷弘的《新趋势、新格局、新规范》（法律出版社2000年）特别考察了二战后超级大国的对抗与竞争、非西方世界的民族主义、大众政治和新技术，以及新兴强国对国际关系的影响，新的国际格局与国际规范等问题。徐蓝对二战后形成的国际秩序结构进行研究，认为二战后形成了以美、苏、英、中、法五大国为主导的新的国际秩序结构，该结构在政治上表现为联合国，在经济上则可视为由国际货币基金组织、世界银行以及关税及贸易总协定所组成的布雷顿森林体系；而这些机构通过不断改革与完善，仍然是21世纪支撑和协调世界政治和经济秩序的主要支柱和世界和平与发展的推动力量。她还论述了经济全球化特别是20世纪90年代以来经济全球化的迅猛发展，并认为尽管经济全球化对传统的民族国家的主权构成了挑战，但并没有导致国家主权的消亡，而民族国家只有在参与国际经济秩序的重构中才能最大限度地维护国家的主权。①

对中国外交的论述方面，章百家分5个时期勾勒了20世纪中国外交发展的基本线索，并通过分析国际环境变迁、国内政治变革与中国外交演进三者

① 徐蓝:《试论第二次世界大战后国际秩序的建立与发展》和《经济全球化与民族国家的主权保护》，《世界历史》2003年第6期、2007年第2期。

之间的交互作用，揭示各个时期的外交遗产以及隐藏在革命造成的断裂之下的中国外交的连续性。认为百年来中国外交有两项基本任务：20世纪前半叶，中国人追求的是恢复19世纪失去的国家独立和主权；20世纪后半叶，中国外交的核心问题是如何作为一个独立的主权国家同现存世界打交道，学习更好地维护自身的利益，并推动国际秩序朝更加公正合理的方向发展。改变自己是中国力量的主要来源，改变自己也是中国影响世界的主要方式。①

两极格局解体后，中国学术界对雅尔塔体系/体制的考察曾达到一个小高潮，其研究成果部分地体现在1990年11月22—23日在天津召开的关于“雅尔塔体制与战后世界格局”的圆桌讨论会中。与会学者主要从雅尔塔体系的涵义、作用、该体制与冷战的关系以及与战后世界格局的影响等三个方面对雅尔塔体制进行了论述。多数学者在谴责该体制的强权政治特征的同时，肯定它对维护战后长期和平起到了积极作用。②

3. 出版专题刊物

目前有两本重要的新的国际关系出版物。一本是《国际关系评论》，南京大学国际关系研究院主办，朱瀛泉主编，南京大学出版社出版，所收论文以研究战后国际关系为主，主要体现该研究院近年来的部分研究成果。该刊于2000年出版第1辑，到2007年已出版5辑。另一本是《近现代国际关系史研究》，首都师范大学历史学院国际关系研究中心主办，徐蓝主编，人民出版社出版，多篇论文涉及战后国际关系史的重要问题。该刊于2006年出版第1辑，到2013年已经出版5辑。③这些专门刊物的出版，为促进战后国际关系史的研究提供了学术交流园地。

---

① 章百家：《改变自己　影响世界——20世纪中国外交基本线索刍议》，《中国社会科学》2002年第1期。

② 关于会议的详细内容，参见《世界历史》1991年第1期；关于对这次会议的综合报道，参见《世界史研究动态》1991年第1期。

③ 从第4辑起改由世界知识出版社出版。

（二）冷战国际史研究[①]

作为战后国际关系史的重要内容，冷战国际史研究是中国学者取得较大进展的领域。在表现形式上，包括一些到海外特别是到美国学习并工作的大陆学者把他们在这一领域取得的一些重要研究成果介绍到国内，[②]以及大陆学者陆续召开一系列有关冷战的专题研讨会，并成立了专门的研究中心：北京大学历史系与中国史学会东方历史研究中心联合建立的现代史料研究中心和华东师范大学冷战国际史研究中心，后者还建立了自己的网站——冷战中国

① 冷战结束后，国际学术界对冷战史的研究掀起热潮，其参与人数和国度、研究角度和方法、研究内容和范围、档案资料所涉及的国家和语种等方面，都大大超过了以往的水平。因此正是在这个意义上，现在西方学术界把"冷战史"称为"冷战国际史"或"新冷战史"。本文借助这一说法。本文借鉴了沈志华的《冷战史新研究与档案文献的收集和利用》（见沈志华、李丹慧个人网站http：//www.shenzhihua.net），崔丕的《中国学术界对国际冷战史的研究》（见高翔主编:《中国社会科学学术前沿（2006-2007）》，社会科学文献出版社2007年）的部分内容，在此一并致谢。

② 例如：薛理泰与其他学者合作，研究中国核武器的发展、中苏关系与朝鲜战争（*China Builds the Bomb; Uncertain Partners: Stalin*，*Mao*，*and the Korean War; Imagined Enemies: China Prepares for Uncertain War*，Stanford University Press，1988、1993、2006）；张曙光从文化和经济的角度探讨了中美之间的冷战对抗和战略冲突的基本原因（*Deterrence and Strategic Culture: Chinese-American Confrontations*，*1949—1958*，Cornell University Press，1992）并与陈兼合作研究中国共产党的对外政策与冷战的关系（*Chinese Communist Foreign Policy and Cold War in Asia: New Documentary Evidence*，*1944—1950*，Chicago：Imprint Publications，1996）；陈兼探讨了朝鲜战争与中美对抗的形成，以及毛泽东的外交战略的国内动力与国际限度（*China's Road to Korean War: The Making of the Sino-American Confrontation*，New York：Columbia University Press，1994; *Mao's China and the Cold War*，Chapel Hill: The University of North Carolina Press ，2001）；翟强研究美国、英国和中国等大国之间的互动以及中国在越南战争中的作用（*China and the Vietnam War*，*1950—1975*，Chapel Hill: The University of North Carolina Press，2000）；盛慕真探讨了意识形态因素在中苏同盟和中美对抗中的重要性（*Battling Western Imperialism: Mao*，*Stalin*，*and the United States*，Princeton University Press，1997）；刘晓原对围绕蒙古问题的中、苏、美等国的关系的研究（"The Mongolian Question and America's China Policy in the Early Cold War Year"，*Historical Research*，Vol. 3，2003）；郝雨凡对美国对中国政策的决策研究（《限制性接触：布什政府对华政策走向》，新华出版社2001年），等等。

网（www.coldwarchina.com），并出版了专题出版物——《冷战国际史研究》。[①] 在研究成果上，包括编写了相关的冷战国际史教材、撰写了冷战的通史性著作、编辑了资料集，同时在某些重要的专题方面进行了一些比较深入的个案微观研究。下面就大陆学者在这一领域的主要研究成果予以介绍。

1. 教材、冷战通史和资料出版

白建才主编的《美苏冷战史》（陕西师范大学出版社1996年）和黄正柏的《美苏冷战争霸史》（华中师范大学出版社1997年），既是冷战的通史性著作，又可用于教材；张小明的《冷战及其遗产》（上海人民出版社1998年）按专题论述了冷战中的重大问题，包括冷战中的东西方关系、核武器与冷战、第三世界与冷战、联合国在冷战中的地位和作用、中国与冷战，等等，并从总体上研究了冷战国际关系的发展进程及其教训；刘金质的《冷战史》（上、中、下三册世界知识出版社2003年），是迄今为止最详细的冷战通史；牛军、沈志华、杨奎松主编的“国际冷战史专题讲义”（三卷，北京大学出版社2006年）由多位国内冷战史研究专家撰写，涉及冷战时期的美苏关系、苏

① 1998—2007年，中国大陆学者召开一系列有影响的学术研讨会，主要从中国的角度考察冷战国际史。包括：1998年“冷战起源与国际关系”，1999年“冷战中的中国与世界”，2000年“中国与冷战”，2002年“冷战与中国的周边关系”，2004年“冷战中的中国与东欧”，2006年“冷战史国际学术研讨会暨博士论坛”，2006年“冷战转型：1960—80年代的中国与变化中的世界”，2007年“冷战时期美国重大外交政策研究”学术交流会暨“档案收集与解读培训班”会议，2007年“缔造美国大战略：冷战的终结及其遗产”国际学术研讨会，等等。这些会议在交流新的学术观点和推进研究方面发挥了积极作用。另外要说明的是，北京大学现代史料研究中心出版了“冷战年代的中国与世界”丛书（广西师范大学出版社2002年），含译著、编著、论文集、资料等6种，分别为：沃捷特克·马斯特尼著/郭懋安译:《斯大林时期的冷战与苏联的安全观》、文安立著/陈之宏、陈兼译:《冷战与革命——苏美冲突与中国内战的起源》、杨存堂编著:《美苏冷战的一次极限——加勒比海导弹危机》、沈志华编著:《斯大林与铁托——苏南冲突的起因及其结果》、李丹慧编:《北京与莫斯科：从联盟走向对抗》、马细谱等译:《季米特洛夫日记选编》。华东师范大学冷战国际史研究中心是国内第一个以冷战史为研究主题的研究机构，该中心于2004年出版的刊物为《国际冷战史研究》，由华东师范大学出版社出版，从第2辑开始改名为《冷战国际史研究》，每年两辑，由世界知识出版社出版，均为李丹慧主编，到2014年已经出版15辑。还要指出的是，中国社会科学院《历史研究》编辑部在编辑《历史研究五十年论文选》时，单独编辑了《冷战史》卷（社会科学文献出版社2005年），其中汇集了1999—2003年中国学者在《历史研究》发表的18篇关于冷战史研究的专题论文。

东关系以及中国在冷战中的外交政策。[①]

在资料方面：除了上述提到的多种战后国际关系史的资料之外，还包括：刘同舜编译的《"冷战"、"遏制"和大西洋联盟：1945—1950年美国战略决策资料选编》(复旦大学出版社1993年)；薛衔天主编的《中苏国家关系史资料汇编，1945—1949年》(社会科学文献出版社1997年)；马细谱等译的《季米特洛夫日记选编》(广西师范大学出版社2002年)；沈志华主编的《朝鲜战争：俄国档案馆的解密文件》(3卷，中央研究院近代史研究所，2003年)；杨奎松主编的《国际冷战史研究资料》(第1、2辑，北京大学出版社2003—2004年)；陶文钊等主编了译自《美国对外关系文件集》的《美国对华政策1949—1972》(已出版3卷6册，世界知识出版社2003—2005年)；肖祖厚和李丹慧主编的《云南与援越抗美(档案文献)》(中央文献出版社2004年)。除此之外，从90年代以来,《中共党史研究》、《中共党史资料》、《党的文献》、《马克思恩格斯列宁斯大林研究》、《近代史资料》、《俄罗斯研究》、《冷战国际史研究》等杂志，以及华东师范大学冷战中国网站上也不定期地刊出一些档案资料，为进一步研究这些问题提供了基本的史料。[②]

2. 主要研究成果

关于"冷战"的定义及其特征

在这一阶段，中国学者力图给"冷战"这个已经结束的历史阶段下一个定义，并阐发冷战的基本特征。例如：刘金质认为，"冷战是美国和苏联争夺全球利益和世界影响的斗争，也是它们遏制反遏制斗争所形成的两国关系和整个战后国际关系的一种状态，是1947年至1991年的一种国际体系"。刘德斌认为，"'冷战'可以简单地概括为第二次世界大战结束以后形成的以美国和苏联为首的东西方两大政治、军事集团之间的紧张斗争与较量"。徐蓝认为，"所谓冷战，是指20世纪40年代中后期至80年代末90年代初，以美苏

---

① "国际冷战史专题讲义"之一：牛军主编:《冷战时期的美苏关系》；之二：沈志华主编:《冷战时期苏联与东欧的关系》；之三：杨奎松主编:《冷战时期的中国对外政策》。

② 2013年，九州出版社将沈志华自1994年以来发表的部分论文，根据"冷战的起源"、"冷战的转型"、"冷战在亚洲"、"冷战中的盟友"、"冷战的在转型"五个专题编辑成五册出版；每一册的附录为作者整理、编辑的部分国外档案文献。

两个超级大国以及分别以它们为首的两大集团之间在政治、经济、军事、外交、意识形态、文化乃至科学技术等一切方面的既非战争又非和平的对峙与竞争状态。冷战不仅具有传统的大国利益冲突的实在内容，具有明显的地缘政治与战略特点，更以其强烈的意识形态色彩为主要特征；另外，冷战双方在进行激烈的军备竞赛特别是核竞赛的同时，又具有使美苏两国之间始终避免兵戎相见的自我控制机制”。余伟民认为，“冷战是战后确立的二元两极世界体系结构”。尽管对冷战定义的表述有详有略，侧重点也有所不同，但是正如沈志华所说，“冷战的特定意义在于以美苏两国为中心的世界两大集团的形成并处于对抗状态”则是国内学术界的共识。[①]

关于冷战史学术体系的构建

除了通史著作之外，中国学者力图通过考察冷战的起源、发展、终结的整个演进态势来构建冷战史的学术体系。徐蓝认为，美苏两极格局的形成与发展，国际体系从美苏两极格局向多极化趋势的演进，体现了冷战发展的基本态势。时殷弘认为，美苏冷战来自19世纪开始的国际权势分布的极化趋势，孕育于十月革命到第二次世界大战的美苏关系史；意识形态对立与基本地缘政治环境中的超级大国利益竞争等因素，决定性地促成了美苏冷战。冷战史研究需要阐释“冷战的起源、冷战的地缘政治特征、强烈的意识形态性质、美苏军备竞赛、冷战的自我控制机制、冷战的全球化、冷战紧张程度的起伏变化、冷战终结和苏联瓦解的基本原因，以及冷战史的世界历史意义”。余伟民认为，冷战不仅是一般意义上的国家利益竞争和国际关系中的霸权之争，也是两种对抗性社会制度及其指导性意识形态的斗争。美苏关系是主导冷战态势发展的力量。冷战又是多国参与的国际性政治斗争。冷战与第三世界各国革命之间的互动关系构成了冷战时期大国冲突的地区性特征。

---

① 刘金质：《冷战史》前言，第9页；刘德斌：《国际关系史》，第342页；徐蓝的论述见《20世纪的历史巨变》（齐世荣、廖学盛主编，学习出版社2005年），第448—449页；沈志华：《冷战国际史研究及其他》，见“冷战年代的中国与世界”丛书总序。也有学者不同意使用“冷战”这一概念，霜木认为，“冷战”的概念并不能涵盖战后的世界历史，它只强调了军备竞赛对峙的一面，忽视了和平这一时代潮流，是不科学的，应当用“冷和平”或“核和平”更贴近现实。霜木：《冷战起源刍议——兼论意识形态在冷战起源中的作用》，《历史研究》1999年第4期。

因此冷战史新研究不仅表现在多边档案史料的发掘与运用，更表现在对冷战本质特征的再认识，其中包括研究视角的拓展与转换。①

冷战起源研究

长期以来，中国学术界的主流观点是认为美国对苏联发动了冷战，强调美国的单向行为，但是却缺乏从学术的角度对美国冷战政策起源的深入探讨；对苏联在冷战起源中的作用以及美苏双方在导致冷战的政策互动方面更是没有深入考察。20世纪90年代以来，这种情况有所改变。

首先，出版了一部专门研究被称为"遏制之父"的乔治·凯南的专著，这就是张小明的《乔治·凯南遏制思想研究》(北京语言学院出版社1994年)，这是大陆学者对凯南遏制战略思想的第一次系统而全面的考察。作者查阅了大量凯南的著作和档案资料，运用国际政治理论，研究了凯南遏制思想的来龙去脉(包括就凯南"八千字长电报"中的force一词的含义请教凯南本人)，并提出了对凯南遏制战略思想的新界定，即认为凯南的遏制战略是一种夹杂着理想主义成分的不纯的现实主义思想，也是一种有自身特色的和平演变战略思想。

其次，出版了国内第一部从苏联的角度论述苏联与冷战起源的关系的专著，即张盛发的《斯大林与冷战(1945—1953)》(中国社会科学出版社2000年)，作者根据新解密的苏联档案文献，详细解读了1946年9月下旬苏联驻美国大使尼古拉·诺维科夫撰写的《战后美国对外政策的长篇报告》，认为该报告对苏联的冷战政策起到论证和导向作用，可视为凯南"八千字长电报"

---

① 叶江:《斯大林战后世界体系观与冷战起源的关系》,《历史研究》1999年第4期；徐蓝:《国家大战略与对外政策调整——20世纪40-60年代冷战态势的演变》和《从两极格局到多极化趋势的发展——20世纪70-90年代冷战态势的演变》,《浙江学刊》2003年第6期、2005年第2期；时殷弘:《美苏冷战史：机理、特征和意义》,《南开学报》2005年第3期；余伟民:《国际斗争与本土革命：冷战逻辑的解读——从〈冷战与革命〉看冷战史研究范式的创新》,《华东师范大学学报》2005年第2期,《国际性与本土性：冷战的双重逻辑》，李丹慧主编:《冷战国际史研究》第2辑，世界知识出版社2006年。

的对应物。[①]作者还通过探讨苏联的冷战基础、冷战政策和冷战行为，比较全面地论述了苏联与冷战起源的关系，提出冷战是一个双向斗争的过程，在国内学术界具有开创性。

第三，在冷战起源的美苏互动方面，李春放的专著《伊朗危机与冷战的起源（1941—1947）》（社会科学文献出版社2001年），以大量英、俄文档案为依据，考察了近东冷战的历史渊源，战时英苏美三大国在伊朗的明争暗斗和战后东西方的首次严重对抗，斯大林战后初期对近东的政策以及杜鲁门主义的由来。叶江从斯大林的战后世界体系观考察苏联与冷战的关系，认为斯大林的战后世界体系观源于斯大林的一国建成社会主义的理论；这种世界体系观认为二战后统一的无所不包的资本主义世界市场已经瓦解，社会主义将从苏联一国走向数国，并形成与资本主义对立的世界市场和阵营；在上述观念的指导下，战后苏联的外交政策注重主动出击，扩展势力范围，但由于实力所限，苏联的出击行动是有一定限度的；而美国对苏联的战后世界体系观缺乏正确的认识，把当时苏联的有限行动误认为是向全球扩张共产主义，并用全面遏制的方法与苏联对抗，从而导致冷战的爆发。徐蓝从战后美国的全球扩张大战略与苏联的保障国家安全大战略的对立碰撞入手，论述了美国冷战政策的主动性以及冷战是美苏两国双向互动的结果，并揭示了冷战与两极格局形成的关系。王玮认为冷战源于美国一直坚持的门户开放原则与苏联从沙皇时代继承的势力范围原则之间的根本性对立和冲突。[②]

第四，继续探讨英国与冷战的起源，并提出了不尽相同的看法。多数学者认为英国存在着冷战政策。黄亚红认为，早在战争后期，英国的决策机构就已经开始设计战后政策的蓝图，初步确定了争取美援、对付潜在的苏联威胁的对外政策基调。战后的工党政府面对不断升级的英苏利益冲突，出于对国家安全的考虑，继承并发展了保守党战后对外政策的构想，并最终形成了

---

① 何伟的《"诺维科夫报告"与冷战初期的苏联外交政策》（《世界历史》2006年第2期）对这一看法提出异议，认为该报告对当时国际形势的分析缺少准确性，不符合斯大林战后国际战略构想，把它视为苏联在战后初期外交政策的纲领性文件同凯南的"八千字长电报"相提并论是不确切的。

② 徐蓝：《试论冷战的爆发与两极格局的形成》，《首都师范大学学报》2002年第2期；王玮：《论冷战的历史根源》，《世界历史》2002年第2期。

"联美反苏"的冷战政策。程佩璇、崔剑在分析战后初期英国与苏联之间矛盾和分歧的基础上，认为英国不仅是实行对苏遏制政策的急先锋，而且是西方遏制苏联的促成者。刘建飞也从战后初期英国工党的对苏政策探讨了英国的冷战政策。韩长青深入研究了时任英国驻苏使馆临时代办弗兰克·罗伯茨的系列"长电报"，认为这些电报是研究战后初期英国工党政府对苏政策的重要文献，它对研究冷战起源的意义可以跟乔治·凯南的长电报相提并论，并指出罗伯茨的分析和建议显著推动了英国外交部大幅度调整对苏联政策的步骤，从而加快了英国同苏联冷战对抗的进程。但是李世安对英国是冷战的"始作俑者"的看法提出质疑，认为在杜鲁门主义出台之前，英国没有制定正式的冷战政策。[①]

美国的冷战战略

这是中国学者利用不断解密的档案资料进行研究并取得较大进展的领域，主要包括以下五个方面的内容。

第一，对美国遏制政策的整体考察。崔丕的专著《美国的冷战战略与巴黎统筹委员会、中国委员会（1945—1994）》（东北师范大学出版社2000年第1版，中华书局2005年修订版）是国内研究经济遏制政策的代表作。该书以美、英、日等多国档案文件比较研究和多学科方法为基础，以美国冷战战略、巴统、中国委员会的兴衰史全程为对象，具体探讨经济遏制政策在美国冷战战略中的地位及其与政治、军事遏制政策之间的互动作用；美国冷战战略怎样左右巴统、中国委员会的东西方贸易政策的走向等，为我国的冷战史研究做出了开创性贡献。徐海云的专著《锻造冷战联盟——美国"大西洋联盟政策"研究（1945—1955）》（中国人民大学出版社2007年），运用多国档案文献，详细论述了美国的大西洋联盟政策，认为1945—1955年是美国大西洋联盟政策的重要时期，不仅奠定了北约的冷战特性，而且赋予它完整的政

① 黄亚红:《试论英国冷战政策的形成（1944—1946）》,《世界历史》1996年第3期；程佩璇、崔剑:《试论英国与"冷战"的起源》,《扬州大学学报》1998年第1期；刘建飞:《从战后初期英国工党的对苏政策看冷战的起源》,《当代世界社会主义问题》1998年第1期；韩长青:《罗伯茨电报和英国对苏政策方针的转折（1946—1947）》,《历史教学》（高校版）2008年第6期；李世安:《英国与冷战的起源》,《历史研究》1999年第4期。

治指导思想和组织机制，制定了以冷战为最终目标的安全战略。

另外，崔丕主编的论文集《冷战时期美国对外政策史探微》（中华书局2002年）分“美国亚洲政策研究”、“美国对外经济政策研究”及“美国国家安全基本政策研究”三个部分对冷战时期的美国外交政策进行探讨。于群主编的论文集《美国的国家安全与冷战战略》（中国社会科学出版社2006年）分别探讨了中国战略核武器的发展、军事战略部署、经济冷战战略、冷战心理宣传战略和地区安全战略等五个方面与美国国家安全之间的关系。

第二，从冷战的角度考察美国对西欧国家的政策走向。崔丕研究了美国对奥地利、联邦德国和西班牙的政策，认为在奥地利问题上，美国偏离了《莫斯科宣言》的方向，反对追究奥地利的战争责任并促进奥地利的亲西方倾向，成为美国对奥地利政策的长期目标与重要特点。在联邦德国的问题上，艾森豪威尔政府实际执行的是维持东、西德国长期分裂局面的政策，并对西德实行“压力外交”，要求其在西方防务中做出更多贡献并帮助美国解决国际收支危机；在西班牙，艾森豪威尔政府继承了杜鲁门政府推动西班牙加入北约的政策，并提出推动西班牙政治民主化的构想，两国关系的核心是“美援与军事基地的交换”。纪胜利研究了美国对芬兰的政策，认为美国在承认芬兰与苏联关系的特殊性的同时，又以有限的经济、军事援助促进芬兰的社会稳定和亲西方倾向，巩固美国在冰岛、挪威和丹麦的军事基地，以增强北约组织北翼的安全。①张颖的专著《从“特殊关系”到“自然关系”——20世纪60年代美国对英国政策研究》（黑龙江人民出版社2006年）考察了美国对英国的政策从视英国为其最重要乃至唯一的盟友转变为视英国为其众多盟友之一的发展过程，以及在这一过程中英国在美国全球战略中的地位明显下降以及两国“特殊关系”的相对淡化。

还有一些学者具体研究了美国在冷战中的重大危机时刻的西欧政策。吴征宇考察了美国政府在第二次柏林危机爆发后的一段时间的历史，认为当时

---

① 崔丕：《美国对奥地利政策的演变（1945—1955年）》、《艾森豪威尔政府对联邦德国政策新探（1953—1960）》和《艾森豪威尔政府对西班牙政策探微》，分别见《世界历史》2004年第6期、《欧洲研究》2005年第2期和2006年第1期；纪胜利：《艾森豪威尔政府芬兰政策初探》，《世界历史》2006年第2期。

美国政策的出发点是在苏联面前维护西方阵营内部的团结和一致，这就限制了它最初想和苏联达成某种妥协的想法，以致在一定程度上延迟了危机的最终解决，也反映了遏制政策在核时代的局限性。刘得手研究了第二次柏林危机期间美国对西德的政策，认为美国在危机中意欲承认两个德国并存的现状，与阿登纳政府所追求的由西德来统一德国的政策目标发生冲突，而美国又力图在这个问题上压制西德屈从于美国的领导，从而在一定程度上招致了西德的反抗和两国关系的紧张。①杨存堂编著的《美苏冷战的一次极限——加勒比海导弹危机》（广西师范大学出版社2002年）叙述了这场危机的发展过程，并公布了一批苏联方面的相关解密史料。

第三，美国和英国的核政策及其军事战略。赵学功考察了核武器在冷战中的作用，认为核武器的出现加剧了苏联的不安全感，是导致冷战起源的一个因素；冷战期间，美苏双方都把核武器作为实现自身政治和外交的工具而大搞核竞赛，使核危机频频爆发；而双方为了防止核战争的爆发而进行的限制战略武器谈判，又在一定程度上缓和了国际紧张局势，实际加速了冷战的结束。葛兆富、石斌、郭培清考察了20世纪50年代的美国大规模报复战略。张杨考察了艾森豪威尔政府时期的美国外层空间政策，并从美国空间决策的角度探讨科学家在美国冷战决策和政府科技政策转型中的作用。谌焕义和陈向阳则研究了战后初期英国的独立核威慑政策，认为这一政策是英国政府在美国军事力量尚未介入西欧防务而英国不得不单独面临“苏联威胁”的国际局势下做出的被动决策，反映了大英帝国在没落的窘境中所面临的巨大挑战。②

---

① 吴征宇:《艾森豪威尔政府对柏林危机的反应》、刘得手:《1960至1962年柏林危机期间美国与西德的关系》，见朱瀛泉主编:《国际关系评论（2001）》，南京大学出版社2001年。

② 赵学功:《核武器与美苏冷战》,《浙江学刊》2006年第3期；葛兆富:《美国“大规模报复战略”出台成因初探》,《山东师范大学学报》2003年第1期；石斌:《20世纪50年代美国政府关于核报复战略的内部争论》,《史学月刊》2004年第11期；郭培清:《从“大规模报复”到“灵活反应”》和《大规模报复战略与艾森豪威尔政府欧洲防务政策考论》，分别见《吉林师范大学学报》2003年第3期、《中国海洋大学学报》2005年第5期；张杨:《试论艾森豪威尔政府时期的美国外层空间政策》和《冷战时期科学家与美国的空间政策——兼及肯尼迪政府科技政策转型的动因》，分别见《世界历史》2004年第5期和2006年第1期；谌焕义、陈向阳:《论战后初期英国独立核威慑政策的形成》,《广西师范大学学报》2008年第2期。

第四，美国对苏东国家的战略与政策。20世纪90年代，时殷弘发表了一系列论文，探讨美国对苏东的"激变战略"、"解放政策"和"演变而非革命"政策之间的继承关系，以及这些政策的具体运用。近年来有关这一课题的研究有了进一步发展，白建才对冷战期间美国对苏东各国及中国等社会主义国家实施的主要政策——"隐蔽行动"的制订过程给予剖析，指出从杜鲁门政府到艾森豪威尔政府通过一系列国家安全委员会的文件，将其实施隐蔽的心理战行动全面展开；该政策和行动不仅是冷战的重要内容，也进一步深化了冷战。李新华研究了美国和北约对苏联的输油钢管禁运。张晓霞探讨了冷战初期美国对苏东的宣传政策。舒建中考察了1948—1951年美国利用关贸总协定推行"贸易冷战"和对捷克斯洛伐克的遏制，认为当时美国已经在一定意义上将关贸总协定的机制作为推行冷战战略和遏制政策的工具了。许加梅论述了美国对社会主义国家和平演变政策的形成过程。[①]

另外，郭培清从美苏对南极争夺的角度论述了苏联因素对美国的影响，认为第二次世界大战结束后，美国从不承认他国主权要求的南极政策逐渐转向索求领土主权；但受到苏联积极参与南极考察活动的牵制，美国最终停止了对南极的主权要求，转而通过《南极条约》推动南极中立化；苏联对美国南极政策的影响，是冷战时代两极格局下"恐怖平衡"的"良性"结果。[②]

在此时期，一些相关专著陆续出版。石斌的《杜勒斯与美国对苏战略（1952—1959）》（中国社会科学出版社2004年），解读了杜勒斯本人的对苏

---

① 时殷弘：《激变战略与解放政策——冷战时期美国政府对苏联东欧内部状况的政策》，《世界历史》1995年第3期；《促进苏东变革——从设想到政策（1953—1955）》，《南京大学学报》1995年第3期；《美国与苏共二十大》，《南京大学学报》1996年第3期；《美国与南斯拉夫50年代初内政改革方向问题》，《扬州大学学报》1997年第1期；《苏联东欧内部变化和美国的政策》，《世界历史》1997年第6期；《匈牙利事件和美国的政策》，《南京大学学报》1998年第1期。白建才：《冷战初期美国"隐蔽行动"政策的制订》，《陕西师范大学学报》2003年第4期；李新华、魏建国：《美国与北约对苏联的输油钢管禁运》，《世界历史》2002年第3期；张晓霞：《从进攻性的心理战到渐进的文化渗透——评冷战初期美国对苏东宣传政策的演变》，《南京大学学报》2004年第5期；舒建中：《美国在关贸总协定机制下的对捷政策（1948—1951）》，《西南师范大学学报》2006年第1期；许加梅：《论20世纪50年代美国"和平演变"政策的产生》，《东北师大学报》2008年第3期。

② 郭培清：《美国政府的南极洲政策与<南极条约>的形成》和《美国南极洲政策中的苏联因素》，分别见《世界历史》2006年第1期和《中国海洋大学学报》2007年第2期。

战略思想和政策及其在美国政策实行中扮演的角色和实际作用。胡舶的《冷战阴影下的匈牙利事件：大国的应策与互动》（中国社会科学出版社2004年）从苏、美、英、中等主要大国决策的视角，围绕匈牙利事件进行了专题研究，指出由于美国担心与苏联的正面冲突而不主张匈牙利和任何东欧“卫星国”脱离苏联和放弃共产主义，故使苏联毫无顾虑对匈牙利进行武装干涉以维护其东欧的前沿阵地；同时从这个具体的事件说明冷战时期大国的矛盾斗争始终是在雅尔塔体制的框架之下进行并加以调整的。杨友孙的《波兰演变的美国因素探析》（中国文史出版社2005年）通过美国对波兰经济和公众外交的影响、美国对波兰持不同政见者的支持和波兰天主教会势力的发展以及对团结工会的支持等方面，揭示了美国的和平演变战略在波兰的具体应用。桂立的《苏美关系70年》（人民出版社2005年）勾勒了苏联存在时期的苏美关系。

第五，意识形态与冷战中的美国外交政策。刘建飞的《美国与反共主义——论美国对社会主义国家的意识形态外交》（中国社会科学出版社2001年）研究了美国的意识形态诉求与其国家利益之间的关系。周琪主编的《意识形态与美国外交》（上海人民出版社2006年）全面探讨意识形态与美国外交包括对华外交政策之间的关系，认为意识形态一直左右着美国看待世界的方法和处理世界事务的行动。王立新的《意识形态与美国外交政策——以20世纪美国对华政策为个案的研究》（北京大学出版社2007年）通过对美国在冷战初期狂热的反共主义和独特的对华意识形态论述，认为杜鲁门政府对新中国表现出远超出他国的敌意，根本没有考虑承认新中国，所谓“失去的机会”说是建立在错误的前提和逻辑上的。李晓岗具体研究了美国的难民政策与美国外交政策之间的关系，认为意识形态始终指导着冷战时期的美国难民政策，使之成为推行美国外交政策的工具。[①]

苏联在冷战中的东欧政策

沈志华编著的《斯大林与铁托——苏南冲突的起因及其结果》（广西师范大学出版社2002年）利用新解密的俄国与东欧国家的档案资料，对苏南冲

① 李晓岗:《美国的难民政策与冷战外交》,《美国研究》1999年第1期。

突的起因进行研究。指出：直到1948年初苏联与南斯拉夫仍然保持着联盟关系；冷战的爆发使斯大林将通过放松对东欧国家的控制以换取美国合作的政策变为想通过强硬路线迫使美国承认苏联在东欧的绝对地位，而铁托对这种转变产生误解则造成了苏南之间的重大分歧，并认为南斯拉夫走上独立发展的道路是苏南冲突的结果而不是它的起因。他在另一篇论文中详细考察了波兰、匈牙利危机出现以前苏联、东欧和中国相互关系的发展状态，苏联政府在处理波兰危机时在是否进行干预问题上的决策过程，以及苏联政府在匈牙利危机中两次出兵政策的形成问题。胡舶也探讨了苏联政府对波兰事件处理政策的变化过程。①

冷战在亚洲

（1）冷战中的中美关系

把中美关系置于冷战的大背景下进行考察，是这一时期中美关系研究的一大特色。

在比较长时段的研究方面，陶文钊主编的《中美关系史》（3卷，上海人民出版社2004年）论述了1911-2000年的中美关系的总体发展历程；王玮主编的《美国对亚太政策的演变1776—1995》（山东人民出版社1995年）和王玮、戴超武的《美国外交思想史1775—2005年》（人民出版社2007年）都有相当的篇幅论述冷战中的美国对华政策和双方关系的发展；赵学功的《巨大的转变：战后美国对东亚的政策》（天津人民出版社2002年）对二战后美国在东亚的冷战政策的发展变化进行了比较系统的勾勒。②

在中美关系的阶段性研究方面，主要是随美国外交档案的解密向前推进。张振江的《冷战与内战：美苏争霸与国共冲突的起源（1944—1946）》（天津古籍出版社2005年）论述了美苏争霸对中国社会政治进程的影响，以及中

① 沈志华：《一九五六年十月危机：中国的角色和影响——“波匈事件与中国”研究之一》，《历史研究》2005年第2期；胡舶：《苏联与1956年波兰十月事件》，《兰州大学学报》2005年第3期。

② 陶文钊：《中美关系史》分为1911—1949年，1949—1972年，1972—2000年三卷；这部书的前身《中美关系史1911—1950年》和《中美关系史1949—1972年》，1993年和1999年分别由重庆出版社和上海人民出版社出版。赵学功的专著是他在王玮主编的《美国对亚太政策的演变1776—1995》（山东人民出版社1995年）一书中撰写的相关内容（第九章至第十三章）的丰富与深化。

国社会的矛盾运动对美苏对抗的加剧以及冷战爆发的反作用。时殷弘的《敌对与冲突的由来：美国对新中国的政策与中美关系（1949—1950）》（南京大学出版社1995年）深入研究了新中国建国之初美国强硬的对华政策。林利民的《遏制中国——朝鲜战争与中美关系》（时事出版社2000年）探讨这场战争如何影响了美国对中国的看法及其对华政策。徐友珍的《分歧与协调——美英关系中的承认新中国问题（1949—1951年）》（武汉大学出版社2007年）从全球冷战格局、外交传统、决策思路、国内政治等方面，具体细致地研究了美英两国在承认中华人民共和国地位问题上的分歧与协调。贾庆国的《未实现的和解：中美关系的隔阂与危机》（文化艺术出版社1998年）探讨中美处理对抗的不同模式以及50年代的台湾海峡危机。戴超武的《敌对与冲突的年代——1954—1958年的中美关系》（社会科学文献出版社2003年）专门论述了第二次台海危机中的中美关系。孟庆龙从心理战和决策者个人作用的角度，分析了艾森豪威尔、杜勒斯政府的对华政策，指出对具体的经济、安全利益的考虑和盟国的态度，是该政府实行意识形态最浓、最热衷于进行核讹诈、但始终没有把冷战上升为热战的反华政策的根本原因。[①]蔡佳禾的《双重的遏制——艾森豪威尔政府的东亚政策》（南京大学出版社1999年）集中探讨了50年代后期美国政府对中国的封锁与遏制。顾宁研究了1966年3月美国参议院外交委员会的九次对华政策听证会，以及美国的对华政策从“遏制并孤立”中国到“遏制但不孤立”中国的政策转变。牛大勇发表了一系列论文，分析60年代初期肯尼迪政府的对华政策，他以美国对中国粮荒的反应为个案进行分析，认为当时美国政府的对华政策是“冷战政治压倒人道主义”。[②]

唐小松的《遏制的困境——肯尼迪和约翰逊政府的对华政策（1961—1968）》（中山大学出版社2002年）和温强的《肯尼迪政府与中国——遏制但不孤立政策的缘起》（天津古籍出版社2005年）都认为尽管肯尼迪政府确实

① 孟庆龙：《艾森豪威尔政策对华冷战外交探析》，《世界历史》1997年第5期。

② 顾宁：《美国“遏制但不孤立”中国政策提议的历史由来、反响及其意义》，《世界历史》1997年第1期；牛大勇：《肯尼迪政府是怎样观察和对待中苏分歧的？》和《缓和的触角抑或冷战的武器——美国政府20世纪60年代初期对中国粮荒的决策分析》，《中国社会科学》2002年第2期、《世界历史》2005年第3期。

在构想更为灵活的对华政策，但总体上还是继承了50年代的对华敌视政策。宫力的《跨越鸿沟：1969—1979年中美关系的演变》（河南人民出版社1992年）在冷战缓和的大背景下论述了中美关系的缓和进程。王缉思、徐辉从比较研究的视角，分析了中美两国在关系正常化之后处理双方存在的严重分歧的基本特征、双方危机中的非对称性、两国危机管理的基本理念和指导原则，以及中国应该吸取的历史经验等问题。[①]王缉思在其《国际政治的理性思考》（北京大学出版社2006年）中对此也有论述。

还有几本重要的论文集，收集了一些中国学者研究冷战时期中美关系的前沿论文：章百家、牛军主编的《冷战与中国》（世界知识出版社2002年），牛大勇主编的《中外学者纵论二十世纪的中国》（江西人民出版社2003年），姜长斌和（美）罗伯特·罗斯主编的《1955—1971年的中美关系——缓和之前：冷战冲突与克制的再探讨》和《从对峙走向缓和：冷战时期中美关系再探讨》（世界知识出版社1998年和2000年），赵宝煦主编的《跨世纪的中美关系》（东方出版社1999年），宫力和威廉·C. 柯比主编《从解冻走向建交——中美关系正常化进程再探讨（1969—1979）》（中央文献出版社2004年）等。这些论文探讨冷战时期的美国对华政策以及中国国内政治与对外政策的相互影响，强调在多边关系中的中美之间的互相作用，分析了中美关系发展的复杂性，在研究方法上展现了中国冷战史研究的新趋势。

在研究主题上，主要针对台湾问题和西藏问题。

在美国对台湾的政策上，赵宝煦从历史与现实的角度论证了台湾问题在中美关系中产生的破坏性影响，认为美国始终存在制造“一中一台”并控制台湾的野心以及台湾在美国东亚战略中的重要地位不易改变，将使中美关系不断出现激化与缓和交替出现的状况。[②]苏格的《美国对华政策与台湾问题》（世界知识出版社1998年）以台湾问题为主要线索，系统分析中美两国在台湾问题上冲突与妥协，展示了冷战中和冷战后中美关系中的持续不断的矛盾。孙哲主编的《美国国会与台湾问题》（复旦大学出版社2005年）通过

① 王缉思、徐辉：《中美危机行为比较分析》，《美国研究》2005年第2期。

② 赵宝煦：《台湾问题：影响中美关系的重要因素》，《北京大学学报》1997年第1期。

具体案例，对美国国会在美台关系中所扮演的角色和发挥的作用进行了有针对性地研究。王帆从国际政治学的角度论证了两次台海危机中的美台关系，认为美台联盟关系实际陷入了合作困境，一方面由于联盟的约束力，美国不得不承担相应的“责任”；另一方面，出于自身利益考虑，美国又不希望台湾的自行其是将美国拖入更大的风险。因此，美国对台湾采取了既扶持又抑制的做法，并采取各种手段将自身风险减至最小。牛军从决策的角度研究了1950年代至90年代中国人民解放军在台湾海峡地区采取的三次军事行动，认为这些行动从本质上讲都是中国政府不断追求国家最终统一过程中的特殊阶段和特殊方式；在历次决策中都具有决策目标的多样性、有限性和政策调整的随机性等特点；同时这三次台海军事斗争都是在中美关系恶化或很不稳定的情况下发生的，中国的决策都含有对美国的政策做出反应的成分。吴心伯研究了美国对1996年台海危机的反应和决策过程，重点分析了这场危机对美国对华政策、对台政策及美国地区安全政策的影响。①

在对美国西藏政策的考察上，王琛认为冷战的酝酿、形成和升级过程也是美国干涉西藏的企图日趋深化的过程，而美国的全球战略考虑、印度政策的中立和不加入冷战的态度以及新中国的巩固与统一是制约美国西藏政策未能彻底转变的重要因素。他还论述了新中国对印度的政策有效地制约了美国对西藏的干涉，从而使西藏顺利和平解放。樊吉社也研究了新中国建立前后美国分离西藏政策的策划和失败。李晔、王仲春对美国的西藏政策给予整体考察，认为美国的西藏政策大体经过了从侧重“承认西藏是中国领土的一部分”，转变为把西藏作为一个独立的政治实体对待；李晔还与郭永虎研究了作为美国对华人权外交组成部分的美国国会的“涉藏议案”，认为这些议案不仅使美国对中国所谓“西藏人权问题”的干涉长期存在，而且在很大程度上助长了达赖集团在国外的分裂活动。程早霞通过“十七条协议”签订前后美国国务院及美驻印度使馆出台了一系列促动达赖出逃的行动计划、方案与建议，分析了美国秘密插手中国西藏事务的历史，揭示了冷战初期美国利用

① 王帆：《从二次台海危机看美台军事合作困境》，《历史教学》2006年第10期；牛军：《三次台湾海峡军事斗争决策研究》，《中国社会科学》2004年第5期；吴心伯：《反应与调整：1996年台海危机与美国对台政策》，《复旦学报》2004年第2期。

西藏问题阻止中国统一的图谋。张云帆考察了美国国家安全委员会关于“西藏问题”的会议备忘录等文件，认为美国政策制定机构在西藏问题上将其全球安全战略、地区安全战略与具体外交政策统一起来，以实现其遏制中国的战略目标。①

一些著作特别研究了中国共产党及其领袖的外交思想和政策实践。牛军的《从延安走向世界：中国共产党对外关系的起源》(福建人民出版社1992年)研究了中国共产党外交政策的起源以及中华人民共和国的对美政策。国际战略研究基金会编的《环球同此凉热——代领袖们的国际战略思想》(中央文献出版社1993年)收录了26篇论文，对毛泽东、周恩来、邓小平等老一辈革命家的国际战略和外交思想进行专题讨论。宫力的《毛泽东与美国：毛泽东对美政策思想的轨迹》(世界知识出版社1999年)、《邓小平与美国》(中共党史出版社2004年)分别研究毛泽东对美战略的形成与实施过程，以及邓小平在中美关系缓和中的作用。

可以看出，中国学者在这一领域的研究开始得最早也比较成熟，随着冷战在60-70年代的相对缓和，有关中美关系的研究重点也从对双方对抗的研究逐渐转向对双方缓和的探讨。

(2)冷战中的中苏关系

把中苏关系置于冷战的大背景下进行考察，是从冷战结束后开始的。由于中国与俄罗斯都解密并陆续出版了一些重要文献、回忆录、传记、访谈录等资料，给中国学者的研究提供了条件。因此从20世纪90年代开始，中苏关系的研究进入了一个新阶段，不仅有一般性、综合性的分析，而且转向了更深层次的对具体问题的探讨。主要包括以下内容。

关于战后中国东北问题与中苏关系。薛衔天论述了由于冷战格局的形成

---

① 王琛:《美国西藏政策的演变(1947—1951)》、《试论1949—1951年中国的印度政策与西藏的和平解放》，分别见《史学月刊》1996年第5期、《当代中国史研究》2002年第2期；樊吉社:《美国分离西藏：从策划到失败(1949—1951)》,《国际论坛》2000年第6期；李晔、王仲春:《美国的西藏政策与“西藏问题”的由来》,《美国研究》1999年第2期；郭永虎、李晔:《美国国会与中美关系中的“西藏问题”新探——基于<国会记录>的文本分析》,《西藏民族学院学报》2008年第1期；程早霞:《“十七条协议”签订前后美国秘密策动达赖出逃历史探析》,《中共党史研究》2007年第2期；张云帆:《美国国家安全委员会与对华西藏政策的制定(1953—1961)》,《国际论坛》2007年第4期。

和中国国内政治力量的变化而引起的战后“三国四方”（美、苏、中共和国民党政府）关系在中国东北问题上的不断重新组合的原因和过程，认为面对美苏两大营垒对抗的国际格局，中共要取得民族解放斗争的彻底胜利，恢复在东北的国家主权，巩固发展新政权，实行对苏“一边倒”外交是当时的惟一选择。杨奎松认为，美苏冷战的爆发给中共带来了前所未有的历史机遇，使中共得以不战而得到东北的部分地区和重要的苏联援助，这对中国革命产生了极大影响。汪朝光对战后中苏东北经济合作交涉进行探讨，揭示了这一经济问题背后的所谓三国四方的政治、外交关系在东北地区交织而导致的复杂图景。①

关于中苏同盟问题。牛军考察了战后中共与苏联关系的发展，以及新中国领导人与斯大林谈判的历史过程，认为中苏结盟是在双方不断协调战略利益关系并解决意识形态方面的分歧中完成的。《中苏友好同盟互助条约》为以后10余年的中苏关系全面发展奠定了基础。但苏联领导人坚持苏联在战后国际格局中从中国东北获得权益，也为后来同盟的破裂埋下了种子。此外，作者依据俄罗斯公布的有关档案，对中国学术界有争论的关于米高扬访问西柏坡是否代表斯大林劝阻中共不要打过长江的问题作了说明，认为在米高扬访问西柏坡之前的斯大林与毛泽东的往来电报表明，米高扬已没有必要再与中共领导人讨论解放军是否过江的问题了。沈志华具体叙述了1950年《中苏友好同盟互助条约》谈判的主要内容和过程；并考察了战后苏联对新疆的政策趋向，认为苏联在新疆的目标一直是在中苏走向同盟的大前提下确保苏联在政治、经济上在新疆的优越地位和特殊影响。②张小明从美国的视角出发，认为尽管中苏同盟从建立到破裂经历了一个较长时期，但美国对同盟性质的认识没有发生根本变化，始终认为中国不是莫斯科的“卫星国”，中国具有

---

① 薛衔天：《战后东北问题与中苏关系走向》，《近代史研究》1996年第1期；杨奎松：《美苏冷战的起源及对中国革命的影响》，《历史研究》1999年第5期；汪朝光：《战后中苏东北经济合作交涉研究》，《近代史研究》2002年第6期。

② 牛军：《论中苏同盟的起源》，《中国社会科学》1996年第2期；沈志华、谢·冈察洛夫：《〈中苏友好同盟互助条约〉的签订：愿望和结果》，《中共党史研究》1998年第2、3期，沈志华：《中苏结盟与苏联对新疆政策的变化（1944—1950）》，《近代史研究》1999年第3期；张小明：《美国对中苏同盟的认识与反应》，《历史研究》1999年第5期。

较大的独立性，该同盟迟早要分裂；但同盟分裂后，美国政府反应迟钝，没有改变其僵硬的对华政策，致使中美关系没有得到及时改善；美国对中苏同盟的认识与反应的演变过程，不仅表明了冷战时期美国对外政策的基本特征是以对苏关系为核心，也反映了美国政府对所谓的“中国威胁”的错误估计。

关于中苏经济合作与来华援助中国建设的苏联专家问题。有两本书值得重视。其一是罗时叙的《由蜜月到反目——苏联专家在中国》（世界知识出版社1999年），作者查阅了大量中文著作、报纸、档案文献和回忆录，是一部文字生动的纪实文学作品。另一部是沈志华的《苏联专家在中国（1948—1960）》（中国国际广播出版社2003年），作者不仅查阅了大量历史档案文献，而且收集和整理了大量口述史料，是中国迄今为止从史学研究的角度对援华苏联专家情况所作的最详细的论述。[①]

关于中苏分裂及其原因问题。李丹慧从中苏两国领袖个人的思想认识活动对两国关系影响的角度探讨这一问题，既强调了领袖的个人作用，又将其置于一定的历史背景和社会环境之中。认为：毛泽东和赫鲁晓夫对各自社会主义道路的探索，以及从本国立场和利益出发对对方探索方式的认识，是确定1954—1960年中苏关系走向的决定性因素，当双方的探索和为此而制定的政策趋同时，双方的基本利益一致，其关系可以在求同存异中发展，反之则关系转为冷淡乃至趋向分裂。薛钰对60年代中苏论战中的“战争与和平”、“和平过渡”等问题进行了再思考，认为中共把苏联的和平共处方针上纲到反对列宁主义的阶级投降政策的高度，过分强调了两种制度的对抗和冲突、时代的革命潮流和新的世界大战的不可避免性，异常强调暴力革命，抨击“和平过渡”的主张是背叛革命；并认为解决国内政治矛盾的方法应该由各国人民自己去探索。李捷则从冷战的大背景出发，着重分析了导致中苏两党之间意识形态论争的原因，指出当美苏关系紧张、中苏的战略利益相同时，两党的意识形态分歧就暂时得到控制；而当美苏关系缓和、中苏的战略利益发生冲突时，两党的意识形态分歧就凸现出来，并演变成意识形态方面的争论，

① 本书是北京大学国际关系学院重点科研项目“中华人民共和国外交口述历史”中的“中苏关系口述历史”课题的研究成果之一。近期，沈志华根据中俄两国大量新解密档案资料，对此书做了重要修订和补充（新华出版社2009年）。

继而揭开了中苏大论战的序幕。①

关于中苏边界冲突问题，主要是考察中国在60年代的外交调整与1969年珍宝岛事件的关系。徐焰认为这一行动是在“文化大革命”强调反对修正主义的特殊背景下，对苏联不断制造边界事件的一种反应，此后中国寻求改善中美关系是“中苏紧张局势事实上的缓和”带来的“一个有国际意义的副产品”。杨奎松提出，从中国来说，珍宝岛之战的直接目的不过是想给苏联以教训，使之收敛其挑衅行动；中国改变对美政策并非毛泽东声东击西的“英明抉择”的结果，而是其审时度势后所采取的正确的外交选择。牛军也认为：直到1969年3月中苏边界冲突发生以前，中国的外交战略还未发生根本性的变化，仍以全力反对美国的扩张政策为其外交的首要任务；从现有资料和分析来看，至少我们不能断定毛泽东在这一时期的开始阶段就已经做出了调整中国外交战略的决定，也谈不上有意地去实施一项明确的战略了。李丹慧根据中俄解密档案文献资料重新全面考察了1950—1960年代的中苏边界关系，认为1960年代，随着中苏两党分歧加深关系破裂，两国关系逐渐恶化，中苏之间的界务纠纷开始逐渐被政治化，中苏边界斗争出现了一个随着中苏两党政治斗争起伏而波动的形势。中共中央对苏方针的基调由让步、调和转变为主动进攻和以斗争为主之后，中国政府解决中苏边界问题的指导方针也相应发生变化，公开提出了中苏之间存在不平等条约问题。1969年珍宝岛事件爆发后，中苏双方处理边界战争危机的演变脉络呈现出苏方步步紧逼、中方不断被动回应的特色。在这个过程中，莫斯科触摸到了中国方面的“软肋”，据此充分施展了核威慑和政权替代威慑的手段。这种冲击—反应模式的出现，实际是毛泽东既想为其调整中国的外交战略造势并争取时间，又忌惮苏联发动对华战争的必然结果。换言之就是，中国消极反应的背后，其实还是有着某种积极的战略因素在起作用。美国方面由中国的这种尴尬处境看到了打开美中关系的可能性，中美接触，毛泽东的联美抗苏战略意图最终得以初

① 李丹慧：《毛泽东对苏认识与中苏关系的演变（1954—1960）》，《党史研究资料》1995年第12期；薛钰：《对六十年代中苏论战中若干问题的再思考》，《中共党史研究》1996年第2期；李捷：《从结盟到破裂：中苏论战的起因》，《党的文献》1998年第2期。

步实现。[①]

关于中苏关系正常化问题。牛军论证了中国1980年代实现中苏关系正常化与中国最终退出冷战之间的关系。认为中苏关系正常化的进程反映了中国对外政策逐步摆脱冷战时期形成的战略思维框架，以及中国决策层在改革开放中逐步形成和丰富起来的外交新理念。[②]

近年来，出版了一些有关中苏关系的重要论文集和专著。包括：中国中俄关系史研究会编《战后中苏关系走向（1945 — 1960）：中俄（苏）关系学术论文选》（社会科学文献出版社1997年）收录了关于20世纪40–50年代的早期中苏关系的研究成果。李丹慧编《北京与莫斯科：从联盟走向对抗》（广西师大出版社2002年）收录了1996年和1997年分别召开的“冷战与亚洲”和“冷战与中苏关系”等国际学术研讨会的论文。栾景河主编的《中俄关系的历史与现实》（河南大学出版社2004年），收录了中国大陆及香港地区专家、学者对中俄关系历史与现实的研究的最新成果，涉及400年来两国间的政治、经济、文化、外交、军事等方面的问题。沈志华和李丹慧的《战后中苏关系若干问题研究——来自中俄双方的档案文献》（人民出版社2006年），在多年挖掘和整理大量有关中苏关系的俄国档案和中国地方档案的基础上，论述1950 ~ 1960年代中苏关系史上一系列重大历史事件。何明、罗锋编著的《中苏关系重大事件述实》（人民出版社2007年）以专题形式，系统回顾了1949 — 1990年间中苏两党、两国间发生的重大事件，汇集了已经取得的一些新成果。主要的专著包括：杨奎松的《毛泽东与莫斯科的恩恩怨

① 徐焰：《1969年中苏边界的武装冲突》，《党史研究资料》1994年第5期；杨奎松：《从珍宝岛事件到缓和对美关系》，《党史研究资料》1997年第12期；牛军：《1969年中苏边界冲突与中国外交战略的调整》，《当代中国史研究》1999年第1期；李丹慧：《同志加兄弟：1950年代中苏边界关系——对中苏边界问题的历史考察（之一）》，《国际冷战史研究》2004年第1辑，华东师范大学出版社2004年；《政治斗士与敌手：1960年代中苏边界关系——对中苏边界问题的历史考察（之二）》，《社会科学》2007年第2期。李丹慧此前发表的有关文章（《1969年中苏边界冲突：缘起和结果》，《当代中国史研究》1996年第3期），强调中国军队在珍宝岛采取军事行动是毛泽东决定调整中国外交战略后有意识地利用中苏边界争端做文章，使中国得以在国际战略大格局的变动中把握住了外交上的主动权。杨奎松和牛军的文章实际是针对这种认识提出异议。

② 牛军：《“告别冷战”：中国实现中苏关系正常化的历史含义》，《历史研究》2008年第1期。

怨》(江西人民出版社1999年，2006年出版修订版)，作者通过认真研读档案资料，详细生动地再现了中苏关系历史发展的复杂性，并提出了不少很有见地的看法，例如作者认为，在中苏两党反目为仇的过程中，毛泽东起了决定性作用，而其根本原因是双方在革命理念上的差异。沈志华主编的《中苏关系史纲(1917—1991)》(新华出版社2007年)，编者与杨奎松、李丹慧、栾景河等人合作，利用了大量档案资料，是迄今为止最详细最有新意的中苏关系史，澄清和揭示了不少以往由于种种原因被扭曲和被遮蔽的历史片断，对许多重大事件做出了新的诠释。刘德喜的《从同盟到伙伴：中俄(苏)关系50年》(中共党史出版社2005年)和李华的《北京与莫斯科：结盟、对抗、合作》(人民出版社2007年)勾勒了20世纪40年代以来的中苏关系。

(3)冷战中的亚洲局部热战研究

①朝鲜战争

20世纪80年代后期至90年代初期，出版了一些有影响的著作：柴成文、赵勇田的《板门店谈判》(解放军出版社1989年)，徐焰的《第一次较量——抗美援朝战争的历史回顾与反思》(中国广播电视出版社1990年)，军事科学院军史部的《中国人民志愿军抗美援朝战史》(军事科学出版社1990年)；齐德学的《朝鲜战争决策内幕》(辽宁大学出版社1991年)，王焰等编的《彭德怀传》(当代中国出版社1993年)，等等，这些著作主要利用了中国方面的资料，其研究也比较局限于军事历史。华庆昭的《从雅尔塔到板门店——美国与中、苏、英：1945—1953》(中国社会科学出版社1992年)和沈志华的《朝鲜战争揭秘》(原名:《三八线困扰世界——关于朝鲜战争背景和起因的研究》，香港天地图书有限公司1995年)则利用了当时国内学者较少利用的美、英档案资料和重要的私人文件，并从冷战和大国外交的视角对朝鲜战争进行探讨。

1994年以后，大量有关朝鲜战争的俄国档案被解密，从而使这一问题的研究得以在以下四个方面有所突破：在历史资料上，学者可以在中国与俄国档案之间进行比较；在研究视角上，可以考察冷战与朝鲜战争高层决策之间的关系；在观点上，能够进一步分析这场战争的起源和目的；在研究范围上，拓展到政治、经济和外交等方面。

中国学者在这些新的资料的基础上撰写了一些重要著作：逄先知、李捷的《毛泽东与抗美援朝》（中央文献出版社2000年）和军事科学院军事历史研究部的《抗美援朝战争史》（三卷本，军事科学出版社2000年），公布了许多来自中国方面的新的档案资料。牛军通过研究相关档案材料，针对以往研究中存在的一些疑问，探讨中国参战目标的复杂性、志愿军作战方针的变化过程及其原因、盟国关系对中国决策的影响等问题。认为中国领导人从考虑参战起，他们提出的作战目标至少是经常变动的，保持弹性和模糊性；越过三八线大大超出了志愿军入朝初期所争取实现的作战目标，该决策在军事上带有权宜之计的特点，在政治上则主要是出于对中国的政治威望和苏联的反应等考虑。[①]沈志华的《毛泽东、斯大林与韩战》（香港天地图书有限公司1998年）、《中苏同盟与朝鲜战争研究》（广西师范大学出版社1999年）和《毛泽东、斯大林与朝鲜战争》（广东人民出版社2003年）则比较中国和苏联的历史文献，并运用适量的口述史料，研究了朝鲜战争的起源。认为这场战争之所以能够发生，关键因素在于莫斯科—斯大林为了保持苏联在亚洲和太平洋的战略地位，在中苏同盟条约签订之后，改变对朝鲜半岛的政策。而战争的扩大化，在很大程度上是由于冷战格局和意识形态的对立，以及因此造成的大国之间对话和沟通的阻隔，使各方陷入了理解的盲点，从而在处理国际事务和相互关系时根据直观的错误判断采取了错误的决策和行动。

在美国对朝鲜半岛的政策方面，崔丕以美国政府解密的美国国家安全委员会文件为基础，论述杜鲁门朝鲜政策和遏制政策的形成，并通过与杜鲁门政府的对比，探讨艾森豪威尔政府对朝鲜政策的形成过程、动因及其特点。指出杜鲁门政府的朝鲜政策从属于“遏制苏联集团”的战略目标，艾森豪威尔政府的朝鲜政策从属于“遏制中国”的战略目标，而其对韩国的政策与对日本的政策密切相关。王传剑也探讨了第二次世界大战结束以来美韩军事同盟的结构调整与功能转化，特别是该同盟在由遏制朝鲜、遏制共产主义的“双重遏制”向规制朝鲜、规制半岛周边大国的“双重规制”的转变过程。沈

① 牛军:《越过三八线——政治军事考虑与抗美援朝战争目标的确定》,《中共党史研究》2002年第1期。

志华探讨了中苏结盟、朝鲜战争与对日和约三者之间的互动关系，认为这三者相互影响、互为因果，成为东亚冷战格局形成的三部曲。赵学功从美国对中国发出核威胁到最终受到国内和国际多种因素的制约而通过和平谈判来维护美国利益的角度，论证了朝鲜战争所暴露的核武器的限度；他还通过对美国和英国在朝鲜战争中存在多层面分歧的分析，从一个侧面揭示了冷战的复杂性。邓峰研究了1969年因朝鲜空军击落美国大型电子侦察机EC-121而引起的危机，认为这次危机以美国最终选择非军事报复方式而结束的原因是多方面的，但与此同时，美国领导人在朝鲜遇到挫折而无法报复的怒火却全部倾泻到印度支那战场。①

②印度支那战争

在中国与印度支那战争方面，李丹慧编的《中国与印度支那战争》（香港天地图书有限公司2000年）收入2000年香港大学、美国威尔逊国际学者中心冷战国的项目联合举办的“关于中国、东南亚与印度支那战争的新证据”国际学术研讨会中方学者的多篇论文，其中杨奎的《毛泽东与印度支那战争》，考察了毛泽东从支持武力解放印度支那到力主实现东南亚和平，从主张和平共处到主张冷战共处，从反对越美和谈到转向联美抑苏的战略方针调整的过程；李向前的《越战与1964年中国经济政治的变动》，探讨了毛泽东推动经济政治转轨的内在原因，剖析了国际与国内因素的特殊交互作用；曲爱国的《中国支援部队在越南战场的军事行动》，介绍了中国对越军事援助行动的进程及其变化；曲星的《中越在印度支那战争中策略差异》，比较评说了中国援越抗法与援越抗美战争策略的异同；李丹慧的《中苏在援越抗美问题上的分歧和冲突》，考察了毛泽东的内忧外患思路和中苏在援越抗美问题上的矛盾冲突，反思并评估了北京要求河内服从中国反苏路线对中越关系的负面影

① 崔丕、侯文富:《美国国家安全委员会第81/1号文件形成问题研究》,《历史研究》1996年第6期，崔丕:《艾森豪威尔政府对朝鲜政策初探》,《东北师大学报》2001年第3期；王传剑:《从“双重遏制”到“双重规制”——战后美韩军事同盟的历史考察》,《美国研究》2002年第2期；沈志华:《中苏同盟、朝鲜战争与对日和约——东亚冷战格局形成的三部曲及其互动关系》,《中国社会科学》2005年第5期；赵学功:《核武器与美国对朝鲜战争的政策》,《历史研究》2006年第1期;《英国、美国与朝鲜战争》,《冷战国际史研究》第2辑；邓峰:《美国与EC-121危机——对1969年美国大型侦察机被朝鲜击落事件的研究》,《世界历史》2008年第2期。

响，以及苏越结盟回应中美联手的结局；牛军的《60年代末中国对美政策转变的历史背景》，审视了中国外交政策演变与决策机制的重建；沈志华的《中美和解与中国对越外交（1968—1973）》，考察了中国调整对美政策进程中对越政策的变化情况。该书并附有中越等国领导人关于印度支那战争等问题的谈话记录。刘东明探讨了美国的印度支那政策，揭示了杜鲁门政府的越南政策从支持越南抗击日本和法国殖民统治，到转而支持法国重返印度支那，最终使美国自身卷入越南战争的过程，并分析了新中国的成立和朝鲜战争的爆发对美国越南政策的影响。[①]吕桂霞的《遏制与对抗：越南战争期间的中美关系（1961—1973）》（社会科学文献出版社2007年），从美国的全球战略与其指导下的印度支那政策、中国的外交战略与其越南政策，以及在越南战争中的中美关系的发展等不同角度，论述了越南战争期间美、中、苏、越四方关系的互动格局。杨奎松探讨了新中国从几乎是全力（除了出兵以外）援助越南抗法战争，到力主划界停战的日内瓦会议的政策转变过程及原因，认为日内瓦会议的成功及和平共处五项原则的提出，是新中国外交政策从突出强调意识形态的“一边倒”，转向较多地考虑国家利益而开始走向务实的一个重要标志。李丹慧则从中国对越对美外交方针革命与务实变化的角度进行考察，指出1960年代末70年代初中国调整外交战略、实现与美国和解的进程中始终存在着越南因素的影响，中国在处理并存的援越抗美革命外交方针与缓和对美关系务实外交方针这对矛盾时，对越美和谈的态度及对越物质援助的方针相应地不断发生变化，但是中国没有因与美国缓和关系而放弃援越抗美，并以越南问题为轴心推动了美国调整对华政策的步伐。[②]

③中印边界冲突

中国学者分别考察了美国和苏联在中印边界冲突中的政策。蔡佳禾认为肯尼迪政府希望通过援助并怂恿印度在中印边界采取军事冒险政策，以达到

① 刘东明：《试论杜鲁门政府的越南政策》和《新中国成立和朝鲜战争爆发对美国越南政策的影响》，分别见《首都师范大学学报》2002年第2期、《历史教学》2005年第4期。

② 杨奎松：《新中国从援越抗法到争取印度支那和平的政策演变》，《中国社会科学》2001年第1期；李丹慧：《中美缓和与援越抗美——中国外交战略调整中的越南因素》，《党的文献》2002年第3期、《党史研究资料》2002年第11、12期。

遏制中国、改变印度的不结盟政策、在南亚建立针对中国的“联合防御体系”、加深中苏分裂等多重目的。王琛认为，美国对1962年中印边界冲突的反应与其南亚的冷战政策息息相关，这场冲突在美国政府的南亚政策渐入困境时发生，给了美国决策者以莫大的期望，他们企图以其所谓的天赐良机达到主要针对中国的冷战目标；但是中国的正确政策使肯尼迪政府利用中印冲突的图谋以失败而告终。康民军认为，这场冲突的重要原因除了印度的地区霸权主义政策之外，还有美国的冷战政策以及美国和苏联对印度反华的支持。戴超武从中、苏、美、印四方的互动出发，对苏联对中印边界冲突的反应和政策进行剖析，认为苏联对印度的实际支持态度，是苏联和中国在一系列重大理论及国际战略问题上存在的基本矛盾和根本分歧的突出体现，这些矛盾和分歧成为中苏论战的重要内容和中苏分裂的重要起因与标志。胡岩探讨了赫鲁晓夫时期苏联对中印边界争端与中国西藏问题的干涉。[①]另外，王宏纬的《喜马拉雅山情结：中印关系研究》（中国藏学出版社1998年）对这场边界冲突有较全面的论述。

（4）冷战中的美日、美澳新关系

在美日关系上，中国学者的讨论主要集中在两个问题上。

其一是关于美国与日本战后赔偿问题的关系。崔丕论述了美国对日本战争赔偿政策的演变过程，认为随着1949年美国在东亚的遏制战略的主要目标从苏联转向中国，日本成为美国东亚战略的基石，美国的对日战争赔偿政策也转向了放弃赔偿。张光认为，冷战及美国关于日本赔款政策从严厉赔偿到“无赔偿”的改变，使日本能以最低限度的赔偿额和最大限度地利用赔偿外交为日本的经济复兴服务，但日本利用冷战把中国排除于日本赔偿对象国之外是极不公正的。湛贵成具体分析了日本战后的拆迁赔偿和协议赔偿这两个阶段的总体情况，认为受到美国世界政策特别是远东政策的影响，前一阶段

① 蔡佳禾：《肯尼迪政府与1962年的中印边界冲突》，《中国社会科学》2001年第6期；王琛：《美国对1962年中印边界冲突的反应》，《史学月刊》2002年第1期；康民军：《试析20世纪五六十年代中印关系恶化的原因——中印边界战争40周年回顾》，《当代中国史研究》2003年第1期；戴超武：《中印边界冲突与苏联的反应和政策》，《历史研究》2003年第3期；胡岩：《西藏问题中的苏联因素》，《西藏大学学报》2006年第3期。

的赔偿是"雷声大、雨点小"，后一阶段的赔偿虽使受偿国收益，但对日本的经济腾飞更是一大助力。胡德坤、徐建华论述了在美国的控制下战后日本的赔偿方式从实物赔偿到劳务赔偿再到资本赔偿的变化。乔林生从冷战体制下的美国东亚政策对日本赔偿政策的影响的角度，指出日本战后的赔偿政策配合了美国的遏制战略，并使日本推行"赔偿外交"成为可能。徐康明认为，战后初期在美国一手主导下，制订了拆迁日本的工业设备赔偿亚洲战争受害国的计划，体现了美国削弱日本、防止其东山再起的战略意图；但随着"冷战"开始后美国远东战略的变化，其对日政策进行了大幅度调整，拆迁赔偿计划的实施也半途而废。[①]

其二是关于美日安保体制问题。崔丕认为，作为美国在亚太地区集体安全保障体系的核心，美日安保体制在冷战时期由不对等向对等的方向调整，双方通过修改《日美安保条约》，体现了两国战略利益的差异与汇合，双方在追求集团共同利益的同时又维护了各自的国家利益。于群论述了旧金山和约后美国的对日政策，认为美国把冷战模式和意识形态作为制定政策的基本依据，把所谓的"中苏威胁"强行作为美国对日政策的前提条件，使日本服从美国的战略利益。他还研究了美国对日本的心理战计划项目。宋志勇探讨了美国对日政策与东京审判之间的关系。[②]于群的专著《美国对日政策研究（1942—1972）》（东北师范大学出版社1996年）是对二战后期到70年代的美日关系的系统论述。廉德瑰的《美国与中日关系的演变（1949—1972年）》（世界知识出版社2006年）考察了美国与中日关系的演变，指出日本在美日安保体制下的对华政策的基本原则是不承认中华人民共和国和维持台湾海峡两岸

① 崔丕：《美国关于日本战争赔偿政策的演变》，《历史研究》1995年第4期；张光：《战后日本的战争赔偿与经济外交》，《南开学报》1994年第6期；湛贵成：《关于日本赔偿问题与战后经济》，《世界历史》1995年第4期；胡德坤、徐建华：《美国与日本战争赔偿方式的演变》，《武汉大学学报》2002年第4期；乔林生：《日本战争赔偿与美国的责任》，《日本问题研究》2004年第2期；徐康明：《战后初期美国主导下的日本拆迁赔偿计划》，《世界历史》2006年第1期。

② 崔丕：《〈日美相互合作及安全保障条约〉新论》、《〈美日返还冲绳协定〉形成史论》，分别见《历史研究》2005年第1期和2008年第2期；于群：《旧金山和约后的美国对日政策新构思》和《美国对日本的心理战略计划项目初探（1951—1960）》，分别见《世界历史》1996年第4期、《东北师大学报》2005年第5期；宋志勇：《美国对日政策与东京审判》，《南开学报》2003年第4期。

的分裂状态，美日台建立了反共反华的同盟体制，美日两国的对华政策主要是美国主导下形成的。

对美澳新三国关系的研究在我国刚刚起步。王帆论述了美澳新同盟的历史演变，认为1951年形成的澳新美同盟作为美国亚太安全战略的“南锚”，对美国全球军事部署尤其是军事技术的部署具有特殊作用。澳新美同盟自形成以来，经历了冷战时期的发展、持续和裂变的过程，并发展到冷战后的松散状态。在21世纪尤其是“9·11”事件之后美国发动的反恐战争中，澳新美同盟主要是澳美同盟的作用又变得十分突出。他还论述了由于在核战略方面的分歧致使美国和新西兰的联盟出现裂痕从而降低了美新之间安全合作的程度。①

冷战与发展中国家

中国学者主要是从美国的冷战战略出发进行研究，可以分为两个方面。

其一是对美国的第三世界政策进行总体论述。刘国柱论述了杜鲁门政府对第三世界国家进行开发援助的“第四点计划”与冷战的关系，认为该计划是美国在第三世界冷战战略的重要组成部分，其目的是通过援助，帮助稳定非共产党政权，遏制共产主义渗透；确保这些国家以“民主方式”实现经济发展和社会进步；同时为美国国内生产力拓展海外市场和原料供应，确保美国经济安全。王慧英通过对《1954年农产品贸易开发与援助法》的形成与影响的分析探讨了美国的对外粮食援助政策，认为美国以无偿与有偿援助等方式对外提供粮食，开启了制度化的对外粮食援助计划——“以粮食换和平”计划，通过处理剩余农产品拉拢第三世界国家和遏制共产主义，成为这一时期美国对外粮食援助政策的两大目标。刘青考察了艾森豪威尔和肯尼迪两任三届政府时期（1953—1963）美国对亚洲“不结盟”国家的政策从缺乏足够的认识到提供大量经济援助的变化，认为其变化的原因是希望这些国家维持非共产主义的独立并获得经济发展。戴超武认为，肯尼迪–约翰逊政府对第三世界的外交政策完全服务于美国全球遏制战略和遏制中国的政策目标；美国在实现这些政策目标的过程中，军事反应、军事援助、经济援助等成为最

① 王帆：《试论澳新美同盟的历史演变》和《美国与新西兰联盟的裂痕》，分别见《国际论坛》2005年第2期、《世界历史》2007年第2期。

重要的手段；在与苏联和中国争夺第三世界的斗争中，美国使用这些手段，反对他们认定是亲共产主义或共产主义的民族解放运动以及有关的事态发展，在相当程度上忽视了第三世界国家试图在战后国际体系中寻求恰当位置的努力。[①]刘国柱的专著《美国文化的新边疆——冷战时期的和平队研究》（中国社会科学出版社2005年）对和平队与冷战、和平队与美国对第三世界国家的外交战略的关系等问题进行了详细系统的考察，认为“和平队”在推进美国对外政策方面发挥了一定作用，但“和平队”的志愿者在跨文化的交流中也发挥了积极作用。王慧英的专著《肯尼迪与美国对外经济援助》（中国社会科学出版社2007年）对1961年的“外援法”、1963年外援计划受挫以及和平队都有深入探讨。

其二是探讨美国对具体国家和事件的政策。时殷弘、许滨研究了1945—1954年美国对菲律宾的政策，黄忠东探讨了肯尼迪政府处理1961—1962年老挝危机的政策，董向荣研究了美国对韩国的援助政策，马骏研究了艾森豪威尔政府对印度尼西亚的政策，刘雄、尹新华考察了美国对东南亚华侨问题的政策，刘莲芬研究了美国与泰国关系的发展变化，姚椿龄讨论了美国对亚非会议的态度和反应。[②]杨冬燕的《苏伊士运河危机与英美关系》（南京大学出版社2003年）在展示苏伊士运河危机和战争全貌的同时，详细分析英美在这一事件中和事件前后的微妙关系，论证了在冷战的背景下，西方大国在解决控制第三世界、对抗苏联以及对待第三世界的新老殖民主义之间的矛盾等方面的政策。范鸿达的《美国与伊朗：曾经的亲密》（社会科学文献出版社，

---

① 刘国柱：《第四点计划与杜鲁门政府在第三世界的冷战战略》，《历史教学》（高校版）2007年第6期；王慧英：《“剩余品时代”美国对外粮食援助政策》，《世界历史》2006年第2期；刘青：《美国对亚洲不结盟国家态度与政策的变化（1953—1963）》，《美国研究》2008年第1期；戴超武：《肯尼迪—约翰逊时期的外交与第三世界》，《美国研究》2006年第2期。

② 时殷弘、许滨：《来自冷战外的挑战——美国在菲律宾的失败与调整（1945—1954）》，《美国研究》1995年第2期；黄忠东：《冷战中的老挝——肯尼迪政府与1961—1962年老挝危机》，《史学集刊》2002年第3期；董向荣：《美国对韩国的援助政策：缘起、演进与结果》，《世界历史》，2004年第6期；马骏：《1958至1960年艾森豪威尔政府对印尼的“双轨政策”》，《世界历史》2005年第6期；刘雄、尹新华：《20世纪五六十年代的东南亚华侨问题与美国对华遏制政策》，《当代中国史研究》2006年第4期；刘莲芬《论1950—1970年代的美泰关系》，《世界历史》2006年第3期；姚椿龄：《美国与亚非会议》，《世界历史》2001年第6期。

2006年）论述了从1941—1979年的美伊关系，认为冷战是美伊曾经建立亲密关系的根本因素。

（三）战后其他中外关系研究

1. 中日关系

中日关系的研究在冷战结束后较为活跃，主要表现在不仅出版了文献资料集和一系列通史性著作，而且也有不少专题研究。中国社会科学出版社从90年代开始，陆续出版了田恒主编的《战后中日关系史年表1945—1993》（1994年）、《战后中日关系文献集》（1945—1970和1971—1995两卷，1996—1997年）、《战后中日关系史1945—1995》（2002年）。其他通史性著作包括吴学文主编:《中日关系（1945—1994）》（时事出版社1995年）；冯昭奎等:《战后日本外交》和《日本外交：1945/1995》（中国社会科学出版社1996年、1997年）；金熙德:《中日关系——复交三十年的思考》（世界知识出版社2002年）；徐之先主编:《中日关系三十年1972—2002》（时事出版社2002年）；史桂芳:《战后中日关系史》（当代世界出版社2005年），等等。另外，孙乃民的《中日关系史》（全三卷，社会科学文献出版社2006年），张蓬舟主编的《中日关系五十年大事记1932—1982》（全五卷，文化艺术出版社2006年），也都涉及战后的中日关系。

在专题研究方面，首先是对台湾问题与中日关系的讨论。武寅剖析了台湾问题在日本对外战略中的地位，认为台湾是日本为自己构筑的“生存空间”的一角，在日本战后的战略重点中，台湾的重要性有增无减；日美关系的重要性并不能排除在特定条件下日本与美国在台湾问题上采取不同行动的可能性，日中关系的好坏也不会影响日本要确保台湾作为一个独立实体存在的对台政策的实质，只是影响它外在的表现形式。她还从较长的时段上研究了中日关系的发展，认为近代以来国际关系的发展先后经历了以战争为主要特征的热战阶段；以意识形态对立为主要特征的冷战阶段；以国家利益的折冲为主要特征的温战阶段。与此相对应，日本国内政治先后经历了武力扩张、保革对立、政治多元化三个阶段，中日关系也依次经历了民族敌对、中日“友好”、国家关系双重性三个阶段。指出目前中日关系存在的既近又远、不该摩擦而摩擦最多、其重要性既清楚又模糊三大矛盾，将在相当长的时期内构成两国关系的基本内容与特点。[①]张耀武的《中日关系中的台湾问题》（新华出版社2004年）认为，历史上的“台湾情结”、日本国内的政治因素、对外谋求国家利益和日美同盟的战略需求，是日本“关注”台湾问题的根本原因；但由于顾及到与中国的关系，日本在台湾问题上不得不以“无为”的表象掩盖其“有为”的实质，因此台湾问题不仅是中美关系中最敏感的问题，也是今后一定时期内影响中日关系的主要问题。

其次是对二战遗留问题的研究。所谓战争遗留问题主要是与现实有关的历史问题，中国学者的研究主要集中在日本侵华战争遗留问题上，并以实证研究为主。《抗日战争研究》杂志从1997年第3期起开辟“战争遗留问题研究”专栏，使这一问题的研究不断深入。主要包括：日本的战争责任、教科书修改、领土争议（钓鱼列岛主权归属）、南京大屠杀史实考证、战争赔偿、慰安妇、强制劳工、化学战和遗留化学武器、战争期间中国财物损失统计、日本战时公债遗留及其他问题。鉴于国内一些学者已经对这些遗留问题及其研究情况进行了总体评述，本文从略。[②]

第三是对战后日本政府开发援助（ODA）进行研究。金熙德的《日本政府开发援助》（社会科学文献出版社2000年）从对外援助理论、日本ODA的发展、日本对华ODA问题等方面，全面介绍了日本政府的开发援助政策，可以看作是70年代以来中日关系的一个缩影。关冬宇从二战后日本政府开发援助的起源入手，论述了日本在谋求联合国常任理事国的过程中运用ODA外交的表现和原因。林晓光对日本对华官方发展援助的历史沿革、发展变化、决策过程、政策调整、战略意图、实施现状、未来走向和理论框架等问题进行学理分析和历史考察，提供了大量数据。朱艳圣和何英莺针对日本对其ODA

---

① 武寅：《日本对外战略与台湾问题》，《世界历史》2000年第2期；《热战　冷战　温战——国际大背景下的日本政治走向与中日关系》，《日本学刊》2002年第4期。

② 中国学者的总体评述主要有：何天义：《日本侵华战争遗留问题概述》，《抗日战争研究》1997年第4期；荣维木：《中日战争遗留问题研究述评》，《江海学刊》2001年第6期；梁占军：《近年中国史学界关于二战时期日本侵华遗留问题的研究成果述评》，《世界历史》2005年第4期；苏至、智良、荣维木、陈丽菲主编：《日本侵华战争遗留问题和赔偿问题》（上、下册），商务印书馆2005年。

政策的不断调整、特别是2003年日本新《ODA大纲》的出台，分析了日本在新世纪对ODA政策调整的政治色彩，认为在某种意义上，这次ODA政策调整反映了日本在新世纪的战略调整及外交方向。王平对日本ODA政策的形成和演变做了概括和分析，对其未来的发展趋势进行了展望。[①]王堃的《日本对华ODA的战略思维及其对中日关系的影响》（中国社会科学出版社2005年）具体论证了对华ODA从20世纪80年代服务于日本"经济中心主义"战略，到90年代服务于"政治大国"目标，以及至21世纪的又成为日本对华遏制的一个手段的转变。

2. 中英、中法关系

战后中英关系研究的重点是20世纪50年代。冯仲平揭示了战后中英两国就香港的归属问题进行激烈交涉的过程；李世安研究了战后英国在中国台湾问题上的两面政策。郑启荣、孙洁婉认为1949—1954年的英国对华政策是在冷战的国际背景和英美特殊关系的制约下进行的，不能对这时英国的对华政策评价过高。[②]

中法关系是中国大陆学界研究较少的领域，多为对两国关系发展史上重要事件的见著于报端的评论。世界知识出版社出版的《中法建交40年重要文献汇编》（2004年）是一本资料集；杨元华的《中法关系史》（上海人民出版社2006年）对中法关系包括两国建交后的关系发展给予了系统勾勒。

在中外关系研究领域，还要提及一套"百年中外关系系列丛书"。该丛书由外交学院牵头，融汇中国社会科学院及多所高等院校、研究机构的学术成果，历时8年编纂而成，由世界知识出版社2006年出版。这套丛书由杨闯、周启朋主编，包括《百年中美关系》（熊志勇著）、《百年中俄关系》（杨

① 关冬宇：《日本谋求常任理事国进程中的ODA外交》，《外交学院学报》2001年第4期；林晓光：《日本的对华开发援助与中日关系》，《国际论坛》2002年第6期；朱艳圣：《新世纪的日本ODA政策——兼评日本对华ODA政策》，《国际论坛》2004年第2期；何英莺：《从日本ODA政策的调整看日本外交战略的变化》，《太平洋学报》2004年第12期；王平：《日本ODA政策的形成、演变及前瞻》，《日本学刊》2008年第3期。

② 冯仲平：《论战后英国在香港问题上的态度（1945—1949）》，《世界历史》1993年第4期；李世安：《战后英国在中国台湾问题上的两面政策》，《世界历史》1994年第6期；郑启荣、孙洁婉：《试论1949—1954年英国对华政策的演变及其动因》，《世界历史》1995年第6期。

闯、高飞、冯玉军著)、《百年中英关系》(王为民主编)、《百年中法关系》(徐晓亚等著)、《百年中日关系》(张历历著)、《百年中德关系》(潘琪昌主编)、《百年中印关系》(周卫平著)七册组成,全面记录了自1900年以来我国与这些国家的双边关系发展历程。

(四)欧洲一体化史研究

大陆学者对欧洲联合的研究始于20世纪80年代,伍贻康等编写的《欧洲经济共同体》(人民出版社1983年)是有关这一问题的较早专论;伍贻康、戴炳然编的《理想·现实与前景:欧洲经济共同体三十年》(复旦大学出版社1989年)和余开洋、洪达文、伍贻康主编的《欧洲共同体——体制·政策·趋势》(复旦大学出版社1989年)对欧共体做了比较全面的介绍;戴炳然翻译的《欧洲共同体条约集》(上海复旦大学出版社1993年)是我国目前最完备的欧盟条约文本和重要的工具书;沈骥如的《欧洲共同体与世界》(人民出版社1994年)研究了欧共体在世界事务中的地位与作用;郭华榕、徐天新主编的《欧洲的分与合》(京华出版社1999年)对欧洲联合的历史过程给予比较系统的论述;伍贻康主编的《欧洲一体化的走向和中欧关系》(时事出版社2008年)涉及欧洲一体化面临进退两难困境和欧盟内外关系的调整变革诸多热点问题。在有关国家对欧洲一体化的政策研究方面,周荣耀探讨了戴高乐的欧洲联合政策,王蕾研究了阿登纳的欧洲战略,张健论述了萨尔问题的解决对早期西欧一体化进程的推动。①

近年来,一些有关这一问题的博士论文和专著陆续出版,主要包括:洪邮生的《英国对西欧一体化政策的起源和演变》(南京大学出版社2001年),时间涵盖20世纪40年代中期到60年代初,作者力图把英国的欧洲政策放在历史与现实的背景下,将英国对西欧一体化的政策放在国际冷战的宏观环境中进行综合考察,系统论述了二战后英国对西欧一体化运动的政策形成、维持、调整与失败的发展过程。赵怀普的《英国与欧洲一体化》(世界知识出

① 周荣耀:《戴高乐与欧洲联合》、王蕾:《康纳德·阿登纳的欧洲战略述评》,分别见《世界历史》1984年第1期和1996年第5期;张健:《萨尔问题的解决与西欧早期一体化》,《武汉大学学报》2002年第1期。

版社2004年），较为全面地评述了第二次世界大战后英国对欧洲一体化的从拒绝到被迫加入的政策，以及英国与欧共体/欧盟的互动关系；同时对英国与欧陆主要国家以及英国与美国的关系也有所涉及。陶涛的《西欧社会党与欧洲一体化研究》（北京大学出版社2001年）从政治学的角度系统论述了西欧社会党对欧洲一体化的政策和自身在这一过程中的发展与变革。朱立群的《欧洲安全组织与安全结构》（世界知识出版社2002年），从20世纪以来欧洲安全结构的历史基础谈起，分别对北约、欧盟、欧安组织在冷战后的变化、它们之间的相互关系以及由此而带来的欧洲安全结构的变化进行论述。认为经过冷战后10年的发展演变，欧洲已经基本形成了一个以美国领导的北约、欧盟为核心的中心圆结构，两个核心的矛盾和斗争是值得密切关注的重点。严双伍的《第二次世界大战与战后欧洲一体化起源研究》（武汉大学出版社2004年）认为正是二战促进了欧洲联合思想的传播和普及，改变了欧洲人传统的民族国家观念，培育了欧洲派政治力量；而二战所铸就的两极格局，为欧洲一体化的启动提供了极为有利的外部条件。李世安、刘丽云等的《欧洲一体化史》（第二版，河北人民出版社2006年）系统勾勒了欧洲联合的进程。郑启荣主编的《全球视野下的欧盟共同外交和安全政策》（世界知识出版社2008年）着眼于世纪之交的国际形势变化论述欧盟的共同外交与安全机制。

还要指出的是，2006年中国欧洲学会正式成立了“欧洲一体化史研究分会”，从而进一步整合力量，以促进欧洲联合进程的研究。中国欧洲学会与复旦大学欧洲问题研究中心联合主办的期刊《欧洲一体化研究》也为学者提供了一个交流平台。

（五）非殖民化研究

90年代以来，中国学者对非殖民化的研究取得较大进展。中国档案出版社出版了王助民等的《近现代西方殖民主义史（1415—1990）》（1995年）；北京大学出版社出版了郑家馨、何芳川的《世界历史·近代亚非拉部分》（1990年），林承节主编的《殖民主义史·南亚卷》（1999年）、梁志明主编的《殖民主义史·东南亚卷》（1999年）、郑家馨主编的《殖民主义史·非洲卷》（2000年）、高岱、郑家馨:《殖民主义史——总论卷》（2003年）。这些著作叙事宏大，史实丰富，论述了殖民体系从建立至崩溃的全过程，填补了我国学术界在殖民主义通史编撰方面的空白。

除了通史性的研究之外，一些学者注重考察英国和法国的非殖民化政策，如：李安山的《殖民主义统治与农村社会反抗》（湖南教育出版社1998年）是针对殖民时期加纳东部省反对殖民统治斗争的相当深入个案研究，他还对大英帝国的非殖民化的“计划”进行了具体探讨，指出英国在20世纪40年代制定的殖民地改革计划不能等同于非殖民化计划，其目的并不是要“主动撤退”，而是要改善和加强对殖民地的统治。张顺洪对20世纪40—60年代英国在不断从其殖民地撤退的过程中实行的有关殖民地公职人员的政策分三个阶段进行了细致的考察，[①]他的《大英帝国的瓦解：英国的非殖民化与香港问题》（社会科学文献出版社1997年）研究了英国从香港的撤退。陈晓红的《戴高乐与非洲的非殖民化研究》（中国社会科学出版社2003年）选取法属西非和阿尔及利亚的个案，对戴高乐执政时期在非洲实施的非殖民化的动因与过程、特点、后果与影响进行了全方位考察，揭示了法国非殖民化运动的复杂性和殖民撤退的独特性。李维也考察了戴高乐的非殖民化思想以及法国在解决阿尔及利亚问题时怀柔政策和军事政策并举的实践。[②]

在进行实证研究的同时，还涉及到两个重要的理论问题。

其一是关于非殖民化的含义。李安山认为“非殖民化”具有两层意义，从狭义上说，它是指殖民统治终结、殖民机构解散这一历史过程；从广义上说，它指前殖民地和半殖民地国家及其人民在取得政治独立后必须在经济、历史和文化心理上摆脱殖民主义的遗产从而获得真正意义上的独立。张顺洪的看法有所不同，他认为，“非殖民化”主要是指殖民国家在被迫撤出殖民地的过程中，采取的旨在尽可能地维护自身利益的各种行动，包括各种撤退战略、策略与手法。这种以维护自身利益为目的、在被迫撤出殖民地的过程中的主动行为与活动就是“非殖民化”的真正含义。他还认为，用“非殖民化”来表达争取民族独立的活动是不恰当的，容易导致概念上和理论上的混乱；

① 李安山：《日不落帝国的崩溃：论英国非殖民化的“计划”问题》，《历史研究》1995年第3期；张顺洪：《战后英国关于殖民地公职人员的政策（1945—1965）》，《历史研究》2003年第6期。

② 李维：《试论戴高乐的阿尔及利亚非殖民化政策的两重性》，《世界历史》1996年第6期。

殖民地半殖民地人民反对殖民统治争取民族独立的活动，完全可以用“民族解放运动”这个概念来表达，而不需要用“非殖民化”这个词。潘兴明则认为，“非殖民化”一词的涵义从广义上说泛指由殖民地、保护国、委任统治地过渡到独立国家的历史事件；从狭义上讲则指二战后在民族独立运动的压力下，殖民国家从自身的利益出发，被迫改变政策，从而使得殖民地和其他附属地获得独立，导致殖民帝国时代终结的历史进程。①

其二是关于新殖民主义的概念及其内涵。高岱认为，“新殖民主义”无非是指非西方国家在名义上获得独立之后，经济上继续处于依附地位的那种状况；新殖民主义应主要被看成一种统治手段或统治制度，并不代表某个具体的历史阶段；新殖民主义本身也具有明显的区域性，它影响的主要地区是非洲和拉丁美洲，在受社会主义思潮冲击较大的亚洲，新殖民主义的影响相对要小得多，不能够简单地把新殖民主义当做一个历史发展阶段，也不能把1945年以后的殖民主义进程（包括非殖民化）看成是“新殖民主义时期”。陆庭恩认为，新殖民主义是资本主义强国，主要是发达资本主义大国在不进行直接殖民统治的情况下通过各种方式对落后国家和地区进行控制、干涉与掠夺的政策及其活动②。张顺洪、孟庆龙、毕健康的专著《英美新殖民主义》（社会科学文献出版社1999年）的看法是：新殖民主义是国际关系中的一种体系，是发达资本主义国家主要是发达资本主义大国对发展中国家进行控制、干涉与掠夺，维持不平等国际关系的一种体系；新殖民主义的表现形式是多种多样且不断发展变化的，体现在政治、经济、军事、文化诸方面；同时国际组织机构也可能成为发达资本主义大国推行新殖民主义的工具。

（六）联合国及其他国际组织研究

90年代以来，大陆学者对联合国的研究日益重视，研究主要集中在三个

---

① 李安山：《论“非殖民化”：一个概念的缘起与演变》，《世界历史》1998年第4期；张顺洪：《关于殖民主义史研究的几个问题》，《河南大学学报》2005年第1期；潘兴明：《试析非殖民化理论》，《史学理论研究》2004年第3期。

② 高岱：《“殖民主义”与“新殖民主义”考释》，《历史研究》1998年第2期；陆庭恩：《非洲国家的殖民主义历史遗留》，《国际政治研究》2002年第1期。

方面。

第一，从整体上研究联合国的著述不断增加。迄今为止，以李铁城为首的一批专家已经出版了8部9册著作：陈鲁直、李铁城主编:《联合国与世界秩序》(北京语言学院出版社1993年)；李铁城主编、主笔:《联合国的历程》(北京语言学院出版社1993年)；袁士槟等主编、李铁城审订:《联合国机制与改革》(北京语言学院出版社1995年)；李铁城:《联合国五十年》(增订本，中国书籍出版社1996年)；李铁城、郑启荣:《联合国大事编年》(北京语言文化大学出版社1998年)；李铁城主编:《世纪之交的联合国》(人民出版社2002年)；李铁城主编:《联合国里的中国人》(上、下册，人民出版社2004年)；李铁城、钱文荣主编:《联合国框架下的中美关系》(人民出版社2006年)。这些著作对联合国与世界秩序、联合国的历程等进行了整体考察。许光建主编的《联合国宪章诠释》(山西教育出版社1999年)通过对联合国宪章的详细诠释，使研究深入了一步。计翔翔主编的《联合国知识词典》(杭州出版社2000年)和李春光主编的《联合国及其专门机构概况》(中国统计出版社2002年)是有关联合国知识的普及读物；陈东晓等的《联合国：新议程和新挑战》(时事出版社，2005年)和余元洲的《论联合国的新角色》(世界知识出版社2005年)是对联合国如何应对全球化的探索。

第二，对联合国某一部门的探讨。孙洁琬对加拿大著名政治家和外交家莱斯特·皮尔逊立足于加拿大的中立政策，运用联合国的力量解决苏伊士运河危机的努力进行探讨，指出他不仅率先倡导了联合国第一支维和部队的建立，而且是有关的秘书长报告的主要起草者，对该部队性质及行动原则的形成发挥了决定性影响。何慧回顾了联合国难民署半个世纪的艰难历程，分析了处于东西方冷战夹缝中的联合国难民署为处理国际难民事务所付出的努力；强调联合国难民署对解决现实的难民问题有不可取代的作用，并对其面临的困难、挑战及可能的改革思路进行了初步探讨。①

第三，在中国与联合国的关系方面，主要集中于探讨新中国的联合国代

① 孙洁婉:《皮尔逊与第一支联合国维和部队的创建》,《世界历史》2003年第5期；何慧:《论联合国难民署的历史地位与现实作用》,《国际论坛》2004年第4期；

表权问题。王建朗通过研究英国外交部档案，勾画出1950年英国政府对中国代表权问题的政策从消极弃权到投票支持再到消极政策的演变过程，认为尽管英国为支持中国进入联合国投赞成票的时间相当短暂，但不能否认它确曾为此做出过认真的努力。他还探讨了英国的中国台湾政策的演变以及与美国的分歧。徐友珍研究了新中国成立之初美国和英国围绕中国代表权问题上的合作与分歧；牛大勇论述了肯尼迪政府与1961年的联合国中国代表权问题；梁志对1961年中国在联合国代表权问题中的蒙古因素进行了考辨；唐小松考察了60年代加拿大和美国在中国联合国代表权问题上的分歧；姚百慧通过对1966年研究委员会提案的考察，探讨了约翰逊时期的中国代表权问题；刘子奎论述了1966年美国与蒋介石集团在中国联合国中国代表权问题上的妥协；陈长伟也对60年代美国与台湾有关中国代表权的合作与分歧进行了研究；吕迅、赵璐都研究了美国在尼克松政府时期的中国联合国代表权问题。①

另外，李铁成、钱文荣主编的《联合国框架下的中美关系》从中美两国的联合国政策、军备控制和裁军、经济和社会发展、环境、人权、法律、台湾问题以及反恐斗争等方面，系统论述了两国在联合国各种机构中的共识与分歧、合作与差异、斗争与妥协的运行轨迹。

近年来，中国学者也越来越重视对其他国际组织的研究。主要集中在三个方面。

---

① 王建朗:《新中国成立初年英国关于中国联合国代表权问题的政策演变》和《台湾法律地位的扭曲——英国有关政策的演变与美国的分歧（1949—1951）》，分别见《中国社会科学》2000年第3期、《近代史研究》2001年第1期；徐友珍:《美英在联合国中国代表权问题上的分歧与协调（1950—1951）》，《史学集刊》2007年第4期；牛大勇:《肯尼迪政府与1961年联合国的中国代表权之争》，《中共党史研究》2000年第4期；梁志:《论1961年中国在联合国的代表权问题中的蒙古因素》，《当代中国史研究》2001年第1期；唐小松:《加、美在中国联合国代表权问题上的分歧（1964—1966）》，《世界历史》2003年第5期；姚百慧:《约翰逊政府与中国在联合国的代表权问题——以1966年研究委员会提案为中心的讨论》，《首都师范大学学报》2006年第6期；刘子奎:《美国与1966年联合国中国代表权问题》，《当代中国史研究》2007年第6期；陈长伟:《1960年代中期美台关于联合国中国代表权问题的合作与分歧之研究》，《国际论坛》2007年第1期；吕迅、吕菲:《美国政府与一九七一年联合国中国代表权之争》，《中共党史研究》2007年第1期；赵璐:《尼克松政府与联合国中国代表权问题（1969—1971）》，《历史教学》（高校版）2008年第4期。据不完全统计，从1999年到2008年，有关这一问题的研究论文不止25篇。

其一是对国际组织的总体论述。李一文、马风书编著的《当代国际组织与国际关系》（天津人民出版社2002年）是一本有关国际组织的教材，其中对9个主要的国际组织给予介绍并论述了国际组织与国际安全、经济发展等问题。蒲傧的《当代世界中的国际组织》（当代世界出版社2002年）介绍了国际组织和国际规则的制订、国际一体化、国际多元利益的协调、国际组织与主权国家、中国与国际组织等问题。张贵洪的《国际组织与国际关系》（浙江大学出版社2004年）从集体安全、地区主义、跨国关系、全球治理等视角对不同领域的国际组织进行了阐述。

其二是对具体的国际组织的深入探讨。在这方面的研究也刚刚起步，主要表现在开始对二战后期建立的一些国际组织进行研究。韩长青对美国与1943年举行的“联合国家粮食与农业会议”的关系进行考察，认为粮农会议是罗斯福政府对盟国在战后开展国际合作的可行性以及国内政治和舆论倾向的一次考查，是对组建战后国际和平组织的一次预演和彩排，也是罗斯福关于国际和平与安全取决于经济和社会发展的理念的重要实践。他还对1943年美国国会与政府之间就“联合国善后救济总署”拨款的联合决议案的争论进行了探讨，认为这场争论比较集中地反映了战时国会两院特别是参议院的主要观点，对战后美国国际组织政策的制定和执行发挥了重要影响。①王德春《联合国善后救济总署与中国（1945—1947）》（人民出版社2004年）系统考察了联合国善后救济总署与中国的关系，认为“联总”把大量生活必需品和善后物资及时运到中国无偿馈赠中国人民，是暗淡的近代中外关系史上闪光的一页；但从某种意义上说，联总不过是美国外交政策的道德工具，是美国理想主义的试验园地。

其三，对非政府组织的研究。盛洪生、贺兵主编的《当代国际关系中的“第三者”：非政府组织研究》（时事出版社2004年）采用比较研究方法，通过研究非政府组织的历史渊源、理论基础和基本文件，归纳出非政府组织的本质特征及其在当代国际关系中的地位和影响。王杰、张海滨、张志洲主编

① 韩长青：《试论罗斯福政府与1943年联合国家粮农会议的缘起》、《试析1943年美国国会与政府在UNRRA协定上的冲突与妥协》，分见于《首都师范大学学报》2004年第3期、2007年第2期。由于对这些国际组织的研究与战后国际组织的研究直接相关，故本文把这两篇论文也包括在内。

的《全球治理中的国际非政府组织》（北京大学出版社2004年）从全球治理的角度入手，对国际非政府组织的特征、历史演变、影响和作用及活动方式进行了分析和探讨，并从安全、经济、人权和环境等不同的领域具体分析了国际非政府组织的作用与活动方式。刘华平的《非政府组织与核军控》（中国社会科学出版社2008年）在阐述非政府组织历史发展和基本现状的基础上，对非政府组织在核军控领域中发挥的作用和产生的影响、其背后的深刻原因以及发展趋势等进行了论述。

2007年复旦大学成立了联合国与国际组织研究中心，并将其研究方向定为国际组织与国际安全；联合国维和行动；联合国和中美关系等三个领域。但是必须指出，除了对联合国的研究之外，中国学者对其他国际组织的研究才刚刚起步。

从上述挂一漏万的叙述中可以看出，经过30年的努力，中国的战后国际关系史研究已经奠定了坚实的基础并取得了根本性的进步。这些进步主要表现在：第一，积极关注国际学术界的研究动态和档案资料的解密，力争使我国的国际关系史研究与国际学术界接轨，同时体现中国学者的研究特色。第二，积极提倡并致力于撰写史料基础扎实、论点比较中肯的“功底型”论著。第三,一批学者逐步确定了自己的相对稳定的研究重点，并能够就研究的问题进行比较深刻的多层面思考。第四，在研究主题的选择方面，体现了研究者的问题意识和现实关怀。

从目前的研究趋势来看，中国的战后国际关系史的研究将在理论与方法论方面不断取得进展。主要表现在两个方面。

第一，随着全球化的迅猛发展以及中国融入全球化进程的加速，中国学者将继续以马克思主义的世界历史理论为指导，从全球史观出发，在坚持辩证唯物主义和历史唯物主义的分析方法的同时，兼收其他史学理论精华，并尝试运用各种国际关系理论对具体的国际关系问题进行跨学科、跨领域的比较研究。

第二，继续坚持实证研究，通过利用各国不断解密的档案资料，进一步拓展战后国际关系史的研究深度和广度。从目前已经取得的成果来看，在战后国际关系史的研究中，冷战国际史的研究成果较多。但是即使在这一领域，也是以美国的对华政策和中美关系的研究为主，其主要原因是资料的相对容易获得，前期成果较多，以及中美关系在中国对外关系中的重要性所致。但是，到目前为止，许多国家有关20世纪50年代、60年代的历史档案都已经基本解密，70年代以来的历史档案也正在陆续开放，有关这些档案的编辑、出版、上网等工作也正在进行。①这些档案的公布，为战后国际关系史的研究提供了极其丰富的资料，相信通过对这些史料的认真研读与分析，中国学者将会在战争与和平，国际体系、国际格局与国际秩序的发展演变，东西方国家各自在政治制度、经济结构、社会发展、意识形态、思想观念、文化价值等方面的渐进性变化、它们之间的相互关系以及它们与发展中国家关系的发展变化，各国在重大国际事件面前为实现和维护自身利益所做出的决策研究，全球化与地区一体化对国际关系的影响，民族主义与国际关系，科学技术的发展与国际关系的演变，文化环境和自然环境对国际关系的影响，后冷战国际关系发展趋势等重大问题的宏观研究和具体问题的微观探讨方面，继续取得进步，以期与国际学术界同步发展，并为21世纪的中国提供更多、更准确的背景资料与历史借鉴。

---

① 有关中国的档案解密情况已如前所述，就西文档案来说，举其要者：美国国务院出版的《美国外交关系文件》（*Foreign Relations of the United States<FRUS>*），Gale公司出版的美国政府解密档案Declassified Documents Reference System（DDRS），美国国家安全委员会档案数据库（Digital National Security Archive <DNSA>）；英国出版局出版的《关于帝国终结的英国文件》（*British Documents on the End of Empire<BDEE>*）和《英国海外政策文件》（*Documents on British Policy Overseas<DBPO>*），美国大学出版公司出版的《英国外交事务文件：来自外交部的机密报告和文件》（*British Documents on Foreign Affairs: Reports and Papers from Foreign Office Confidential Print <BDFA>*），英国内阁文件缩微胶卷（Cabinet Papers <CP>）；法国国家出版局出版的《法国外交文件》（*Documents Diplomatiques Français<DDF>*），以及加拿大、澳大利亚等国家的外交文件；俄国《历史档案》（*ИСТОРИЧЕСКИЙ АРХИВ*）杂志公布的俄国解密档案；美国威尔逊中心冷战国际史项目的《冷战国际史项目公报》（*Cold War International History Project Bulletin*）定期公布的各国解密档案；日本出版的《美国对日政策文件集成——美国参谋长联席会议文件1948—1961年》，《美国对日政策文件集成1964—1971年》，等等。

结束语：重视国际史学界研究的新进展

中国的国际关系史研究已经取得了长足的进步，但与国际学术界相比，仍然有相当大的差距。因此，了解国际学术界的研究进展，了解国外学者研究的一些主要问题，对进一步提高中国国际关系史的研究水平至关重要。

出于这种考虑，本文将介绍第20届国际历史科学大会（2005年在悉尼召开）和第21届国际历史科学大会（2010年在阿姆斯特丹召开）上与国际关系史研究相关的一些主题，以及将于2015年8月在中国济南召开的第22届国际历史科学大会的议题，希望能够给年轻一代国际关系史学者一些有益的启发。

第20届国际历史科学大会第三个主题——“历史上的战争、和平、社会和国际秩序”

这次大会有三大主题、26个专题、20个圆桌会议和联合国教科文组织支持的6个研讨会。三大主题是：1. 历史上的人类与自然；2. 神话与历史；3. 历史上的战争、和平、社会和国际秩序。这里重点介绍第三个主题。

大会对这个主题的讨论分为三个部分：1. 正义的战争，非正义的和平？概念与论证；2. 历史上不断变化的和平概念与和平条件；3. 战争、暴行与性。下面就针对这三个分课题作一些基本的介绍。[①]

在“正义的战争，非正义的和平？概念与论证”部分，学者们指出，自有历史记载以来，战争中的有组织的集体施暴就是社会和政治生活中的持续不断的特征。在战争中尽管许多士兵相互杀害，但他们也屠杀平民和战俘，并且认为可以随便去强暴敌方的妇女，将她们的孩子贩卖为奴。因此，自古以来，哲学家、神学家、战略家和政治家们就都在讨论战争中的强暴行为的合法性问题。对这个问题的最直截了当的提问是：我们能够合法地杀死谁？而且我们能在什么样的情况下杀死他们？人们也可以这样表述：在什么样的条件下人类社会能够在道义上诉诸战争手段解决问题？一旦进入战争，应当制定什么样的规则把施暴限制在以达到其合法目标的范围之内？

学者们认为，研究这些问题不仅仅具有学术意义。在美国国内和美国政府与其他国家之间对进攻伊拉克的合法性的争论，实际上就是关于在什么样的条件下人类社会能够诉诸战争的手段而符合道义的问题。简言之，美国能够证明它的反对萨达姆·侯赛因的战争是合法的战争吗？如果是这样，那么，它的理由是什么？另外，近年来发生在巴尔干和卢旺达的冲突，也产生了如何阻止暴行的问题，以及如何使不受限制地利用暴行受到制裁的问题。实际上我们每一天都面临着这些亟待解决的问题。

学者们通过对不同的宗教文化（如基督教和伊斯兰教），不同的历史时期（从古代、中世纪末和近代早期到20世纪末）的战争的研究，讨论了这些人类社会从古至今一直存在的难题。这些论文表明，自古以来，对战争的正义性就没有取得一致的看法。一些新教徒的思想家将战争视为惩罚邪恶社会的一种手段，另一些神学家则为民族的甚至是殖民地的战争进行辩护，还有

---

① 关于这部分的介绍文章，发表在《史学理论研究》2005年第4期第22-24页，总标题为“第20届国际历史科学大会纪实”。值得指出的是，战争与和平问题被列入这次大会的主题，与中国第二次世界大战史研究会是有关系的。2001年12月，时任国际历史科学大会会长的德国史学家于尔根·科卡（2000—2005年任会长）来华访问，12月8日，中国第二次世界大战史学会的部分在京理事在首都师范大学接待了科卡先生，并进行了学术座谈。期间中国二战史学会副会长徐蓝向科卡先生介绍了中国二战史的研究情况，并就战争与和平以及国际秩序等问题交流了看法，双方都认为对这个问题的研究既有重要的学术价值，又有十分现实的意义。随后这个问题便被列入了第20届国际历史科学大会的主题之一。

一些神学家采取更加反战的立场。对荷兰哲学家和法学家雨果·格老秀斯的有关战争的合法性问题的研究表明，他认为对战争合法性的争论，实际上是关于是否一个特定的民族要有一个国家的争论，这也是形成社会契约理论以及更具普遍性的国际法的基础。学者们对伊斯兰教的圣战也进行了讨论。

一些论文对战争中的行为的合法性进行了分析，并认为要确保战争中的行为的合法性，就要区分平民和士兵。因此有的学者对第二次世界大战期间同盟国对德国城市进行轰炸的合法性提出质疑：尽管破坏城市的轰炸能够摧毁敌人的士气并加速战争的结束，但是以伤害平民的生命为代价的城市轰炸政策是合法的吗？联系到今天的中东地区，人们再次提出：针对平民的暴行在何种程度上是情有可原的？2002年美国提出先发制人的战略原则，其核心问题仍然是诉诸战争的正义性问题，并具有非常现实的意义。

在“历史上不断变化的和平概念与和平条件”部分，学者们认为，和平与现存的社会以及国际体系中的国家之间有着非常复杂的关系。在大多数情况下，和平与其他价值观及意识形态相联系，并具有积极的价值。和平所具有的积极意义具体体现在“和平进程”当中。但是和平的观念以及对待和平的态度因时间和地点而异，在许多情况下，和平并不被认为是国家之间或其他政治实体之间的关系的正常状态。伴随着日益增长的对以战争为手段的法律的甚至是道义的谴责，和平的局面才能建立。

提交的论文通过对不同地区、不同时期、不同文化的宗教内涵的研究，探讨了从古至今的和平观念、缔造和平的过程以及国际秩序的建立。一位学者探讨了古代希腊的战争与和平问题，并认为，在早期希腊的历史上，战争是一种常态；但是公元前4世纪为获得持久和平而签订永久性条约的做法，成为一种重要的思想，并最终为人类社会所接受。

一位学者讨论了欧洲11–13世纪东罗马天主教徒和穆斯林的关系，阐释了缔造和平的共同仪式，从而在两者之间建立了不稳定的、但是在一定程度上是持久的关系。该学者分析了文化之间碰撞的方法并认识到长期的相互影响导致相互学习，认为这种碰撞是基于基督教社会和伊斯兰教社会对和平的明显不同的理念。不同的和平理念通常被含糊地阐述并被嵌入全部价值结构当中。除了在大众宣传中的作用之外，随着时间的推移，平衡的观念越来越具有影响。

另一篇论文讨论了19世纪和20世纪国际关系中的两个原则：自由和民主的原则。在自由的理念中，自由贸易是最重要的，而自由政府的民主原则是制定法律；并认为，当现代西方世界开始形成它的主要特征——自由市场经济，跨越国界的劳工流动，议会政治，一种开放的社会和民主——的时候，“创造和平”的局面就出现了。但是作者也承认，尽管他所说的这种自由和民主的原则具有普世价值，但在现实中却几乎只限于西方。

在有关国际秩序的讨论中，一种看法认为，在16世纪到18世纪的近代早期欧洲的国际秩序中，有两个主要概念：绝对王权和势力平衡（均势），为了均势、为了阻止或建立一个绝对王权而发动战争，这在当时是相当普遍的现象。随着时间的推移，均势思想的影响越来越大。

在回答“和平是永久的还是暂时的？”问题时，一些学者认为，为世界的国家体系建立国际组织，例如围绕联合国和它的分支机构建立的组织，以及各大洲建立的地区组织，将会逐渐启动一种有效的和平战略。这一战略不仅建立在信赖和平的道义力量之上，即除了自卫之外不允许诉诸战争，而且能弥补政治现实与和平的价值之间的缺陷。这不仅是我们时代的历史经验，而且建立在其他时代和世界的非欧地区的经验之上。另一些学者认为，从古代希腊到近代甘地的非殖民化的努力，再到现代非洲的和解战略，和平是一种每天都在实践的处理战争、冲突以及各种紧急情况的模式和记号。今天，在一个全球化的世界中，和平作为一种积极的价值观是不明确的甚至是含糊的。和平的概念以及建立和平的复杂性，不仅对历史学家，而且对于分析问题的方法来说，仍然是一种巨大的挑战。

在“战争、暴行与性”部分，学者们认为，性不是一种状态，而是一种关系。它总是不断变动的。这些论文通过对性——男性和女性——的透视，改写了军事历史。换句话说，这些论文通过对战争中军队暴行的历史的多样性分析，通过对个人在战争、暴行的环境中如何塑造他们自己，如何塑造他们的社会能力，从而去铸造新的世界，进行的反思。

妇女在战争或暴行中扮演着什么样的角色？学者们对此进行了探讨。这些论文都认为，妇女是牺牲者，这与性相联系。例如，在19世纪的拉丁美洲，许多妇女在军队施暴的日子里都对此有所体验。但是，在这里，同意（性交）的问题变得模糊不清：这是否意味着可以说，一个饥饿的妇女可以同意与一个愿意向她提供面包、柴火，或提供保护的士兵性交？另外，在对12—14世纪的爱尔兰的历史进行考察时，也出现了同样不易判断的问题。当时妇女的身份和家族联盟以及土地相联系。当地的盖尔—爱尔兰家族和英格兰家族之间的暴力冲突通过男女关系来调解。正式的婚姻和非正式的性关系（私通）是政治的生命线。妇女们热情地接触殖民主义事务，（通过性交）生产混血儿，并在爱尔兰建立一个"中间国家"，在那里盎格鲁-诺曼人和盖尔-爱尔兰人的边界是相互渗透的。在这里，妇女仅仅是牺牲者吗？

在妇女为什么参战的问题上，看法因时间和地点的不同而不相同。有学者认为，服务于19世纪的拉丁美洲军队中的妇女去为男人服务，并不是被革命的热情所激发，而是出于"'家庭的'母亲的义务"，是出于传统的照顾她们的男人的责任。然而，所有这些论文都提醒人们不要把妇女仅仅看作是牺牲者，并认为她们主动参与了流血大惨剧。例如，一位学者对第一次世界大战期间比利时的几千名抵抗女战士的研究表明，她们利用她们自己的才干去努力毁灭敌人，而不是去结束战争；这些妇女抵抗主义者把她们自己视为战士，并为这种身份而骄傲。另一位学者对比了1941—1945年的苏联和纳粹极权政权，表明在战争中妇女的作用有着极大的不同。他研究了1941—1945年的苏联妇女，认为在当时大多数苏联妇女中，流行着成为战斗人员的渴望。1941—1945年超过80万的苏联妇女实际参加了保卫祖国的战斗：50万妇女作为前线的战士。与国家和党的组织的热情相联系的，是对她们实行征兵。相反，在纳粹德国是不情愿动员妇女的，只是慢慢让妇女（主要是年轻的工人阶级妇女）进入军队。引起兴趣的问题是："如何解释这种不同？"

在对战争对战后妇女地位和角色的影响的考察中，看法也因国家的不同而各不相同。一些学者指出，每一场冲突结束时，男人和妇女都希望重建在冲突情况下被扭曲的性别模式。一位学者认为，不能忽视拉丁美洲妇女在19世纪伴随着民族国家的建立而进行的战争中的贡献；然而，这些国家的妇女陷于对暴力的"集体记忆"之中，从而使传统的性别角色被再次强调。另一个学者有同样的看法，认为在1914—1918年的战争中，欧洲的妇女在战争中从事的工作和在以前的冲突中从事的工作相同，即护士、厨师、间谍，以及妓女。所不同的是，到1914年，她们是在专业化的机构中从事这些工作。她们仍然是“辅助者”，这在战争中和在战后都是一样。还有学者指出，在苏联，国家在战后不得不采取决定性的步骤重新强调传统的性别区分：由于战争中的苏联妇女可能已经“冲击了男性的最后阵地——军队战斗员”，所以1945年她们被坚决地退回到厨房里。只有在赫鲁晓夫时期她们才作为女英雄而重新出现。

但是有一位学者的看法十分引人注意。她考察了第一次世界大战期间苏格兰流动野战医院中的妇女们的情况，并认为，战争有助于妇女的参政事业，并使一些妇女形成了女性公民的新意识。至少，战争鼓励了妇女从她们的社会中得到更多的东西。她们决心确保她们在战场上的战斗工作，这将有助于确保战后世界的市民权力的扩大。

总之，战争给历史学家提供了惟一的机会，去看看男人和女人在过去的暴行与困境中如何锻造了他们/她们自己的性别特征。

第21届国际历史科学大会的主题和部分专题

这里仅以2010年在荷兰阿姆斯特丹召开的第21届国际历史科学大会的主题和部分专题的讨论，以及国际第二次世界大战史研究会年会讨论的主题看国际史学的最新动向。[①]这次大会确定了1个主题和3个围绕该主题的发言、21个专题讨论、15个圆桌会议、10个联合会议、4个特别讨论会。此外，还有国际史学会22个分支机构召开的各种讨论会。

这次大会的主题是“水”。从开幕式的主席致辞“水和知识”（Water and knowledge），欢迎辞“荷兰历史中的水因素”（Water as a factor in Dutch history），三个主题发言：“水和中国的历史”（Water and the history of China）、“水与非洲的政治想象力”（Water and political imagination in Africa）、“北美历史中的水”（Water in the history of North America）当中，我们可以看到，国

① 这里的部分内容，曾发表在《世界历史》2011年第2期第6—7页，标题为“对世界史研究的建议”。

际历史科学大会希望通过这次会议，引起历史学家对地球上的资源与人类历史发展关系的研究兴趣。例如，国际历史科学大会主席在他的致辞“水和知识”中，简要地说明了人类对水的研究历史以及今天对水资源研究的重要性：“在历史上，文化和科学的一个主要关注的问题就是对水的了解，包括了解水的化学组成，水的分配，水的用途，水的分布和回收，水的管理等知识。长期以来，由于宗教或神话的因素，使水蒙上了一层神秘的色彩。自近代化学——由于法国科学家拉瓦锡的研究——诞生以后，才开始了对水的性能的研究，并有了研究的可能性。人们研究河流和海洋中的水，天空和大地上的水，植物、动物和人类生活中的水。今天，水作为人类生活的一个不可缺少的因素，水的缺乏或过量都是一个严重的问题，因此，无论从经济上、政治上或道义上，对水的研究和利用都具有巨大的价值。”①由此可见，对水的研究，并不仅仅是一个资源史或环境史的研究课题，而是一个关系人类命运的综合课题。

这次大会的三大主题：帝国的衰落；作为文化的城市；宗教与权力。

大会安排了约119场学术讨论。这些讨论会涉及到历史学各领域的重大问题和各地区性问题，十分广泛。议题有：历史和种族、全球化的历史、生物和植物、伊斯兰、犹太教和基督教的高等教育、历史上的食物和服装、城市暴力、前现代化南亚和东南亚的宗教和社会、媒体移民、性别和教育、信誉的社会历史、国家历史和全球历史、种族、历史研究和法律、19世纪拉丁美洲的国家建立、比较视角、前现代化的海上世界、死人的权力、从古至今的贸易和文明、性暴力：历史和文化、作为历史变化力量的旅行、体育中的国际关系、现代社会中自由和不自由的劳工、历史上的人道主义、战争和占领、欧洲的基督教和共产主义、历史上的军事活动、变化视角中的法国革命、移民与文化变化、东南欧和亚洲、作为面对争议记忆的学校历史、殖民的矛盾记忆、公共空间：概念的运用、非洲和文化交织的殖民帝国、现代历史中的空间概念、征服和人口统计、消费社会和经济变化、前现代化的海上世界、图像大众媒体和历史、从古至今的贸易和文明、全球化世界中的历史

① 引自第21届国际历史科学大会网站http：//www.ichs2010.org/peset.asp.

意识和文化认同、被占领的社会、面向世界历史的社会政策和政治在全球化历史中、国家认同和霸权记忆、城市知识和交流、历史观察中的世界形象、变化观念中的圣徒和神圣生活等，内容十分丰富。中国史学会建议的“中国、印度与日本的现代化比较研究”被列为特别会议议题。

从各个专题的讨论中，我们可以看到国际历史研究的微观、中观与宏观的不同层面，以及政治史、文化史、社会史、战争史、国际关系史、世界史和全球史、历史教育等等不同领域的历史研究，同时特别提倡与资源有关的研究、跨文化的研究、民族国家的研究、战争与国际关系的研究，以及新社会史和新文化史的研究。

在国际历史科学大会召开期间，作为其分支学会的国际第二次世界大战史研究会年会讨论的主题是“占领的经历，1931—1949：从亚洲和欧洲战区的比较视角出发的研究”。会议分为三个部分。

第一部分：比较的视角（*Comparative perspective*）

提交的5篇论文包括：“‘友好的占领’——第二次世界大战后临时的军事管制，西欧和东南亚的比较”；“是与东京战斗还是与伦敦战斗？二战期间的中国，印度国民大会和寻求一个抗日联盟”；“当地对战争的回忆，德国占领和苏联战后在顿巴斯地区的经历——口述历史项目的成果（2001—2007）”；“德国和日本的战争解决，1937年/1941—1943年——苏联占领区和华北占领区的比较”；“战争和摄影术——西欧被占领的首都”。

第二部分：被占领区的社会（*Occupied societies*）

提交的5篇论文包括：“在强制合作与抵抗之间生活：在‘升起的太阳’之下的马来亚和新加坡的海外华人社会”；“1940—1943年意大利对法国南部的占领”；“占领政权下的劳工动员：殖民后期朝鲜的想象中的强制劳工”；“战时法国的‘能动’性：经济合作与日常生活”；“日本的占领和在泰国对泰-缅铁路的回忆”。

第三部分：战争与占领（*War and occupation*）

提交的5篇论文包括：“日本对日占区的中国共产党敌后战场的政策（1937—1945）”；“‘战争灭绝’——何时开始干以及在哪儿干？”；“二战中日本使用化学武器的研究报告”；“匈牙利的占领与冷战，1945—1949”；“政治教训还是文化想象？第一次世界大战对‘希特勒的欧洲’的影响”。

从提交的论文和讨论的内容来看，给人以下几个印象：1.选题视角比较新。研究战争中的被占领地区的问题，这是我国二战史研究的薄弱领域；2.基本上是具体的个案的微观研究，而我国二战史研究的相对宏观的议论较多，依靠各种原始资料进行的微观个案研究的水平有待提高；3.涉及的问题比较广泛，包括政治、军事、社会生活、文化艺术、口述历史和回忆，等等。相比较而言，我国的微观的二战史研究仍然停留在政治、外交的层面；4.对二战的扩展研究，包括二战与非殖民化关系的微观研究，二战与冷战等；5.在研究的方法论上提倡实证研究和比较研究。

第22届国际历史科学大会将要讨论的议题

2015年，国际历史科学大会将在中国济南召开。这将是自1900年国际历史科学大会成立以来第一次在中国召开大会。中国史学会承担了协办会议的工作，并提出了自己的讨论议题，供国际历史科学大会执行局作最后决定。尽管后者仅采用了这些议题的一部分，但这些议题同样反映了目前中国学术界比较关心和认为值得进一步研究的问题。故介绍如下。

大会开幕式的主题：人类文明与自然。大会的三大主题：东亚国家的发展道路；资本主义的历史；宗教、民族与国家的关系。会议的20个分议题：第一次世界大战的反思；战争、革命与和平；经济危机与金融危机；传统在现代社会的演变与价值；女性与人类；灾害与人类社会；人类历史中的海洋；近现代城市发展进程比较研究；从马背到太空——科技进步与社会发展；毒品传播与毒品史；世界博览会历史研究；丝绸之路与东西方文化互动；明清时代的中国与世界；东西方国际关系——宗藩体制与殖民地体制；东亚文化圈与全球化；宗教研究在历史理解中的意义；传教士与东亚文化；礼仪文化的变迁；考古新发现与历史研究；历史记忆与文化认同。当然，这些议题并未被全部接受，但是也有部分议题与国际历史科学大会建议的议题一致，如关于第一次世界大战的反思，也有的议题被后者接受，如从马背到太空——科技进步与社会发展、世界博览会历史研究，等等。

国际历史科学大会执行局已经最终决定了第22届国际历史科学大会的议

题。这些议题可以概括为：一个总主题、四大主题、30个专题讨论、19个联合讨论、21个圆桌会议、1场特别讨论、2场晚间讨论，内容非常丰富，值得期待。具体议题如下①。

开幕式的总主题：自然与人类历史（*Nature and Human History*）

4大主题报告：（1）全球视野下的中国（*China in global perspectives*）；（2）历史化的情绪（*Historicizing Emotions*）；（3）世界史中的革命：比较与关联（*Revolutions in World History : comparisons and connections*）；（4）数码技术在史学中的运用（*Digital Turn in Historiography*）。

30个专题讨论：（1）历史的写作及传抄文化（*The History of Writing Practices and Scribal Culture*）；（2）贫穷与财富（*Poverty and Wealth*）；（3）危机？何种危机？（*Crisis? What Crisis ?*）；（4）都市村民：日常生活、休闲与社会主义城市（*Urban Villagers : everyday life，leisure and socialist cities*）；（5）史前叙事（*Narrating Pre-history*）；（6）当代对晚近古迹的辩论（Late Antiquity in Contemporary Debate）；（7）古代社会的年代与社会互动：当代视角（*Age and social interaction in Ancient Societies : Comparative perspectives*）；（8）国家传记辞典（*The National Biography Dictionaries*）；（9）敌人的形象：中世纪的建造（*The Image of Enemy : Medieval Constructions*）；（10）人道主义干预的权利（*The right of intervention for humanitarian reasons : an History*）；（11）全球议会系统的影响（*The impact of parliamentary systems through the world*）；（12）边界、屠杀与移民的重新安置（*Frontiers，Massacres and Resettlement of Populations*）；（13）新冷战研究（*New Cold War studies*）；（14）公民冲突的文化解决路径（*Approches culturelles de la résolution de conflits civils*）；（15）习俗、规范与死刑的权利（*Coutumes，normes et droits de la peine de mort*）；（16）奴隶、解放与自由（*Slavery，Emancipation and Freedom*）；（17）从马背到太空（*From Horseback to Space*）；（18）世界博览会史研究（*Historical research on World Exhibitions* ）；（19）古代社会理解中的宗教研究之角色（*The Role of Religious Studies in the Understanding of*

① 请参见第22届国际历史科学大会网站：http：//www.ichschina2015.org。

Ancient History）;（20）足球：全球化历史的映征？（*Football : a mirror of globalization's history ?* ）;（21）政权、主权与技术（*State, Sovereignty and Technologies*）;（22）行政监督：嫌疑对象（*The administrative monitoring : the figure of suspect*）;（23）历史延续：婴儿潮的一代（*A Baby boom generation? For a connected history*）;（24）作为干预与理念的历史发展（*History of development as intervention and idea*）;（25）历史死亡率的性别与遗传研究（*Gender and genetics in historical mortality studies*）;（26）在流亡中书写历史（*Writing History in Exile*）;（27）历史在旅游业中的使用（*The Uses of History in Tourism*）;（28）家庭劳动的商品化：时代变更下的国内劳动（*Commodifying Home Labor : Domestic Work Over Time*）;（29）女孩的全球史趋向（*Towards a Global History of the Girl*）;（30）音乐与民族（*Music and Nation*）。

19个联合讨论:（1）第一次世界大战反思（*Reflections on Ist World War*）;（2）城市及其空间（*Cities and their spaces*）联合议题：城市的绿色空间（1700–2000年 ）（*in partnership with the proposal on Green Space in Cities, 1700-2000*）;（3）印度洋史的书写（*Writing the History of the Indian Ocean*）;（4）史学与自然灾害的比较视角（*Historiography and Comparative Perspectives on Natural Disasters*），联合议题：性别与灾难史（*in partnership with the proposal Gender and the history of Disasters*）;（5）战争记忆：政治、学者与媒体间的历史教育（*Memory Wars : History Education between Politics, Scholarship, and the Media*）;（6）历史意识与文化中的怀旧（*Nostalgia in Historical Consciousness and culture*）;（7）旧世界的新秩序：全球视角下的1815年维也纳会议（*New Order for the Old World ? The Congress of Vienna 1815 in a global perspective*）;（8）传教士在东亚（*Missionaries in East Asia*）;（9）都市卖春：世界城市的卖淫（*Selling Sex in the City : Prostitution in World Cities*）;（10）冷战与福利国家（*The Cold War and the Welfare State*）;（11）体育与教育：从男青年到青少年（*Sport and Education : from the Ephebe to the Teenager*）;（12）武装冲突中的性暴力（*Sexual Violence in Armed Conflicts*）;（13）政治礼仪、象征与庆祝（*Political Rituals, symbols and celebrations*）;（14）全球化世界的旧传统（*Old Traditions in a Globalizing world*）;（15）早

期国家社会的巫术与占卜（*Witchcraft and Prediction in Early State Societies*）；（16）时空下的儿童社会与文化价值之变化（*Changing Social and Cultural Values of Children in Time and Space*）；（17）全球化，国家发展模式与企业策略（*Globalization, National Patterns of Development and Strategies of Firms*）；（18）外交史研究的新方法（*New Approaches to History of Diplomatic practices/ Histoire des pratiques diplomatiques : nouvelles approches*）；（19）历史的使用与滥用（*The use and abuse of history*）。

21个圆桌会议:（1）古代城墙研究（*Investigations on the « Zmievy Valy » : Studying Long Walls*）；（2）国家与城市（*Country/City*）；（3）传纪史学的新方法（*New Approaches in the field of Biography*）；（4）世界史的存在领域?（*What World for World History ?*）；（5）关于蓝洞：作为核心专业的海洋史（*Closing the Blue Hole : Maritime History as a core discipline*）；（6）风险与历史（*Risque et Histoire*）；（7）集体身份认同构建中的形象角色（*The role of images in the construction of collective identities*）；（8）作为记忆领域的海洋（*The Sea as Realm of Memory*）；（9）何谓公共史学？（*What is Public History ?*）；（10）世界遗产的民族认同（*National identities in World Heritage*）；（11）作为客体与主体的拉丁美洲史（*Latin America as Object and Subject of History*）；（12）中国的义和团运动（*The Boxer War in China*）；（13）十字路口的国家：东方与西方（*Crossroad States : Between East and West*）；（14）作为革命与危机双重模式的欧洲宗教改革（*European Reformation as a model for Revolutions and Crises*）；（15）历史资料来源：大型档案馆与大型图书馆（*Les grandes archives et les grandes bibliothèques, sources de l'histoire de l'humanité*）；（16）当代艺术与历史的未来（*Contemporary Art and the Future of History*）；（17）处于边缘的妇女史（*Women's History at the Cutting Edge*）；（18）西方现代医学在东亚（*Western Modern Medicine in East Asia*）；（19）国际历史科学大会与世界史（*The ICHS and World History*）；（20）16至20世纪东欧的法律法规（*Law and Regulation in Eastern Europe, 16-20th Century*）；（21）历史视野中的事件与时代（*Events and Time in Historical Perspectives*）。

1场特别讨论:（1）国际组织发源史：以联合国教科文组织为个案

（*Histories of International Organisations in the Making：UNESCO as a case study*）。

2场晚间讨论：（1）伦理与历史（*Ethics and History*）；（2）全球联系：下一代（*Global Connections: the Next Generation*（*posters*））

重视学术研究的时代性和科学性

除了要重视学术研究的前沿性，新一代的国际关系史学者还应特别重视学术研究的时代性。陈寅恪先生说过：一时代之学术，必有其新材料与新问题，取用此材料以研究问题，则为此时代学术之新潮流。改革开放以来，随着国家的发展，史学工作者获得各种信息的途径和信息量大大增加，利用原始资料进行研究已经不是难事，而大量新问题的出现也给学术研究带来了新的活力。因此，要提倡以当今的时代为宏观背景，在发现新史料、利用新方法、研究新问题、做出新解释等方面不断推出研究成果。当然，从人人都能够见到的视为平常的史料中发现新问题并提出新见解，这是治史的较高境界。另外，对国外学者的研究给予准确可靠的合乎学术规范的介绍，这在我国的世界历史的某些研究比较薄弱的领域，也是一种很有价值的工作。

在重视时代性的同时，还要重视学术研究的科学性。其中包括：

其一，真正了解学术研究的涵义。学术研究的涵义是继承与创新，使人类的知识获得有效的积累，使整个人类文化获得不断进步。这对每一个学科都是如此。继承是从事学术活动的开始，创新是学术研究的目的。只有继承与创新，学术才能发展，知识才能获得有效积累。在继承与创新的关系上，继承是创新的基础，创新应当是继承的结果。

其二，了解研究对象的史学背景。与上述学术研究的涵义相联系，研究者在研究一个问题之前，必须了解所要研究的问题的史学发展背景，即以往国内外学术界对这个问题的研究情况；在提出自己的观点和结论之前必须向读者交代已经取得的研究成果，从而展示自己研究的创造性，并且必须以注释（脚注或尾注）的形式说明自己的史料、观点等的研究依据。

其三，利用史料进行研究。历史工作者在研究时必须以史料为基础，要能够科学地运用史料收集、考证、鉴别与分析的方法。特别是运用历史唯物主义和辩证唯物主义，以及马克思主义中国化中国特色社会主义理论体系科学地鉴别和分析史料，才能不断接近历史的真实，只有通过科学的研究，才能为今天的人类提供有益的经验、教训与借鉴。

其四，尝试进行交叉研究，包括运用相关学科的理论、视角、材料与方法进行历史研究，相信能够使研究更为深入，也更能贴近揭示历史的真相。

古人讲：文章千古事，辛苦寸心知。我们在进行学术研究时也要有这样的境界和准备。